100 Scenarios of Failure

失敗百選

41の原因から未来の失敗を予測する

東京大学大学院教授・博士(工学)
中尾政之

森北出版株式会社

● 本書の補足情報・正誤表を公開する場合があります．当社 Web サイト（下記）
で本書を検索し，書籍ページをご確認ください．
https://www.morikita.co.jp/

● 本書の内容に関するご質問は下記のメールアドレスまでお願いします．なお，
電話でのご質問には応じかねますので，あらかじめご了承ください．
editor@morikita.co.jp

● 本書により得られた情報の使用から生じるいかなる損害についても，当社およ
び本書の著者は責任を負わないものとします．

[JCOPY]〈(一社)出版者著作権管理機構 委託出版物〉
本書の無断複製は，著作権法上での例外を除き禁じられています．複製される
場合は，そのつど事前に上記機構（電話 03-5244-5088, FAX 03-5244-5089,
e-mail: info@jcopy.or.jp）の許諾を得てください．

まえがき
―― 人は誰でも同じような失敗をする ――

◆ 人は誰でも同じような失敗をする

「人は誰でも失敗をする」は真実である．しかし，その失敗の内容を咀嚼すれば，実はどこかで聞いたような失敗だったことに気付く．つまり，「**人は誰でも同じような失敗をする**」が正しい．

親はいつも「道を飛び出したら危ない」と子供を注意する．上司は「今はあの時の景気の潮目と似ている」と部下に警告する．なぜならば，注意する自分も同じような失敗をしたからである．それならば，その「同じような」「あの時と似ている」という失敗を列記して分類できないだろうか．分類された失敗群を暗記できれば，失敗予知能力が高まるはずである．

筆者は，機械のエンジニアに関係する事故や事件を200例近く集めて，分類してみた．すると，41個に分類できることがわかった．新しい事故や事件も発生するたびに調べてみると，確かに同じ41個に含まれていた．

◆ 日常生活の失敗でも大事故と類似点がある

この41個の分類はエンジニアに関するものだが，日常生活を振り返ると，それに近い失敗を実際に引き起こしていることがわかる．図A.1は筆者のまわりの日常生活の失敗と，最近の大事故との類似性を示している．

図（a）は，書類を抱えた学生が，廊下に転がっていたジュースの缶を踏んで滑って転ぶ事故であるが，これは**コンコルドの墜落**（2000年，第2部で記載の事象16.1）に似ている．コンコルドは，直前に離陸したDC-10が落としていた金属片を滑走路で踏んづけて，タイヤが破裂し，その破片が翼の燃料タンクを貫通し，その穴から燃料が漏れて引火し，最終的には墜落し113名が死亡した．つまり，コンコルドの責にあらず，いわゆる"**もらい事故**"である．転んだ学生も同じで，落ちていたジュースの缶が悪い．

工場では通路に白線を引き，「その内側には段ボールや仕掛品を置くな」と指導している．このとき，現場の主任は，モノを置いた部下を頭ごなしに怒るのではな

まえがき

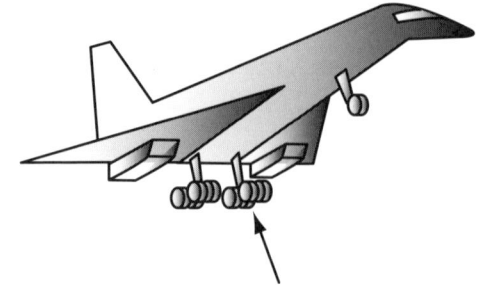

廊下に転がっていた
ジュース缶を踏む
→ 転倒

DC10が落とした金属片を
滑走路で踏む
→ 墜落 → 113名死亡

(a) "落し物" から "もらい事故"

駐輪禁止区域に
自転車を停める
→ 警告

信楽駅で赤信号が固着
→ 業務課長が強制的に出発
→ 衝突 → 42名死亡

(b) "違法行為" だけど "今度も大丈夫"

学会発表のとき、準備不足
→ アタフタ

明石の歩道橋は混雑
→ 転倒 → 11名死亡

(c) "コミュニケーション不足" で "出たとこ勝負"

図 A.1　日常生活の失敗と工学の大事故との類似点

く，「通路にモノを落とすとコンコルドだって落ちるンだぞ」と注意すると，部下はナルホドと思う．

図（b）は，筆者の息子が，遅刻しそうだからと自転車を駅前の駐輪禁止区域に停めてしまい，警告を受けた事件である．彼にとってみれば，今週は撤去はないと踏んで，"今度も大丈夫"と確信して起こした再犯だった．これは**信楽高原鉄道の正面衝突**（1991年，事象35.3）に似ている．信楽駅で信号が赤に固着して青に変わらないのに，業務課長が強制的に出発させてしまい，対向列車と正面衝突してしまったが，実は11日前にも赤信号で出発させていた．このときは，駅を出たところで誤出発検知が働き，対向列車の信号も赤になった．そこで，今度も大丈夫と自信をもって出発させたが，JR西日本が対向列車を優先させるプログラムを内緒で加えていたので，対向列車の信号が赤にならずに衝突し42名が死亡した．

違法行為をいきなりやる人は少ない．小さなズルをやってみて，今度も大丈夫と自信を深めて大きなズルに発展していく．

図（c）は，学生が学会発表の質疑応答でアタフタしているが，助けるはずの教師（実は筆者）も英語が聞き取れずに立ち往生したという事件である．質疑応答をうまく乗り切ると，発表の印象はよくなる．だから，仮想問答集を作って，スライドも準備しておく．しかし，いくら作っても切りがないから，あるところで「ヨシッ，これ以上は"**出たとこ勝負**"だ」と勇気を出して演壇に向かう．ところが，何も準備していないのに時間切れ待ったなしで，「エイッ，ままよ」と空元気で突撃すると，演壇で頭が真っ白に…，ということになる．

これは**明石の歩道橋上の圧死**（1999年，事象36.1）に似ている．事故の半年前の大晦日の花火大会でも混雑したのに，警備のプロを自認する明石署と警備会社はほとんど修正なしの警備計画を作成し，あとは"出たとこ勝負"で臨機応変に対応しようと空元気を出した．挙げ句の果てに，混雑を訴える110番通報が29報も発せられたのに何も対処せず，300名が転倒し11名が死亡した．もっと当事者同士で開催前やその最中でコミュニケーションをとり，最悪ケースを想定して対策法を準備しておけば，こんなミスは避けられたのである．

◆◇ 「失敗学＝ナレッジマネジメント」である

図A.1のように，**過去の事故の知識から一般的な上位概念を抽出できると，後で日常の失敗予防に応用できる**．たとえば図A.1（a）のように，コンコルドの墜落と廊下での転倒は，事象的には似ても似つかない事例どうしであるが，「落下物」という上位概念でみると，"似たもの同士"になる．滑走路や廊下の上にモノを落とすと，移動物は止まれずにつまずいてしまう．だから図A.2（a）のように「通

(a) 通路にモノを置くな

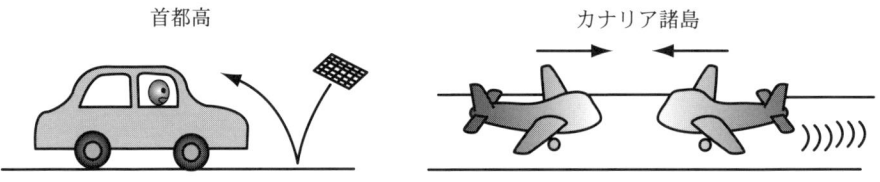

(b) 高速道路上に排水溝の
　　フタが飛散→運転手死亡

(c) 滑走路中に移動中の
　　飛行機がいた→両機衝突
　　→583名死亡

図 A.2　通路にモノを置くなの下位概念の事故

路にモノを置くな」の標語が出来上がる．

　そして実際に，似たような事故は起こる．この類似事故が下位概念への展開にあたるが，**ある制約条件下での特殊な事故である**．移動物が自動車だったら，危険なのは高速道路上のモノである．たとえば図A.2（b）の**排水溝のふたの飛散**（1999年，事象12.5）では，ふたが飛び込んできた乗用車の運転手は死亡している．また，移動物が離陸途中の飛行機だったら，最も危険なモノは同じ滑走路上を移動中の飛行機である．そんな悪夢が図（c）の**カナリア諸島のジャンボ機どうしの正面衝突**（1977年，事象36.6）で生じ，583名が死亡した．このように対象物を具体的に設定して，特殊解にあたる下位概念を想定することも失敗予防に効果的である．すなわち無理にでも，自分の状況で起こることを仮想するのである．

　概念を言語化してから，上位概念に昇ったり下位概念に降りたりする思考運動が，ナレッジマネジメントの重要な手法である．上位概念の言葉を用いてデータベースから検索できたら，他分野だが似ている事例が出力できる．また，下位概念の言葉で具体例を想定すれば，自分の状況で何をすればよいのかがわかる．

◆◇ 類似点の集まりが「失敗百選」である

第1部の表I.3（p. 15）で詳述するが，先の41個に分類された類似点を「失敗百選」のシナリオ共通要素と呼ぶ．当初は100個きっちり創出するつもりだったし，実際に創出してみた．しかし，100個は多すぎて筆者でさえ暗記できない．そこで減らしていくうちに41個になった，というのが真相である．

もともと，ここで集めた事故・事件がエンジニアに関するものだから，技術的な要因が多い．つまり，前の半分の29個は技術的なものであるが，うしろ半分の12個は組織的なものである．もちろん，この事故は技術が原因，あの事故は組織が原因，と簡単に色分けできるものではない．

実は分析してみると，色分けするのではなく，**ひとつの事故が，技術と組織の原因をひとつずつ包含する**と考えるとよいことがわかった．いまや，技術は成熟しているから，人類史上はじめてわかった科学技術的な事故原因は，新種の伝染病を除くと，世の中にほとんど存在しない．だから，「なんで設計者はトラブルを予見できずに，そんな馬鹿な事故を引き起こしたのか」ということがいつも問題になる．そこで，違反行為とかコミュニケーション不足とかの組織的原因が追加されて，失敗百選ができあがったのである．

◆◇ 大事故は些細なことから始まる

多くの人が死んだり怯えたりするような大事故・大事件は，突然に偶発的に予兆なしに発生することはない．実はこれが**大失敗の特徴**である．普通は，似たような小さなミスがポツポツと発生し，それを看過するうちに連鎖反応が生じて，アッという間にまるで坂を転がる雪玉のように危険が大きくなって，逃げる暇もなく多くの人が犠牲になる．だから，原因の原因まで遡ると，**連鎖反応の起点はあまりに些細すぎて考え落とすくらいの現象**だったことが多い．

たとえば，図A.3のように，行き場をなくしたオサマ・ビンラディンが内乱で荒れ果てたアフガニスタンに転がり込んでから（1996年），タリバンを食い荒らす寄生虫となり，最後は部下のアルカイダ軍団がバーミアンの大仏を破壊し，**世界貿易センタービルに飛行機で突っ込むテロ**（2001年，事象23.1）を実行し，2,752名が死亡した．ビンラディンを追放するチャンスはいくらでもあったのだが，悪い流れは止まらなかった．

一般に，エンジニアはよく考えて設計する．現在の日本は，工学設計のレベルが世界的に高いから，いまや，買ったら動かない，動いたら壊れる，というような粗悪品はほとんどない．それでも大事故は生じるが，決して粗悪品からではない．

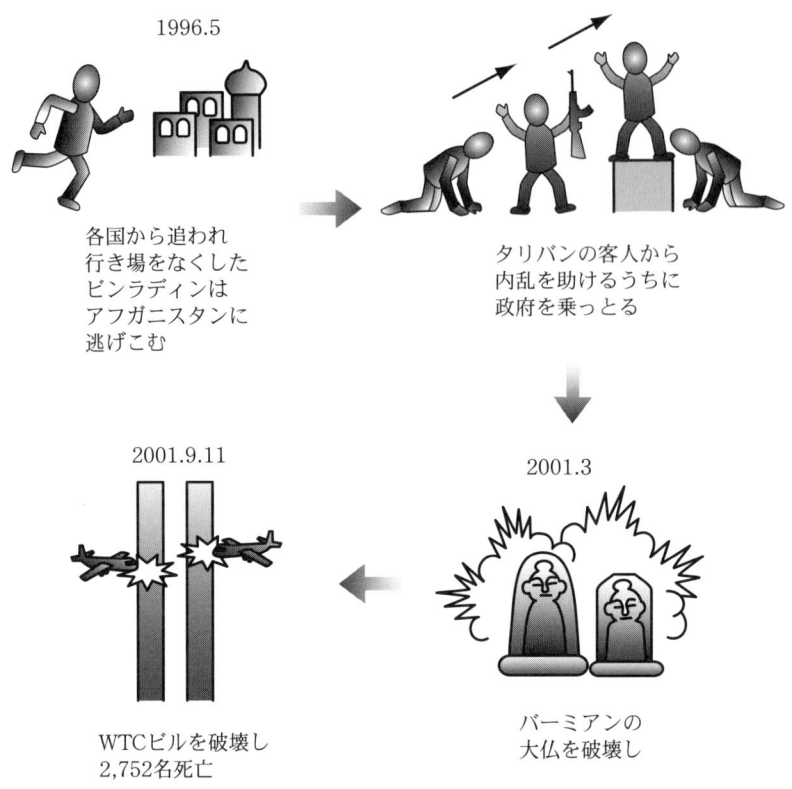

図 A.3 雪だるま式に危険が大きくなって大事件発生
参考文献：高木徹，大仏破壊，文芸春秋，2004

それよりも，主要機能をよく考え抜いた成熟製品から生じる．しかも発売・使用開始から時間遅れをともなって生じる．そして，事故を分析すると，危険は些細な部品や作業から起こり始めることがわかる．たとえば，図A.4（a）に示すように，**設計当初から安定に動くはずで"安全パイ"だと信じていたような部品が，全体の崩壊を誘発する．**

　安全パイとは，たとえば，配線や配管である．一般に，エンジニア同士が「いちいちいわなくてもキチンとつないであるよね」とたがいに以心伝心で確認するものである．しかし，図A.4（b）のH2ロケット5号機の墜落（1998年，事象31.2）のような事故が起こって190億円損する．ここでは，燃焼ガスが漏れても燃焼時間を多少長くすればよかっただけなのに，燃焼ガスが漏れたところに，大事なエンジンコントロールボックスが設置されていたのである．足の付け根に心臓があったら，ちょっと転んだだけで死んでしまうのも当然である．でも，主力一軍のエンジニア

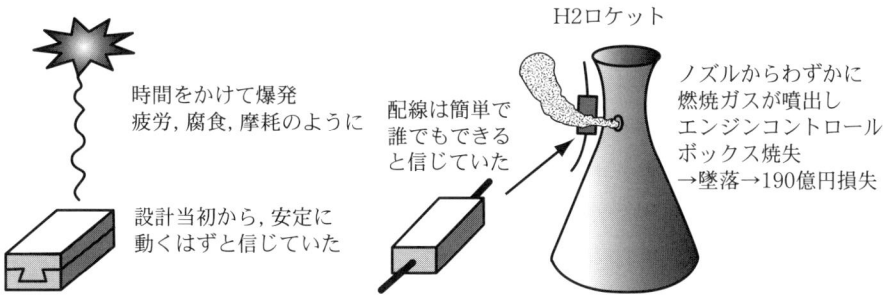

(a) 安全パイが火を噴いた　　(b) 大事なコントロールボックスを誰がそこに付けた？

図A.4　失敗は思わぬところからやってくる

はエンジンやポンプに投入されて，配線・配管は二の次だったのだろう．

ここで表I.3の失敗百選を見直すと，装置の主要機能，たとえば自動車の，動く，止まる，曲がるに関するものがひとつも含まれていないことがわかる．そのようなことは100年前に解決されているのである．いや，解決できなくても考え抜いて事故を防いでいるのである．反対に，考えても考えても気が付かなかった事故は，忘れた頃にやってくる．**機械の"失敗の三兄弟"は，疲労，腐食，摩耗，**である．いずれも完成直後には生じない．何年も動かした頃にやってきて，本体をコロリと倒す．

◆ なぜ今頃，失敗学が注目されるのか

ここで，筆者がなぜ今頃，失敗学の本を書いているのかを説明する．

バブル崩壊以後，日本はアメリカに比べれば，経済で元気がなかった．それならばと，サッカーにたとえていえば「強いオフェンスで得点を稼ぐように，ベンチャーで新事業・新商品を作ろう，一方で堅いディフェンスで失点を防ぎ，事故・事件を皆無にしよう」というふうに皆が考えた．

後者（ディフェンス）が「失敗学」や「構造改革」につながる．これまで，日本の株式会社も官僚組織も同族意識をもち，ひとつの目標に向かって邁進できた．ところがバブル以後は，出来の悪い者も引き連れていく「護送船団」や「終身雇用」といった非効率を放置できなくなった．そこでリストラで膿を出して，残った者は成果主義によって全速前進させればよいと考えた．しかし，「試合に負けてもいいからゴールをあげたい」と願っているようなアグレッシブで非協調的な天才ストライカーは，初等教育が逆の画一的人間を育てているのでなかなか育ってこない．

そこで「**失敗学**」の登場である．失敗は恥ではない．失敗を直視して，知識を咀嚼すれば，必ず失点は防げる．そう信じて気持ちを入れ替えれば，失点を抑えて

1対0で試合に勝てるから，前者のストライカーを獲得しなければならないような新事業・新商品開発よりも，コスト・パフォーマンスがよい．筆者は2001年から後述する独立法人科学技術振興機構から"軍資金"をもらって失敗学を研究し，4年後に本書の執筆に行き着いた．

筆者は失敗学の伝道師としても多くの講演をした．そこでは，お決まりの「安全意識高揚週間」「ヒューマンエラー撲滅運動」のようなスローガンを後押しすることを頼まれた．**でも本当に**，"精神の叩き直し"で失敗は減るのだろうか（筆者が思うに，減るはずがない）．

◆ 本当に今，事故が増えているのか

では，1995年からの10年間はそれ以前と比べて，本当にマスコミが喧伝しているように，事故・事件が増えているのだろうか．図A.5で統計を1970年頃から見ると，**労働災害と交通事故**は30年間で半減しているが，1980年頃からは漸減の"下げ止まり"になっていることがわかる．だから普通の対策では容易に減らない．

それでも「日本の科学技術は安全か？」という記事があとを絶たないのは，1998年頃からインターネットを使って，失敗の情報が驚くほど大量に入手できる

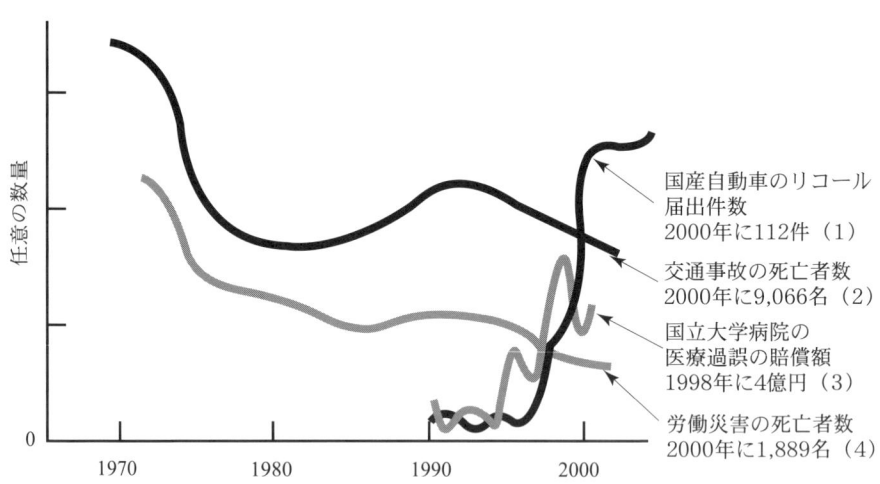

参考文献：(1)国土交通省ホームページ
(2)矢野一郎監修,日本国勢図会,国勢社,2003
(3)毎日新聞医療問題取材班,医療事故がとまらない,
集英社新書,2003
(4)中央労働災害防止協会,安全の指標,厚生労働省,2004

図A.5 事故は下げ止まり，しかし事件は隠さず急上昇

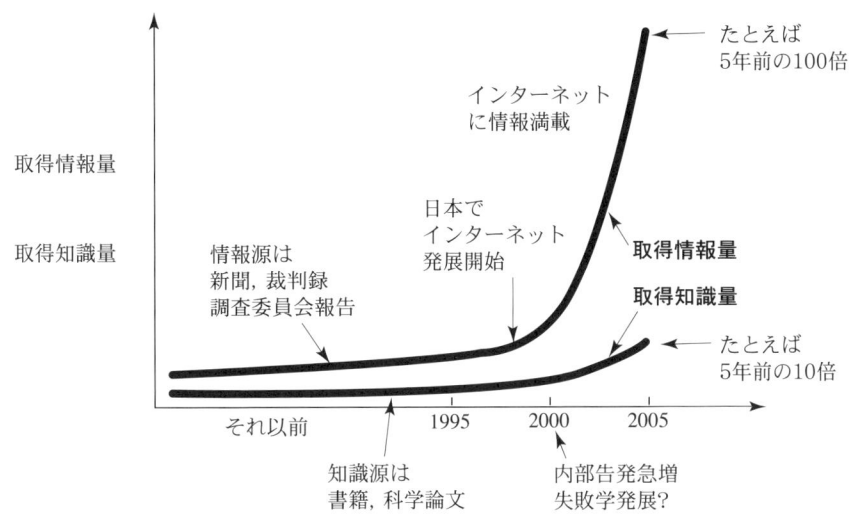

図A.6 事故の取得情報量・取得知識量の増加

ことと無縁ではない．事故が増えているように感じるのである．図A.6は，**取得情報量**の推移を筆者の実感でプロットしてみた図である．5年前に比べて100倍になっているといっても過言ではない．まるで失敗だらけに感じる．

また，インターネットを通じて内部告発も簡単になったので，「**隠すと損する**」と皆が感じるようになったのも確かである．その結果，事件は隠さないから急上昇した．図A.5の**国産自動車のリコール届出件数や国立大学病院の医療過誤の賠償額**が2000年頃から急増しているのも，この感覚の変化による．

しかし，**取得知識量**の推移をみると，過去と比べて大差ない（図A.6）．情報量が多くなっても，その分，どれが真実か正確に読み取ろうとすると時間がかかる．それならば，情報を発酵させて旨味を煮詰めたような，従来の書籍（たとえば**巻末に紹介する参考文献群**）を読んだほうが，短時間で知識が得られて効果的である．

❖ 製造業は「人の入れ替え」で知識が途切れる

ところが，製造業も危険信号が灯っている．それは**暗黙知満載の団塊の世代の退場が原因である**（図A.7）．

組織を引っ張るチーフデザイナーは，高度成長時代から企業を支え，ひとつの設備や商品に対して，企画から設計，生産，販売まですべてを見渡すことができた．しかし，彼らを引き継ぐべき，**次世代の中核人材**はいつも一部分しか任せてもらえなかった．画家にたとえれば，大きな白いキャンパスに絵を描きたかったのに，実

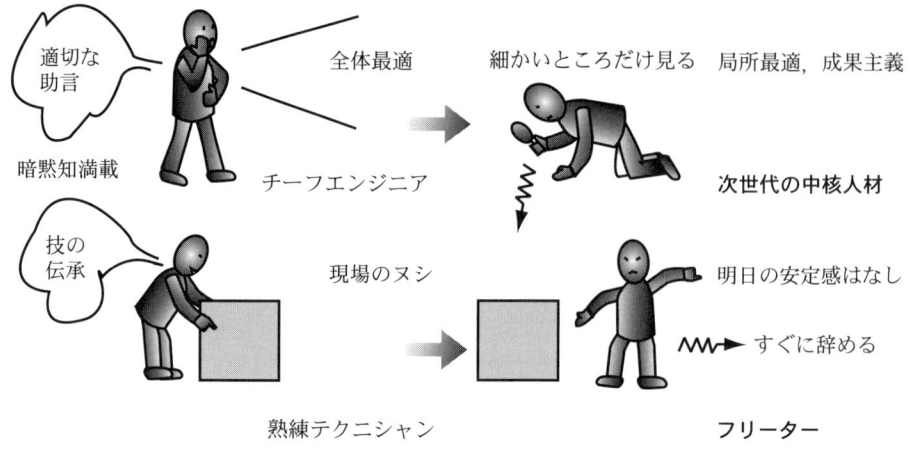

図A.7 製造業は「人の入れ替え」で知識が途切れる

際は色落ち部分の加筆補修しかさせてもらえなかった．真摯に仕事をしているが，知識群の構造，とくに知識どうしの干渉が理解できず，局所最適・全体最悪を起こしやすい．海外の新工場にでも出向させないと，国内では変態しにくい．

一方，組織を支える熟練のテクニシャンは，"現場のヌシ"のように，高度の技能を維持した．しかし，それを引き継ぐべき人材は補充されず，かわりに**派遣や請負のフリーター**が大量に投入された．これは2004年3月の**労働者派遣法の改定**の影響が大きい．これによって正社員と場内請負会社員（フリーター）がラインに"千鳥"に配置され，給料が違うのに同じ仕事をしている．フリーターはいつ蔵首（実際は配置転換）されるかわからず，現場の知識を覚える気にもなれない．

すなわち，日本の製造業は「**人の入れ替え**」で知識を伝承できないかもしれない，と危惧されている．これは組織の人事の問題である．

◆◇ 過去の知識は重要だから，失敗ライブラリーを作る

知識が伝承できない，というのならば，団塊の世代が引退する前に知識を抽出し，それを記録しておけばよい．失敗の知識を記録したデータベースが，「**失敗ライブラリー**」である．

すでに，日本の東証一部上場のような大会社の多くは，データ数が1,000件程度の失敗ライブラリーを装備している．ところが，制作に時間と金をかけた割には，読む人が少ないのである．なぜならば，自分が直面している問題と"**ぴったしカンカン**"の情報が**検索できない**ので，「使えない」と判断する人が多いからである．

これは，設計知識のノウハウ集のライブラリーを使うときも同じである．たと

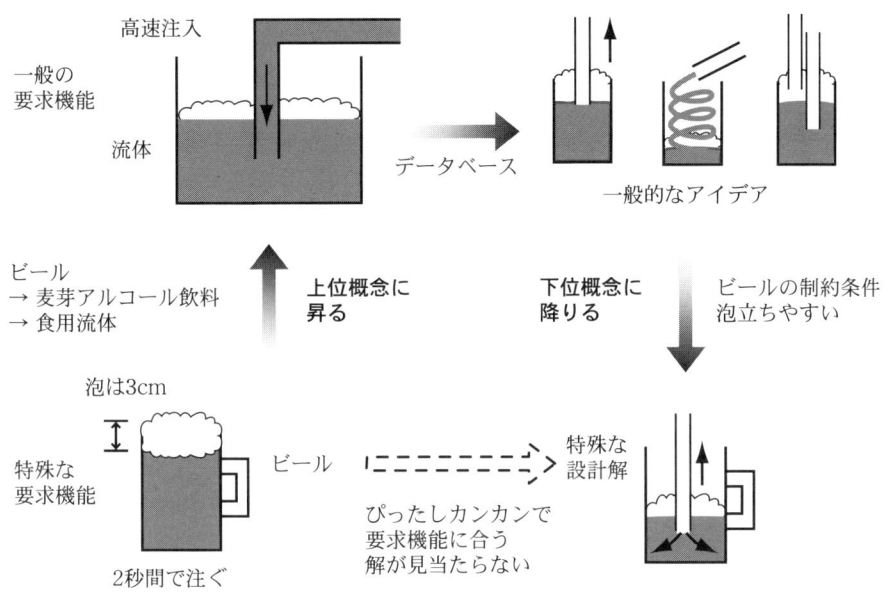

図 A.8　上位概念に昇ってデータベースを使う

えば，図 A.8 に示すように，「ジョッキにビールを 2 秒間で注げて，しかも泡の厚みを 3 cm にするような装置を作ってくれ」とビアガーデンに頼まれたとする．ではまず特許を調べてみよう．実際に筆者も調べてみたが，ビール，ビールサーバー，泡で検索してみるが数件しか引っかからない．そこで上位概念に昇って，麦芽アルコール飲料，食用流体で検索すると，100 件弱が引っかかった．ノズルのキーワードと掛け合わせてみると，「渦状に内壁に沿って注ぐ」「ノズルを液面上昇に沿って上げながら注ぐ」「泡だけ別のノズルで注ぐ」というようなアイデアが得られた．しかし，2 秒間と 3 cm を満足するとは書いていない．では使えないのか．そんなことはない．たとえば高速注水する技術は，水でも油でもビールでも応用できるはずである．

「上位概念」という言葉は，特許を書くときに弁理士が多用する．知的所有権をできるだけ広く権利化するために，上位概念の言葉で網をかければよい．それと同様に，上位概念の言葉で網をかけて検索すれば，有効アイデアが引っかかり，失敗ライブラリーでも使えるはずである．

◆◇ 概念を言葉で表すのが難しい

工業製品の図面には形状が描いてあるが，どうしてその形にしたのかはどこに

も書いていない．赤鉛筆で失敗した事実でも書いておいてくれたら，後輩は勉強しやすいのに，先輩は言葉が出てこないのである．

たとえば，「テレビの要求機能は何か」と突然に問われると答えに窮してしまう．「テレビ番組を見る」ことに決まっていると頭は答えているが，言葉に詰まる．**日本の設計教育に足りないのは，product definition（製品の定義）である．**たとえば，図A.9にように，スピーカ，リモコン，VTR端子と指さしながら，その部分の要求機能を，音楽を聞く，チャンネルを変える，VTR映像を再生する，といえるだろうか．

筆者のような機械のエンジニアは，とくに言語化能力が低い．すぐポンチ絵を描き出すような"言葉イラズ"の人種である．エンジニアは，明治以来，技術導入およびその普及の「国産化」を期待されていたから，要求機能を設定する必要がなかった．何しろ真似すべきものが目の前にある．思いを秘め，ノギス片手に黙って形をスケッチすればよかった．

本来の設計は「思いを言葉に，言葉を形に」という順番でモノができる．たとえば「テレビがあると部屋が狭いなあ」という思いから，「テレビを10 cm以下と薄くしたい」という要求機能が設定され，「液晶テレビ」の設計解が導かれる．思いも言葉も飛ばして，隣の家が買ったから，わが家も「液晶テレビ」に決めた，では能がない．

失敗知識を扱うときも，概念を言語化することが必要である．たとえば，工場長が見回って現場が雑然としていて危険を感じたら「退避通路を確保せよ」「工具を整理整頓せよ」のように要求機能を言葉にしなければならない．彼が不快感を顔に出しても，作業員にはその気持ちだけでは具体的に何をやってよいのかわからな

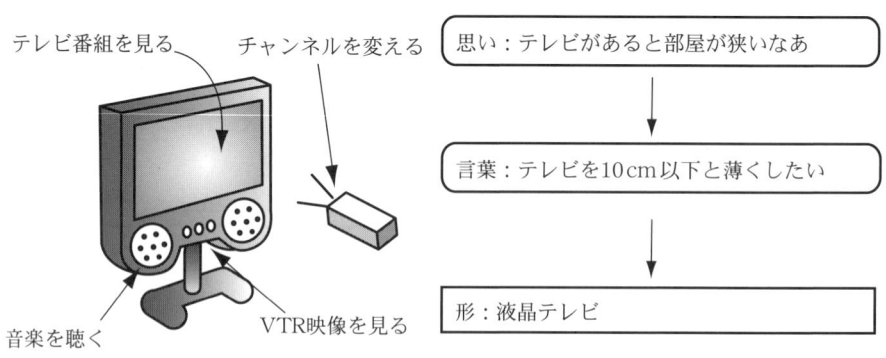

（a）形状から要求機能を考える　　（b）思いを言葉に，言葉を形に

図A.9 概念を言語化してみる

い．また，蒸気管が錆びて破裂しそうだ，と気が付いても「腐食，配管，溶接パイプ，減肉摩耗，座屈」などの言葉が連想できないと，データベースから有用な設計解が検索できず，対策が打てない．**言葉は道具**である．概念を一意に表す文章を書いてみよう．結構，難しいことに気付くはずである．

◆◇ 事故を防ぐにはハイテクの失敗防止機器が必要である

上述したように，日本の技術は高く，品質も安全も世界一流である．それでも事故数が下げ止まりなのだから，精神高揚策で根性を入れ直しても事故数は減らない．**根性よりはハイテクを駆使して，失敗防止装置を導入することが肝要である．**

たとえば，図A.10のように，**福知山線の脱線事故**（2005）では，運転士が1分単位の運転遅れに焦って飛ばし過ぎて，カーブを曲がりきれずに脱線して107名死亡した．運転士を焦らせた再教育「日勤」をはじめとした人事管理も問題だが，過速度を感知して減速させる装置（新式のATS-P，または旧式のATS-SWの2個で通過時刻差から速度を測る）の導入を渋り，京阪神の私鉄が1970年頃にそれを設置していたのに比べると，35年の遅れが生じていたことが問題であった．

事故を減らすには，"荒唐無稽のようなカラクリ"が必要になる．たとえば，日本の車道では一時停止線でブレーキを踏むだけである（仮にそこで止まっても優先車線が見えないことが多いが）．それで衝突事故が多いのならば，一時停止線にバンプを山脈状に盛ったり，一時停止線下にコイルを埋め込んで自動車を強制停止させたり，脇にカメラを設置して安全停止しない車を片っ端から記録すればよい．やる気になれば難しい技術ではない．

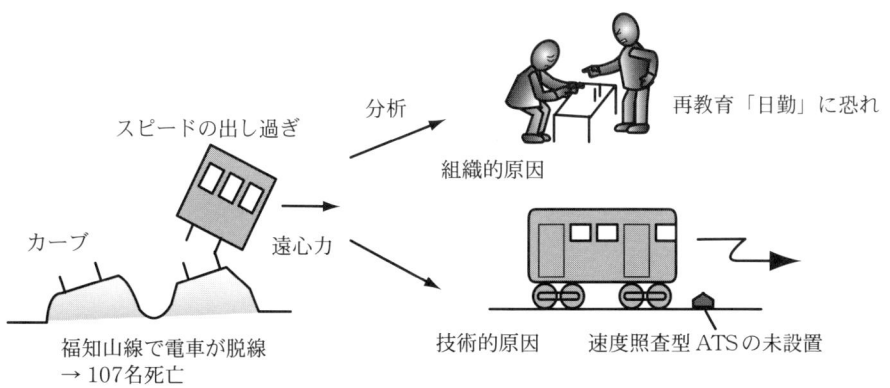

図A.10 ハイテクの失敗防止装置も必要である

◆◇ **日本で分析すべき失敗は，企画・開発の失敗である**

日本では，製造・検査の失敗は活かされている．製品クレームや労働災害，工程不良のような失敗を対処する小集団活動が実施されている．

一方で，企画・開発の失敗は誰も分析していない．それどころか，1975年頃から林立しはじめた企業の中央研究所は，30年間で新商品をほとんど産み出してい

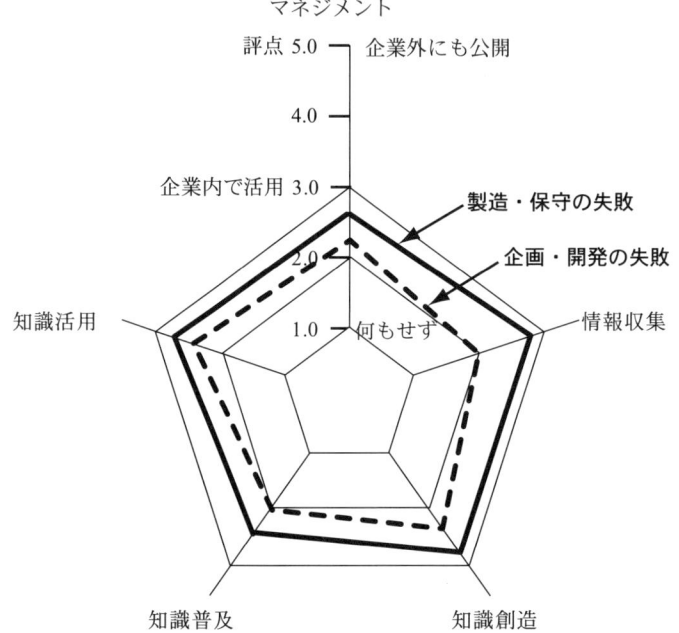

項　目	企画・開発の失敗	製造・保守の失敗
失敗が顕在化するまでの期間	長期	短期
失敗そのものの原因	組織的	技術的
失敗知識活用の効果が表れるまでの速度	遅効	速効
失敗の個数	少数	多数

図A.11　企画・開発の失敗は，製造・検査の失敗よりも，十分に知識活用されていない
参考文献：中尾政之，失敗知識知識活用を目指した組織活動の調査，日本機械学会誌，2005-3，Vol. 108, No. 1036, p. 67-70

ないという失敗さえ認めていない．つまり，企画・開発には失敗が存在しない，と公式にはアナウンスされているのである．

図A.11は筆者らが作成した「**失敗知識活用評価シート**」によるアンケート結果の一部分である．評点5は企業外に広く公開して社会に貢献したレベル，評点3は企業内で失敗知識を十分に活用できたというレベル，評点1は何も活動していないレベルである．さまざまな角度で分析したが，まず，日本の企業は平均が2.3と，従業員の半分は企業内で知識活用しているという予想外の結果だった（もっと悪いと思っていた）．なかには平均が3.7と，関連会社を含めて顧客や株主にまで失敗を公開している企業もあった．さらに，失敗活用の違いが生じる要因を調べたが，製造業vs非製造業，大企業vs中小企業というような比較よりも，製造・検査vs企画・開発という比較において，0.6点とより大きな違いが生じていた．

製造・検査の失敗と比べると，**企画・開発の失敗は**，**長期・組織的・遅効・少数**という**特性**をもつ．いずれも知識として扱いにくい特性である．さらに「開発の事実が秘密で，撤退の事実も恥ずかしいから秘密」というプロジェクトが多く，失敗事例が集めにくいという特性ももつ．失敗学の次のターゲットはこれである．

◈ 使命感が醸成されないと，失敗を防ぐ気にもなれない

しかし，これまでに筆者が示唆するのに従って「ナレッジマネジメントを会得した」「失敗百選を暗記した」「ハイテク装置を設置した」とすべてを実施しても，失敗は減らないこともある．すなわち最後に「**使命感**」という味付けが不可欠である．それがないと，真面目にやれと怒鳴りたくなるような事故が発生する．

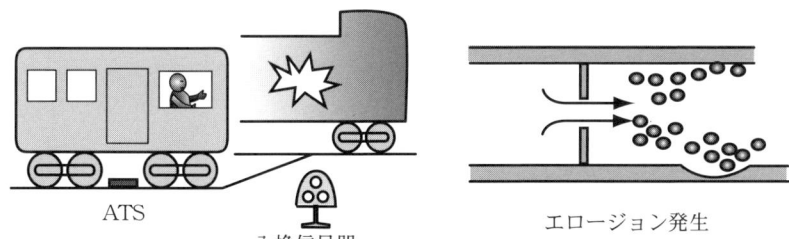

ATS　入換信号器　エロージョン発生

ATSも切り，信号機を見過ごし，特急に側面衝突 → 862名負傷

（a）安全装置を無視

製作会社が検査リストから抜けているのを指摘（1999と2000）→ 子会社が不作為
→ 子会社が親会社に通達（2003）
→ 事故の5日後から超音波検査予定
→ 破裂(2004) → 5名死亡

（b）親会社とコミュニケーション不足

図A.12　仕事に使命感がないと事故が生じる

図A.12（a）に示すように，**大月駅の衝突事故**（1997年，事象37.1）では，運転士がせっかく設置してある自動停止装置（ATS）を解除して回送電車を運転し，入換信号も見過ごして特急電車に側面衝突させ，862名が重軽傷を負った．「自分が持ち場の安全責任者である」という自覚が使命感に裏打ちされていないと，安全装置を解除するズルは誰でも行うことである．

ただし，**使命感は「明日の安心感」から生まれる**．図A.7で前述したように，成果主義に追われる中核人材や，半日後に配置転換されるかもしれないフリーターに，いくら「将来のために過去の失敗を学べ」と命令しても無駄である．彼らに必要なのは「今日の出来高」である．明日のではない．

エンジニアの使命感は，しばしば**医療従事者の使命感**と対比される．医者が命令して看護師がマニュアル通りに働くのは，エンジニアが命令してオペレータがマニュアル通りに働くのと同じである，と．しかし，同じ働くにしてもフリーターのオペレータと比べると，人を救うという看護師の使命感は強烈である．もちろん，専門職の教育が成功しているからであろうが，大学や専門学校を卒業すれば，もれなく仕事に就けるという，安定な就職状況によるところも大きいのだろう．

事故を防ぐには，マニュアル通りにメンテナンスすることが不可欠である．しかし，この単調なルーティンワークを子会社にさせて，コストダウンを狙う親会社が多くなった．ここで，**子会社の保守員と親会社の中核人材との間にコミュニケーショントラブルが生じて，事故の予兆が現れても連絡ミスで何も手を付けなかった**，ということも起こり得る．図A.12（b）の関電美浜原発の二次冷却水配管破裂（2004）では，電力の親会社，検査の子会社，製造会社の三者で，コミュニケーションが滞り，最後に子会社が検査リストから当該箇所が抜けていることを指摘していたのに，親会社の対応は遅く，不幸にも超音波検査予定の5日前にエロージョンで破裂して5名が死亡した．

◆ 失敗百選を作るのに，多くの支援を受けた

本書は，財団法人 日本原子力研究所（現，独立行政法人 科学技術振興機構）の**社会技術プログラムの失敗学プロジェクト**，および独立行政法人 科学技術振興機構の**失敗知識データベース整備事業**の助成を受けて，資料を集めた．すなわち，失敗学プロジェクトのひとつとして，日本機械学会に失敗知識分析委員会（委員：畑村洋太郎，中尾政之，大井健，土屋健介，飯野謙次，稲城正高，井原正登，梅崎重夫，大石直樹，谷本和久，辻明彦，土山博志，西村靖紀，服部和隆，原秀夫，張田吉昭，山本佳男，米山猛）を設置し，貴重な討論を3年間続けた．とくに本書の事故事例は，張田吉昭，飯野謙次，辻明彦，西村靖紀の各氏に収集していただいた．深謝する．

なお，資料一覧を参考文献のあとに記す．

◈ 失敗は生きている

　本書は，公開情報をもとに事故事例を記述した．しかし，存在するとは思わなかった未発表の資料や，調査委員会メモのような未公開の資料が見つかると，記述を書き直さなければならない可能性が高くなる．**事故事例は新たな科学的知見でいくらでも変化し，まるで生きているように振る舞**う．たとえば有名な**タイタニック号の沈没**（1912年，事象1.1）も，1960年代に沈没した原子力潜水艦スレッシャーとスコーピオンの深海の捜索のついでに1985年に船体が発見されてから，真実が明らかになった．すなわち，脆性破壊したのは鉄板そのものではなく，鉄板をつなぐリベットであり，それが氷山と擦れて脱落し，鉄板がめくれてたかだか5mの長さの隙間ができて浸水したことがわかった．25年前の筆者は，鉄板がガラスのようにスパッと割れたと習ったのであるが……．

　これらの文責はすべて筆者の中尾にある．間違っているというご批判は直接，筆者にいただければ幸いである（nakao@hnl.t.u-tokyo.ac.jp）．読者がこの1冊を読んで，失敗知識を日常生活や職場の危険回避に展開することができれば，本書の執筆の第一の目的は達成される．さあ，ページを開いたところから読んでください．

2005年9月

中尾政之

目　次

まえがき ── 人は誰でも同じような失敗をする ── ... i

第1部　「失敗百選」とは何か ... 1

I　なぜ「失敗百選」を作ろうと思ったのか
── なぜ「失敗ライブラリー」だけでは不十分なのか ── ... 2

II　「失敗百選」をどうやって作ったか，その知識の特徴は何か，そして利用効果があったのか ... 21
II.1　失敗百選を作って，その効果を自分の事故で調べた ... 21
II.2　失敗事例から失敗知識を抽出することが難しい ... 32
II.3　大失敗の特徴 ──安全パイでこけた，今度も大丈夫，逃げる暇がない ... 45
II.4　失敗百選を利用する ... 49

第2部　「失敗百選」を学ぶ ... 59

1. 技術的な要因で，しかも機械分野のエンジニアが少なくとも最初に考えるべき力学的な設計要因 ... 60

1　材料の破壊 ... 61

1　脆性破壊 ... 61
タイタニック号の沈没（1912）／リバティ船の破壊沈没（1942）／デュプレシス橋の崩壊（1951）／長崎でタービンロータの破裂（1970）

2　疲労破壊 ... 71
ジェット旅客機「コメット」の空中分解（1954）／美浜原発2号機の蒸気発生器一次冷却水漏れ（1991）／敦賀原発2号機の熱交換器から一次冷却水漏れ（1999）／DC10のユナイテッド航空機墜落（1989）／遊園地で回転遊具「カオス」が墜落（2001）

3　腐食 ... 80
脱臭缶加熱コイルからPCBが米糠油に漏出（1968）／ガスタンク内の

目 次　xix

ピストン吊り棚の腐食からガス爆発（2003）

4　応力腐食割れ　84
フリックスボローのナイロン原料工場での爆発（1974）／カナダで天然ガスパイプラインが破裂（1995）／浜岡原発のインコアモニタハウジングから漏洩（1988）

5　高分子材料　90
スペースシャトル・チャレンジャー号の爆発（1986）／ファイアストン社製タイヤのリコール（2000）／アロハ航空243便の機体構造剥離（1988）／プラスチック製のスキー靴が破壊（1994）／地球観測衛星「みどり」の太陽電池パネル破損（1997）／10,000 m級無人探査機「かいこう」ビークルの亡失（2003）／高速列車「ICE」の脱線転覆（1998）

2　構造の倒壊　103

6　バランス不良　103
友鶴事件（1934）と第四艦隊事件（1935）／トヨタのSUV1994年製「4-Runner」の横転（1995）／ベンツAクラスが走行テスト時に横転（1997）／解体作業中，頭を挟まれて死亡（1995）／アンテナ吊り上げ中にボルトが外れ転落（1982）／飲料自動販売機の転倒で下敷き（1998）

7　基礎不良　112
セントフランシスダムの崩壊（1928）／水島のタンク破損による原油流出（1974）／工事現場内を移動中の杭打ち機が転倒（1997）／御徒町駅高架橋直下の道路陥没（1990）／上野の地下駅が地下水で浮上（1994）／山陽新幹線トンネルのコンクリートがひかり号直撃（1999）

8　座　屈　120
広島新交通システムの橋桁落下（1991）／槐戸橋の締め切り支保工倒壊（1991）

3　構造の振動　125

9　共　振　125
ミレニアムブリッジの閉鎖（2000）／関西電力海南火力のタービン軸の飛散（1972）／苫小牧の原油タンク火災（2003）／「ポケモン」パニック（1997）

10　流体振動　130
タコマ橋の崩壊（1940）／高速増殖原子炉「もんじゅ」のナトリウム漏れ（1995）／福島第二原発の再循環ポンプの損傷（1989）

11　キャビテーション　134
H2ロケット8号機の打ち上げ失敗（1999）／スーパーカミオカンデの連鎖破壊（2001）／美浜原発2号機の化学体積制御系配管から漏洩（2000）

xx　目　次

4　想定外の外力　　140

12　衝　　撃　　140
フォード「ピント」の衝突火災（1972）／GMピックアップトラックの燃料タンク欠陥（1989）／タイプ3ドアの掛け金の欠陥（1991）／自動倉庫のリフト落下（1994）／高速道路で自動車に鉄製ふた直撃（1999）

13　強　　風　　146
余部鉄橋から列車脱落（1986）／嵐の中でテイ橋崩壊（1879）／台風21号で送電鉄塔倒壊（2002）／青函連絡船洞爺丸の沈没（1954）

14　異常摩擦　　151
技術試験衛星「きく6号」の静止軌道投入失敗（1994）／逆バンジー「スカイショット」でイスが鉄塔に激突（1998）／日比谷線の列車脱線衝突（2000）

2．技術的な要因だが，普通は副次的に考えている使用時の設計要因　　157

5　想定外の制約　　158

15　特殊使用　　158
箱型ブランコで女児の足が骨折（1997）／宅配便のスタビライザ損傷（2001）／焼き芋販売車の変速機損傷（1998）／レーザポインタで視力障害（1999）／デジタルビデオカメラでエアバスの操縦計器が異常（1997）

16　落下物・付着物　　165
コンコルドの墜落（2000）／桜木町の63系電車火災（1951）／火山灰による航空機のエンジン停止（1982）／降雪のワシントンでの飛行機墜落（1982）／スペースシャトル・コロンビア号の墜落（2003）

17　逆　　流　　173
豪雨でふたの外れたマンホールに転落（1985）／下水道のマンホールのふたが飛散（2002）／マフラー腐食で排ガスが車内侵入（1994）／ジェットバスで女児が溺死（2000）／大阪大学のモノシランガス爆発（1992）／MRIにボンベが引き込まれて男児に衝突（2001）

18　塵埃・動物　　180
石油ファンヒータが不完全燃焼（1985）／カラーテレビが発火（1990）／コイルスプリングの防錆塗装不良（1997）

19　誤差蓄積　　185
パトリオットミサイルの防御失敗（1991）／ソ連戦闘機による大韓航空機の墜落（1983）

目 次　xxi

6　火災・天災からの逃げ遅れ　189

20　油脂引火　189
高圧空気タンクの発火・爆発（1995）／無人大形・自動ラック倉庫の火災（1995）／東京大学工学部のボヤ（2003）／上越新幹線大清水トンネルの完成直前の火災（1979）

21　火災避難　194
ドニャ・パス号の衝突・炎上（1987）／韓国の地下鉄火災（2003）／オーストリアのケーブルカー火災（2000）／北陸トンネルでの列車火災（1972）／モンブラン自動車トンネル内の火災（1999）／歌舞伎町雑居ビル火災（2001）

22　天災避難　204
明治の三陸大津波（1896）／日本海中部地震による津波（1983）／北海道南西沖地震による奥尻島の津波（1993）／火薬爆発による津波でハリファックス市街全滅（1917）／有珠山の噴火（2000）／ネバドデルルイス火山の泥流災害（1985）

7　連鎖反応で拡大　213

23　脆弱構造　213
世界貿易センタービル崩壊（2001）／カーフェリー「エストニア」が沈没（1994）／ツェッペリンが水素爆発で墜落（1937）／韓国のサンプン百貨店崩壊（1995）／エンパイアステートビルへのB25爆撃機の衝突（1945）／高層アパートのガス爆発による連鎖崩壊（1968）

24　フィードバック系暴走　221
チェルノブイリ原発の爆発（1986）／エッチング装置でボルト飛散（2004）／富士重工「レガシィ」のアクセル緩まず，リコール隠し（1996）／エネルギー回収装置のタービン暴走・爆発炎上（1994）／小学校で防火シャッタ誤作動（1998）

25　化学反応暴走　230
セベソの農薬工場でのダイオキシン爆発（1976）／ボパールでのイソシアン酸メチル放出（1984）／オッパウの硝安爆発（1921）／ナップ製薬社での化学爆発（1995）／カリフォルニア製油所の廃油パイプが爆発（1997）／日進化工のヒドロキシルアミン蒸留塔爆発（2000）／アジア石油横浜工場でベンゼン爆発（1972）／ペンズオイル精製所の爆発（1995）／山梨厚生病院で高気圧酸素治療装置のタンク爆発（1996）／ルイジアナ州の穀物サイロの粉塵爆発（1977）／三井鉱山三池三川鉱の炭塵爆発（1963）

26　細菌繁殖　245
雪印乳業大樹工場製の乳製品集団中毒（2000）／雪印乳業八雲工場製の脱脂粉乳ミルク中毒（1955）／24時間風呂で水中出産の女児死亡

xxii　目　次

(1999)／越生町で水道媒介のクリプトスポリジウム集団感染 (1996)／狂牛病の発生 (2001)

27　産業連関　254
富士通HDD不良問題 (2002)／森永ヒ素ミルク事件 (1955)／アイシン精機で工場火災 (1997)／自衛隊練習機墜落・高圧線切断で関東広域停電 (1999)／タンカーのナホトカ号の沈没 (1997)

8　冗長系の非作動　263

28　フェイルセーフ不良　263
ユナイテッド航空811便の貨物室ドア脱落 (1989)／パンアメリカン航空103便の空中分解 (1988)／ニューヨーク大停電 (2003)

29　待機系不良　268
東証の株式売買システムが稼動せず (1997)／無人運転のニュートラム電車が暴走 (1993)／NTT専用回線の19,000回線ダウン (1998)／福岡銀行で磁気ディスク故障 (2000)／スリーマイル島原発の破壊 (1979)／カンザスシティのホテル遊歩道崩壊 (1981)

3. 技術的な要因だが，人間や組織との関係が強い設計要因　277

9　作業で手を抜く　278

30　入力ミス　278
不完全データ入力でアメリカン航空機墜落 (1995)／単位系の取り間違いで火星探査機が行方不明 (1999)／横浜市立大学病院での患者取り違え (1999)／三島駅で新幹線のドアに指を挟まれ，引きずられて死亡 (1995)

31　配線作業ミス　285
京都や兵庫で広域停電 (1999)／H2ロケット5号機の打ち上げ失敗 (1998)／JR中央線の切り替え工事で復旧されず (2003)／中央線藤野駅から始まった運行管理トラブル (1999)

32　配管作業ミス　291
解体途中の中座が爆発 (2002)／クリーンルーム内で女性の研究補助員が感電 (1988)／大阪天六地下鉄工事現場でガス爆発 (1970)

10　設計で気を抜く　296

33　自動制御ミス　296
ロープウェイのゴンドラが壁に衝突 (1992)／三菱自動車のリアディファレンシャルギアの破損 (2000)／長野の駒場ダムの異常放流 (2002)／中華航空エアバスが着陸失敗・炎上 (1994)／焼津上空でJAL機同士がニアミス (2001)

|34| 流 用 設 計　305
アポロ13号の生還（1970）／サーパス化学社の河川汚染（1997）／みずほフィナンシャルグループの大規模システム障害（2002）

|35| だまし運転　309
ハットフィールドで列車脱線（2000）／富士石油袖ヶ浦製油所の水素化脱硫装置の爆発（1992）／信楽高原鉄道での列車正面衝突（1991）

4．技術だけではどうしようもない組織的な要因　314

11 個人や組織の怠慢　315

|36| コミュニケーション不足　315
明石の歩道橋上の圧死（2001）／八丈島で遭難漁船の捜索開始が大幅遅延（1999）／中日本航空のヘリコプタ・セスナ機衝突（2001）／常磐線三河島での列車三重衝突（1962）／JR東海道線で救急隊員轢死（2002）／カナリア諸島でジャンボ同士が滑走路上で正面衝突（1977）／国分川分水路トンネルの水没（1991）

|37| 安全装置解除　327
大月駅で特急と回送電車が衝突（1997）／ディーゼル列車が取手駅ビルに衝突（1992）／JCOの臨界事故（1999）

12 悪意の産物　333

|38| 違 法 行 為　333
バリュージェット航空機がマイアミで墜落（1996）／アイソトープの不始末で放射線被爆（1987）／蛍光灯安定器が破損してPCBが飛散（2000）／寶組の勝島倉庫爆発（1964）

|39| 企画変更の不作為　338
原子力船「むつ」の放射線漏れ（1974）／諫早湾干拓事業の反対運動（2002）

|40| 倫 理 問 題　343
米国機械学会が民間企業と共謀して規格設定（1971）／糖尿病薬「リズリン」のリコール（2000）／自国で売れなくなった煙草を密輸で転売？（2000）

|41| テ　ロ　349
チェチェン・テロリストが劇場占拠（2002）／オウム真理教の地下鉄サリンテロ（1995）

参考文献 ── 失敗知識は書籍から効率的に学べる ──　353
あとがき ── 少しでも設計がうまくなりたい ──　369
索　　引　373

第1部
「失敗百選」とは何か

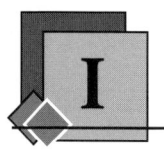
なぜ「失敗百選」を作ろうと思ったのか
── なぜ「失敗ライブラリー」だけでは不十分なのか ──

　「ナレッジマネジメントは，データベースを作り，それを検索することである」と信じている人も多い．筆者は2005年の科学技術振興機構主催の「異分野交流フォーラム」に出席したが，そこで「まず膨大な失敗ライブラリーを作って，それをコンピュータで高速に，しかも意味を考慮して言葉やイメージを全面検索すれば，必要知識が立ちどころに出力できる（可能性が高い）」と情報学の先生方にいわれた．類似性の高いものまで意味を深掘りして考えてくれる計算機をsemantic computerとよぶと教えてもらったが，まだ実現していないそうである．それができると「筆者の思考を模した演算回路に，膨大な現状の情報を入力すると『あれがこのように危ない』という具体的な知識として出力してくれる（可能性が高い）」そうである．しかし，その実現はいまだ遠い．それまでの中継ぎ技術として，本書では失敗百選の手法を紹介しよう．論旨を図I.1に示す．

◆〉「失敗学」で組織や制度を再活性化させる

　「失敗を活かして日本をふたたび元気よくさせよう」という目的で「失敗学」は2000年頃から大流行になった（図I.1 (a)）．

　日本では1990年代に経済が頭打ちになり，不況続きで以前のように成長できなくなった．それならば，ベンチャーでもイノベーションでもいいから「新しいことに挑戦しよう」と，大学をはじめ，元気な一匹狼がマスコミや経済界から応援されて頑張っている．しかし，ITやバイオのようなフロンティアが輝いている分野でさえ，一介のベンチャーが日本経済を支えるような大企業へと成長することは非常に難しい．この10年を顧みるかぎり，それは夢である．

　それならば後ろ向きではあるが，現存の組織や制度を改善してふたたび活性化させるのも，振興対策として有効である．人間は誰でも失敗する．それを隠さないで全体の知識として共有化し，日本全体で次の失敗を回避しながら最終的に成功したら，ものも作らず元手もかからないからこれほど経済的に効率のよい話はない．日本の振興策に役に立つかもしれないと，失敗学は多くの経営者から期待をもたれた．

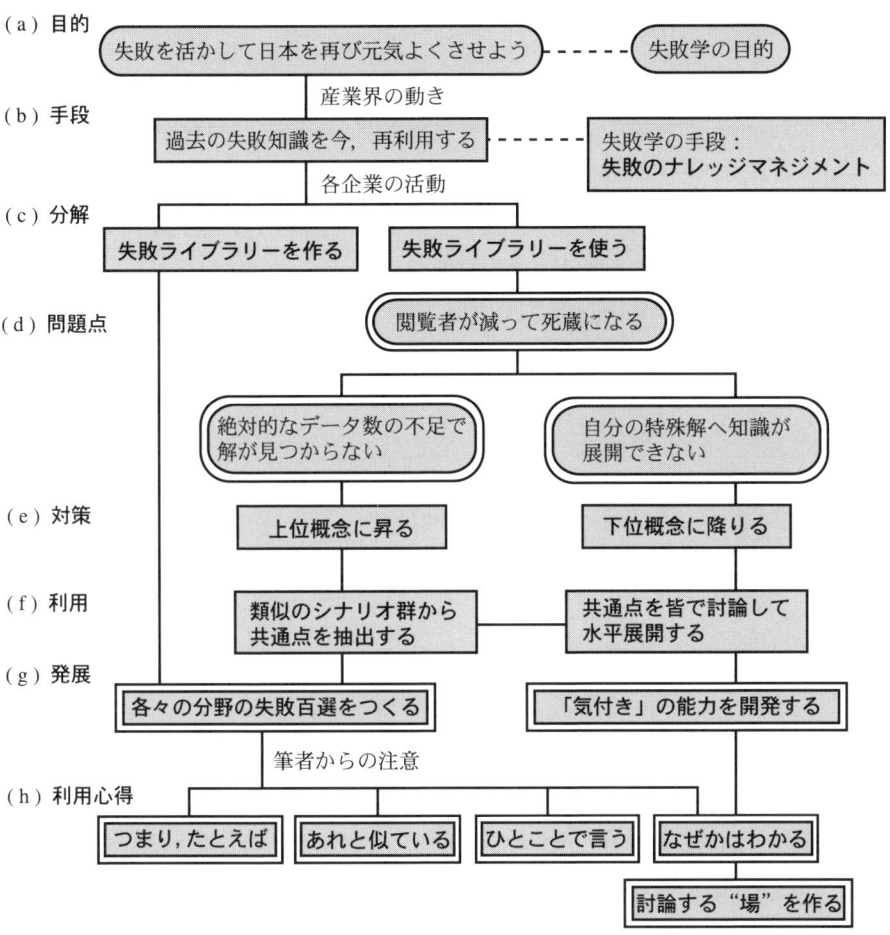

図 I.1 なぜ「失敗百選」を作ろうと思ったのか
－なぜ「失敗ライブラリー」だけでは不十分なのか－

◆◇「失敗ライブラリー」で他人の失敗知識を活用する

　筆者は失敗学の"伝道師"として多くの組織で講演しているが，そこで主張していることは「失敗学＝失敗のナレッジマネジメント」である（図I.1 (b)）．すなわち，失敗学でやりたいことは「過去の失敗知識を今，再利用すること」である．具体的には「自分で失敗を体験したり，他人の失敗を伝聞したりして得た知識を，まず収集してそこから共通点を抽出する．次にそれを現在の自分の状況に当てはめて，将来の失敗を予測し，致命的な損失を回避する」ことである．つまり「知識を集めて選んで使う」ことである．

失敗知識のうち，最も強烈な知識は自分が失敗して得た「体で覚えた教訓」である．しかし，人間の一生はそれほど長くない．ひと通りの失敗をすべて体験していたら，それを活かす時間が人生には残っていない．そこで，他人の失敗を「他山の石」として活用したい．

　実際，どの組織でも，**失敗学は「失敗ライブラリー」作りから始まる**（図I.1 (c)）．具体的には，組織内で大騒ぎした事件から喫煙所の噂話まで，種々雑多な失敗の暗黙知を，恥も外聞も捨てて表出するのである．

　これまでの日本の組織では，失敗の事実自体を隠し，責任追及を恐れて原因を曖昧にすることが多かった．しかし，1995年頃から事情が変わってきた．まず，情報技術の発達で怪文書が大量に伝送できるようになった．さらに，リストラが常態化して組織への忠誠心が薄れたので，失敗事実が簡単に組織の防波堤から溢れ出て社会へと広がるようになった．一方でマスコミも，従来の「責任者出て来い！」の正義感溢れる責任追及だけでなく，再発防止を目指した原因究明に対しても，真相解明のエネルギを注力するようになった．すなわち，「隠しても無駄」の世の中になったため，隠して後で非難されるよりは，正直に公開して詫びを入れて復旧事業に真摯に取りかかったほうがよい，と社会が考えるようになったのである．

　筆者らも自分たちの失敗ライブラリーを作ろうと，1993年頃から仲間うちで設計の失敗知識を集める活動を進めてきた．これを「**続々・実際の設計ー失敗に学ぶー（日刊工業新聞社，1996）**」として出版したが，そこでは設計者が引き起こした失敗事例や，世界中から重大事故を集めて，事象・経過・原因・対策・統括・知識化と内容を分割して解析した．蛇足ながら，この本を評論家の立花隆氏が「失敗学」として紹介し，編著者の畑村洋太郎氏は「**失敗学のすすめ（講談社，2000）**」を出版したところ，14万部も売れて失敗学の「教祖」となった．

◆ 国が失敗知識データベースを構築する

　このような失敗を公開する精神的土壌が醸成されれば，ひとつの組織を超えて，公共機関やボランティアでも多くの失敗事例を大規模に収集でき，デジタル化して公開することは簡単である．たとえば，筆者らも文部科学省のプロジェクトで失敗知識データベースを構築し，「**http://shippai.jst.go.jp/（科学技術振興機構，2004）**」で公開した．

　このプロジェクトにおいて，筆者は機械分野を担当した．この分野は歴史が長い分だけ，労働災害と輸送機関事故について，事故事例集が（未整理だが）多くの場所に大量に散在していた．これらから500個程度の知識を集めて，デジタル化したデータベースを構築することは手間はかかるが容易な仕事であった．多くの組織

でも，これまでの紙で集めた事故事例やクレーム事例をデジタル化して，事例1,000件以上の立派な社内秘のデータベースを構築している．そのうちのいくつかを筆者は垣間見ることができたが，いずれも構成は似ている．つまり**検索**では，「事象（または現象，不具合）・原因・対策」の三つの方向からキーワードを選べば，読みたくなるような失敗事例を出力できる．また，ひとつの事例は一般に技術的原因と組織的原因の両方を有するため，検索でも両方の原因から欲しい事例を出力できる．

　そのうちの技術的原因は，設計者，学者，研究者などがこれまでにこと細かに分析している．工学者の筆者も，上述のプロジェクトで賢しら顔で工学的に事例を分析した．しかし，冷静に考えれば，このような原因の多くは事故発生時点で既知である．どこかにその危険性を示唆している記事や書籍があり，設計者が前もってそれらの存在に気が付いていれば回避できたものばかりである．たとえば，本書に記した機械の失敗事例では，ほとんどの技術的原因が事故発生時点で既知であった．逆に事故のときに人類初の未知の現象に直面したものは，事象1.2の**戦時標準船の脆性破壊**（1942）や事象2.1の**コメット機の金属疲労**（1954）のように数えるほどしかなかった．

　だから，編集者は（いい訳に過ぎないが）なぜ設計者は既知のメカニズムに気が付かなかったのか，という組織的原因の解析をするようになる．一般に組織的原因は人間のやることだから，事象が異なっていても皆，大体は同じである．つまり，設計や工事の失敗は，経営の判断ミスや政治の不祥事と同じような形態をとることがわかる．ここで一気に文化社会学的な色合いが濃くなり，**失敗学**は「**文理融合の学問**」になった．

◆◇「失敗ライブラリー」を利用しても有効な知識が得られない

　これも筆者の経験であるが，いずれの「失敗ライブラリー」でもアンケートをとり，検索者にそれは有効だったかときけば，皆が有効だったと答えた．試しにライブラリーに入って，ひとつふたつ事例を読んでみれば確かにナルホド，ソウダッタノカと感心する．仮に全部，暗記できれば"安全技術の神様"になり，コンサルタントで稼げそうだと思う．

　しかし，フト思うのである．自分の場合，この知識は一体いつ役に立つのであろうかと．そう思うとライブラリーはただちに有効ではなくなり，かぎりなく無効になる．実際に今，困っていることを無理矢理でも想定して，検索してみればよい．なかなか役に立ちそうな事例がヒットしない．ヒット件数は数件程度がよい．それ以上に多く，たとえば100件だと読む気が起こらず，それ以下の0件だと（実際は

これが多いのだが）スイッチを切りたくなる．

このように，多くの組織が失敗学の手始めに，闇雲にデータを集めてデジタル化したが，そのうちに**「失敗ライブラリー」の閲覧者が減ってきて，半年もすると単なる死蔵になる**（図I.1（d））．失敗ライブラリーを運営している方にインタビューすると，ライブラリーは作るのが大変な割に，利用する人が少ない，つまり経済的にコストパフォーマンスが低いのが問題，という答えが多くの方から得られた．なんでこのようになったのであろうか．

◈ ライブラリーとしてデータをいくつ集めればよいのか

上述したように，多くの組織がアクシデント（実際に生じた事故）だけでなく，インシデント（ヒヤリハットだが，未然防止した事例）までを含めた，"正直申告の懺悔録"を作り上げてきた．しかし，残念なことに，それは検索者が他人の失敗をほくそ笑むことだけに有効で，読後の正直な感想は「**失敗はケースバイケースである．そのころと今とは全然違う．こんなことまで考えていたら仕事が進まない．余計なお世話だ**」だった．だからポイッと捨てられるのが関の山であった．

事故は本当にケースバイケースで，さいころを振るように，以前に振った目とは無関係に次の目が生じる独立現象なのであろうか．それでは，失敗ライブラリーによって仮に100個の失敗事例を勉強しても，101個目はまったく異なる失敗が生じて，それまでの努力は水の泡になるということになる．一体，事例をいくつ集めれば，新たな事故が起きても過去に起こった事例のくり返しと判断されて過去の知識を使用でき，上述のケースバイケースによるポイ捨てが解消されるのであろうか．

失敗ライブラリーを利用して無効と評価した人にその理由を問うと，まず最初に「絶対的なデータ数の不足」を糾弾する．コンピュータでマイニングするデータベースの必要数はたとえば5,000個といわれる．しかし，企業によっては100,000個集めてもまだ不足で利用しにくいと，従業員に非難されていた．検索者がヒットしたと感じる事例を得るのに，10万件の準備が必要だというのは何かおかしい．筆者は設計知識データベースを用いた設計のナレッジマネジメントシステムを作ったが，この経験を「**創造設計学（丸善，2003）**」で述べた．これは900件程度だったが同じように，数が足りないという意見が聞けた．

しかし，記憶していた100件程度のデータから自分の課題に適するものを選んで，実際に有効に使用できる人もいるのである．つまり，使える人は使えるのである．筆者の経験からして半数の人には有効であると思う．データベースの利用者数の少なさは，データ数の少なさよりは利用者の思考の硬直性に問題があるのではないだろうか．

◆◇ 今の自分はデータに書かれてた状況とまったく異なる（そんなはずがない）

利用者の思考における問題は「自分の状況は，データのそれとまったく異なる」と強く信じてしまう硬直性である．つまり，「自分の特殊解への知識を展開できない」状況が生じる（図I.1（d）の右側）．

たとえば，筆者は2003年の設計工学の講義で「失敗知識データベース上の知識を用いて，自分の演習課題でもある油圧シリンダを改善設計せよ」というテストを学生に課した．すると，全員の114名が有用な知識をデータベースから検索できたが，40％の45人の学生しかそれを自分の設計に利用できなかった．つまり，「鋼の焼入によって生じる表面の残留圧縮応力は耐疲労性を向上させる」という一般解から，「自分の直径50 mmのS45C（カーボンを0.45％含む構造用炭素鋼）のロッドに高周波焼入する」というように**各自の特殊解へと展開することが半数しかできなかった**のである．

できなかった学生からは「鋼といっても自分のS55C（0.55％含む）では効果的とは思えない」「表面だけに焼入するといっても自分のロッドは直径120 mmなので高周波焼入で十分だとは思えない」というようないい訳が得られた．筆者は「そんなことは鋼とか焼入でふたたび検索すればわかるはず，勉強しろよなあ」とため息が出てきた．半数の人は，データ上の設計事例と自分の設計とが全然違うと感じると，脳の活動を停止し，いくら有用なデータでも即刻「ゴミ箱」行きにした．

2004年にも同じ講義で同様な課題を出してみた．この次は「応力腐食割れ」である．油圧シリンダでは多種多様の設計が可能であるが，真鍮製のロッドブッシュ，ステンレス製のシリンダ，亜鉛メッキ炭素鋼の高張力ボルト，アルミニウム合金製のタイロッドなど，応力腐食割れが生じやすい材料が，図面のなかに含まれている．現在の学生は情報の検索能力に優れ，有用な事故事例を誰でもいくつか見つけてくる．しかし，その情報を使って自分の設計にフィードバックして活用できるかというと，それは検索能力とは別の話で，活用できたのは52％の28人だけだった．

また，2003年に**東京大学工学部の筆者の学科でボヤを出したが**（詳細は事象20.3），失敗のシナリオは油漏洩，オガクズ吸収，溶接火花，引火炎上，消火器鎮火であった．しかし，そのシナリオは1979年の**大清水トンネルの火災**（事象20.4）と最後が消火器故障であったのを除くとほぼ同じで，その火災を講義中にビデオでみせて説明していたにもかかわらず，筆者ら教員を含めて誰も危険に気が付かなかった．歴史はくり返すといっても，ビデオの再生のように100％一致するはずがなく，**類似性を直観的に感じるような「気付き」の能力開発が不可欠である**．筆者が思うに，その能力開発には次に述べるような思考運動が有効である．

◆ 失敗知識の上位概念を抽出する

失敗ライブラリーの利用心得として最も大切なことは，データごとに「上位概念に昇る」ことである．図I.2に失敗の概念の階層性を示す．下位にあるのが個別で属人的，体験的で特殊な課題と解であり，上位にあるのが一般的・抽象的・体系的・反復的・共通的な課題と解である．特殊な課題に対する特殊な解が存在しないときは，上位に昇らないと使えそうな一般解が見つからない．

一般に，修理，特許，総務，営業などに用いる，いわゆるナレッジマネジメントの"ハイブリッドシステム"では，特殊な解が見つからないとき，図I.3に示すように，顧客の特別な相談を受けるテレフォンサービスが上位の課題を見つけるのを支援する．

たとえば，**税金の庶務サービスをシステムに委託していた場合**，自分がその企業だけから給与収入を得ていて自分以外の家族が無職であれば，条件を入力すれば書式が検索できて簡単に納税額が出力される．ところが特殊な例で，アパートを貸して不動産所得があるが自宅を買い換えたら大損したとか，奥さんがパートで200万稼いだが寝たきりの老人を抱えて大学生の長男は別居しているとか，事情が複雑になると，納税にはどの書式が適用されるのか，または控除には自分にどのような条件が課されるのか，容易にわからなくなる．このときは税務署の相談室のような人間系の支援システムが不可欠である．そのシステムは所得の種類，総合課税，譲渡所得，扶養控除などの上位概念で基本ルールを検索し，個別の事例を柔軟に検討する．

また，**街角の占いも同じである**．個々の相談は顧客ごとに異なるが，恋愛，金

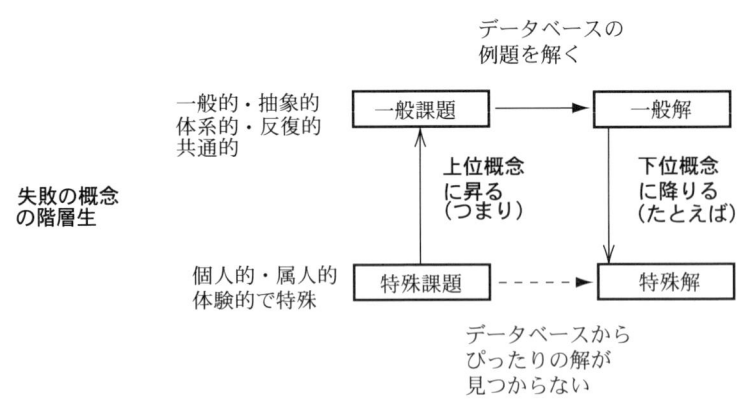

図I.2 上位概念に昇る

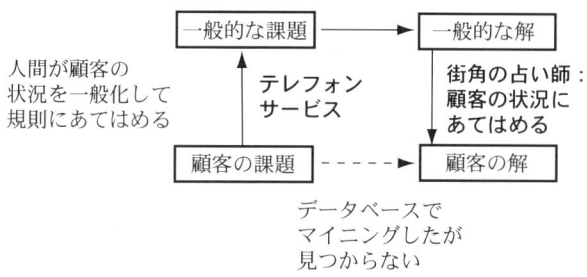

なぜ「失敗ライブラリー」だけでは不十分なのか

```
                           過去の例題
                    ┌─────────┐      ┌─────────┐
                    │一般的な課題│─────→│一般的な解 │
                    └─────────┘      └─────────┘
  人間が顧客の              ↑   テレフォン    │ 街角の占い師：
  状況を一般化して           │   サービス    │ 顧客の状況に
  規則にあてはめる           │             │ あてはめる
                    ┌─────────┐      ┌─────────┐
                    │ 顧客の課題 │------│ 顧客の解  │
                    └─────────┘      └─────────┘
                           データベースで
                           マイニングしたが
                           見つからない
```

図 I.3 ナレッジマネジメントのハイブリッドシステム

銭, 友人, 転職などの分類項目は共通である. 算木で導いた一般解を, 顧客の特殊な課題に合わせて解釈して, たとえば「あなたの近くにいる人によって幸福が訪れます……そうです, 幼友達のAさんです」と特殊解を導くのである. 下位概念への降り方を間違えると, 顧客はご託の意味がわからず, ありがたいお告げだとは思わなくなる.

データベース活用能力は, 図I.2に示したように, 上下の階層を思考的に昇降運動することで得られる. この「思考の昇降運動」は, 具体的には上位に昇るときは「つまり」, 下位に降りるときは「たとえば」といってから, 説明できる能力と同じである. 法学者は, 個人の訴訟に対して, 「つまり」刑法の殺人罪の適用を受けるから, 「たとえば」君の場合は情状酌量が認められて懲役10年の判決が出るだろう, というように頻繁にこれらを連発する.

同じ人間を二度殺せないから, まったく同じ状況の判例は過去に存在しない. それでも, 過去の判例をもとに依頼された訴訟を弁護・判決しなければならないのである. ここで, 殺人罪という上位概念に昇れば, 似たような殺人事件の裁判記録がいくつでも検索できる. 「つまり, たとえば」を無理にでも使っているうちに, しだいに思考の昇降運動は活発になる（図I.1 (h)）.

◆◇ 類似のシナリオ群から共通点を見つける

筆者は, 多くの組織から, 失敗ライブラリーを用いて失敗知識を効果的に学ぶ方法について, 相談を受ける. このときに, 経験的に最も有効な方法は, 「**類似のシナリオ群から共通点を見つける**」ことである（図I.1 (f) の左側）. それを覚えて反芻すれば事故は予測でき回避できる. すなわち, 各事例ごとに上位概念を抽出してシナリオを記述するが, そのなかでとくに高頻度で発生していたシナリオから

共通要素を見つけ出し，この共通要素を皆で討論して水平展開するだけでなく，濃縮した知識として脳に刷り込む方法である．

　たとえば，交通事故ごとに，「雨天，通勤途中，信号のない交差点，一時停止違反，側方衝突」のようにシナリオを書いていき，そのなかで「信号のない交差点」に類似事例が集中していたら，それを共通要素として暗記する．事故現場の恐ろしい写真とそのシナリオを覚えて，実際に信号のない見通しの悪い交差点に来れば，普通の人は止まれの白線から恐る恐る出ながら，優先道路をチェックするはずである．

　自分の失敗が起こりそうな状況を分析して，上位概念がいずれかの分類項目のどれかと同じだとわかり，**上位志向の思考が上限に達したと思ったら，次にそこから下位志向の思考で具体的な事故事例を検索すればよい**．もちろん，分類事項をあまりに抽象的に設定すぎると，対象事例が多すぎるだけでなく，内容がボケてしまって下位概念に降りられない．たとえば，失敗の例だが上述の「失敗知識データベース」では，「無知」「不注意」に共通点を絞ったら事例全体の60％，323件も含まれてしまった（次章Ⅱで詳説，図Ⅱ.10）．仮に「人間は考え落としをする動物である」という抽象的で哲学的な真実が得られても，この真実は考え落としして困っている今の自分にすぐに役に立つものではない．

❖◇ シナリオから共通要素を抽出して，それを学習する

　いずれの組織においても，最も短い時間で失敗知識を活かす方法は，図Ⅰ.4で示すようなものである．まず，**組織内から失敗事例を100件ほど集めて，シナリオを書いてみる**．仮に，設計部に20人のエンジニアがいるのならば，1人5件ずつ失敗事例をあげてもらう．**事例ごとに，事象・原因・対策について，上位概念を抽出し**，

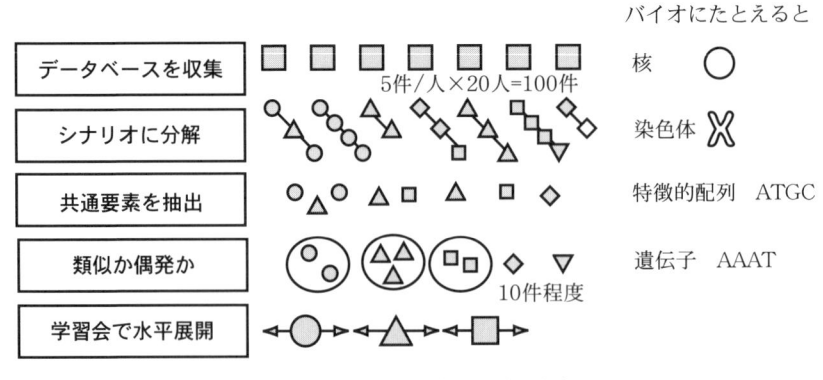

図Ⅰ.4　失敗知識の有効な活用方法

それらをシナリオとして連結する．たとえば「事象はフォークリフトのスリップによる荷崩れ」「原因は加工機械からの油漏れによる床の滑走化」「対策は機械ごとにオイルパンの設置」というように概念を出しあって，シナリオを連結する．

　これはバイオの実験で遺伝子を探すのと同じである．まず器官の細胞から核を取り出す．失敗のデータは核にあたり，それから抽出したシナリオが染色体にあたる．染色体は長い1対のDNAからなるが，いくつかの個体のDNAから探し出した共通で特徴的な配列が遺伝子である．つまり，**シナリオに共通な上位概念が遺伝子にあたる**．

　一般的に，事象は，その事故や不具合を出したモノがあるから記述は簡単である．対策も，やったことは事実として明らかだから，これも簡単である．一方で，わかりにくいのは原因である．上述したように，技術的要因と組織的要因にわかれるが，どこまで上位に昇って概念を記述すべきなのかがわかりにくい．まず簡単なことだが，原因が類似か偶発かを考えてみるとよい．偶発だと，いわばケースバイケースであり，ナレッジとしては"鬼っ子"になってグループ分けできなくなる．

　普通は，組織的原因は当事者が変わろうと，人間は大体同じ理由で失敗するので，類似に分けられる．たとえば，本書で後述するように，コミュニケーション不足，安全装置解除，違法作業，企画変更の不作為，倫理問題，テロ，のような上位概念の分類項目に分けられる．この分類項目が，上述のシナリオの共通要素である．逆に，技術的原因はすべてが偶発かというとそうでもなく，筆者の経験では少し抽象化すると，ほとんどが類似である．たとえば，同じく本書で後述するように，材料破壊に関して，脆性破壊，疲労破壊，腐食，応力腐食割れ，高分子材料，などの分類項目に，また想定外の外力に関して，衝撃，強風，異常摩擦，などの分類項目に分ければよい．

　たとえば，上述したフォークリフトのスリップ事故では，組織的原因として，検査課のリストラで油漏れの定期点検が延期され，根本的に修理せずに絶えず掃除していたという「だまし運転」や，技術的原因として，工場の床に緑のビニール塗装を施したら，摩擦係数が半分になって滑走化しやすくなったという「異常摩擦」が生じていたということがわかる．

　共通要素が抽出されたら，それを議題として注目して構成員同士で討論するとよい．ロールプレイングゲームで臨場感を感じながら学んでもよいし，各人が試みている対策を公開しあって最適な方法を選択してもよい．異常摩擦が今日の議題だったら，自分の職場に起こっている摩擦を思い出してみる．そういえば液体窒素タンクの前の地面が凍っていて昨夜転びそうになった，ドリルをコレットチャックから外そうと思ったら手が滑って刃で手の平を切った，というように．このような**学

習会では話し合ううちに，自分の特殊解へと水平展開でき，別の職場の人から思ってもみなかったアイデアを借用できる（図I.1（f））．

◆◇ **失敗の研修コースでシナリオの共通要素を抽出する**

筆者は失敗の研修コースの講師になることが多いが，そこでは上述の手法でシナリオや共通要素を抽出して，討論の議題にあげている．たとえば，表I.1は，**製鉄所の耐火物の事故**を6社から23事例集めて整理した結果である．個々の詳細な事例は守秘義務から公開できないが，まず事象と原因から共通要素を整理する．ここで，偶発として，はじめての試作で遭遇した事故や突発的に生じて対応できなかった事故を除くと，残りは類似だから，減肉部分の耐火物から漏鋼した事故，耐火物内の残留水分で蒸気爆発した事故，取鍋のバルブの閉め忘れで漏鋼した事故の3つがあげられる．これで問題意識が鮮明になる．

次に面白かったのは対応として，多くが管理基準の強化をまず挙げていることである．このような気合いの入れ直しは金がかからないが，基準を強化してもその理由が明確でなく，事故のたびに不必要に検査頻度が高くなることが問題である．もっとハイテクの失敗予防装置を活用した技術的な対応が考えられないだろうか．たとえば，ハンディの赤外線カメラやレーザの形状測定器で減肉をチェックしたり（実は秘密で試していた），外科手術用のX線装置や水分検出用のレーザ吸光装置を流用したりするのも有効ではないか．こうなると学習会も俄然，面白くなった．

表I.1 製鉄所の耐火物要因による重大トラブル

偶発	8事例	35%		対策　←気合の入れ直しでは学習会の効果は少ない
試用	12, 17	（新レンガ）		○管理徹底（目視頻度増加，使用基準見直し）
実験	22, 23	（収縮）		19事例 82%
特殊条件	19, 20	（新鋼種）		1, 2, 3, 4, 5, 7, 8,
急変	4, 6	（脱落）		9, 10, 11, 13, 14, 15,
				16, 18, 19, 20, 21, 23
類似	15事例	65%		○技術的要因で解決 19事例 82%
残厚チェックミス		1, 2, 3, 5, 7, 15, 18, 21		残厚センシング（レーザ形状測定）
作業未徹底		8, 13, 14, 16		（サーモビュア表面温度測定）
		（残存水分が爆発）		（熱電対内部温度測定）（X線レーダ？）
不注意		9, 10, 11		1, 2, 3, 4, 5, 7, 15, 16, 18, 19, 21
		（バルブ閉め忘れ）		差込防止構造　　　　　　　　　1, 22
↑問題意識が鮮明になる				インターロック
				（フェイルセーフ？）　　　　　9, 10, 11
				水分センサ
				（レーザ吸収？）　　　　　　　8, 13, 14

〈6社から23事例を収集（番号は事例番号，日本鉄鋼協会，耐火物部会，2004年）〉

↑ハイテクの失敗予防装置が有効である

なぜ「失敗ライブラリー」だけでは不十分なのか　13

　また表I.2は，**航空管制官**から集めた約60名の53事例を整理した結果である．表（a）はヒューマンエラーの観点から，シナリオの原因から共通要素を抽出した結果である．管制官は自分の飛行空域から着陸してターミナルに着くまで四つに分割して4人で担当飛行機を手渡ししていくが，たとえば，連絡ミスやうっかりミスで同じ空域の同じ高度に2機を設定して真っ青になることが多いことがわかる．また，パニックのような繁忙時健忘症は予想に反して少なく，たった23％だということがわかる．

表I.2　航空管制官のヒヤリハット

ハイテクの失敗予防装置を
新たに作ったら有効である

(a) 原因からヒューマンエラーで分類する
　　（1行でも書いてある59事例で）

18（30%）	反応能力不足，単純ミス，注意不足 ex. 便名を読み間違えた
14（23%）	パニック，忘却，繁忙時健忘症 ex. 注意されたことを忘れた
10（17%）	自分勝手，想定外の他人の行動への対処 ex. 隣の人への質問が指示ととられた
9（15%）	思い込み，思考停止 ex. 根拠なく，その空域はあいていると思った
8（13%）	過信，慣れ，非定常時の対応不足 ex. いつもの誘導路を使った

ヒューマンエラーで分類できる．
しかし，それだけだと対策が
気合の引き締めだけになりやすい

〈羽田空港航空管制官60人からアンケートで収集（2004）〉

(b) 技術的な対策を想定して分類する
　　（対策まで書かれた53事例で）

10（19%）	コンピュータが音声認識して復命確認させるだけでなく，危険を指摘する	
防止可能な事例	便名が同じで会社が違うので混乱	4
	英語を間違えた	2
	コールサインやコースを言い間違えた	2
	隣の使えない誘導路に指示した	2
19（36%）	コンピュータが音声認識して，その指示で衝突しないかをチェックする	
防止可能な事例	航空機の性能を考慮して指示できなかった	10
	出発機や到着機を通過機の存在空域に指示した	9
24（45%）	コンピュータが航空機のレーダ像から衝突を自動的にチェックする	
防止可能な事例	レーダ上でいつの間にか接近していた	5
	他席のコントロールと思い込んだら接近していた	4
	曲げる方向を間違えたら接近していた	3
	緊急発進，小形機進入，機長聞き間違いで接近した	3
	OJTで部下が間違えて理解し，接近した	3
	いつの間にか隣の管理空域に進入していた	2
	最初の1機を忘れて，接近した	2
	他席に渡したら離陸していたはずと思って次を指示した	2

たとえば，事象33.5の**JAL機同士のニアミス**では管制官がパニックになったと報道されたが，管制官の便名のいい間違えを教官とともにボーッとして気が付かなかったのが問題であって，別に何かに強いられてパニックになったわけでないらしい．どちらかというと，あくびが出るほど暇なときほどインシデントは起こりやすい．となると，再発防止策は管制官の気合い引き締めしか考えられなくなる．

ところが表（b）のように，シナリオの対策をハイテクの失敗予防装置を用いた技術的対応で整理すると，また違った対策方法が考えられる．たとえば，レーダから得た飛行機の位置・高度と，自動音声認識から得た管制官の指示とをデジタル化して，コンピュータが当該位置・高度の干渉を自動チェックして警告したら，多くの失敗が防げることがわかる．米国の空港ではデジタル化したレーダが使われているが，日本の空港では緊急時に人間が考えたほうが早くてトラブルが少なかったので使われなかったらしい．現在は，日本の管制官の試験が非常に難しいため，とびきり上等の人間だけで運用しているが，筆者が思うにその優秀さこそハイテクを使わない主因ではなかろうか．本書でも記したが，鉄道事故の回復や花火会場の整理では，プロと自認する人が「コミュニケーション不足」で信じられないような事故を誘発している．ハイテクは不可欠である．

◈ 重大事故のシナリオには，本書の共通要素のどれかが必ず含まれる

このように上位概念でまとめたシナリオ群から得られた共通点，つまり**シナリオ共通要素**を"漢方薬屋の引き出し"に入れて用意しておくと，いずれの重大事故でも，それらの引き出しのどれかに分類できる．仮に分類できるのならば，そのなかにすでに分類されていた過去の失敗の対策知識から，そのときはどのように対応すべきか，という普遍的な教訓が引き出せるはずである．

本書では，新聞を賑わせたような有名な機械に関する事故事例を200個程度収集し，各事例ごとにシナリオを抽出し，さらにシナリオの共通要素から，大分類・中分類・小分類して表I.3のように整理した（図I.1 (g)）．このときに，筆者の直観でこれらの分類項目群を決めたわけではないことを強調したい．

ここでは「新聞を賑わせた」ような事故事例に注目したので，次の二つの種類の事例が含まれた．ひとつは，**多くの死傷者が生じた技術的に重要な重大事故**である．原因調査にも資金と人材が注ぎ込まれ，多くの資料が残された事故で，解析も容易である．もうひとつは，**死傷者はほとんどないが社会的に身近に危険を感じ，世間を騒がせて経済的な損失が生じた重大「事件」**である．この事件のシナリオ群のなかに，多くの非技術的な組織的原因や人間工学的原因が含まれた（表I.3の左端の大分類の3と4にあたる）．

なぜ「失敗ライブラリー」だけでは不十分なのか　15

表I.3　シナリオの共通要素（左から大分類，中分類，小分類）

大分類	中分類	小分類
1. 技術的な要因で，しかも機械分野のエンジニアが少なくとも最初に考えるべき力学的な設計要因	1 材料の破壊	1 脆性破壊 2 疲労破壊 3 腐食 4 応力腐食割れ 5 高分子材料
	2 構造の破壊	6 バランス不良 7 基礎不良 8 座屈
	3 構造の振動	9 共振 10 流体振動 11 キャビテーション
	4 想定外の外力	12 衝撃 13 強風 14 異常摩擦
2. 技術的な要因だが，普通は副次的に考えている使用時の設計要因	5 想定外の制約	15 特殊使用 16 落下物・付着物 17 逆流 18 塵埃・動物 19 誤差蓄積
	6 火災・天災からの逃げ遅れ	20 油脂引火 21 火災避難 22 天災避難
	7 連鎖反応で拡大	23 脆弱構造 24 フィードバック系暴走 25 化学反応暴走 26 細菌繁殖 27 産業連関
	8 冗長系の非作動	28 フェイルセーフ不良 29 待機系不良
3. 技術的な要因だが，人間や組織との関係が強い設計要因	9 作業で手を抜く	30 入力ミス 31 配線作業ミス 32 配管作業ミス
	10 設計で気を抜く	33 自動制御ミス 34 流用設計 35 だまし運転
4. 技術ではどうしようもない組織的な要因	11 個人や組織の怠慢	36 コミュニケーション不足 37 安全装置解除
	12 悪意の産物	38 違法行為 39 企画変更の不作為 40 倫理問題 41 テロ

この表を作った後，筆者は，新たに生じた事故はいずれもシナリオ共通要素のどれかに含まれ，分類項目の設定が適正であった，とほくそ笑んでいた．しかし冷静に考えると，実は組織的原因や人間工学的原因を抽象的な言葉にして設定しすぎたことが原因のようである．つまり「無知」「不注意」のような抽象的な分類項目を仮に用意しておけば，いずれの失敗もいずれの分類かに含まれるのは当たり前である．たとえば，この表I.3の小分類のうち，どの事例にも使えそうなのは，35 だまし運転（メンテナンス不良，小手先改善）や 36 コミュニケーション不足（連絡ミス，以心伝心ミス）である．

また，技術的原因を分析してみてわかったことだが，**決して主要機能（自動車だったら加速や乗り心地）の不備が重大事故につながっていないのである**．表I.3の小分類をみても一目瞭然である．すなわち，商品ごとに個別の主要機能に対する設計解は，エンジニアの脳髄から絞り出したようなものであるが，決してそれが不備で重大事故が生じたわけではない．そうではなくて，**その主要部の設計で忙しいから部下や協力会社に丸投げしたような，副次的な要求機能を満たす設計解で破綻を来したのである**．たとえば，配線作業ミス・配管作業ミスがその典型例である．筆者らは，国土交通省の**自動車リコール分析委員会**で事象を調査したが，エンジンやブレーキのような重要保安部品の直接の不備で生じたものはほとんどなかった．逆に配線・配管のように，重要部品設計者が『部下に「すまないけれどそこからここまで繋いでおいて」と頼んだ』というように安直に対処していた部品が，なんと1/3のリコールに関わってくるのである．

いずれにしても，今後も新聞を賑わすような機械分野の重大事故は，本書のシナリオ共通要素のどれかに含まれる，と筆者は信じる．もっとも，にわかに信じがたい事故も一方で生じているのである．たとえば鼠が電力用の電気配線を食いちぎったとか，太陽フレア時の宇宙線で地球上の半導体が異常動作したとか，健常者の運転手が突然，睡眠状態に落ちてしまうとか．これらは偶発に分類されるべきだろうが，奇異だから社会の耳目を集める重大事件になってしまう．このような例外的な事故も生じるため，すべての重大事故にシナリオ共通要素を含むと宣言できないのが残念である．

◈ 頻発するシナリオ共通要素の数は，100個程度あれば十分である

上述したように失敗百選を作るならば，頻発する事故に共通であるシナリオ共通要素の数，つまり共通点の分類項目の数として，いくつぐらいが最適であるか，という問いに答えなければならない．

そこで筆者は50個から100個までの値を考えた．このときに参考になるものと

して，法学を学ぶ学生が使う参考書であるが，「××判例百選（有斐閣，巻末の参考文献（35），××は刑事，民事，医療過誤，交通事故というように多数ある）」がある．この1冊に含まれる100個の実際の判例を学ぶと，体系化・構造化された知識がひと通り学べるのである．つまり数学的に説明すると，最少でたがいに独立した100個の単位ベクトルで，すべてのベクトルが線形結合で示せるのである．

判例百選では，まず実際の判決を説明してから，そこに含まれる一般的な上位概念を抽出して，対応する法律文の概念と照らし合わせ，さらに類似判例によって微妙な解釈の違いを説明する．六法全書を読むだけでは，抽象的な文言から具体的な解釈が思い浮かばない．判例百選を用いた勉強方法があまりに見事なので，本書も「百選」という言葉を拝借したのである．

同様に，分類項目の数であるが，筆者らの経済産業省の「**デジタル・マイスタープロジェクト**」の経験では，設計者20人の組織において100個の事例を集めたときでも30個程度の分類項目でまとめられることがわかっている．仮にクレーム事例を含めて1,000個の事例を集めても，図II.7で後述するように，高々50個程度の分類項目に分けられ，最後は15に絞られた．2001年のプロジェクト実施当初では，どこの企業からでもまたは同僚の学者からでも「金型技術は言葉でいい表せないような職人芸で，修正もケースバイケースの摺り合わせ技術であるから，いくら事例を集めてきてもすぐに使えるわけがない」といわれてきた．でも，やってみれば技術的原因として数十個程度で分類できるのである．

能や琴，落語のような，一子相伝あるいは師匠からの免許皆伝の伝統芸能では，いくら名人でも脳のなかで活性化している出し物は，多くて200個程度だそうである．これが凡人だと20個程度に減少するらしい．100個を記憶する数として設定することは，あたらずといえども遠からず，でおかしくはなかろう．

このように，上述した分類項目は，数学的に記述すれば，最少でたがいに独立した100個の単位ベクトルでなければならない．このとき，実際の世界の次元が101個では困るのである．いつもいつも101個目が偶発だと開き直ることは難しい．本当に，本書で記述した百選は，シナリオ共通要素として機械分野の事故事例を網羅できる体系的なものであろうか．これは読者に判断を委ねるが，筆者のこじつけでは，上述したように今のところ，新たな事故が生じてもいずれも41個のシナリオ共通要素の一部にどれかが含まれている．

なお，後日談であるが，エンジニアの友達に100個の多さを非難されて，自分も使ってみると確かに100個は多すぎることがわかった．法学者が百選を扱えるのは司法試験を合格する人がとびぬけて上等だからであろう．それでも，それを合格した弁護士でさえ実際には，貸借契約，離婚，相続，少年犯罪，特許係争というよう

に得意分野が細分化されるので，百選も必要ないらしい．そこで本書は41個に絞った．

◈ 「失敗百選」を活用するための利用心得

　仮にこのような100次元の単位ベクトルからなる「失敗百選」ができたとしても，それを活用するにはいくつかの利用心得が必要である（図I.1（h））．

　その中心に，ひとつの検索者必須の能力「つまり，たとえば」がある．それはくり返すが，前述した図I.2の「思考の昇降運動」である．つまり，自分の問題点の上位概念を抽出して，失敗ライブラリーを検索し，さらに失敗ライブラリーで見つけた一般的な設計解を，自分の特殊解に変換させなければならない．

　この検索時には，「あれと似ている」という利用心得が有効である．このように概念上を思考運動できる人は，筆者の教育経験では半数しかいない．その半数の人は，思考運動を意識しなくても直観的に「あれと似ている」と感じ，あれの知識で自分の設計を改良できる．この感覚がないと，そもそもデータベースを検索しようという動機が湧き出ないから，思考運動ができない人にとって過去の知識は"猫に小判"である．

　また活用するのに必要なもうひとつの能力は，この似ている知識を，脳のなかで記憶できるくらいに濃縮して蓄積しておく能力である．つまり，これは思考を上昇運動させて，共通する知識を極限までに上位概念に抽出させることであり，利用心得として，「ひとことでいう」があげられる．

　たとえば，機械設計では上述したように配線・配管で失敗が多く，同一事例は存在しないが類似事例には事欠かない．Y社ではワイアリング・パイピングを略して「ワイパイ」と唱えながらデザインレビューするそうである．ワイパイならば覚えやすいし，意味はともかくお経のように口ずさみやすい．また化学プロセスでは排気系で失敗が多いが，筆者の大学ではドラフト・チャンバーを略して「ドラチャン」と称して安全パトロールしている．ダクトには可燃物が堆積するうえ，隣室のブロワーを回すと，自室のチャンバーが排気せずに逆流して部屋に毒ガスをまき散らすこともある．

　失敗の上位概念として覚えやすい愛称を命名して，お経のように毎日唱えていると，その概念が脳の深層から取り出しやすい．「百選」は，「いろはカルタ」と同じように，「犬も歩けば棒に当たる」というような覚えやすい短文で記述されるのが好ましい．関東大震災の教訓である「地震が来たらまず火を消せ」や，警察の標語である「お出かけは一声かけて鍵かけて」は名文であり，筆者の脳にも刷り込まれている．

◆ 「失敗百選」を活用するために不足情報を推定する

　百選だけでなく，失敗ライブラリーが利用しにくいという理由として，上述したデータ数の不足だけでなく，もうひとつある．それは，失敗事例が情報不足で，とくに原因が欠落し，知識として完結していないことである．しかし完結していなくても，エンジニアには情報不足下においても，失敗が回避できるような即時対応の決断が迫られる．利用心得として「なぜかはわかる」と唱えるとよい．このとき，仲間と一緒になぜかを「**討論する場**」が必要である．

　一般に，失敗事例では事象，経過，原因，対応，対策，背景，知識化というような一連の情報が完備することは少ない．たとえば，企業の重大事故では，知識全体が裁判中は完全マル秘状態である．また，事故調査委員会が技術的原因を明かしても，その原因の原因，つまりなぜそのような無理な設計に至ったのか，という組織的原因は明らかにされない．また，インシデントしか発生していない製品リコールでもその傾向が存在し，修理内容は公開するが，原因はマル秘である．

　しかし普通は，その不足情報は推測でき，原因は当てられる．よほどのことがないかぎり，陰謀，テロ，隕石，超能力のような作り話やSF的な話は生じていない．普通はこのとき，自分がその不良品の設計者の"背後霊"になって事故をシミュレーションすれば，または，その失敗物語の"登場人物"になって仮想演習すれば原因は推定できる．このように歯抜けしている不足情報を推定すれば，知識は完結し，不思議なことに後で事実と照らし合わせても合致していることが多い．たとえば，試作段階で調質材のロッドが折れて事故が生じたという経過がわかれば，たぶん許された開発期間が短くて焼入したロッドを製作する余裕時間がなく，評価のためにともかく形の整った調質材のロッドを流用したから事故が生じたのだろう，と原因が推定できる．

　この仮想演習はひとりで行ってもよいが，大部屋に白板を設置して皆で熱く対話するとより効果的である．この能力が研ぎ澄まされれば，起こりそうな失敗を想定して，その後の対応を仮想的にシミュレーションできる．この仮想演習のトライ数が多くなれば，実際に外乱が生じても解は織り込み済みだから，対応が速くなる．

◆ 失敗のナレッジマネジメントを利用するうちに賢くなる

　読者が本書の内容から，自分の組織専用のナレッジマネジメントを構築できれば幸いである．まず最初に分析すべき失敗事例を収集して，そのなかの上位概念を抽出した失敗ライブラリーを構築するが，このとき，それの利用心得として，前述

したように「つまり，たとえば」「あれと似ている」「ひとことでいう」「なぜかはわかる」というお経のような利用心得が効果的である．

　過去の失敗を活かすには，「**人間は必ず失敗する動物で，しかも同じような失敗をくり返すため，失敗事例はたがいに類似になる**」ということを銘記すべきである．いつもいつも「失敗はケースバイケースで偶発である」といい張ると，ナレッジマネジメントの出る幕はない．確かに，砲弾が飛び交う戦場や，被害が突発した災害現場，スポーツの試合中，ビジネスの交渉中，などでは，状況が急変するので瞬時の判断が必要になり，悠長にナレッジを検索している暇はない．それでも当事者の著述を読めば，指揮官は短い時間に経験済みのシナリオ群を検索して，最適の判断を出力しているのである．うまい設計者は弾丸の下を潜り抜けて死ななかった勇者だけがなるものではない．人間は戦死した勇者の教訓を，自分の経験のように追体験すれば，だんだんと賢くなるのである．

II 「失敗百選」をどうやって作ったか，その知識の特徴は何か，そして利用効果があったのか

II.1 失敗百選を作って，その効果を自分の事故で調べた

　表題に示したように，筆者らは失敗知識を「失敗百選」としてまとめた．ここでは，それをどうやって作ったか，その知識の特徴として何がわかったのか，そしてそれを学ぶと本当に利用効果が生じたか，ということを明らかにする．ただし，前二者は筆者ひとりで考えて執筆できるが，後一者は筆者以外の多くの人に利用してもらって効果を調べなければならない．しかし，失敗百選は作ったばかりなので，本書では，まず筆者が利用者側にまわって役に立ったかを自ら分析し，うまくいかなかったときはその理由を考えてみる．論旨を，図II.1に示す

◆ 失敗事例を収集（図II.1 (a)）

　前章で記したように各企業で，チーフエンジニアや熟練テクニシャンの暗黙知を表出してから，それらをデジタル化して「失敗ライブラリー」を構築し，形式知を組織に浸透させる試みが行われている．文部科学省においても平成13年度から「失敗知識データベース」整備事業をすすめ，筆者も機械分野を担当して失敗事例を世界中から約500件収集した．一方，文部科学省の社会技術プロジェクトのなかの「失敗学」においても，日本機械学会に委託して失敗知識分析分科会で「失敗百選」用の事例を収集した．つまり，図面や写真のようなビジュアルな詳細情報が公知で，かつ原因が公的に解明されている事例を，広く機械に関係する各種の産業分野から約200件選別した．

◆ 失敗百選で用いた失敗事例

　本書で用いた失敗事例は約200件のアクシデントである．前章で説明したように，新聞の一面を賑わせたような多大な人的・経済的損害をともなった重大「事故」と，同様に一般市民を傷つけたり不安に陥ったりして新聞の社会面に取り上げられた重大「事件」とを収集した．一般に事故のほうが技術的で，事件のほうが属人的・組織的である．

II 「失敗百選」をどうやって作ったか，その知識の特徴は何か，そして利用効果があったのか

(a) **失敗事例を収集** ── 新聞から重大事故・事件を収集　表II.1
　　　　　　　　　　　分野が偏らないように選別　図II.2
　　　　　　　　　　　ビジュアルな情報の権利者が不明

失敗ライブラリーの構築

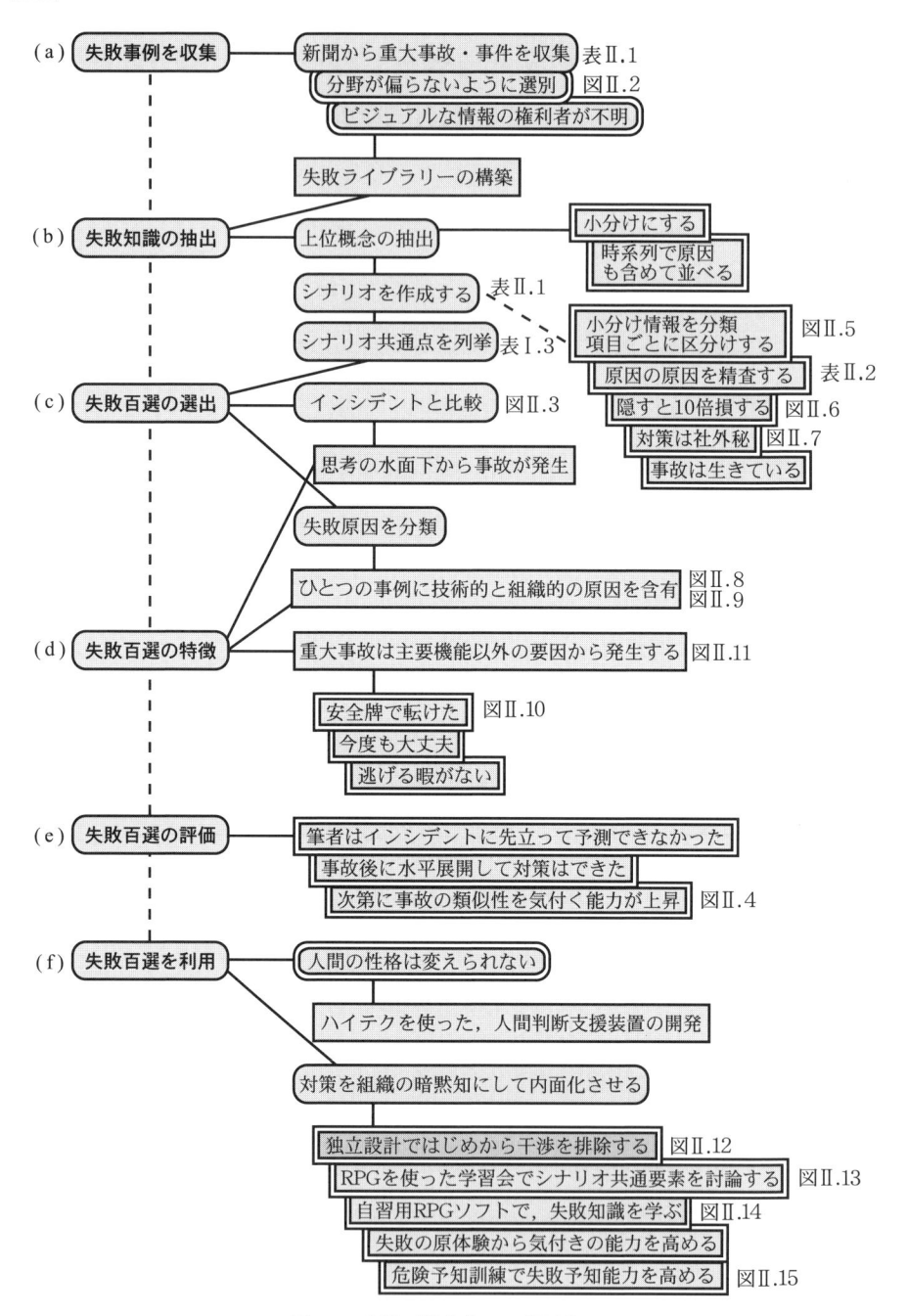

(b) **失敗知識の抽出** ── 上位概念の抽出 ── 小分けにする
　　　　　　　　　　　　　　　　　　　　時系列で原因も含めて並べる
　　　　　　　　　シナリオを作成する　表II.1
　　　　　　　　　シナリオ共通点を列挙　表I.3 ── 小分け情報を分類 項目ごとに区分けする　図II.5
(c) **失敗百選の選出** ── インシデントと比較　図II.3 ── 原因の原因を精査する　表II.2
　　　　　　　　　　　　　　　　　　　　　　　　隠すと10倍損する　図II.6
　　　　　　　　　思考の水面下から事故が発生　　　　対策は社外秘　図II.7
　　　　　　　　　　　　　　　　　　　　　　　　事故は生きている

失敗原因を分類

ひとつの事例に技術的と組織的の原因を含有　図II.8 図II.9

(d) **失敗百選の特徴** ── 重大事故は主要機能以外の要因から発生する　図II.11

安全牌で転けた　図II.10
今度も大丈夫
逃げる暇がない

(e) **失敗百選の評価** ── 筆者はインシデントに先立って予測できなかった
　　　　　　　　　　　事故後に水平展開して対策はできた
　　　　　　　　　　　次第に事故の類似性を気付く能力が上昇　図II.4

(f) **失敗百選を利用** ── 人間の性格は変えられない

ハイテクを使った，人間判断支援装置の開発

対策を組織の暗黙知にして内面化させる

独立設計ではじめから干渉を排除する　図II.12
RPGを使った学習でシナリオ共通要素を討論する　図II.13
自習用RPGソフトで，失敗知識を学ぶ　図II.14
失敗の原体験から気付きの能力を高める
危険予知訓練で失敗予知能力を高める　図II.15

図II.1　失敗百選を作って利用する

表 II.1 事故のシナリオの例

ハットフィールドで列車脱線(2000) 英国, ロンドン, ハットフィールド	英国の国鉄民営化で保線も民営化→Railtrack社が保線担当→利益効率化が優先→レール交換や速度制限をすべきだった→**だまし運転**しながらメンテナンス→レールが**疲労破壊**→脱線→4名死亡→全国で速度制限→1337億円でレール交換
高速増殖原子炉「もんじゅ」のナトリウム漏れ (1995) 日本, 福井県敦賀市	二次冷却系配管の温度計のさやが**流体振動**→双子渦による流れ方向の振動→さやの固有振動数で**共振**→高サイクル**疲労破壊**→温度計内からナトリウム漏れ→事故後のビデオ情報隠しが発覚→**倫理問題**としてマスコミが糾弾

　表II.1は次節で後述するように事例を分解して概念でつなげたシナリオ例である．日本では，ハットフィールド（事象35.1）は前者の事故に，もんじゅ（事象10.2）は後者の事件に分類される．もちろん，どちらが事故でどちらが事件という区別はなく，ハットフィールドも「疲労破壊」がレールを崩壊させた事故として分類したが，英国ではそれの回避のためにやるべきメンテナンスを「だまし運転」しながら疎かにした事件として有名である．同様に，もんじゅも，温度計のさやが「流体振動」で「共振」して「疲労破壊」に至った事故として，流体力学を学ぶ学生の分析課題に最適である．しかし，それよりは液体ナトリウムの漏洩事故現場を撮影したビデオ映像を隠したという「倫理問題」的な事件のほうが，マスコミに糾弾され有名になった．本書では分類項ごとの紹介事例数のバランスを考えて，ハットフィールドを「だまし運転」，もんじゅを「流体振動」で紹介した．

◆◇ 失敗事例が密集している分野

　このとき，事故が起こっている分野をバランスよく設定して事例を選別しないと，「人は何を間違えるか」という失敗の全体像を見失うことになる．実は事故事例の情報には分野によって疎密の差が大きく，収集しやすい事例だけを収集すると，図II.2に示すように特定分野に偏ってしまう．

　たとえば，化学，原子力，航空機，宇宙，鉄道，船舶，食品のように，先輩諸氏の努力の結果，いまや日本では合わせても1年平均で死者が100名以下になっているのに，膨大な科学データが蓄積している分野がある．その分野には**専属の学協会や学者がたくさんいるから，事故のたびに徹底的な調査が行われる**．

　一方で，現在でも1年平均で死者が7,000名も出る交通事故や，犠牲者ではたぶんそれ以上（米国では4万人の交通事故死に対して，医療過誤死は10万人といわれる）の医療過誤，おのおの2,000名程度の労働災害と火災，などのように，犠牲

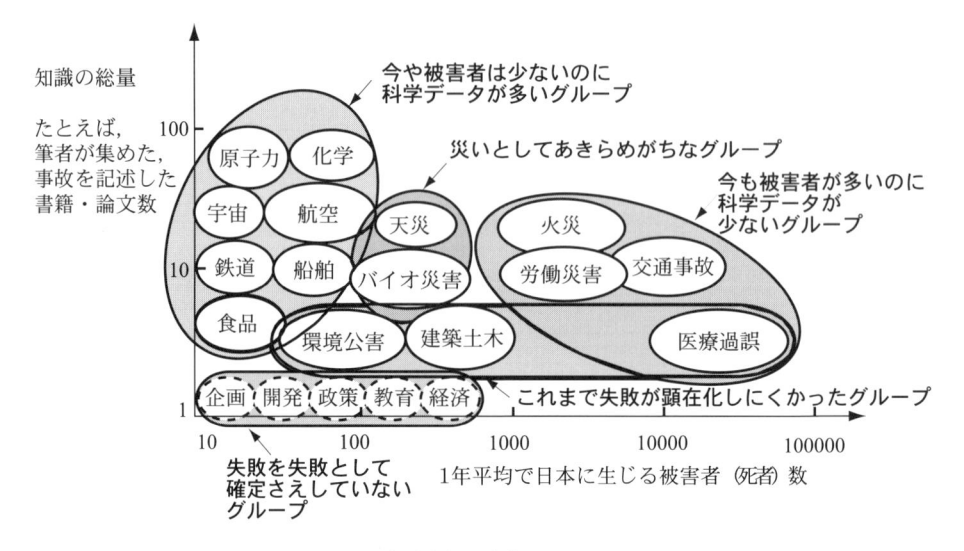

図 II.2 失敗事例が密集している分野

知識の総量 (縦軸、たとえば、筆者が集めた、事故を記述した書籍・論文数)

- 今や被害者は少ないのに科学データが多いグループ: 原子力, 化学, 宇宙, 航空, 鉄道, 船舶, 食品
- 災いとしてあきらめがちなグループ: 天災, バイオ災害
- 今も被害者が多いのに科学データが少ないグループ: 火災, 労働災害, 交通事故, 医療過誤
- これまで失敗が顕在化しにくかったグループ: 環境公害, 建築土木, 医療過誤
- 失敗を失敗として確定さえしていないグループ: 企画, 開発, 政策, 教育, 経済

横軸: 1年平均で日本に生じる被害者（死者）数

者が多い割には，一度に大量の死者が出ないから，大きな「事件」として社会やマスコミがしつこく追究しない分野がある．後者のように犠牲者総数が多いのに情報が少ない分野では，**特徴として原因を安易にヒューマンエラーとして決着することが多い**．そして，「人の命が重いことをつねに心に刻もう」「今こそ気合いと根性を入れ直そう」というような精神論で対処される．

また，事故を人為的に隠滅したために事実顕在化や原因追及が疎かになっていた"暗黒"分野が，建築土木，医療過誤，環境公害である．もっとも1990年後半から，建築土木分野ではゼネコン不祥事が続いたので，事故を正直に隠さず公開するようになっている．いまだに失敗と確定することさえ皆で避けているのが，企画，開発，政治，教育，経済などで工学に関する分野である．あまりにも深く人間の恣意的で主観的な決断に頼りすぎて，原因調査しようにも「私の目が黒いうちは公表しない」「ボスのために棺桶にまでもっていく」「死人に鞭打つな」という類の秘密情報が多い．さらに失敗というよりも"災い"として諦念すべきものとされているのが，地震，火山爆発，津波のような天災や，伝染病，飢饉，生態系変化のようなバイオ災害である．2005年現在，政府も安全・安心の科学技術に投資すると公言しているが，それはバイオ災害の予知や検査方法の確立を第一に目指している．

本書では，図II.2の分野から機械に関係する事例を広く浅く選別して「失敗ライブラリー」を構築したつもりである．

◈ インターネット内のビジュアルな情報は転載しにくい

本書を書いていて痛感したことだが，失敗知識収集時の問題点を次に示そう．ひとつめはビジュアル情報の転載の難しさである．事件を挿し絵やポンチ絵で示そうとすると，文章の情報からだけでは何も描けない．しかし，機械のからくりを描くには，何かビジュアルな情報が欲しい．執筆当初は，イメージはインターネットでいくらでも簡単に取ってこれるから，貼り付ければ終わりだ，と安易に考えていたが，本を書くとなるとそのイメージの著作権が誰なのかがわからずに困ってしまった．科学論文や新聞記事，書籍では出典先を明示しておけば，図を引用することは容易である．しかし，インターネットのなかは無断転載だらけで，子引き孫引きで探索しても誰が権利をもっているのかがわからない．でも，わからないから自由に引用してもいいかというと，そうでもない．商品広告に使った後でイメージの権利者が出現して使用料を請求するような"サブマリン"的なトラブルは，枚挙に暇がないからである．つまり，引用できるが，許可をもらって転載することは難しい．

ふたつめは収集したビジュアル情報の信憑性である．これは，権利以前の問題であるが，インターネット内には当該事故とは関係ない写真を貼付している情報が多い．新聞記事と同様に，本文と直接関係ない写真によって，読者にイメージを植えつける"ズル"は日常茶飯事である．インターネットを丸ごと信用することは危険である．結局，すべての事例で文章の情報と適合するように，筆者自らが絵を描くことになった．

◈ 失敗知識を抽出（図II.1（b））

つぎにこれらの事例データベースの「失敗ライブラリー」から知識を抽出しよう．これが「ナレッジマネージャ」の仕事であり，ナレッジマネージャは膨大な事例情報を分析して，有効な知識のエキスを絞り出す．作業としてまず，表II.1に示すように，失敗事例から上位概念を抽出し，シナリオ（文脈，コンテクスト）として短文要素群に連結して表記し，他のシナリオと共通の短文要素から「シナリオ共通要素」を拾い出す．この作業は次節で詳説するが，筆者にとっては簡単だが，かわりに他人にやってもらうとなかなかできない．つまり，ひとことでいえば何なのか，という科学論文の要旨を書くことと同じだが，膨大な内容をバサッと切って短くいうのがなかなか難しい．

この作業を通じて，ケースバイケースで偶発したとみられる失敗にも，一般的・普遍的・反復的な類似知識が含まれることがわかった．すなわち，これらを体系化すれば，たとえば法学者が「刑法百選」で具体的判例から「過失」を学べるよ

うに，「失敗百選」でも具体的事故例からいくつかのシナリオに共通する失敗知識，つまり表II.1の例ならばシナリオ共通要素の「疲労破壊」を学べる．

◆◇ 失敗百選の選出（図II.1 (c)）

このようにしてシナリオ共通要素を集めた．もちろんハットフィールドやもんじゅで説明したように，ひとつの事例に複数のシナリオ共通要素を含むのが普通である．**必要最少限のシナリオ共通要素数を選ばねばならないが**，前章Iの表I.3を図II.3の上部に再録して示すが，**最終的には全部で41だった**．いずれも最初に準備した約200の事例から帰納的に導かれたものである，といいたいところだが，執筆当初は当然あるだろうと思ったシナリオ共通要素を100程度，あらかじめ用意して，それに振り分けていった．たとえば，あるだろうと思ってなかったのが，「パニック」や「熱変形」である．逆にないだろうと思ってあったのが，「テロ」や「落下物・付着物」である．

前述したように，シナリオ共通要素数が必要最小限というのがミソで，このときにこれら失敗百選を勉強しておけば古今東西の事故・事件はいずれのシナリオ共通要素に入るはずである（といえれば幸いである）．

◆◇ 失敗百選のシナリオ共通点の特徴（図II.1 (d)）

このように本書の失敗百選は新聞から事例を集めたので，企業や大学で製品設計者や生産技術者が頻繁にヒヤッと感じるインシデントと比較すると，内容が少し異なる．図II.3では，この「失敗百選」のシナリオ共通要素と，設計のインシデントのシナリオ共通要素とを比較した．後者は筆者らが作った設計ナレッジマネジメントのソフトウェア「創造設計エンジン」のデータベース内のシナリオ共通要素である．このデータベースには，ナルホドと感じる設計ノウハウを集めたが，そのなかの「こういう失敗をした（または，しそうな）のでこう直した」という事例から失敗のシナリオ共通要素を導いた．**両者に共通するシナリオとして，疲労破壊，バランス不良，基礎不良，流体振動，フェイルセーフ不良，などの，設計の教科書に必ず掲載されているような「必修のシナリオ共通要素」があげられる**．全体のシナリオ共通点数に対する必修シナリオ共通点数の比率はいずれも50％程度である．

一方，**失敗百選だけには強風，落下物・付着物，誤差蓄積，配管作業ミス，違法作業，テロ，などのようなアッと驚く想定外のシナリオ**があげられる．発生確率の低いこれらの共通要素をあらかじめ学ぶべきなのか，と多くのエンジニアに質問されるが，まったく考えていないからこそ，予兆から発生した連鎖反応が止まらずに大事故に発展するのである．発生確率が低いから考えたくないと開き直るのなら

失敗百選の小分類の共通要素
(○は創造設計エンジンと共通の必修シナリオ共通要素)

○(1) 脆性破壊	(21) 火災避難
○(2) 疲労破壊	(22) 天災避難
○(3) 腐食	(23) 脆弱構造
○(4) 応力腐食割れ	(24) フィードバック系暴走
○(5) 高分子材料	○(25) 化学反応暴走
○(6) バランス不良	○(26) 細菌繁殖
○(7) 基礎不良	(27) 産業連関
○(8) 座屈	○(28) フェイルセーフ不良
○(9) 共振	(29) 待機系不良
○(10) 流体振動	○(30) 入力ミス
○(11) キャビテーション	○(31) 配線作業ミス
○(12) 衝撃	(32) 高分子材料
(13) 強風	(33) 自動制御ミス
○(14) 異常摩擦	○(34) 流用設計
○(15) 特殊使用	○(35) だまし運転
(16) 落下物・付着物	(36) コミュニケーション不足
○(17) 逆流	(37) 安全装置解除
○(18) 塵埃・動物	(38) 違法行為
(19) 誤差蓄積	(39) 企画変更の不作為
(20) 油脂引火	(40) 倫理問題
	(41) テロ

失敗百選　　　　　　　　　創造設計エンジン
19個　　　22個　50個　　　65個
　　　　　(52%) (44%)
強風　　　　疲労破壊　　　トルク変動
落下物・付着物　バランス不良　熱変形
誤差蓄積　　基礎不良　　　組図作成の手抜き
違法行為　　流体振動　　　ねじの緩み
テロ　　　　フェイルセーフ不良　プロセスの注記指示ミス
など　　　　など　　　　　カタログ過信
　　　　　　　　　　　　　部下の過大評価
　　　　　　　　　　　　　など

必修シナリオ共通要素群

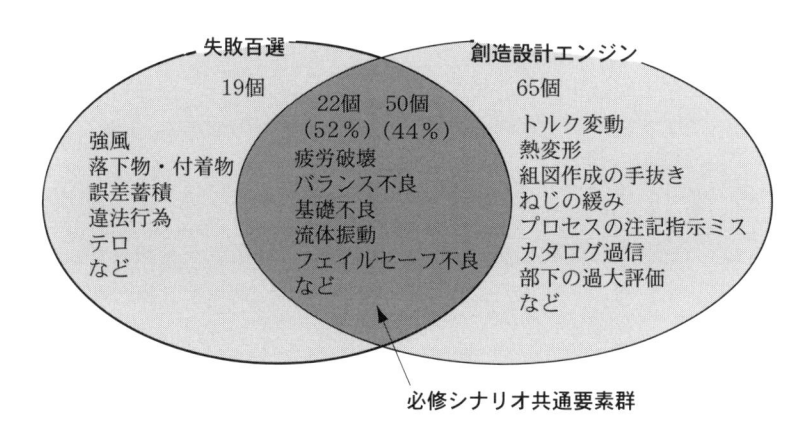

図II.3　共通点と相違点

ば，そのかわりに損害保険を買っておくべきである．
　もう一方で創造設計エンジンだけには，トルク変動，熱変形，組図作成の手抜き，ねじの緩み，プロセスの注記指示ミス，カタログ過信，部下の過大評価，などの間違いに気付けば深刻になる前に手直しできるシナリオ共通要素が含まれる．

◆◇ 失敗は技術的と組織的の原因を併有する

シナリオ共通点のもうひとつの特徴は，いずれの失敗も「技術的原因」と「組織的原因」とを併有するため，ひとつの事例ごとにシナリオ共通点として技術的なのと組織的なのを複数有することである．本書をエンジニア向けに書いたため，シナリオ共通点を複数有していても技術的要因のほうに多くを分類した．表I.3では41のシナリオ共通点を12に中分類して，さらに4に大分類した．**大分類は**；

1. 機械技術者に馴染みの深い力学的な設計要因（機械工学的）
2. 副次的に考えてしまいがちな使用時の設計要因（機械工学以外だが工学的）
3. 人間や組織との関係が強い設計要因（人間工学的）
4. 技術ではどうしようもない組織的な要因（工学以外で社会文化的）

本書がエンジニア以外には読まれにくいと思うのは，**4.** が少ないためである．大体，事象1.1で**タイタニック号の沈没を「脆性破壊」に分類すること自体が**，視野狭窄で純粋工学的である．それよりは，絶対沈没しないと信じて救命ボートを減らし，氷山の警告を無視して記録達成のために飛ばしたために，乗客の愛とロマンとともに巨大客船は海の藻屑と化した，というように取り上げて，船長や社長をヒューマンエラーで分析したほうが小説的には面白い．しかし前章で何度もくり返したように，**ハイテクなしでは事故がなくならないのである**．1890年の米国では年に6,335名が鉄道事故で死亡しており，現在の自動車事故と同程度に危険だった．しかし，エンジニアが技術的に各種ブレーキや信号システム，自動列車制御装置などの当時のハイテクを用いた機器を開発して激減させたのである（文献(20)）．

また，人間は異常時にパニックを起こすという定説があるため，「パニックも当然はいっているよね」ときかれることが多い．しかし，図II.9で後述するように**エンジニアはパニックでは失敗しない**．たとえ，現場の作業者が警報音や点滅ランプによってパニックを起こしても，エンジニアは設計時にあらかじめ，連鎖反応が致命的にならないように考えておくべきである．エンジニアは時間単位や月単位とひとつの課題を考える時間は長く，失敗原因は誤判断と分類されやすい．一方で，オペレータが慌てて交通事故を起こしたような失敗は秒単位の思考ミスが原因で，失敗原因はパニックや認知ミスに分類されやすい．このように，失敗内容が根本的に異なる．

もっとも世の中には，納期に追われて残業が重なって軽度の鬱病になって，始終エイママョで投げやりに設計しているエンジニアもいないわけでもない．これは一時的なパニックではなく，正真正銘の精神病か神経障害であるため，1カ月ほど静養してエンジニアとしての正常な判断をとり戻したほうがよい．

◆◇ 重大事故は主要機能以外の些細な要因から発生する

いずれにしても，つねに異常事態を留意しなければならないような，主要な機能やメカニズムは表I.3のシナリオ共通要素には含まれない．たとえば，動力機械の出力トルク不足や制動力不足は事故に直接つながっていない．**主要機能は仮に失敗しても，失敗することがすでに思考プロセス中に織り込み済みであるため，即座に設計変更して修正できる**．逆に，失敗に気が付かず重大事故に至るようなシナリオは，設計者にとって発生確率が非常に低いと看過して，思考の水平線の下に沈んでいたものばかりである．

たとえば，**六本木ヒルズの回転ドアの挟まれ事故**（2004）は，主要機能である気流シールや通過する人の流れに関する問題ではない．それよりも，たとえば運転者が接触センサを頻繁に調整して「だまし運転」したこと，設計者がメカニカルフューズのような衝突したら人間よりも早く壊れる機構を排除し，そもそも「フェイルセーフ（fail-safe，仮に失敗が生じても，自動的に安全側に変化する性質）不良」だったこと，経営者がインシデントが発生しているのにかかわらず，ドア大形化の営業戦略を変更しない「企画変更の不作為」が生じていたこと，などが問題だった．

◆◇ 失敗百選の評価（図II.1（e））

さてこのシナリオ共通要素を学んで，本当に失敗を予測してそれを回避できたかが重要である．**知識は集めて選ぶだけでなく，最後に使って役に立つ**．しかし，その評価は難しい．それは，前章Iでも述べたが，本書を読んだエンジニアが変わるかにかかっている．

たとえば「**チョコ停**（製造ラインがチョコチョコと頻発的に停止すること）」のたびにセンサを頻繁に調整している現場をみて，作業効率が低いだけでなく，何か不安全な「だまし運転」もやっていないかと勘ぐれるようになれば，合格である．チョコ停のたびに光ファイバセンサの感度を微妙に調整できることを知った優秀な作業者は，チョコ停で滞留した製品を防護棚を開けたまま手ですばやく流すために，防護柵が開いたらラインを停止させる役目のインターロック用の光センサを，常時オンになるように"殺す"くらいは朝飯前になる．

しかし，本書に載っているような事故と同じ状況が展開されているわけではないから，なんとなく類似のシナリオを感じとるフィーリングがまず大事である．そして，過去の事故例と比較しながら，無理矢理に大事故に発展するかもしれないと論じて，その連鎖反応のチェーンを切るアクションを実施させる．このような**知識活用を最後に行って，一連の事故防止水平展開運動が完結する**．

◆◇ 筆者のまわりでは，失敗百選によって事故防止可能？

筆者は幸いなことに，働いていた工場でも自分の設計した製品でも大きな事故とは縁がない．本書では，そのなかでもインシデントとしてヒヤリと感じた事例を三つ含めた．事象24.2 **エッチング装置でボルト飛散**（フィードバック系暴走，逆流），事象32.2 **クリーンルーム内で女性の研究補助員が感電**（配線作業ミス，配管作業ミス），事象20.3 **東京大学工学部産業機械工学科のボヤ**（油脂引火），の三つである．しかし，筆者はこれらを当該シナリオ共通要素の類似事例のひとつとしてあげただけである．残念ながら，本来，目標とすべき活動，すなわち，事前にあるシナリオ共通要素の類似性に気が付いて，現場に回避技術を水平展開した結果，アクシデントが幸いにも軽減してインシデントに変わった，という活動の成功例を示したわけでは決してない．**正直にいうと，事故に先だって，これらの事故に至るシナリオをまったく想定できなかった．**

このように，危険に気付かず最悪の事態を想定していなかったのだから，事前に問題意識が発生していたわけがなく，回避対策として設計解もアクションプランも考え出しておいたわけがない．ただし，不幸中の幸いは，事故後に，30分間だけだが研究室や専攻のなかで油脂引火や逆流の失敗について討論したことである．構成員の頭のなかにこれらのシナリオ共通要素の概念が打ち込まれ，その後，水平展開してソッと対策がとられたのである．

◆◇ 筆者は「あの事故に似ている」と感じたことがあるか

本書を執筆しはじめてから3ヶ月目にして，やっと他人の状況をみて「あの事故と似ている」と感じられるようになった．この1週間の間にも"小言幸兵衛"でブツブツ指摘した事例を図II.4に示す．

図(a)はある企業で相談された，**ばねを押し込むロボット作業**の話．穴のなかにばねを入れて，次にスプールを筒状の穴の内径にばねの外径が入るように挿入したいが，ばねが傾いてうまく筒のなかに入らない．手ではその感触で入るまで回したりするが，ロボットは倒れたまま押し込んで作業終わりである．事象14.1の衛星「きく」のばねの差込と似ているが，そもそもスプールをばねの内径で押さえない設計がおかしい．ここでは，最初にばねをスプールの筒に入れて接着剤で固定し，次に両者を穴に入れることを提案した．接着材として，挿入したら消えてなくなる氷やドライアイス，または挿入後存在してもかまわない油やグリースがベストである．

図(b)は皮膚に針を刺すのを**有限要素法で大変形シミュレーション**しようとした例．皮膚のヤング率は鋼の210 GPaに比べて100 kPaと極端に小さくなり，押す

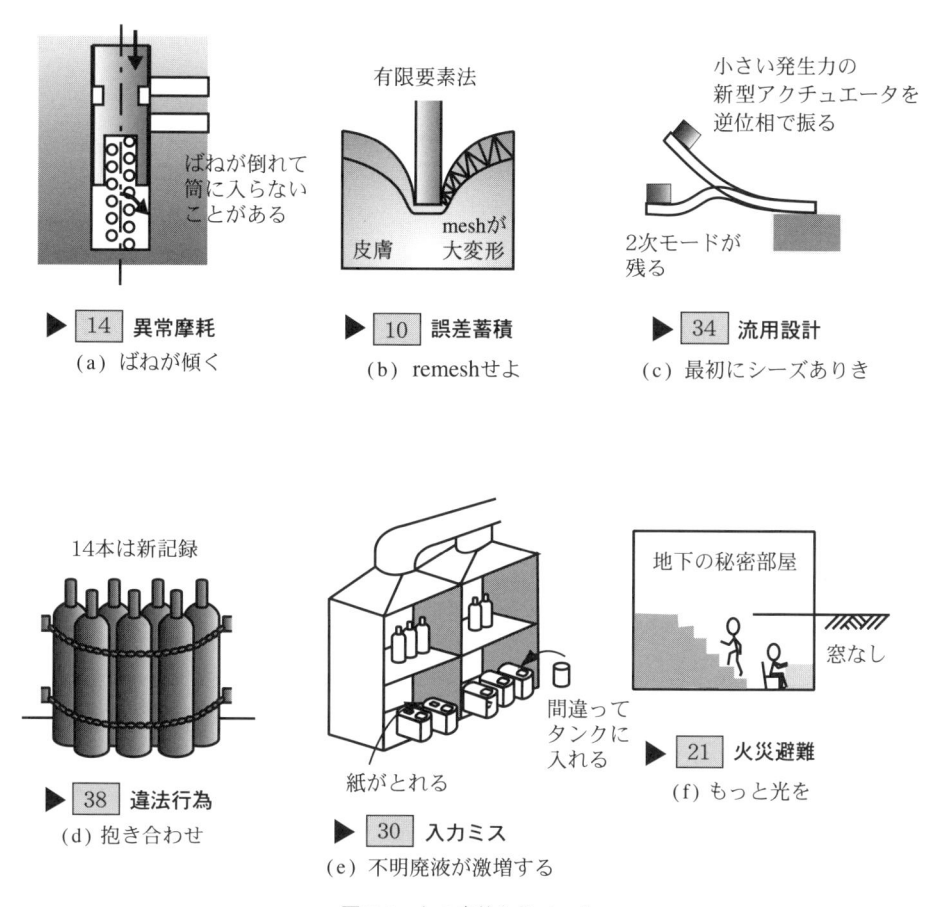

II.1 失敗百選を作って，その効果を自分の事故で調べた　31

図II.4　あの事故と似ている

(a) ばねが傾く　▶ 14 異常摩耗
(b) remeshせよ　▶ 10 誤差蓄積
(c) 最初にシーズありき　▶ 34 流用設計
(d) 抱き合わせ　▶ 38 違法行為
(e) 不明廃液が激増する　▶ 30 入力ミス
(f) もっと光を　▶ 21 火災避難

と大変形が生じる．すると三角形のメッシュが潰れて計算不能になるか，とんでもない応力値が算出される．事象19.1のパトリオットでは誤差が蓄積するのでリセットをくり返した．ここでも同様に，変形するたびに何回もメッシュの切り直し（remesh）が不可欠だった（けれどいまだにできていない）．

図(c)は振動する片持ちばりを，先端に付けた**新型アクチュエータの逆位相発振で**，**アクティブ制振**しようとした例である．ところが，それは発生力が小さく低周波領域で制御しにくかったので，曲げの1次モードを消すつもりだったのに2次モードが生じた．新型アクチュエータというシーズに振り回されて，何が何でもこれを使おうと思いこむ企画自体が間違っていた．流用設計と失敗の根は同じである．

図(d)から図(f)は筆者が管理すべき校舎の安全パトロールで見つけた失敗である．図(d)は**ボンベの抱き合わせ**で，これは違法行為ですよと安全管理室の先

生が怒っていた．14本抱き合わせは本学のワースト新記録だそうである．重心が高くてバランスが悪いボンベを1本ずつ入れ替えるときに，間違えてボーリングピンのように全部が倒れたら大怪我になる．

　図(e)は共同利用のドラフト室の話．ひとつの研究室が自分のドラフトで実験するときよりも，コミュニケーション不足で不明廃液が増えていく．なぜならば廃液タンクの酸とかアルカリとか書いたメモ用紙がはずれたりそこに書かれた文字が滲んだりして，間違って入れるためである．ブレンドした廃液は処理費用がうなぎ上りに高くなるので部屋の隅に隠すようになる．入力ミスで点滴液と洗浄液とを間違えた看護婦と似ている．

　図(f)は**地下の秘密基地風の研究室**である．そもそも竣工時の消防署の検査に合格したのだろうか．長野の善光寺の地下霊場のように，床下を区切って部屋にしたような場所で，窓がないから間違って誰かが電灯を消すと退出が大変である．火事になったら雑居ビルのキャバレーのように一巻の終わりであろうが，学生がソファでぐっすり寝ていた．

　事例を覚えていると，危険を指摘するのに具体例として使える．今の状態は危険ではない，と面倒な対策から逃げ回る人と喧嘩するときに便利である．昔の事故の話をすることで，危険に気付かずに安穏と暮らしている相手が，「ナルホド，オレはすでに大事故につながるチェーンの端につながれていたんだナ」と自覚してくれないと，必死の安全指摘も"豚に真珠"である．

II.2　失敗事例から失敗知識を抽出することが難しい

　前節では一連の失敗知識のマネジメントの手法を示した．筆者は学生が失敗するたびに白板でシナリオを書いて一緒に分析するようにしている．精神論をもち込むと，ダラダラと怒っているうちに，自分でもなんで怒っているかわからなくなる．そこで図I.1や図II.1のように，論旨をノード線図のように表すことにした．研究室ではこれを「思考展開図」とよんでいる．聞かねばならぬ学生のためにも，興奮して叫んでいる自分のためにも，迅速な相互理解には思考展開図が有効である．このプロセスで最も難しいのは情報から知識を抽出して，ノードのなかに短い言葉で概要を書き込むことである．

　本節では失敗事例から失敗知識を抽出するために採用した手法をアラカルトで紹介する（図II.1(b)の右端）．もし知識を導く方法が違っていると，後でそれをフィッシュボーン図で記述しても，行列に展開しても，予防対策や事後対策は効果の薄いものにものになってしまう．**実は大会社だと事故対策のプロがいて，その事**

故はなぜ起こったのだろうという解析は二の次で，アッという間に対策のチェックリストが用意されて人員が割り振られていく．総務部が取り仕切る葬式や株主総会ならば毎回同じだからそれでいいが，労働災害や顧客クレームも同様に扱われるのが問題である．ルーティンワークとしてお決まりの対策が示されて，技術的原因解明は忘却の彼方に追いやられる．

実は筆者が米国の磁気ディスク製造会社で働いていたときもそうだった．筆者の上司は（今ではヘッドハンティングされてその業界大手の社長だが）きわめて頭がよくて独善的で，部下から不具合を報告されるや否やすぐに，お前はあれやれ，あいつにはこれをやらせろ，と命令をはじめる．そして驚くことに，口から出まかせの自分の命令を何日後にも再生でき（1時間後には命令した事実さえ忘れてしまう筆者には真似できない，彼はマネージャの鑑である），何もやっていないと考課で減点である．しかしそんな彼でも，**頭のなかはすべて対策用のHOWの回路**であった．原因用のWHYは彼の辞書になかった．筆者は仕事を与えられるたびにWHYと聞いたが，WHY NOTと切り替えされてとりつく島がなかった．こんな人もいるのである．

◆ まず失敗の内容を小分けにして時系列に並べる

失敗事例間のシナリオ共通要素を見つけ出そうとするとき，まず**内容を小分けにして短い言葉同士を比較する**と楽である．自分でも理解しやすい．

映画においても，監督は「絵コンテ」で場面を小分けに表して，自分の考えを俳優に伝えて相互理解のうえで演出している．絵コンテで時系列にシナリオが書けたら，次に探偵小説や刑事ドラマのように時間軸をあちこちに動かす．

たとえば，まず冒頭で衝撃的な殺人現場を記述し，つぎに時間を戻して事故の背景を，そして時間をふたたび順方向に戻して事故真相の謎解きを進めていく．このシナリオは，最後まで読者を引き込むが，最後まで読まないと全体像が掴めないのが欠点である．筆者は**時間経過に沿って情報を羅列する**ほうがわかりやすいと思う．本書では，背景，事象，経過，原因，対策を時系列に書いたが，原因を途中に入れると謎解きの面白さが失われるので，ドラマのシナリオでは普通は行わない．

この小分け・時系列シナリオで説明すると，小説のようにワクワクはしないが，短時間で全体像がとらえられる．たとえば，大学の講義を画像と音声で記録し，それを**遠隔講義**と称してインターネットで配信するシステムでも，この小分け・時系列シナリオは有効である．遠隔講義で勉強したときに，もしも対面講義の講義時間と同じだけ時間がかかってしまい，さらに講義に出席したときと同じ情報しか得られなかったら，学生は遠隔講義の効果は少ないと思うはずである．学生にとって最

悪の遠隔講義は，最初から最後までダラダラと続く講義である．録画していても結局，最後まで見ないと全体が理解できず，わからなかった所をもう1回勉強しようと思っても，話がイモ蔓のようにつながっていてランダムアクセスできない．

◆◇ **小分け情報を分類項目ごとに区分けする**

次に本書では採用しなかったが，データベースを作るときには必ず行うことを述べる．つまり，**小分けされた情報を，分類項目ごと区分けする**．その情報をデジタル化してデータベースとして整理するためには，小分けと区分けは必修作業である．たとえば，区分けした項目のなかだけを全事例走査して検索できれば，項目内の内容を分類したり，他項目との相関を調べるのも簡単である．

図II.5は「失敗知識データベース」の記述例である．内容を，事例名称・代表図・事例概要・事象・経過・原因・対処・知識化（教訓）・背景や後日談（よもやま話）・シナリオ・負傷者数などに区分けして記述した．このように整理されていれば，原因を分類しやすい．

しかし，読んでみればわかるが，たとえば原因を火薬，爆発として検索入力して得られた事例が図II.5（本書では本文を省略したが，2500字程度あった）だとしたら，1例読むのに10分かかって語句の詳細理解は半分，というところであろう．それが12例あったら2時間もかかってしまう．どれが最も自分の現状に近いか，**1例を1分以内に概略理解できないと，かったるくて全部の事例群を読む気がしない**．たとえば，自分の発明と類似の特許を必死に探していることを想定すればよい．請求項に書かれている，一文がやたらと長い妙ないい回しの日本語を読み，添付図面をパラパラみるだけでも時間がかかり，さらに検索で出力された1,000件の特許事例から，本当に抵触しそうなのを探し当てるまでに1週間はかかる．

そこでシナリオをデータの後で挿入した．「**対角線シナリオ**」と称するものである．あらかじめシナリオ内で使用する言葉を，後述の図II.8で決めた言葉を使ってノーマライズしたので，シナリオとして短縮しても内容を正確に連想するのに5分はかかる．二重線で三段に分けているが，上から原因・行動・結果を示す．

また，特許の添付図面のように，「**代表図**」で視覚的に一発理解できるようにもした．しかし，図II.5の化学爆発では引火・爆発・炎上はどの事故も同じだから，代表図も爆発物質が違うだけで爆発の絵は皆同じである．それに代表図のようなデッサンだけでは，新聞記事の写真のようになんとなくイメージでそれとわかるだけで，内容は詳細にわからない．ちなみに新聞でも，事故が起こるたびに社長の謝る写真を載せたり，まっ黒な発火部品の写真を載せるが，そのイメージから事故の原因は何で，対策は何で，と連想することは至難の技である．

失敗事例

事例名称	火薬類の保管の不適切による一時置場の爆発
代表図	 （無煙火薬の図）
事例発生日付	2000年08月01日
事例発生地	愛知県 武豊町
事例発生場所	火薬工場
事例概要	(省略)
事象	(省略)
プロセス	貯蔵
物質	無煙火薬 (smokeless powder)
事故の種類	爆発
経過	(省略)
原因	(省略)
対処	1. 周辺民家への損害賠償 2. 火薬類が飛散している可能性のある周辺田畑の作物の収穫作業を従業員が行い，収穫物を全て買い取った． 3. 周辺住民対応窓口の開設
対策	1. 現場職員だけでなく幹部職員も含めて保安意識の向上を図るとともに，法令の趣旨及び技術基準ならびに火薬類の特性等火薬類の製造に必要な基礎知識を身につけるための保安教育の充実を図る． (以下略)
知識化	1. 無煙火薬は用途により，配合物が異なるため，安定性や経時変化にも差が生じる． (以下略)
背景	無煙火薬は燃焼するが，激しい爆発は起こさないという考えから事業所の管理者が無煙火薬の保管管理を行っていた．
後日談	事故の恐怖により周辺住民の中に精神的不調を訴える人がみられ，社会問題となった．
データベース登録の動機	長い間扱っている間に危険性の認識が風化し，事業所幹部が現場の管理状況を十分点検していなかった事例
シナリオ	(省略)
情報源	N油脂(株)T工場事故調査委員会，N油脂(株)T工場第12火薬類一時置場で発生した事故に関する調査報告書(2000)
負傷者数	79
物的被害	工場内施設全壊29棟，半壊39棟，一部破損192棟，ガラス破損60棟．工場周辺の家屋・建物全壊12棟，半壊26棟，一部破損440棟，ガラス破損364棟．
被害金額	特別損失37億2,100万円（賠償金約30億円，施設復旧費約7億円），操業停止による売上減10億円（2000年9月中間決算）．
マルチメディアファイル	現場状況写真
分野	化学物質・プラント
データ作成者	小川　輝繁（横浜国立大学大学院　工学研究院　機能の創生部門） 田村　昌三（東京大学大学院　新領域創成科学研究科　環境学専攻）

↑ こまかく区分けしている

図II.5 失敗知識データベース（その1）

シナリオ

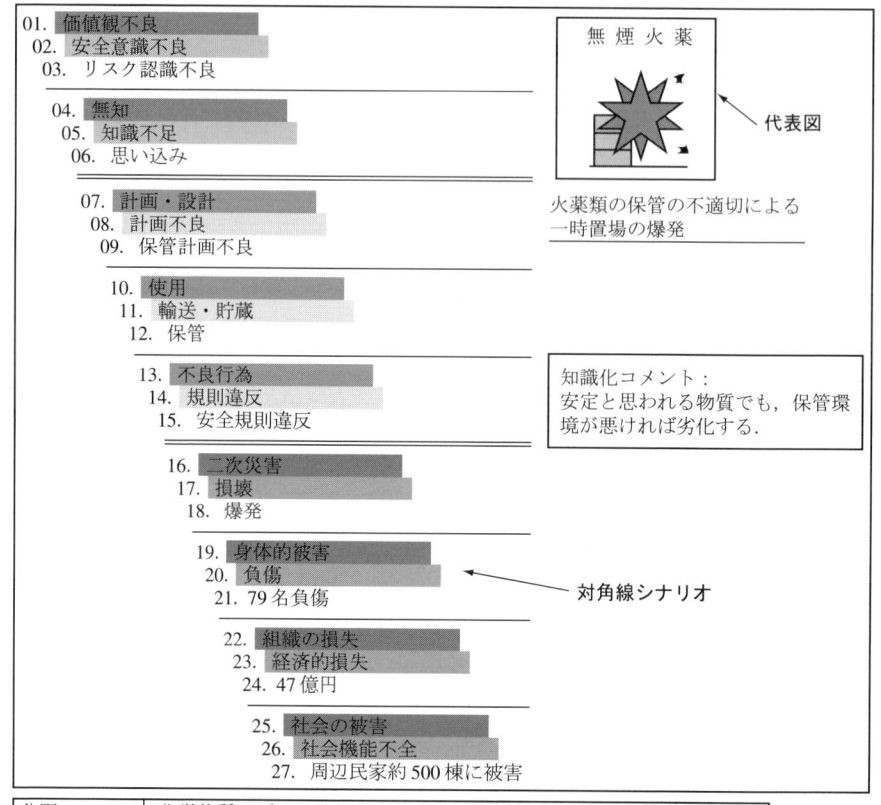

```
01. 価値観不良
 02. 安全意識不良
  03. リスク認識不良
   04. 無知
    05. 知識不足
     06. 思い込み
      07. 計画・設計
       08. 計画不良
        09. 保管計画不良
         10. 使用
          11. 輸送・貯蔵
           12. 保管
            13. 不良行為
             14. 規則違反
              15. 安全規則違反
               16. 二次災害
                17. 損壊
                 18. 爆発
                  19. 身体的被害
                   20. 負傷
                    21. 79名負傷
                     22. 組織の損失
                      23. 経済的損失
                       24. 47億円
                        25. 社会の被害
                         26. 社会機能不全
                          27. 周辺民家約500棟に被害
```

無煙火薬 ← 代表図

火薬類の保管の不適切による一時置場の爆発

知識化コメント：
安定と思われる物質でも、保管環境が悪ければ劣化する．

← 対角線シナリオ

分野	化学物質・プラント
データ作成者	小川　輝繁（横浜国立大学大学院　工学研究院　機能の創生部門） 田村　昌三（東京大学大学院　新領域創成科学研究科　環境学専攻）

図 II.5　失敗知識データベース（その2）

◆ 原因に区分けされた情報から原因の原因を精査する

　データのシナリオには，**原因・行動・結果**の内容を短い言葉で記さなければならない．たとえば，表II.2は，わかりやすい身近な事故を取り上げて，事象・原因・行動・結果・対策に内容を小分けした例である．(b) は筆者の経験だが，夜，大雨が降ってきてワイパーを最高回転数にしても前がよく見えず（原因），交差点で前の車が右折しようと停車したので左脇を抜けようとしたら（行動），バンパーの右端が前車後方の左端にぶつかった（結果）．今でも前車の赤いテールランプと雨粒のイメージを思い出す．つまり，パラパラ漫画のようにワイパーが通るたびに

表 II.2　事例を原因・行動・結果のシナリオへ分解

事象	原因	行動	結果	対策
(a) ボヤ	友達に呼ばれたので席を立ち、ついうっかりと	はんだごてのスイッチを切り忘れたので	机が焦げて発煙した	こて台をこての数だけ購入した
(b) 交通事故	夜、大雨が降ってきて、ワイパーを最高往復数にしても前がよく見えず	交差点で前の車が右折しようと停車していたので左脇を抜けようとしたら	バンパーの右端が前車後方の左端にぶつかった	大雨の日は運転しない
(c) 建設事故	明日、帰郷したら何をするかと考えていたら	命綱をつけずに高所に立っていたので	足を滑らして墜落し、重傷を負った	命綱着用を徹底管理する 物理的に命綱なしで作業現場に立入れないようにセンサを付ける
(d) 飛行機墜落	機体内部にクラック起点となる鋳巣のような欠陥があったが	クラックの進展をチェックする定期的な超音波検査では感知不能だったので	疲労破壊によって飛行機が墜落して乗客は全員死亡した	素材の内部欠陥絶滅 加工時の残留引張応力の発生防止 検査時の高精度測定 運航時の共振防止
(e) 狂牛病	プリオン病で牛の脳が海綿状になり	その牛の肉骨粉を別の牛の飼料に使って蔓延し	種を超えて人間に感染し変異型ヤコブ病として発病した	肉骨粉を牛に与えることを禁止した
	人間への感染の恐れがあるとの報告を農業省が受けたが	政府が国内の牛肉は安全と言い続けたので	発病した後で大臣が辞任し内閣が交代した	次の内閣が徹底的に事実を調査した

間欠的に前が見えて、一瞬判断が遅くなったのでぶつかってしまった．それから大雨の日は運転をやめることにした．原因の原因は、当時、単身赴任だったのでもう夜11時で眠かったけれど早く帰りたいと無理したことにあり、大雨注意報が出ていたのだからその夜は寮に泊まって早朝に帰るべきだった．

　このなかでわかりにくいのは原因と行動のちがいである．一般に、**新聞の記事で原因と称されているのは行動である**．たとえば新聞では、一時停止違反が原因で、交差点内の衝突が結果である．しかし、一時停止違反は事故に至る行動であって、本当の原因は運転中の携帯電話通話による停止線見落としかもしれない．さらにその原因の原因は、子供の急病で母親が父親に連絡しなければならなかったから、かもしれない．しかし、一時停止違反の行動から得られる対策は一時停止違反撲滅運動や停止違反罰則強化しかなく、それでは教訓にはならない．一方で、携帯電話の「ながら運転」や子供の急病時のパニックは、自分にも起こりそうな事象であり、それに似た事象のときにこの事故を思い出せば自ら注意できるはずである．

一般の事故で原因の原因が究明されることは少ない．前述の六本木ヒルズの回転ドアの挟まれ事故では，畑村教授がNHKのカメラとともに設計会社をインタビューし，倒産した日本の会社を買収したときに知識断絶したことを明らかにした（原因の原因）．つまり，それ以前に倒産会社がヨーロッパから大型回転ドアを技術導入したのだが，そのときに作った試作品というモノ以外のすべての知識が伝承されなかったのである．その結果，ヨーロッパのは900kgのアルミニウム製のドアで慣性モーメントが小さく安全で停止しやすかったのに，意匠を重視してステンレス鋼にかえて2,700 kgと重く鈍重にしてしまったのである（原因）．結局，子供を検知してもドアは止まらずに（行動），頭を挟んでしまった（結果）．

◆◇ **経済的損失や法律的刑罰も区分け情報として重要である**

　さらに項目として，経済的損失や法律的刑罰を記述すると，後世に役に立つ．経済的損失は保険の掛け率を算出するときに不可欠な数値であり，損害保険会社のデータベースには不可欠な項目である．また，この数値は事故を予防するのに投資してもよい金額，すなわち予防メンテナンス費用や作業員の訓練研修費用を算出するのにも効果的である．この経済的損失は事故の被害額であるが，それは**設備被害（または作業運転員被害），製品被害（リコール，売上減少，株価減少など），環境被害**の三つに大別できる．最近は，後二者の被害対象が非常に広がって金額が膨大になっている．たとえば，設備被害の5～10倍である．

　なお，日本の損害保険業は1995年頃まで自動車保険でさえ量率が各社とも一定で自由化されていなかった．保険業の安定経営には効果的であったが，リスク算定能力を奪ってしまい，欧米に比べると損害算定が不得手である．しかし，筆者は見たことがないが，経済損失まで記述した日本最大の事故データベースは損害保険会社のもので，10万件近いデータが完備されているそうである．米国でも火災，航空機事故，医療過誤の最良のデータベースは損害保険会社のものである．

　図II.6は，組織の責任者が失敗に気付いたときに，それを隠せたら支出しなくてすんだ金額（**失敗利益額**）を横軸に，失敗が発覚して世間がその失敗に対して憤り，その組織が支出した金額（**失敗損失額**）を縦軸に，それぞれ示したものである．各種の失敗が座標上に記してあるが，原点を通る45°の直線より上の部分が，損失額が利益額を上回った領域で，民間企業の製品リコール事故は10倍以上，損失額が多くなる．不祥事だとさらに100倍以上と損失額が拡大する．これは主に株価が失敗の公開とともに急落して時価総額が1,000億円規模で減少したことが大きい．

　一方で45°の直線より下の部分が，損失額が利益額を下回った領域で，つまり隠したほうが得，という領域である．これには公共サービスの失敗が含まれており，

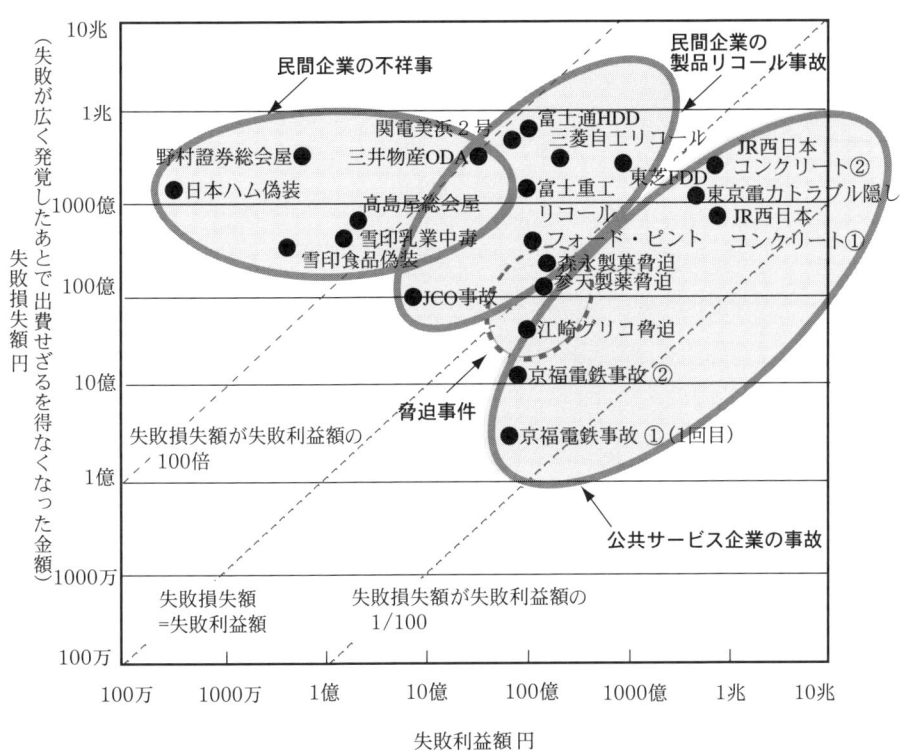

II.2 失敗事例から失敗知識を抽出することが難しい　39

図 II.6 失敗の"利益"と"損失"との関係

失敗の再発がこわくても利用者は鉄道や電力を使わないと生活できないことを示している．株自体がないから評価できなかったが，国や公共事業体は失敗しても損はしない．だからこそ公共サービスのリーダは，noblesse oblige（高い身分にともなう道義上の義務）のような使命感をもって仕事にあたらなければならない．

◈ 利用者はどの項目を頻繁に検索するか，または製作者はどの項目が収集しにくいか

図 II.5 のように，「失敗知識データベース」では多くの項目に区分けしたが，結局，**事象・原因・対策の三つの項目以外は，利用者は知識として使うことが少なかった**．利用者の状況を推定してみれば当たり前である．つまり，どこかわからないが自分の状況は危険だと気付いたときに，原因のデータからこれから起こるであろう現象を理解し，対策のデータから，これから進めるべき損失回避方法を学ぶのが

普通だからである．さらに失敗が実際に起こってしまった場合は，原因は後で検討するとして，とりあえず対策しか目に入らなくなる．

一方で，自分がデータベース製作者として，区分けしていたときに実感したことであるが，項目群のうち，**原因と対策は事故責任者がすべてを明らかにしてくれないことが多い**．一般に，原因も対策も社外秘になっており，情報流出に対してガードが固い．もっとも原因は，事故責任者が刑事事件として起訴されると，警察や監督官庁の調査や鑑定を受けて公開せざるを得ない．一方で，対策が添付されているデータベースは，企業内では社内秘であり，たとえ公開しても一部署だけで通用する暗号のような文章で記されている．ただし，重大事故では，対策まで新聞で公開されるが，いずれも管理強化のような精神論であり，最も知りたい技術的で恒常的な対策は発表されない．

それでも，前章Ⅰで述べたとおり「なぜかはわかる」のであって，真剣に推測すれば原因や対策のジグソーパズルは組み上がることが多い．図Ⅱ.7はプレス金型製造と自動車板金部品を製造するある企業の，過去のトラブル1,246件を事象，原因，

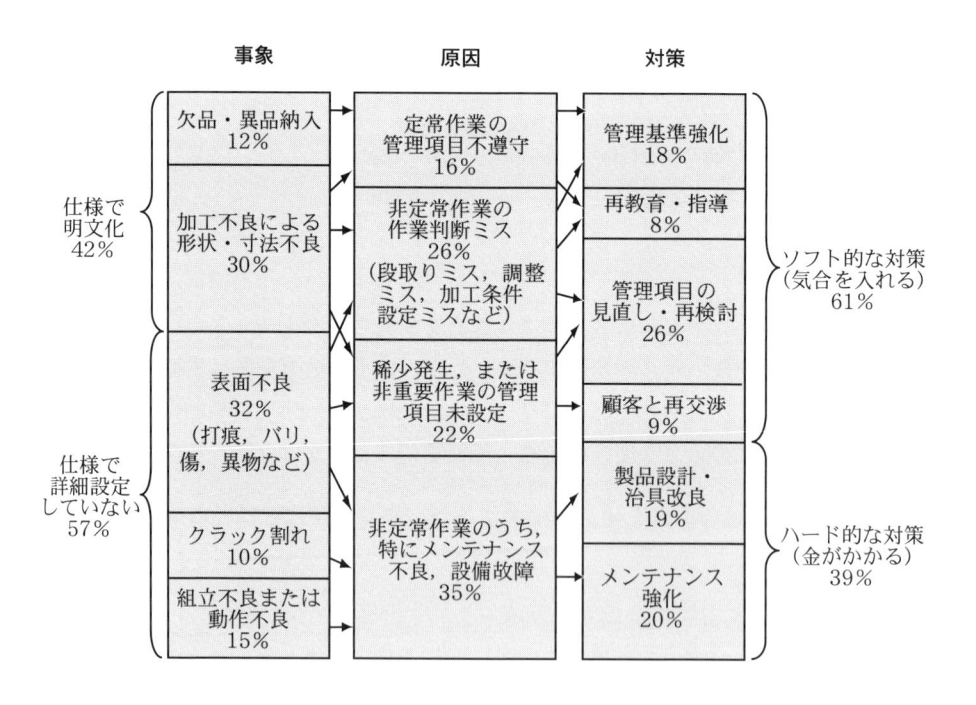

自動車用部品のプレス，組立メーカの1,246件の事例から作成(2004)

図Ⅱ.7 過去のトラブルを区分けした分析結果

対策ごとにシナリオ共通要素を抽出して，さらにそれをグループ分けしてその会社の失敗の傾向を分析した結果である．事象からわかるように，失敗はもともと仕様書に記載されていないような，表面不良やクラック発生に関する事象が57％と多い．これらは大半が，定常作業では生じないが，段取りのような非定常で，また停電のような低頻度で，しかもその時点で本質的でないと思った清掃のような非重要で，気を抜くような作業が原因で生じる．

　対策は，気合いを入れ直すようなソフト的でお金がかからない対策（61％）と，新たに治具やセンサを作り直すようなハード的で出費を強いる対策（39％）とに大別できる．組織によっては表I.2の航空管制官の対策のように100％ソフト的に考える所もあるから，61％にとどまっているのは製造業として優秀である．

　これらは日本の製造業に一般的な傾向である．顧客と長期にビジネスをつづけていけば，仕様書に書かれていなくても限度見本を取り交わすうちに顧客の問題意識が理解でき，また製品を作り込むことで非定常・低頻度・非重要な作業もマニュアルが作成され，失敗は半数まで確実に減少できる．こうなると中国や台湾の製造業では手が出せなくなる．何しろ日本の仕様書にはすべての要求機能が書かれていないのだから．このように分析すれば，なぜかはわかるのである．

◆◇ 事故はその後も生きている —原因究明は続く—

　事故のすべてが裁判所によって原因究明されて，新たな解釈を受け付けなくなったような「静かな」事故でさえ，新しい科学技術を用いると突然，真相解明が進んで事故が生き返る．たとえば，事象13.2 **テイ橋の崩落**（1879）は強風による列車の浮き上がりや基礎架台の崩壊が原因とされていたが，最近，ガラス乾板の事故写真を見直して，錬鉄バーを接合する鋳鉄ブロックのひとつが脆性破壊して，それを起点に全体の柱構造を崩落させていくメカニズムが明らかになった．

　また，一件落着とした，公的な調査報告書がいつも正しいとはかぎらないのである．たとえば，事象17.5 **大阪大学のガス爆発**（1992）では亜酸化窒素ガスで逆止弁のOリングが劣化して，モノシランガスと混ざって爆発したと，中間報告書にあった．しかし，後日，筆者が聞いたところによると，それよりは亜酸化窒素ガスのボンベに近いほうにボールバルブでなく，逆止弁を配置したこと自体が問題だったらしい．確かに金属接点のボールバルブをボンベに近いほうに配置すれば，ボンベから遠い逆止弁は亜酸化窒素ガスでなく，パージ用の窒素ガスに封入されるだけで，なんら問題は生じなかったのである．監督官庁への調査報告書がいつも正しいとはかぎらないのである．

　また，新聞は，事故発生後から数年経って最終の調査報告書が公開されても，

いまさらそれを記事にしないことが多い．刑事裁判が結審したことのほうが記事になりやすいが，それでも責任者の監督責任のような個人の過失だけに注目しており，再発防止策は記載されない．記者も読者も科学的に分析した原因には興味をもたないようである．さらにその最終報告書は10年も経つとどこかにはあるだろうが消失することが多く，仮に調査委員がどこかの学会誌に投稿しても一般の人が投稿事実自体を知ることはとても困難である．

たとえば，事象20.2 **東洋製罐の倉庫火事**（1995）は，大火事になる直前のボヤの残火が再着火したのではないかという初期の所見が新聞に載っていたが，1年後に提出された調査報告書は，着火源はボヤと同じインフラパック機（缶の山を包むポリエチレンシートを熱収縮させる機械）であるが，倉庫火事はボヤとは無関係であり，すでに着火していたポリエチレンシートが原因，という内容だった．実際に着火・燃焼実験を実施して得られた最も無理のない推定であったが，筆者は調査報告書や雑誌「火災」内の論文にアクセスできず，新聞の事故当初の記事を信じてしまった．

◆◇ 技術的原因と組織的原因の両方を記す

前章Iでも述べたが，事故原因を記述すると，必ず技術的原因と組織的原因が書ける．この両方がないと，原因を読んでも何かおかしいと感じることが多い．図II.8は失敗知識データベースから得られた典型的な失敗原因を上位概念として放射状に表した，**原因「曼陀羅」**と称する図である．そのなかの数字は事例数であるが，565個の事例データに対してデータあたり平均2個の1,110個の原因があった．図上はエンジニア個人が判断した技術的原因に関係するものであり，無知，誤判断，調査・検討の不足，環境変化への対応不良，未知は549個で全原因数の1/2である．一方で，図右下の一個人の責にできないような組織的原因に当たる企画不良，価値観不良，組織運営不良は365個で同じく1/3，図左下の構成員の属人的でヒューマンエラーとなるような不注意，手順の不遵守が196個で同じく1/6である．つまり**技術的要因が半分で，組織的・属人的原因が半分で，それはひとつの失敗が両者の原因を併記した結果を示している**．このとき，属人的なヒューマンエラーももとを正せば教育しなかった組織が悪いと考えて，それを含めて組織的原因と考えた．どの失敗でも，誰かが失敗の成長を看過したため，重大事故にまで発展したのである．

図II.9は，エンジニアに対して，自分が仕事で誤判断したときの原因の原因を調査した結果である．一般に，人間は自分に罪がかからないように他人，とくに上長や組織のせいにしたがる．たとえば，上司があの会社の製品を使えと強いたとか，

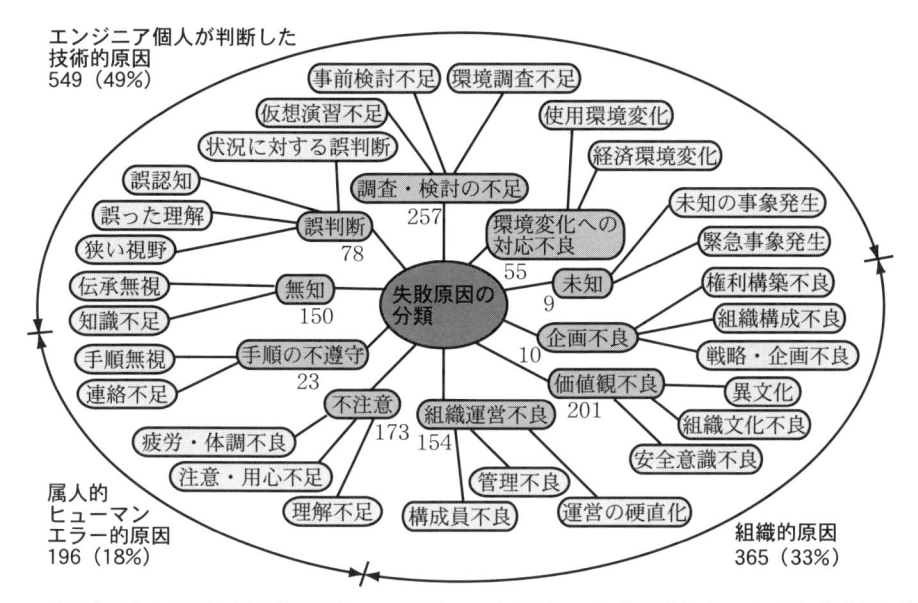

II.2 失敗事例から失敗知識を抽出することが難しい 43

```
エンジニア個人が判断した
技術的原因
549（49%）
```

事前検討不足　環境調査不足
仮想演習不足　　使用環境変化
状況に対する誤判断　経済環境変化
誤認知　　調査・検討の不足　　未知の事象発生
誤った理解　誤判断　257　環境変化への　緊急事象発生
狭い視野　　78　　対応不足　　権利構築不良
伝承無視　　無知　　55　未知　組織構成不良
知識不足　　150　失敗原因の　9　戦略・企画不良
手順無視　手順の不遵守　分類　企画不良
連絡不足　　23　　　10　価値観不良　異文化
　　　　　　不注意　組織運営不良　201　組織文化不良
疲労・体調不良　173　154　　　　　安全意識不良
注意・用心不足　　管理不良　　運営の硬直化
理解不足　構成員不良

```
属人的
ヒューマン                              組織的原因
エラー的原因                            365（33%）
196（18%）
```

565事例から原因を抽出(複数可なので総数1,110)　出典：JST畑村委員会,2002より筆者が加筆

図 II.8　失敗知識データベースのシナリオ検索用の原因"曼荼羅"

ワンマン社長が自分の開発中止の進言を無視したとか，裁判所で証言するときでも理由はいくらでも後付けできる．その結果，自分の責である誤判断ではなくて，他人の責による組織運営不良の原因が多くなる．

ところが**直接にインタビューして"正直申告"をお願いすると，他責が自責に変わる**．つまり，実はそこまで無理して自分の意見をいわなくても，非重要部品だから平気だろうとその部品を見下していたら，それから全体が崩壊した，というような感想が得られる．

図から（a）リーダシップ能力不足，（b）危険予知能力不足，（c）部分的思考停止の範疇が合わせて3/4と多いことがわかる．すなわち，少なくとも積極的に仕事していたのに，考え落とし，無知，思い込み，関係者間の未調整，見下しのような片手落ちで失敗を起こしている．

また，（d）全面的思考停止のような悪意の判断停止や，（e）無思考状態のような瞬時の判断の遅れは，1/4と少なく，判断ミスの主因でないことがわかる．そうではなく，長く考え抜いたはずなのにたまたまその事項に関して問題意識がなかった，というような**長期間にわたって積極的に仕事をしたときの判断のミスがエンジニアの原因の原因である**．その事項に無知だと初めからわかっていたら，誇り高き

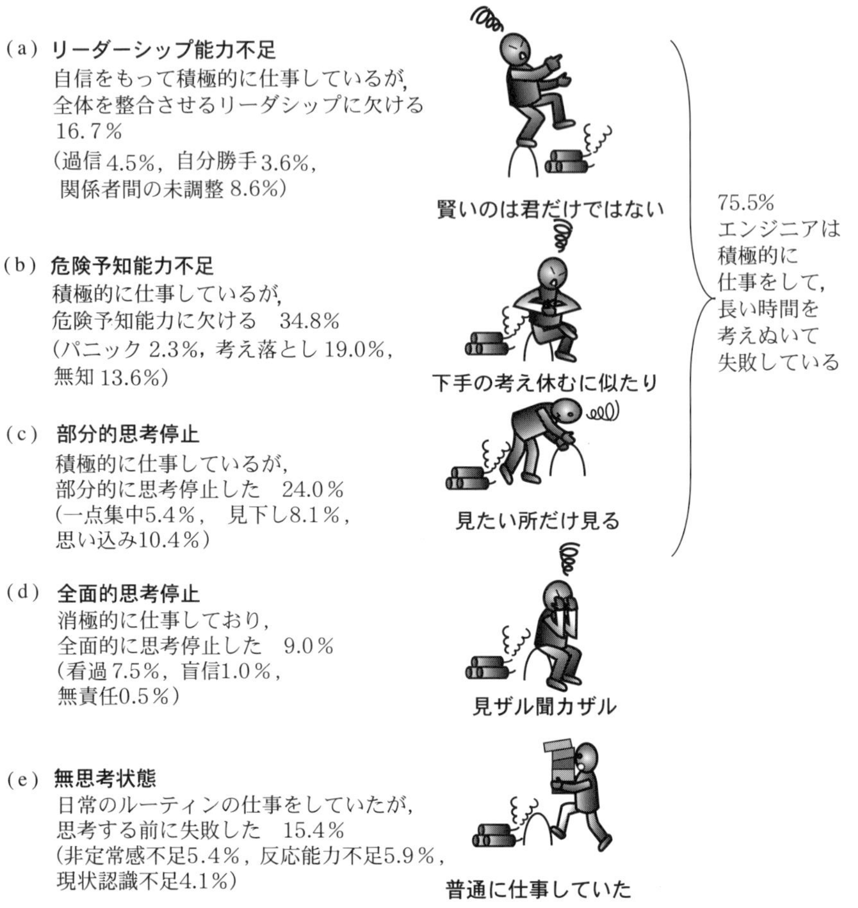

(a) リーダーシップ能力不足
　自信をもって積極的に仕事しているが，全体を整合させるリーダシップに欠ける　16.7％
　（過信4.5％，自分勝手3.6％，関係者間の未調整8.6％）
　賢いのは君だけではない

(b) 危険予知能力不足
　積極的に仕事しているが，危険予知能力に欠ける　34.8％
　（パニック2.3％，考え落とし19.0％，無知13.6％）
　下手の考え休むに似たり

(c) 部分的思考停止
　積極的に仕事しているが，部分的に思考停止した　24.0％
　（一点集中5.4％，見下し8.1％，思い込み10.4％）
　見たい所だけ見る

75.5％ エンジニアは積極的に仕事をして，長い時間を考えぬいて失敗している

(d) 全面的思考停止
　消極的に仕事しており，全面的に思考停止した　9.0％
　（看過7.5％，盲信1.0％，無責任0.5％）
　見ザル聞カザル

(e) 無思考状態
　日常のルーティンの仕事をしていたが，思考する前に失敗した　15.4％
　（非定常感不足5.4％，反応能力不足5.9％，現状認識不足4.1％）
　普通に仕事していた

図II.9　エンジニアの誤判断の原因の原因（42人から221例を収集）

エンジニアという職に就いた人間は，大学出の"ヒヨッコ"でさえ勉強するものである．たとえば低温脆性が最初から必要だと気が付けば，勉強して材料のアルミニウム化というような対策は十分にとれる．それでも低温脆性という失敗が生じたのは，それが要改良だという問題意識をまったく想起しなかったことが影響大である．

◆◇ 技術的原因が解析できなかった失敗もある

　事故のなかには，技術的原因が事故時点で科学的に未知だった，という厄介な事故もある．このことを注意してデータに書かないと，事故直後になぜそのような事故対策がとられたのか読者は理解できない．未知のときに判断ミスするのはしか

たがない．しかし，**多くはそのうちに技術的原因がわかるのだが，わかったとしても政治家が最初の判断ミスを速やかに変更しないと，その組織的原因のほうが事件になる．**たとえば表II.2（e）に示した事象26.5の**狂牛病感染**（2001）では，どこの国の政府でも，国内では発生していないから大丈夫，仮に牛に感染していても人間には伝染しないから大丈夫，といいつづけていた．そして肉骨粉という技術的原因がわかった後でも，国内生産者の保護や消費者のパニック防止のために，リスク許容からリスク回避へと方向転換できなかった．同様に方向転換の「企画変更の不作為」は，たとえばSARS（2002）でも生じた．中国では全国人民代表大会の影響で方向転換が遅れ，500人近い死亡者を出した．

技術的だけでなくても，原因が明らかにならない厄介な事故として，ヒューマンエラーがある．たとえば，上述した運転中の携帯電話通話による一時停止線見落としは，携帯電話を隠してしまえば，本人が正直に自白してくれないかぎり，調査者は知る由もない．裁判所でも必ずしも真実が明らかになるともかぎらない．たとえばそのヒューマンエラーの原因の原因が，子供の急病ならば情状酌量に有効であろうが，恋人とのデートの約束に遅刻であれば自白しても裁判官の心証を悪くするだけだから，黙秘のほうが得である．このようにヒューマンエラーは"作り話"で構築されやすく，"やぶの中"の状況になりやすい．

II.3　大失敗の特徴
　　—— 安全パイでこけた，今度も大丈夫，逃げる暇がない ——

本書を執筆してわかったことだが，大失敗の特徴は（a）「**安全パイでこけた**」，（b）「**今度も大丈夫**」，（c）「**逃げる暇がない**」である．図II.10に大失敗に至る一般

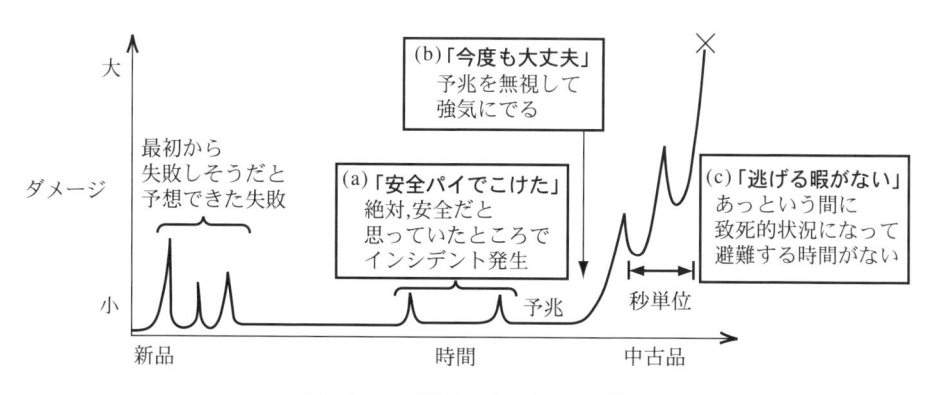

図 II.10　大失敗にいたるまでの経過

的な経緯を描くが，横軸は時間である．**絶対，安全だと思っていた所でインシデントが生じ，この予兆を強気で無視した結果，アクシデントのダメージが急増し，いよいよダメだと思ってから逃げようとしたが避難時間が秒単位と短かった**という経緯である．

　もし，ある製品を使用すると不具合が発生しそうだと最初からわかっていたら，本当に不具合が生じてもエンジニアにとってみれば，それは織り込み済みであり，慌てずに用意された対策を粛々と実行すればよい．図II.10の左端の初期故障の失敗群のように，決して大事故まで発展しない．

　ところが，逆に「安全パイでこけた」ような状況は，エンジニアにとってまさかで想定外の話だから，何も手を打っていない．「安全パイ（牌）」とは，麻雀において敵の手役完成に必要ではないと自分が信じている安全カードのことであるが，それを場に捨てた途端に敵に手役完成，つまりロンだと宣言されたのである．これは青天の霹靂であり，唖然として言葉がない．エンジニアが手を付けていないぐらいだから，機械は大事故に至る道をブレーキなしに暴走しはじめる．たとえば，事象1.1 **タイタニックの沈没**のように，氷山にかすっただけでリベットが脆性破壊ではずれ，それから連鎖反応で沈没するのである．

　しかし，氷山にかすっただけで処女航海で沈没すると，やはり技術的に強度的問題があったと断定されそうである．ところが，別の姉妹船のオリンピックは1年前から航行していて，スミス船長がサウサンプトン港で巡洋艦と衝突させてもオリンピックは沈没しなかったのである．その後，第一次世界大戦中の1918年には，オリンピックはUボートの魚雷をかわして逆に体当たりで反撃し，相手を沈没させている．氷河なんかが恐いはずがない．ということは，タイタニックに移ったスミス船長は，「今度も大丈夫」と安心して氷山のなかを疾走していたはずである．「この前も危なかったけれど回避できた，今度も大丈夫なはず」と科学的根拠もないが固く信じることが人間にはでき，大事故に遭遇する．事象35.3の**信楽高原鉄道の衝突**も赤信号固着下の出発を一度試して成功し，今度も大丈夫と信じて赤信号出発したら正面衝突したのである．

　結局，タイタニックは，沈みそうなのに乗客は救命ボートが不足して逃げられず，下等船室の乗客にいたってはハッチを閉められて逃げる道さえなく，はや沈没に至る．避難時間や緊急退避手段が準備されていれば，たとえば姉妹船のブリタニックのように救命ボートを3.5倍に増やせば，ほとんどの乗客が沈没前に退避できたはずである．

◆◇ 失敗は思考平面の周辺部から発生する

前述したように，新聞を騒がすような事故や事件になった失敗は，思いもかけなかったような，思考平面の周辺部から発生する．図II.11は設計者が考えなければならない思考対象を，横軸に時間軸，縦軸の空間軸の座標のなかで示した図である．チーフエンジニアは時間軸・空間軸に広い範囲の対象を考えている．しかし，**本書に示したような失敗は，この思考範囲の楕円の周辺部，つまり図右部のメンテナンスサービスや信頼性の保証のような「未来における副機能」から発生している**．

もちろん，この中心部の思考対象である，主要機能の目標達成や発売時期，発売後の人気が未達成であると，企業の経営には大きな失敗になる．しかし，これらの失敗は自由競争の資本主義では必然的に発生する事態で，成功者が存在するなら

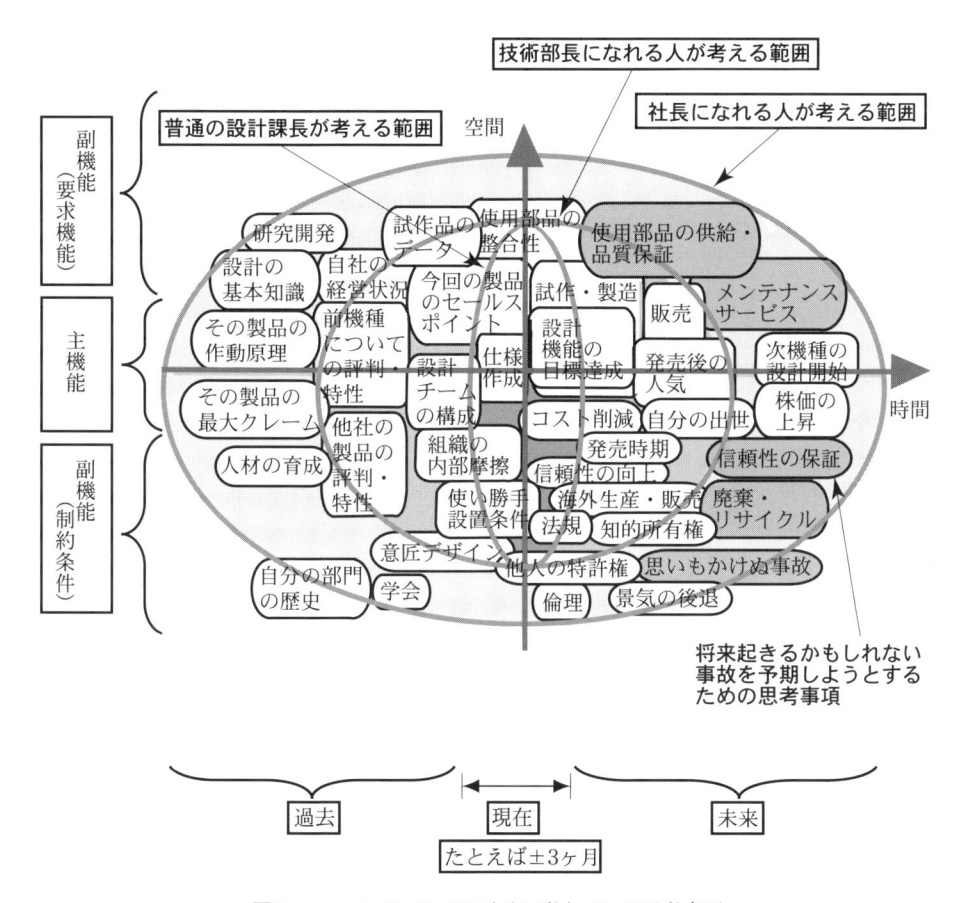

図II.11 エンジニアが設計時に考えている思考事項

ば失敗者もそれ以上に存在する．失敗百選では新聞の社会面や科学面から事例を集めたので，これらの企画・開発の失敗を収集できなかった．

しかし，経済面から収集すれば，このような経営の失敗が収集できないこともない．たとえば日経産業新聞の「**売れない，誤算の研究**」では，期待の新商品のアテが外れたことを分析している．筆者は現在，分析中であるが，(a) 企画時に必要最小限の要求機能を設定または達成できなかった (37％)，(b) 企画時の制約条件がその後大きく変化して売上が減少した (40％)，(c) セールスポイントに対して，顧客の共感が得られなかった (23％)，の3点で分類できる．このうち，(b)，(c) は神のみぞ知るの世界の話であり，「**企画は賭である**」ということがわかる．しかしこれらの企画・開発の失敗は一般に，社長がバカだったというような悪口は社員は口が裂けてもいわないから，結局，致命的に倒産するまで顕在化しない．

◆◇ 今度も大丈夫という過信が大失敗の予兆を看過

失敗の前には予兆が生じる．その予兆を認識して改良設計を始められるような素直さが，エンジニアには重要である．しかし，普通は改良設計を面倒がって拒否する．そして，前回のヒヤリハットも危ないながらも乗り切れたから，今回も平気だと意味もなく強気になってしまうのが問題である．

本書の多くの事例で，**事故以前に類似事故が発生したのにメーカが看過したことが報告されている**．事象16.1コンコルドの墜落でも事前に，燃料タンクに穴があく事例が生じていたし，事象24.5小学校の防火シャッタ誤作動でも死亡事故が生じる前にも，同様な誤作動が起こっていた．事象36.1明石の歩道橋の圧死では，警察も警備会社も「出たとこ勝負」という強気な手段に出た．その前の年の暮れには同様な混雑が発生していたのにもかかわらずである．

◆◇ 回避動作時間の不足から大事故へと発展する

表I.3のシナリオ共通点の [1] 脆性破壊や [4] 応力腐食割れが恐いのは，エンジニアが部分的には壊れるかもしれないが全体は安泰と信じていたときに，クラックが進展して**秒単位で全体が崩壊する**ことである．同様に化学工場の事故で恐いのは，引火・爆発・炎上・崩壊が秒単位で進むことである．高速交通機関も同様で，とくに飛行機は秒単位の間の些細な操縦ミスが，墜落という全体破壊に直結する．

逆にいえば**死に至るフェイタルダメージにまで進展する時間が**，仮に分単位や時間単位まで長くなると，各種の避難装置が効果を発揮できる．このために機械分野では，崩壊を予兆するセンサの設置や，そこに至るまでの時間を遅くする一連のメンテナンス活動が効果的である．生物の老化と同じように機械の劣化も避けるこ

とができないが，健康に気を付けて検査を怠らなければ寿命は延びる．

しかし，**日本ではメンテナンスが軽視されている**．役所が決めた安全基準でも，現役で動いているかぎり，20歳と同じ健康を保った「絶対に壊れない機械」が期待され，「新品の安全規定を使用中の中古品にまで適用すべき」という考えが強い．たとえば50歳になればガタが出てくるのは当たり前だが，大半の人は20歳と同じような仕事ができる．それなのに，20歳と同じような血圧や皮下脂肪，反射能力を課すことはナンセンスである．

新品至上主義は，筆者の大学にも蔓延している．2004年までの国立大学には減価償却という会計作業がなかったため，中古品も新品と同じ価格であるべき，見栄えも同じであるべき，という恐ろしい思想で事務官が統一されていた（今も統一されているが）．性能は少々劣るが，使えるから買おう，と教員が事務官に頼んでもダメである．

また，メンテナンスに意味をもたせないから，中古住宅市場が育たず，せっかく建てた家の価値が10年も経つと半減し，20年も経つと"古家有り"になる．一方で，米国では40年前の家の価値が変わらないし，変わらないように所有者はメンテナンスを続ける．事象5.2ファイアストン社製タイヤのリコールの後にきたのは，フォード社製エクスプローラの中古車価格が減少したから弁償せよという所有者からの集団訴訟である．中古でも保守を怠らなければ価値が減ることはない，と信じた結果である（これはやりすぎ）．

II.4　失敗百選を利用する （図II.1 (f)）

前節II.3で述べたように，新聞を騒がしたような事故や事件の失敗百選の特徴を分析すると，重大事故にはエンジニアが事前に想定しにくいものが多いことがわかる．確かに想定できれば予測でき，事故が大きくなる前にその芽を摘んで防止できる．問題は，この特徴が失敗を学ぶときの大きなブレーキになることである．すなわち，失敗のシナリオ共通点を学んでも，そのような想定外の現象が生じるとはとても思えないから，学んでも無駄だと，学習者が感じるからである．

たとえば，テロに対して輸送システムの安全に問題があるとわかっても，自爆テロでは防ぎようがない．10歳の女の子が爆弾を人形のなかに忍ばせていても，まずテロリストと疑わないだろう．同様に，万にひとつの低確率でしか生じず，ほとんど杞憂に終わる失敗のシナリオ共通要素に対して，「全部を暗記しないと設計をやらせない」と教師にいわれたら，学生は憤るだろう．なぜならば仮に全部暗記できても「覚えておいて本当によかった」と感謝するような類似事故が一生の間に

生じるとも思えず，きわめてコストパフォーマンスが悪いと感じるからであろう．

とくに「『人間は間違える動物である』のようなヒューマンエラーの真実を勉強せよ」と教師にいわれても実際のアクションプラン作成で困ることが多い．失敗を頻発させる作業員や看護婦を矯正させようとしても，気合いだけではすぐに再発する．心理学や宗教ではそのような人間を許せても，直すことはできない．一般に，ヒューマンエラーを心理学や経営学のコンサルタントと組んで減少させようという活動自体は素晴らしいが，納期が迫ってヒートアップしているエンジニアはその活動を笑止千万というような態度で受けて喧嘩になる．それよりは，どうせヒューマンエラーするのだから，エラーしてもフェイタルダメージにならないようなメカニカルフューズを設置するほうが効果的である．

どうやったら，ヒューマンエラーを含めて失敗百選の知識が利用できるだろうか．まるで，それぞれの構成員の脳のなかにワクチンとして埋め込まれて，将来の致死的な抗原に対抗すべき抗体が作られるように．

◈ 管理強化してもおっちょこちょいの人間の性格は変えられない

現在，ヒューマンエラー分析が発達して，アメリカでは航空機や医療の分野でこの学問の知見を広く用いている．たとえば，コックピットのなかのスイッチの位置配列やレバーの非常時操作，またはナースステーションのなかの点滴液充填や薬品配送，などの方法が人間工学的に検討された．しかし，日本のヒューマンエラー分析では「人は誰でも失敗する」というような哲学的な真実を再確認することで終わり，再発防止のための対策を人間工学的に改善することが少ない．さらに筆者の大学での教育経験からいうと，いくら**管理強化しても，おっちょこちょいの人間の性格は変えられない**のである．

まえがきの図A.1の右下で説明したように，人間の判断を支援するような，技術的な事故防止機構を，ハイテクを使って新規設計すべきである．たとえば，道路交通法の罰則を重くして，飲酒運転を止めさせようとするならば，それだけでなく，飲酒していたらエンジンがかからないような機構を設置すべきである．また，上述した一時停止違反を防止するには，違反者摘発強化のために物陰から違反者を捕まえて罰するのでなく，鉄道の自動停止装置のように停止線で自動車を強制的に停止させればよいのである．

◈ 対策を討論して組織の暗黙知として内面化させる

一般に，事故後の対策は，組織や個人の「ノウハウ」として大事に扱われる．加えて，事故の衝撃の大きさに比例して強くなるのだが，「どうしてその対策を選

んだのか」「前提条件は何だったのか」という暗黙知が組織のなかで生きてくる．

限られた閉鎖的な組織内の専門的なデータベースは，たとえ事例数が100個程度でも，広く集めて事例数10万個を誇るような汎用的なデータベースよりも有効である．なぜならば，シソーラス（類義語辞典）が必要ないことが大きい．つまり，**構成員は，組織内で同じ仕事を行い，同じ教育を受けているのだから，脳のなかの言葉の概念も同じである**．その結果，原因と対策との因果関係はわからなくても，前章で述べたような学習会を通して，なんとなく効果的であることが理解し合える．もちろん工学的に失敗に至るメカニズムが解明できればよいが，わからずに「結果オーライ」となった結末でも，その時点では解明できなかった事実を覚えておけば，そのうちに，たとえば10年後には"ジグゾーパズル"の断片が集まってきて全体像がわかるものである．

一般に，自分が事故を起こしそうでイヤな気分でいるときに，データベースですぐ知りたいのは，原因よりも対策の知識である．というより筆者の経験では，ほとんどの利用者が対策しか調べない．ただし，このときは，その対策を選択するときに課せられた前提条件も調べることが必修である．少なくとも**対策の知識を構成員の脳のなかに内面化できれば，イザというときに体が動くので，構成員のなかにワクチンが打てたに等しい**．

◆◇ 設計の思考過程全体を見回した抜本的な対策が有効である

対策を選択するとき，小手先の対処は好ましくない．すなわち，"叩き大工"は破綻しやすく，局所を叩いて直しても全体が歪んでしまう．成熟分野の製品や工程の場合，設計の失敗はつぎはぎだらけの構造が原因であることが多く，事故は必然の結果である．たとえば，二つの要求機能をひとつの機構で行うような一石二鳥の設計は，当初は軽量化で格好がよいが，時間が経つとその干渉自体が後輩に伝わらなくなり，なんらかの設計変更で大きな事故を誘引する．

最初から干渉のない，独立設計を目指すことが重要である．図II.12は干渉設計と独立設計とを，**公理的設計法**（Axiomatic Design, MITのN. P. Suh教授が提案した設計法，要求機能と設計解は一対一対応して干渉しない独立設計が好ましいと述べている．詳しくは，筆者が翻訳した「公理的設計―複雑システムの単純化設計」（森北出版，2004）を参考されたい）で記述した例である．**タイタニック号**は浸水を部分的に封鎖する防水隔壁が上部甲板にまで達していなかったため，次々に後部まで浸水が拡大していった（事象1.1）．**防水隔壁の要求機能**は，（緊急時は）水を通さないことと（通常時は）人や物を通すことである．設計方程式の左辺にベクトルで示す．その要求機能ごとの設計解は厚鋼板と水密扉付き廊下である．同様に右

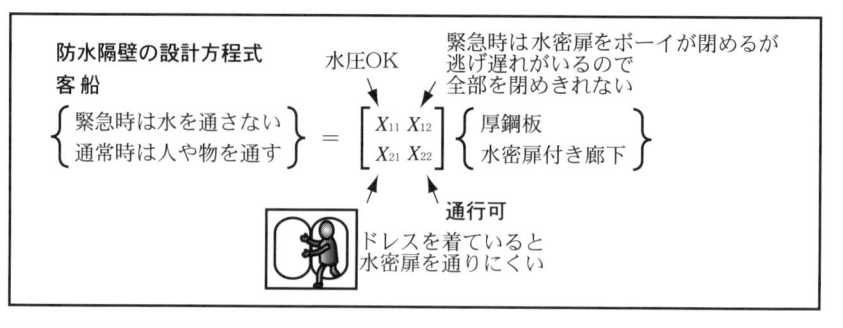

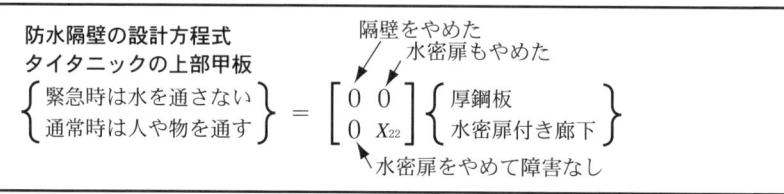

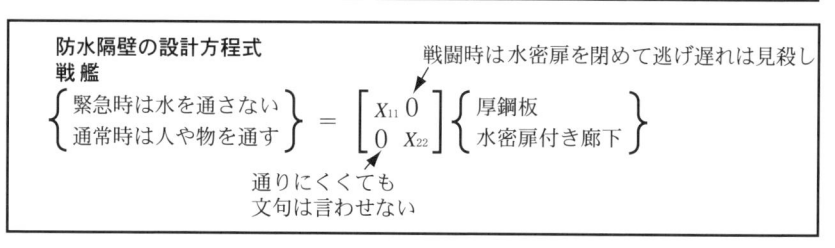

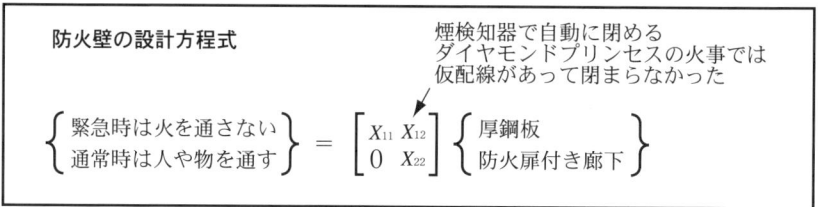

図II.12 防水隔壁の設計方程式

防水隔壁の設計方程式 客船

$$\begin{Bmatrix} 緊急時は水を通さない \\ 通常時は人や物を通す \end{Bmatrix} = \begin{bmatrix} X_{11} & X_{12} \\ X_{21} & X_{22} \end{bmatrix} \begin{Bmatrix} 厚鋼板 \\ 水密扉付き廊下 \end{Bmatrix}$$

- 水圧OK
- 緊急時は水密扉をボーイが閉めるが逃げ遅れがいるので全部を閉めきれない
- 通行可
- ドレスを着ていると水密扉を通りにくい

防水隔壁の設計方程式 タイタニックの上部甲板

$$\begin{Bmatrix} 緊急時は水を通さない \\ 通常時は人や物を通す \end{Bmatrix} = \begin{bmatrix} 0 & 0 \\ 0 & X_{22} \end{bmatrix} \begin{Bmatrix} 厚鋼板 \\ 水密扉付き廊下 \end{Bmatrix}$$

- 隔壁をやめた
- 水密扉もやめた
- 水密扉をやめて障害なし

防水隔壁の設計方程式 戦艦

$$\begin{Bmatrix} 緊急時は水を通さない \\ 通常時は人や物を通す \end{Bmatrix} = \begin{bmatrix} X_{11} & 0 \\ 0 & X_{22} \end{bmatrix} \begin{Bmatrix} 厚鋼板 \\ 水密扉付き廊下 \end{Bmatrix}$$

- 戦闘時は水密扉を閉めて逃げ遅れは見殺し
- 通りにくくても文句は言わせない

防火壁の設計方程式

$$\begin{Bmatrix} 緊急時は火を通さない \\ 通常時は人や物を通す \end{Bmatrix} = \begin{bmatrix} X_{11} & X_{12} \\ 0 & X_{22} \end{bmatrix} \begin{Bmatrix} 厚鋼板 \\ 防火扉付き廊下 \end{Bmatrix}$$

- 煙検知器で自動に閉める
- ダイヤモンドプリンセスの火事では仮配線があって閉まらなかった

辺のベクトルに示す.

　両者の関係を示す行列には，まず，X_{11}とX_{22}の対角部分に影響ありの係数が記述される．次に干渉部分を考える．廊下と防水隔壁が交差するところを開けておくと水が漏れるので水圧に抗してシールできるハッチや水密扉を設置するが，緊急時にはそれらをボーイが閉めるので問題ない（X_{12}はゼロになるはず）．ところが，タイタニックの沈没時は下等船室から逃げてくる乗客の圧力で全部を閉めることができなかった（X_{12}は影響ありに変わる）．また，水密扉は床から段差が生じて幅も狭く板厚も厚いので，人や物は通りにくい（X_{21}はゼロにならない）．この結果，対角

成分以外にも影響因子が存在するので干渉設計になる．確かに喫水線上の上等客室で廊下に水密扉を作るとドレスで通るのが大変だから，タイタニックでは対策として喫水線まで防水隔壁を上げなかった．これによってX_{21}を影響なしのゼロにしたのはいいが，喫水線付近で厚鋼板も水密扉もなしではX_{11}とX_{12}もゼロになり，つまり水が漏れてしまう．沈没するのも当然である．戦艦だと水兵はドレスを着ないから水密扉は通りやすくX_{21}はゼロになるし，戦闘時は兵隊が逃げ遅れようとも情け容赦なく水密扉を閉めるからX_{12}もゼロになり，結局，対角線だけの独立設計になる．

防火壁の設計方程式も同様である．しかしこれは水圧がかからないから，防火扉は開き扉でなくてもシャッタでもよい．ビルの防火扉は煙探知器によって火事が起こると自動で閉まる．2002年に長崎で建造中の**客船ダイヤモンドプリンセスの火災**が生じたが，これは仮配線を廊下に転がしていたため，いざ火災になったときに防火扉が閉まらず延焼したのが原因である（X_{12}がゼロにならず炎が漏れた）．1ヶ月後に艤装が終わればきちんと防火扉の上の穴に配線を通すことができ，その後は設計通りに防火扉は閉まったのである（X_{12}がゼロになり独立設計になる）．

◆ 皆で失敗知識をどうやって学ぶか

工学者が失敗知識を活かそうとすると，必ずコンピュータを使うことを考えがちである．現在の学生はゲームボーイやインターネットでコンピュータに親しんでおり，コンピュータを用いると必修だが面倒な知識でも楽しんで使ってくれる．

しかし，必ずしもコンピュータがすべてではない．たとえば，コンピュータを使わなくても，失敗の典型例の内容を盛り込んだ状況を準備して，臨場感を高めながら疑似体験する**ロールプレイングゲーム（RPG）**が有効である．たとえば，顧客サービスのトラブルを防いだり，医療ミス後の緊急対応方法を学んだりする社内研修では，受講者が顧客と店員，または患者と看護婦のようにわかれて演技する．それをビデオで録画して，それを再録しながら受講者全員で正解を討論する．このロールプレイングゲームは住友金属が開発した「**危険予知訓練（KYK）**」方法と似ているが，KYKと同様にRPGは「**言葉の概念化**」能力が不足している構成員にも失敗知識を植えることができて効果的である．

図II.13は筆者がある企業と一緒に行ったRPGの一例を示す．ここでは，圧力センサの圧力・電圧変換係数を誤入力したために**圧力試験体を過圧させて破裂**させた，という事故を再現してRPGした．本書のシナリオ共通点では 24 フィードバック系暴走と同じである．

このときは原因を分析して対策を決める役も，問われれば答える当事者の役も，現場のスーパーバイザレベルの優秀な作業者をあてたので，1時間で比較的容易に

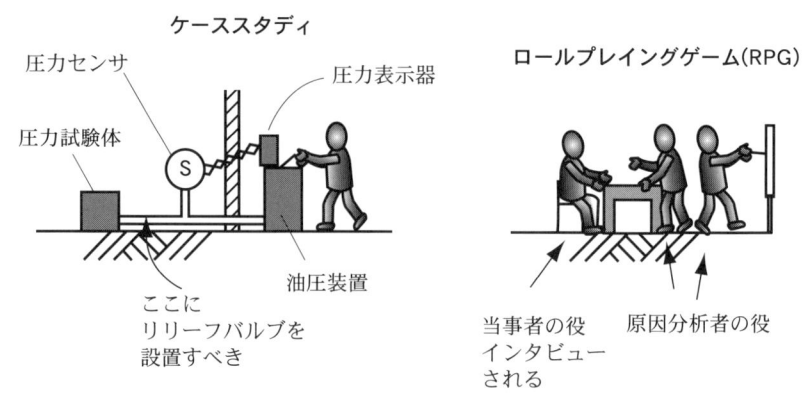

図 II.13 圧力表示によって加圧するフィールドバック系が暴走したというケースを用いたロールプレイングゲームの例

対策まで提案できて，筆者は驚いた．しかし，それを水平展開する段になって，うちは高圧を使っていないから関係ない，と皆が答えたのには，ふたたび驚いた．小集団活動で学習していると不具合に対応する手法に長けてくるが，それをできるぐらいの優秀な人でも下位概念に降りて自分の持ち場に水平展開する思考プロセスは難しいのである．

また，安全にはフェイルセーフが不可欠である．このときはメカニカルフューズのような安全弁（リリーフバルブ）を設置するのが安全策としては好ましいはずだが，設定圧力が試験ごとに異なるので現場からは面倒だからと提案却下になった．生産性向上は安全にとって最大の心理的障害である．

筆者らはひとりでコンピュータ相手に競う，自習用のロールプレイングゲームを製作しているが，失敗百選があればケースをシナリオのひとつにして失敗を効率的に学ぶことができる．図II.14でその問題のひとつを示しているが，筆者がサンフランシスコの近くの工場で1989年の**ロマプリータ地震**に遭ったときの経験から出題した．最も恐ろしかったのは真空装置の配管が切れてメタンガスや水素ガスが漏れていたことである．大体，真空配管は直径1cm程度の剛性の小さいステンレスパイプでつなぐから，途中に重いマスフローコントローラでも付いていてそれが揺れるとジョイント部分で外れやすい．

JR東日本の新白河訓練所の事故の展示館では，鉄道事故の典型例を20事例程度展示して，それぞれで最も一般的な原因や対策は何なのかを教えている．とくに，事象36.4**三河島事故**では，事故の構成員ごとにその人が見たであろう局所的な画面を見せて，二重事故を防ぐ，というリアルタイムのロールプレイングゲームを作

II.4 失敗百選を利用する　55

| 質問：
半導体工場のクリーンルームで震度5弱の地震があった．たまたま作業シフトの間で作業員がルーム内にいなかった．地震の後で，メンテナンスがルーム内をチェックするように命令されたが，やってはならないことを選びなさい． |

ルーム内が停電で暗くなっているので，懐中電灯を持ってくる	○
ルーム内を速やかに回って，装置ごとにガスの栓を締める	◉
有毒ガスの漏れセンサや酸素濃度センサの数値をルーム外からチェックする	○
排気ダクトのファンや冷却水のポンプに非常用電源をつなぐ	○
ルーム外のガスボンベの元栓を締める	○

[進む]

⇒

正解です

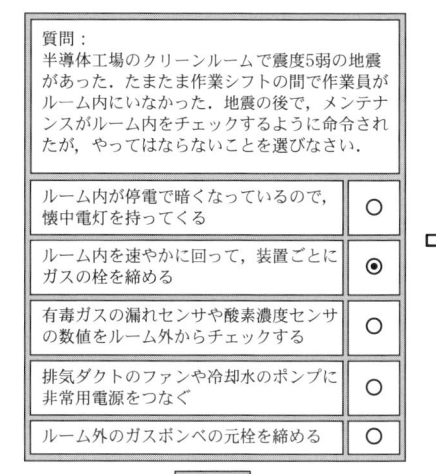

| 質問：
半導体工場のクリーンルームで震度5弱の地震があった．たまたま作業シフトの間で作業員がルーム内にいなかった．地震の後で，メンテナンスがルーム内をチェックするように命令されたが，やってはならないことを選びなさい． |

答え：ルーム内を速やかに回って，装置ごとにガスの元栓を締める

解説：
地震に最も弱いところは，一般にガス配管である．細いステンレス配管はきっちりと固定されていないことが多く，またジョイントもモーメントに弱くて漏れやすい．半導体工場はフッ素系や塩素系の有毒ガスを使うことが多いので，いきなりルームに入るのは避けたい．なお，これらの有毒ガス配管はステンレス管に大径のビニール管を通して，2重にしていることが多い．

図II.14　自習用ロールプレイングゲームの例

っている．このRPGを通して対向列車を速やかに止めるというマニュアルの意味を考えさせることができる．

　なお，失敗の学習は，ひとりで自習できたとしても，その後で多くの仲間と結果を討論するほうが効果的である．そのほうが不明な原因や対策を推定しやすくなるし，推定できれば自分で対策を先取りして実施できる．実際やってみるとわかることだが，ひとりでは失敗の経験不足で普通は思考が進まない（図I.1の右下で述べた）．

　最後に，RPGを準備しても，普通は上長が命令しないと誰も試してみようとしないことを付記する．**人間は自分の状況下で問題意識が生まれないと，それを防止しようという意欲も生じない．**なんだか危ないなという問題意識を想起させるには，上述したRPGの疑似体験だけでなく，若いうちに基礎的なことを試み，ついでに小さな失敗を直面するような原体験が最も効果的である．たとえば，ナイフでリンゴをむいているときに手も切ったという事故は，ナイフを使ったことのない者は文章からは事象を再現できない．逆に使ったことのある者は，リンゴを割るときにまな板を使わなかったのではないか，というような原因の推定までできる．

　人間は生まれてくるまでに母親のなかで，魚類から両生類を経て哺乳類まで個体発生的に進化する．**失敗を理解するには，その技術に対して自らが短期間内に個体発生することが不可欠である．**

◆◇ 失敗を予知する能力を高める

失敗が発生してからそれを正確に対処して収めることも重要だが，それよりも**失敗を前もって予知する能力を高めることが最重要である**．すなわち，現在の状況が続くとどのような失敗が生じるかを想像する能力である．その能力をみがくのに，従来から行われている「危険予知訓練」が有効である．現在の状況を絵で見せて，生じるであろう事故のシナリオを述べさせ，それを防ぐ対策やその教訓を標語でまとめさせるのである．

たとえば，筆者は学科の安全講習（工房において工作機械を使用したい者は毎年受けなければならない）では新入生に図II.15の問題を課している．答えは本書のどこかに似たような事例があるのでわかる．図（a）の**棚の事故**は，筆者の研究室でよく起こる事故である．脚立を踏み台にして棚の上に積んであった書籍数冊を

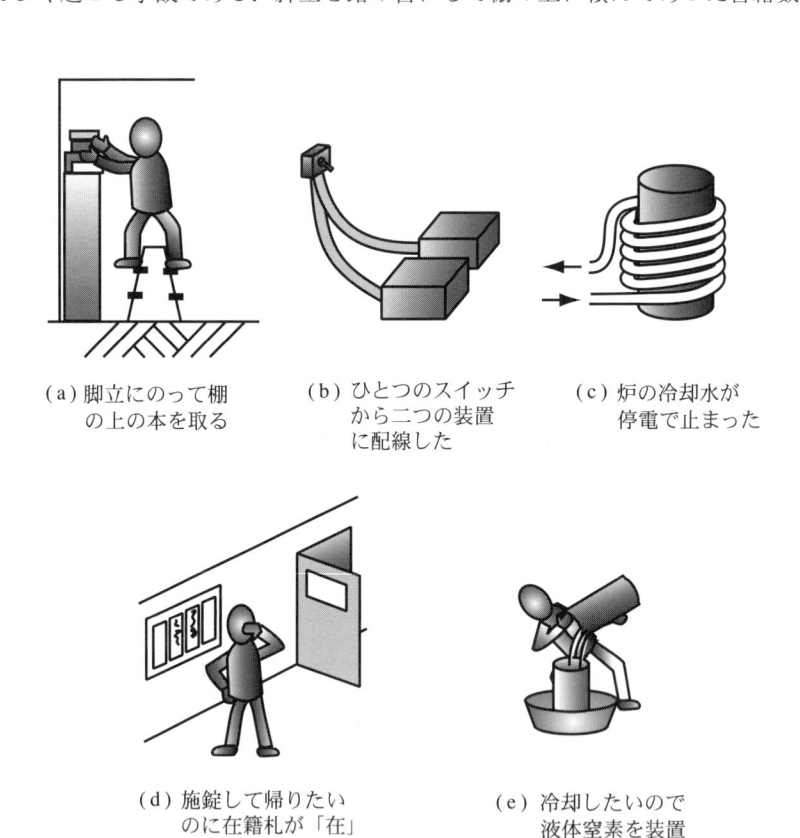

(a) 脚立にのって棚の上の本を取る

(b) ひとつのスイッチから二つの装置に配線した

(c) 炉の冷却水が停電で止まった

(d) 施錠して帰りたいのに在籍札が「在」の人がいない

(e) 冷却したいので液体窒素を装置にかけた

図II.15 危険予知訓練の例（これからどのような事故が起こるか）

取ろうと手を伸ばしている，という絵があるとき，首を上に向けて作業していたらクラクラしてきて踏み台から飛び降りたら足首を捻挫した，または棚からもち上げた書籍が崩れてきて自分の目に本の角が当たった，というようなシナリオが述べられたら合格である．教訓として，十分に高い踏み台を使え，棚の上に書籍を積むな，本を積むならヒモで括れ，というような標語があげられる．

　上記のような事故を，新人に対して毎年の恒例行事のように，原体験として怪我させるのは愚かである．新人でなくとも，数年前だが学科の技官は脚立に乗って部屋の天井にペンキを塗っていたが，ちょっとバランスを崩して飛び降りたら足を折った．失敗事例を予習させ，他山の石として脳に刷り込むことが大切である．棚の上の書籍の崩落現象が想起できれば，1本のワイヤで重量物を並進させようとしたら突然に回転したり，材料棚の2本の枕の間に渡した丸棒が斜めにずれて崩れてきたり，というような類似の崩落事故まで予想できるはずである． 6 　バランス不良に似たような事故がみられる．

　なお，図（b）では**メインのスイッチオンで両方の装置が動きだすこと**，（c）では**冷却水が蒸気爆発**すること，（d）では不在者が帰ってくると**在籍札の「在」の印**を信じてそのままにして帰ったら盗難にあったこと，（e）では**窒素が気化して酸欠**で倒れること，などを想起できたら合格である．

　失敗百選の特徴で述べたように，失敗知識を一生懸命勉強しても，設計時の全思考のうち，周辺部の知識をおさらいするのに過ぎない．設計者としての名声を高めるには，主要機能を実現することが大事だが，この思考の中心部には失敗知識が役に立たないのである．しかし，**将来，チーフエンジニアになるには中心部と周辺部との両方の知識が必要になる**．中心部はその仕事に任用されたら自然と猛勉強することになるが，周辺部は副次的でイザというときに勉強する暇がないから，前もって事前学習で知識を得ておかなければならない．仮に周辺部の知識なしでチーフエンジニアになれたとしても，足下をすくうような大事故が起こってそのポジションが砂上の楼閣のように崩れ去ることがないともかぎらない．あらかじめ，本書を用いて周辺部をサラッと勉強しておくと，必ず後でヨカッタナと思うようなことが起こる（はずである）．

第2部

「失敗百選」を学ぶ

1 技術的な要因で，しかも機械分野のエンジニアが少なくとも最初に考えるべき力学的な設計要因

　第1部のIで述べたように，本書ではシナリオ共通要素を四つに大分類したが，本章には最も技術的で，しかも機械力学的なシナリオ共通要素を集めた（だから，**機械技術者以外の読者には専門用語がわずらわしいので，パスしたほうがよいかもしれない**）．すなわち，機械のエンジニアが設計や力学の講義で教えられて，耳にタコができるほどお馴染みの低温脆性，疲労，共振，流体振動のような物理現象が，本章のシナリオ共通要素に含まれている．これらは，**機械工学科卒業の新人エンジニアにとって「資格証明書」のようなものであり，仮に知らないことがわかると「もぐり」だと先輩にバカにされる知識**である．

　また，幸いに最初は知らない状態で許されても，不幸にも20年後に自分の設計物が壊れたときには，一気にツケを払わなければならない知識でもある．このときは裁判所で，大げさにいえば「必修知識をもたないくせに『自分はエンジニアである』とホラをいって雇用者をだました詐欺師である」と非難され，過失責任で哀れ前科一犯になり，加えて製造物責任を負わされて破産に至る……．それくらいの悲惨な目に遭うかも知れないような，重要で知っておくべきシナリオ共通要素群である．

事故事例の記述方法

事象 X.X　　**事例名**（発生年）
　　　　　　発生国，発生企業，英語名，説明図番号，資料番号（[××]と記した資料は筆者らが収集したもので，本書巻末に記すようにインターネットで公開されている）

　概要（新聞の速報記事のように社会が知りたいことを原因抜きで記述．これは森北出版の編集者に書いてもらった）

シナリオ
▶ 小分け・時系列で列挙
説明：シナリオのなかから事例の特徴を詳説
■ シナリオ共通要素の説明

 類似事例 　同じシナリオ共通要素に分類される事例を紹介

1 材料の破壊

材料には力がかかると,「砕けるもの」と「たわむもの」がある.長い人類の歴史をひもとくと,エンジニアが,たわむ金属を兵器だけでなく機械の構造体にまで自由に使えるようになったのは,つい100年前からである.もっとも技術史に詳しい人は,「それは間違いで欧米では1800年頃から大量に鉄を使っていただろう」と反論するかもしれない.しかしその当時は鉄といっても,炭素を2%含んでガラスのように割れる「**砕ける鋳鉄**」がほとんどだった.もちろん,炭素を0.1%しか含まず飴のように曲がる「**たわむ錬鉄**」も作られていたが,高価だったためそれを使えるエンジニアはほんの一部だった.

1900年頃から,炭素を0.2〜0.5%とほどよい程度で含む「**たわむ鋼**」が転炉や平炉の発展とともに市場に出回り,誰でも構造体用に自由に扱えるようになったのである.しかし,この「たわむ鋼」でさえ,当時は低温時に使用したり,またはくり返して小さな力を負荷したり,腐食しやすい状態で力を加えたりすると,それは「**砕ける鋼**」に変身してしまった.第二次世界大戦後に,不純物を除去する精錬が発展し,さらにクラックの進展を予測する破壊力学が発展し,ようやく「たわむ鋼」が容易に入手できるようになったのである.それはつい最近の1970年頃からではないだろうか.

　この節全体の参考文献:小林英男,破壊力学,共立出版,1993
　　　　　　　　　　マーク・E・エバハート,ものが壊れるわけ,河出書房,2004

1 脆性破壊

事象1.1　タイタニック号の沈没(1912)
イギリス,ホワイト・スター・ライン(WSL)社,Titanic,図1.1,資料 [10]

大形豪華客船タイタニック号が処女航海の途上,氷山にぶつかり破損,浸水し,沈没した.1,517名の乗客乗員が死亡.1985年に水深3,773 mの海底で船体発見.

シナリオ

- WSL社はキュナード・ライン社と客船大形化・速度で競争
- 使い勝手がよいように，防水隔壁が上部甲板に達しない構造設計を選択
- Practically Unsinkableと評価され過信，航海速度22ノットで記録更新狙う
- 姉妹船のオリンピック号は衝突事故続きで無保険状態に（船長はスミス氏）
- タイタニック号はスミス船長でサウサンプトンからニューヨークへ処女航海
- 4月14日，氷山の警告を同乗のイズメイ社長が無視，20.5ノットで全速航海
- 午後11時40分，右舷に氷山発見し面舵いっぱい，37秒後に氷山に接触
- ブリッジに双眼鏡がなく，当直の氷山の発見が遅れる？　世界初のSOS発信
- 先端のかすった部分のリベットが低温脆性で脱落
- 鋼板がはがれて海水が流入し，防水隔壁を前方から順に越えて浸水
- 付近の船は深夜で無線を切ったり氷山を恐れたりして，救助が遅れる
- 2時間後に前方端から沈没し，中央で切断されて後方も沈没
- 救命ボートは乗客乗員の1/3の1,178名分の20隻しかもたず
- 乗客乗員の2/3の1,517名が死亡
- 海上人命安全条約（SOLAS条約）が採択され救命ボートは125％積載が必要

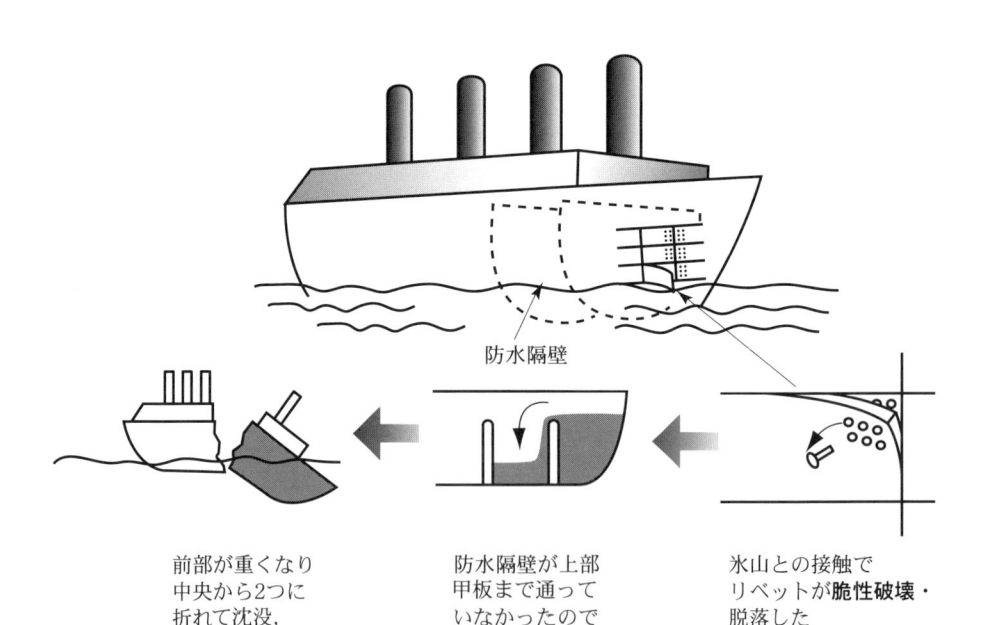

図1.1　タイタニック号の沈没

説明：多くの研究者や小説家によって，本事例の悲劇はくり返し再現されている．経営者が最高速・大形・豪華な客船に投資を注ぎ込み，利益獲得を優先して悲劇へ導いた経緯は，組織的原因として非常に面白い．しかし，機械技術者に必要な技術的原因の知識は「リベットの炭素鋼が製鋼未熟によって硫黄（現代の鋼材の2倍）やリン（4倍），硫化マンガンを多く含んでいたため，氷山にかすった程度の外力で低温脆性を引き起こした」ということである．

筆者は2004年に米国のソルトレイクでタイタニック展覧会を見た．1987年から，RMS Titanic 社が3,773 m の深海より，衝突部のリベットをはじめ，約6,000個の備品を引き上げた．その展覧会では約80年前の豪華船の什器を実物で見ることができた．また，一連の捜索でこれまでの定説がひっくり返され，氷山との衝突で厚い鋼板がガラスのように破壊したのでなく，それをつなぐリベットが破壊・脱落して鋼板が剥がれたことがわかった．しかし，船体の鋼板は，4℃・400気圧下の深海でも生存可能で鉄を好むバクテリアによって分解中で，あと100年も経つと形がなくなるかもしれない，と書かれていた．

また，筆者が2005年の安全データベースに関する異分野交流フォーラムで，米国で医療過誤データベースを作って医療従事者向け失敗警告システムを開発しているエンジニアと懇親会で討論していたときの出来事である．彼の昼の発表ではタイタニック号沈没のシナリオに脆性破壊はなかったので，筆者がどうしてと聞くとそんなことは事故に関係ないというのである．彼がいうのには，姉妹船のブリタニック号（2000年発表の映画あり．スパイとロマンが好きな人にはラブストーリーの「タイタニック」（ジェームス・キャメロン監督作）より面白い）は3年後に完成したが，第一次大戦が勃発したため病院船として徴用された．しかし，1916年11月21日にエーゲ海でドイツ軍の機雷に触れて沈没した．それもタイタニック号と同じように前部船体で小さな破壊が生じて海水が流れ込み，防水隔壁が上部甲板に達していないので55分後に沈没したのである．ところが救命ボートが十分に用意されていたため，1,100名の乗員中，死者はたった30名だった．もうひとつの姉妹船のオリンピック号も病院船に徴用されてそのときの写真が残されているが，甲板は救命ボートだらけで，筆者が数えると70隻もあった．タイタニック号が上部甲板からの景観をよくするために20隻だったから，つまるところ，救命ボートの不足が大惨事を招いたのである．これがリスクマネジメントの講義の定説である．

新聞記事になるような大惨事の有名火事は，燃焼面積が大きい火事ではなく，脱出方法がない火事である．図II.10に示すように，大惨事に至る連鎖反応は，最後が「逃げる暇が（手立ても）ない」で終わる．

■「脆性破壊」について

脆性破壊は，読んで字のごとく，材料が窓ガラスの板やガリウムヒ素のウェハのように，塑性変形をほとんど発生させずに，パリンと脆く割れて壊れる破壊現象のことである．つまり「砕ける材料」の破壊である．木材や金属のように，現在，構造物として使われる「たわむ材料」は，一般に，構造体に外力が働くと長い時間をかけて，伸びてちぎれて延性破壊する．設計者もそのような破壊現象を想定して脱出方法を設計する．ところが，設計者の期待を裏切って，材料が伸びることなくアッという間に脆性破壊すると，乗員・乗客は逃げる暇もなく大事故が生じる．ゴムやプラスチックの脆化は，後述の高分子材料で述べることにして，ここでは炭素鋼の脆性破壊を説明しよう．

炭素鋼の「低温脆性」は機械技術者にとって有名な現象である．常温では延性破壊していた材料が，-100℃のような低温下で衝撃試験（図1.2，たとえばおもりをノッチ付きの試験片にぶつける**シャルピー試験**）を行うと，ガラスのように小さなエネルギーで破壊してしまう．一般に，延性破壊のときの大きな破壊エネルギーと，脆性破壊のときの小さな破壊エネルギーとの，ちょうど中間の値が得られる温度を，延性–脆性遷移（ductile-to-brittle transition）の遷移温度（transition temperature）とよぶが，それはたとえば-50℃である．ところが，その遷移温度

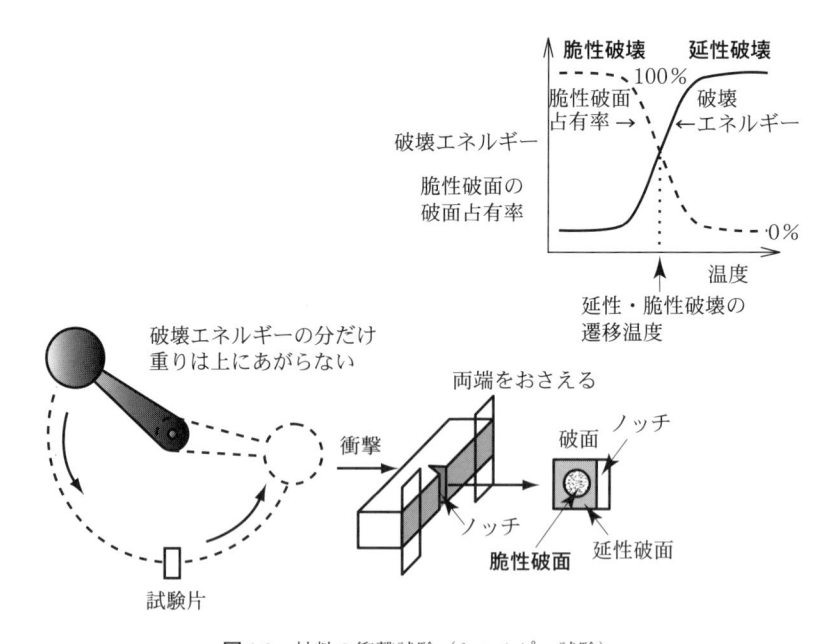

図1.2 材料の衝撃試験（シャルピー試験）

が実は常温の25℃近傍だった，という信じられないほど低い耐衝撃性をもつ炭素鋼が，つい50年前には多かったのである．これが沈没の主因だったのが，上述の**大形客船タイタニック号（遷移温度20℃）**や後述の**戦時標準船リバティ船**である．一般に，硫黄やリン，水素や水銀，などは，クラックが進展しやすくなるように結晶粒界を弱くさせて鋼を脆化させる．また，それらを吸着させるゲッター材（たとえば硫黄を吸着させるマンガン）や，鋼中に含まれる炭素を減少させるために吹き込む酸素も，鋼に残るとクラックの起点となって悪さをする．

炭素鋼の脆性破壊は，図1.3に示すように，銑鉄内の炭素を減少させるための酸素が鋼中に残っている「**リムド鋼**」を用いたときに，過去は多く発生した．圧延しても，中心部の空洞は潰せなかったのである．ところが製鉄業では1970年頃から，連続鋳造用に「**キルド鋼**」を用いるようになった．つまり，キルド鋼はそれ以前は金型のなかに鋳造すると，体積収縮が大きく，引け巣（最後に凝固終了した鋳塊の中心部に生じる凹み）が生じて圧延に回せる部位の比率が下がって敬遠されていたが，連続鋳造では次々と継ぎ湯するため，引け巣の問題が生じなくなった．キルド鋼を使った結果，クラックの起点になる酸素の空洞がなくなり，脆性破壊自体も激減してしまった．これに加えて，溶湯周辺を真空にして混入ガスや不純物を徹底的に除去する**真空精錬・真空鋳造**が，一般的な製鉄プロセスになったことも大きい．

また，鋼と鋼を熱で溶かして接続するのが**溶接**であるが，図1.4に示すように，それは一種の鋳造である．高湿度の環境で溶接すると，水分が熱分解して水素のような気体が混入し鋼を脆くさせるだけでなく，それがクラックの起点になる．しか

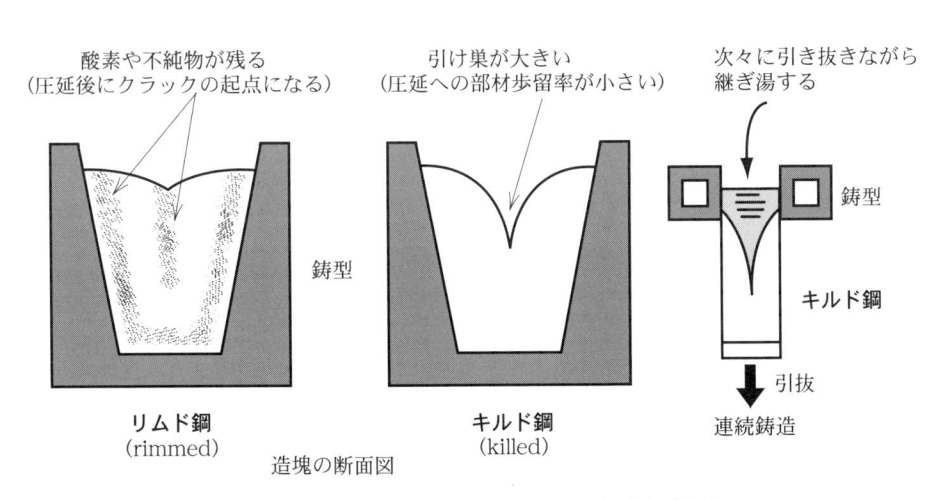

図1.3 キルド鋼を連続鋳造してクラック起点を減らす

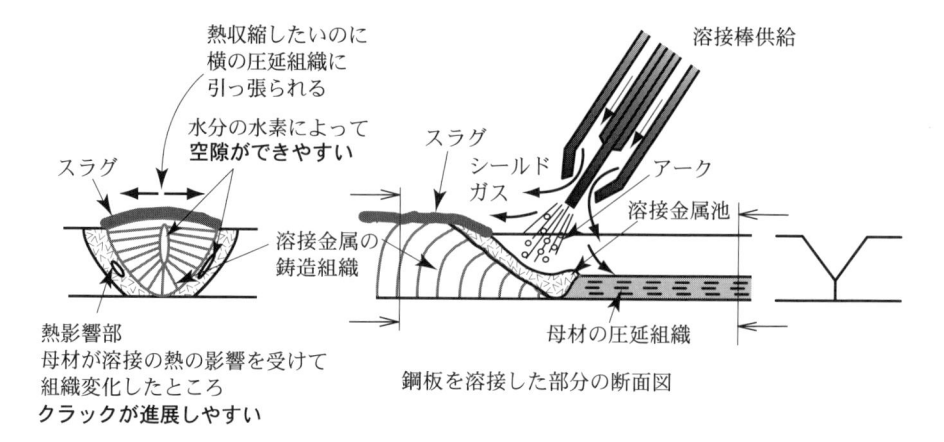

図1.4 アーク溶接

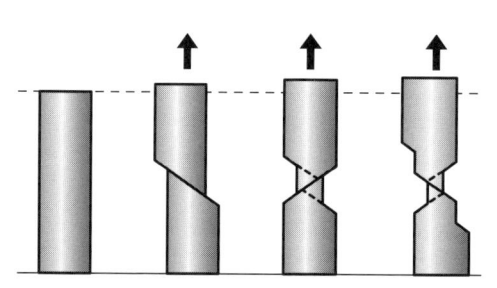

(図中ラベル)
- 熱収縮したいのに横の圧延組織に引っ張られる
- 水分の水素によって**空隙ができやすい**
- スラグ
- 溶接金属の鋳造組織
- 熱影響部 母材が溶接の熱の影響を受けて組織変化したところ **クラックが進展しやすい**
- スラグ
- シールドガス
- アーク
- 溶接棒供給
- 溶接金属池
- 母材の圧延組織
- 鋼板を溶接した部分の断面図

内部欠陥からクラックが入るのではなく**表面からすべり面で変形する**

図1.5 すべり面分離機構

し，後述の戦時標準船リバティ船破壊後の一連の研究を通して，**不活性のシールガス付きのアーク溶接**が一段と整備され，これらのマイクロキャビティ自体が消滅したのである．結果的に現在は，**日本製の炭素鋼から脆性破壊が駆逐された**．たまに脆性破壊が報告されるが，それは日本以外の生産国製の炭素鋼であることが多い．

なお，一般に，マイクロキャビティ（微小空洞）が理想的に減少してクラック進展機構が生じなくても，液体窒素の－196℃に接すると，炭素鋼のような体心立方構造の金属では，低温脆性がすべり面分離機構（図1.5，塑性変形のように表面からすべり面が発生し，しだいに細くなる）で発生する．一方で，面心立方構造の金属にはそれが発生しない．そこで，**面心立方構造のオーステナイト系のステンレス鋼**や，**アルミニウム合金**では，低温脆性が発生しないので，それらは－162℃の液化天然ガスの運搬・貯蔵や，極寒のスキー場のゴンドラ・リフトの部品に広く使われている．

1　脆性破壊　67

類似事例

事象 1.2　　リバティ船の破壊沈没（1942）
アメリカ，第二次世界大戦中，Liberty戦時標準船の一番船，図1.6

　第二次大戦中，米国は，独国のUボートから欧州連合諸国を救うため，物資補給船を大量生産する．しかし，量産化のための溶接構造があだとなり，製造された約2,700隻のうち，約400隻の船体が破壊．

シナリオ
▶ 独国のUボートの無差別攻撃で欧州へ物資補給困難
▶ 米国が1万トン級規格輸送船の量産を決意（予算は原爆の1/60の5千万ドル）

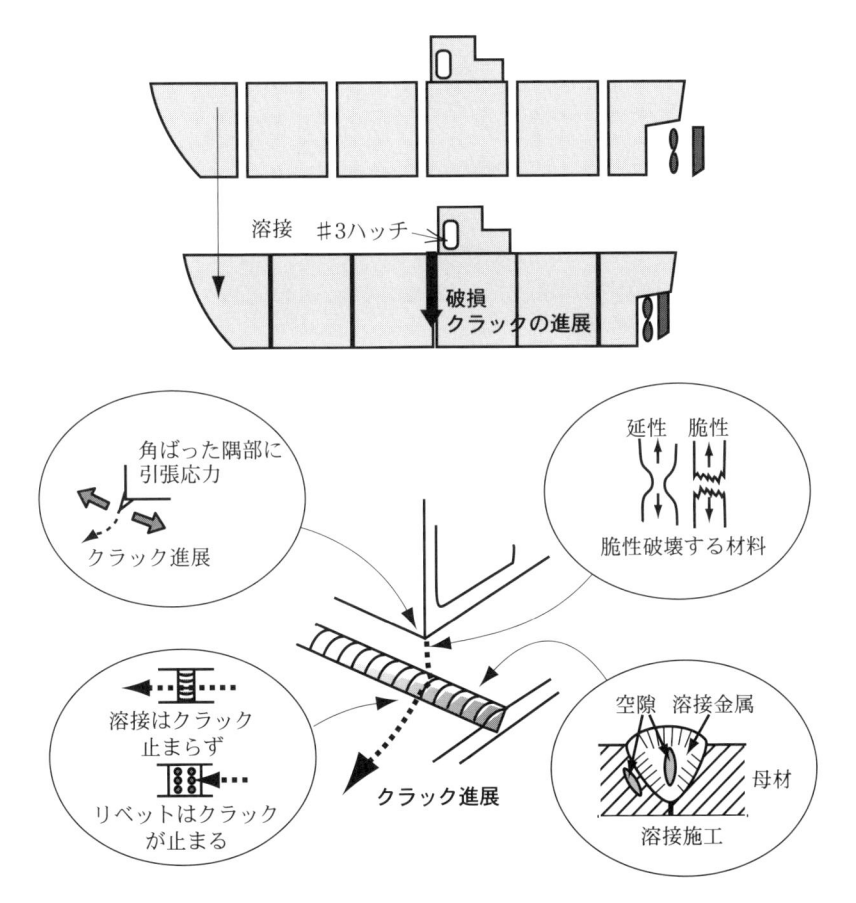

図1.6　リバティ船の破壊沈没

- 1番船がパトリック・ヘンリー（建国の英雄）号なのでリバティ船と呼称
- 接合法をリベットから溶接に変更し，前組みしたブロックを順に溶接
- ドックでの組立期間が約半年から4日に短縮
- 約2,700隻製造された戦時標準船のうち，約400隻に船体の破壊が発生
- 応力集中した船体上部中央のハッチの角部からクラックが進展
- 溶接部を越えて，またはそれに沿ってクラックが進展
- 約10隻は停船中に二つに切断

説明：技術的原因は，製鋼（鋼の精錬）未熟による低温脆性に加えて，溶接未熟による溶接金属内のクラック起点の残存，構造設計未熟による応力集中部の引張応力発生，などの要因があげられる．**この事故分析を通して，製鋼や溶接の生産技術が著しく向上した．**図1.7に示すように，一般に，金属の破壊は，クラックが空洞や不純物を起点に発生し，引張応力がクラックの進展を助長する．そして臨界応力拡大係数に達するとクラックが止まらなくなって破壊に至ることを，米国の海軍研究所のジョージ・アーウィンが最初に詳述した．対策を考えると，起点がなければクラック自体がなくなるし，引張応力でなくて圧縮応力であればクラックは閉じて潰れる．具体的に前者のために**キルド鋼**や**真空鋳造**が，後者のために**焼入**（鋼をマルテンサイト変態させて体積膨張によって"押しくら饅頭"状態にする熱処理）や**バニシング**（硬い工具や粒子で表面を押し潰す工法）が，それぞれ採用されている．

参考文献：畑村洋太郎，中尾政之，他，機械創造学，丸善，2001

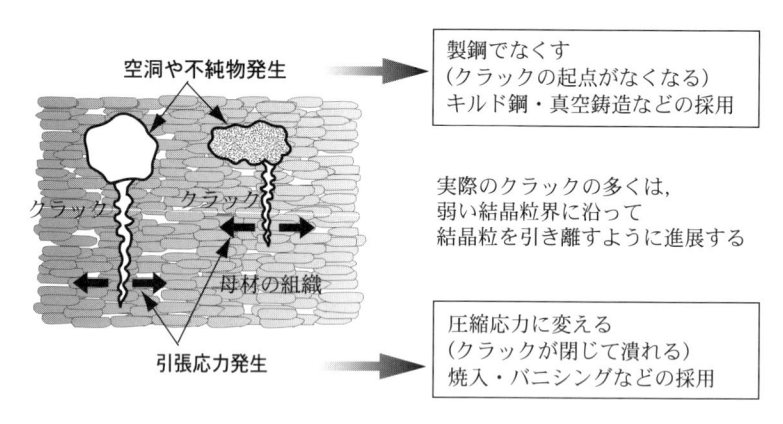

図1.7　金属の破壊を防ぐ

1 脆性破壊

事象 1.3 デュプレシス橋の崩壊（1951）
カナダ，ケベック州高速道路2号線，Duplessis Bridge，図1.8，資料［11］

カナダの高速道路橋「デュプレシス橋」が極寒の冬午前3時，突然崩壊．深夜だったので，幸いにも被害者はなし．目撃者もなし．事故の2週間前の検査では合格していたのだが．

シナリオ
- 架橋3年後，突き合わせ溶接部にクラックを発見
- 橋桁は粗悪な鋼材で製作され，硫黄が0.12％，酸素も気泡で残存
- クラック発生部にフランジ最大幅2.7mを取り替え，リベットで補強
- 2週間前に，10日間続いた州の検査で合格
- −35℃の1月31日午前3時に突然，脆性破壊で鋼の橋桁が崩壊
- 鉄筋コンクリートの橋脚も崩壊，深夜だったので被害者も目撃者もなし

説明：これも技術的原因は，鋼の精錬未熟による低温脆性である．一般に，溶接を行うと，図1.4に示すように，金属は凝固時の高温から使用時の低温へと熱収縮したいのに，周辺の母材が変形を拘束するので，**溶接金属の表面には残留引張応力が生じる**．図1.7に示すように，直径0.1 mm程度の空隙はクラックの起点となり得るが，このような欠陥を横に引っ張るような引張応力が働くと，クラックはどんどん伸びていく．また，一般に溶接作業では，アーク発熱で水が分解して水素が鋼に

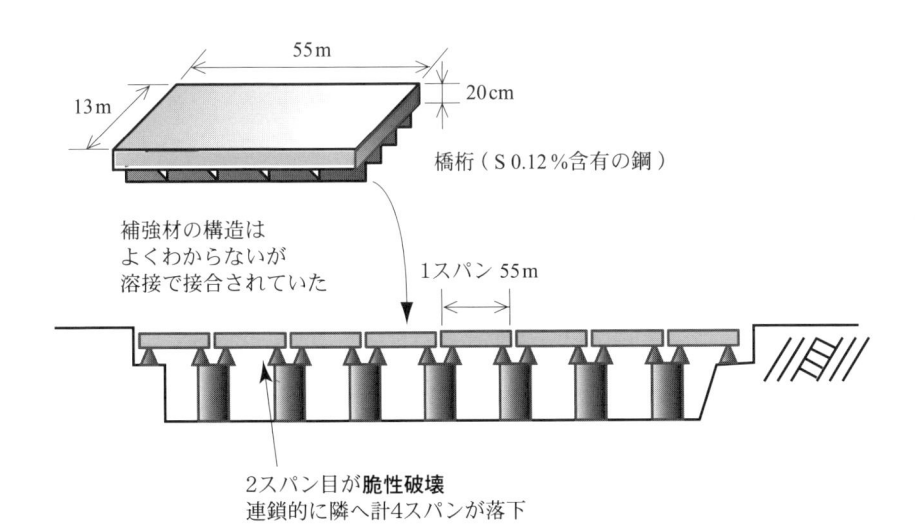

図 1.8 デュプレシス橋の崩壊

溶け込むので，クラックは結晶粒界に沿って進みやすくなり，結果として脆化しやすくなる．

事象1.4 長崎でタービンロータの破裂（1970）
日本，長崎，三菱重工，図1.9，資料［201］，参考文献（1）（巻末参照）

三菱重工が最新式のタービン設計にチャレンジ．試作品を運転試験中，大破し，巨大な破片が飛び散る．破片にぶつかった4名が死亡，61名が重軽傷を負う．

シナリオ
- 大径鋼材によるリング部材をも一体化したタービンに挑戦
- 珪素脱酸真空造塊（真空圧5 torr）による鋳造中に，微小空隙が中心に残存
- 熱処理時に中心部の冷却速度が小さく，焼き戻し脆性が発生
- 実際の鋼塊の遷移温度は外縁部50℃，中心部80℃
- 設計仕様は0℃，製鋼時−27℃，検査用サンプルは別の小さな鋳塊だった
- 10月24日，120％過速度（3,600 rpm）試験を実施
- 中心孔に接線方向応力450 MPaの遠心力負荷
- 3,540 rpmで破壊，試験時は蒸気を流さずに外部動力で回転させた
- 1回転中に四散して9トンの破片は海に，11トンの破片は1.5 km先に飛散

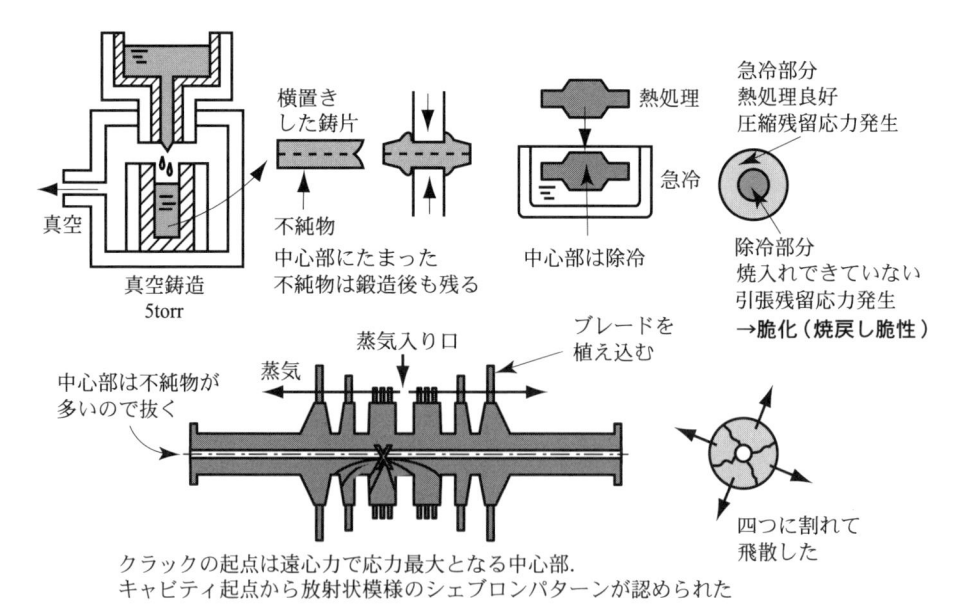

図1.9 長崎でタービンロータの破壊

▶ 工場内の床を進んだ破片で4名死亡, 61名重軽傷
▶ 蒸気イジェクタを使った真空カーボン脱酸造塊 (0.5 torr) に変更

説明：新しい生産技術に次々と挑戦し続けるかぎり，同じような失敗が生じる．ここでは，材料を3.5％Ni Cr Mo V鋼と焼入性のよい鋼種へ，また形状を直径1,778 mm，重量50トンの大径素材へと，それぞれ一段上の技術に挑戦した．もちろん無謀な挑戦であるはずはない．このときは，定格時の安全率を3.5にとり，降伏応力の805MPaに対して接線方向応力が225 MPaになるように安全設計した（はずだった）．この事故後も破壊力学や製鋼技術だけでなく，超音波やX線による微小空隙（マイクロキャビティ）やクラックの測定技術が発展しつづけている．

　本事例のように，**焼き戻し脆性**が設計の落とし穴になることが多い．一般に，鋼を熱処理して焼入すると，表面は冷却されてオーステナイトからマルテンサイトへの変態で体積膨張するが，周辺・深部の非焼入部分が変形を拘束するので，表面には残留圧縮応力が発生する．この圧縮応力はクラックを閉じ，硬度を増加させ，摩耗を減少させ，結果的に機械強度を高めて設計者を満足させる．ところが，後工程の研削や鑞付けで，表面が300℃程度で加熱されると，**マルテンサイトに含まれるカーボンを析出させるような変態が生じて，焼入とは逆に体積収縮して，表面に残留引張応力を発生させる**．こうなると，クラックが進展し，いわゆる「焼き戻し脆性」が発生する．米国のテネシー峡谷開発会社でも同様なロータ破裂が生じた（1974）．これはMnSが図1.7の不純物となってクラック起点となり，鋼が高温下で餅のように伸びるクリープと 2 で述べる疲労，それにこの焼戻し脆性が重量して，運転開始後15年で破裂した．英国のヒンクレイ・ポイント原発のロータ破裂（1969）でも，焼戻し脆性に加えてキー溝の隅が 4 で述べる応力腐食割れして，運転開始後4年で破裂した．

2　疲労破壊

事象2.1　ジェット旅客機「コメット」の空中分解（1954）
イギリス，デ・ハビラント社Comet，図2.1，参考文献 (17)

　イギリスは，デ・ハビラント社のジェット機「コメット」を，民間輸送用として世界で初めて定期運用する．当初は好評を得るが，2年のあいだに3度も墜落した．

シナリオ
▶ 1942年から戦後の民間輸送機を検討
▶ ジェット化した以外，機体は従来のレシプロエンジン機と大差なし

1 材料の破壊

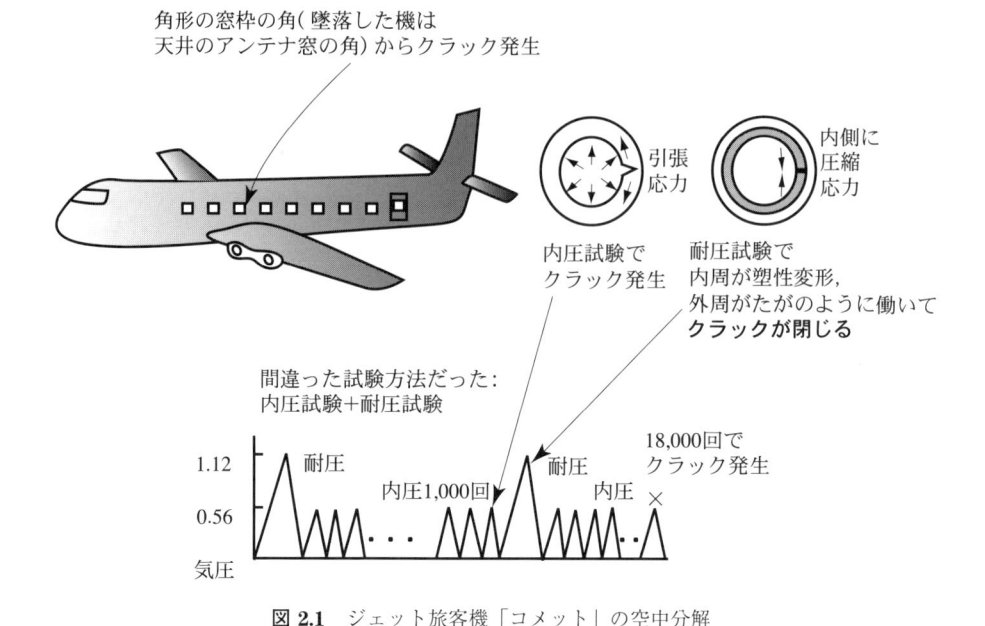

図 2.1 ジェット旅客機「コメット」の空中分解

- 設計時の内圧試験は1.8万回保証，同時に1,000回ごとに耐圧試験を実施
- 1952年に世界初の定期運用，高速で乗り心地よく，好評
- 1953年5月2日，インドで原因不明の墜落
- 1954年1月10日，伊国のエルバ島沖で墜落（1,290回目のフライト）
- 3ヶ月後の4月8日，伊国のストロンボリ島沖で墜落（900回目のフライト）
- イギリス海軍が海底から機体を回収，天井の切り欠きからクラック進展
- チャーチル首相の命令で王立航空研究所が原因解明開始
- 機体の内圧試験で1,830回目に角形の窓枠の角から疲労破断
- 試験時は耐圧試験で塑性変形が生じ，クラックを押し潰したと判明
- 次機種コメット4の市場を，ボーイング707に奪取される

説明：最初に技術に挑戦する者はいつも未知の失敗に遭遇する．この壁を，チャーチルが「イングランド銀行が空になってもいいから原因調査せよ」といって越えさせた．その結果，**金属疲労という現象が体系的に解明された**．しかし，ビジネスは別の世界の話で，デ・ハビラント社はボーイング社に負けて撤退してしまった．

飛行機は，0.19気圧の高度12,000 mでも，乗客が高度2,100 mの0.79気圧を感じるように，高度上空飛行時の客室を0.6気圧だけ加圧する．つまり，客室の胴は，飛行場の陸地では内圧が大気と同じで無負荷だが，離陸後は客室内部が加圧されて

胴体が円周方向に伸びて引張応力が働く．着陸するとまた無負荷に戻るから，くり返し負荷試験をしているのと同じになる．機体の内圧試験では，大形水槽のなかに胴体を入れて内圧をかけている．しかし，内圧試験に加えて耐圧試験を同時に行ったのが悪かった．つまり，1,000回の0.56気圧の内圧付与ごとに1回，倍の1.12気圧の過圧をかけた．すると，胴体の内部表面が広がって大変形に対応するように塑性変形した．ところが過圧を除荷した後に，外部表面はもとの小さい円周に弾性変形で戻りたいのに，内部表面が広がったために円周が無理に広げられた．まるで紙（内部表面）を丸めて輪ゴム（外部表面）で止めたように，内部表面に残留圧縮応力が生じる．この圧縮応力（実は応力集中する窓の角部でも同じメカニズムで発生）は内圧試験で進展してきたクラックを潰してしまい，機体は見かけ上，疲労強度が大きいかのように振る舞ったのである．

■「疲労破壊」について

疲労破壊（fatigue fracture）は，引張強度以下の小さな荷重をくり返して与えるうちに，材料が破壊する現象である．たとえば，マラソン競技者の疲労骨折のように，衝撃が小さくても多数回の負荷が与えられると，いつの間にか破壊するのである．金属材料では，脆性破壊と同じようにクラックが進展していくが，クラックの先には塑性変形が生じていきなり進展せずに，たとえば数μmと少しずつ進展していくのである．その結果，破断面には図2.2（a）に示すようなピッチ数μmの縞模様（ビーチマーク，貝殻模様，またはストライエーション（striation））が観察される．また，くり返し数を横軸に，応力振幅を縦軸にして，疲労破壊に至った試験結果をプロットしたものが，図2.2（b）に示すような，いわゆるS-N線図（S-N diagram）である．一般にくり返し数が10万回を超えると，疲労寿命は一定になるがこのときの応力を疲労限度とよぶ．しかし，最近ではギガ（10億回）サイクル疲労とよぶような，高サイクルでも疲労寿命が一定にならずに小さな力で破壊する現象が問題になっている．

疲労限度はたとえば引張強度の1/4程度であり，材料ごとに試験値が示されている．しかし，S-N線図の縦軸の応力振幅が設計時に推定できないことが，設計上の問題である．原因のひとつは，クラックの起点での応力集中係数がいくつかわからないことである．たとえば，軸にキーを付けようとキー溝を掘るが，溝の隅の半径が測れないので，そこでの応力集中係数がわからない．また，ねじで応力容器のフタを止めようとしたが，ねじの谷の隅部分の半径が測れず，これも応力集中係数がわからない．もうひとつは，クラック起点での残留応力である．前項の脆性破壊で述べたように，表面を焼入したりバニシングしたりすると，一般に表面に残留圧縮応力が生じて，クラックは潰されるので疲労限度は増加する．逆に表面を溶接し

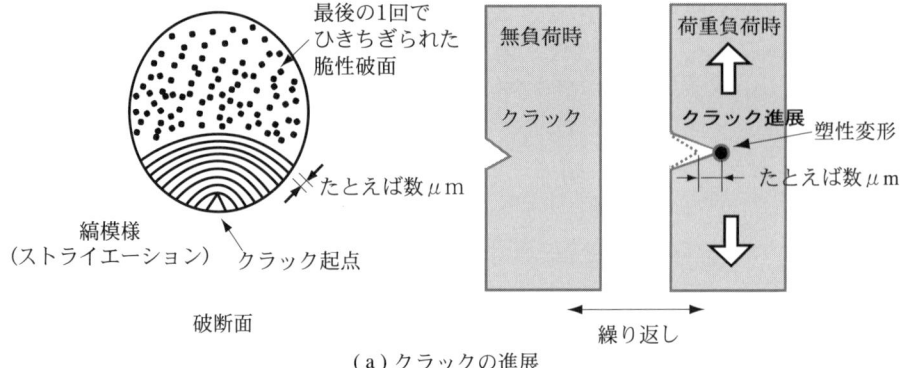

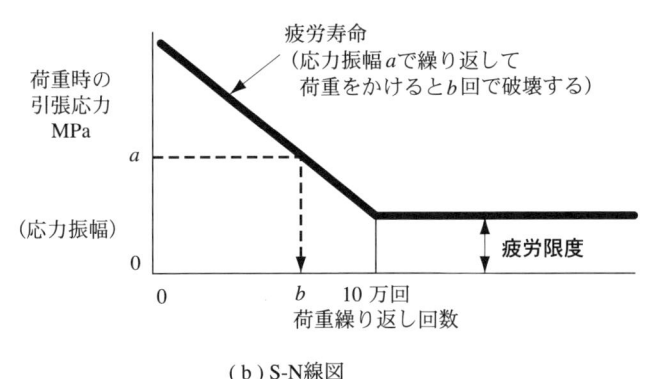

図 2.2 疲労破壊

たり切削したりすると，残留引張応力が生じて疲労破壊しやすい．

しかし，**疲労は制御しやすい**．仮に材料の純度をいくら高めても，クラック起点の空洞や不純物，転位などを皆無にすることは難しい．そこで，メンテナンス中に，すでに発生してしまったクラックの長さを目視や超音波で測り，その結果，それが致命的な破壊につながりそうだったら，いよいよ問題部材を交換したり補強材を加えたりする．最近の疲労による事故はその"お守り"を間違えたものが多く，組織的原因としてメンテナンス不良に分類されている．

疲労は，腐食，摩耗と並んで，機械分野では「失敗三兄弟」のひとつである．いずれも材料力学のような計算で予測しにくく，使用時間が長くなると事故に至る特徴を有する．しかし，いずれもメンテナンスを確実に行えば，御しやすいという特徴も有する．もちろん"御者"の有無が重要で，御者がいないと下記に示すように多くの事故が生じる．

類似事例

事象 2.2 美浜原発 2 号機の蒸気発生器一次冷却水漏れ（1991）
日本，福井県，関西電力，図 2.3，資料 [102]

美浜原発 2 号機で，蒸気発生器の伝熱管が，二次冷却水の流れによって発生する振動により，疲労を起こし，破断．伝熱管から放射能を含む一次冷却水が漏れだし，原子炉は運転をストップ．運転員が機転を利かし，大事故は回避された．

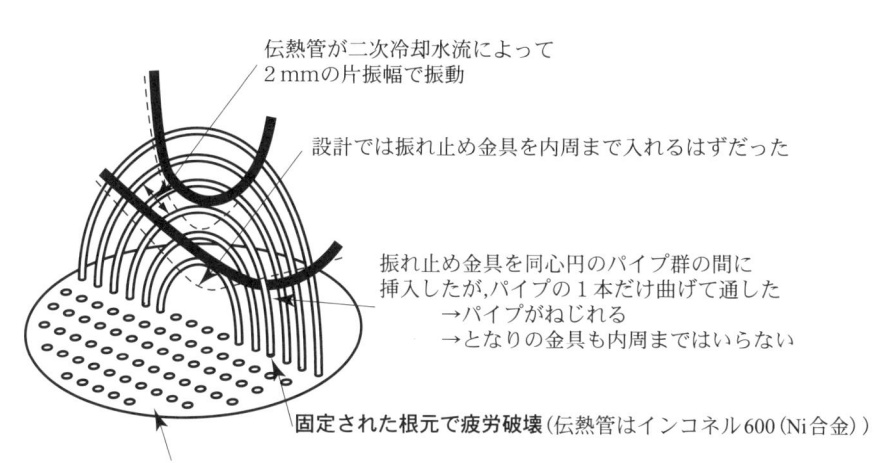

伝熱管が二次冷却水流によって 2 mm の片振幅で振動

設計では振れ止め金具を内周まで入れるはずだった

振れ止め金具を同心円のパイプ群の間に挿入したが，パイプの 1 本だけ曲げて通した
→パイプがねじれる
→となりの金具も内周まではいらない

固定された根元で疲労破壊（伝熱管はインコネル 600（Ni 合金））

数百本のパイプが包絡面が球になるように曲げられている
根元は穴とパイプの間にすきまがあって二次冷却水が下から上へ流れる

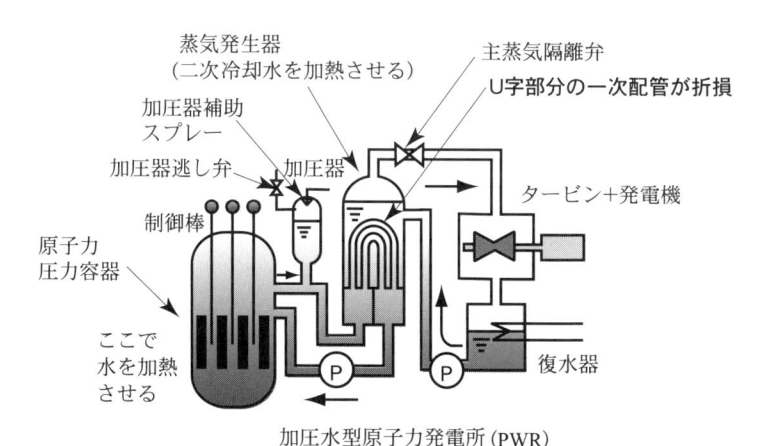

蒸気発生器（二次冷却水を加熱させる）
主蒸気隔離弁
U 字部分の一次配管が折損
加圧器補助スプレー
加圧器逃し弁
加圧器
タービン＋発電機
制御棒
原子力圧力容器
ここで水を加熱させる
復水器

加圧水型原子力発電所（PWR）

図 2.3 美浜原発 2 号機の蒸気発生器一次冷却水漏れ

1 材料の破壊

シナリオ
- 三菱重工において振れ止め金具の挿入不良で伝熱管がねじれる
- 設置後,蒸気発生器の伝熱管が一次冷却水(放射能を含む)の流動で振動
- モーメントがかかる根元の固定部分で伝熱管が疲労破断
- 2月9日13時40分復水器で警報,一次冷却水が伝熱管から漏れて圧力低下
- 13時50分,原子炉がトリップ(運転停止),7秒後に炉心へ水注入
- 鏡面仕上げ弁棒に黒鉛パッキンが固着し,主蒸気隔離弁が完全閉止せず
- 14時2分,運転員の判断で主蒸気隔離弁の増締めで完全閉止
- 駆動用空気弁閉止に気づかず,加圧器逃がし弁が開不能
- 14時34分,運転員の判断で,加圧器補助スプレーによって冷却・減圧
- 最終的に冷却水55トン漏洩,蒸気発生器を交換して,2年後に原子炉は再開

説明:美浜原発に行くと,展示館にこの蒸気発生器が横たわっている.原子炉から溶断しコンクリート隔離壁を切り取って引き出したもので,直径5 m,長さ20 mとその大きさに圧倒される.**組立作業のちょっとした単純ミス**が,**数百本の伝熱管のうち,たった1本を疲労破断させて,原子炉全体を致命的に破壊した**.複雑なシステムはどこから大事故が生じるか容易にわからない.このときは大事故に備えて準備すべき機器類が,"いざ鎌倉"の一世一代のときに動かず,最初はトリップ後の緊急プロセスが働かなかった.幸いにも,運転員のマニュアルに記載されていないフレキシブルな判断でさらなるトラブルを回避できた.現場の運転員の教育は重要であり,現在でも,運転員は3直6交代で,2交代分をメンテナンスと教育に費やしている.しかし,現在は初期故障に対応した結果,センサ類や制御方法が完備し,実際の警報発生は年に数度もない.それでも運転員が緊張感を維持して,発生頻度の小さいトラブルに身構えるのは,非常に難しいと筆者は思う.

事象 2.3 敦賀原発2号機の熱交換器から一次冷却水漏れ(1999)
日本,福井県,日本原子力発電,図2.4,資料 [125]

敦賀原発2号機で,熱交換器の流用に起因した設計ミスにより,想定外の熱の移動が発生し,熱疲労が起こった.破損箇所から一次冷却水が漏れた.稼働後12年間に定期検査は一度もなかった.

シナリオ
- 化学体積制御系の再生熱交換器を設計
- 別個の大容量の外筒に内筒を入れて流用(内筒の内側だけが冷却)
- バイパス水量が通る外筒と内筒との間の隙間が2 mmから3 mmに拡大

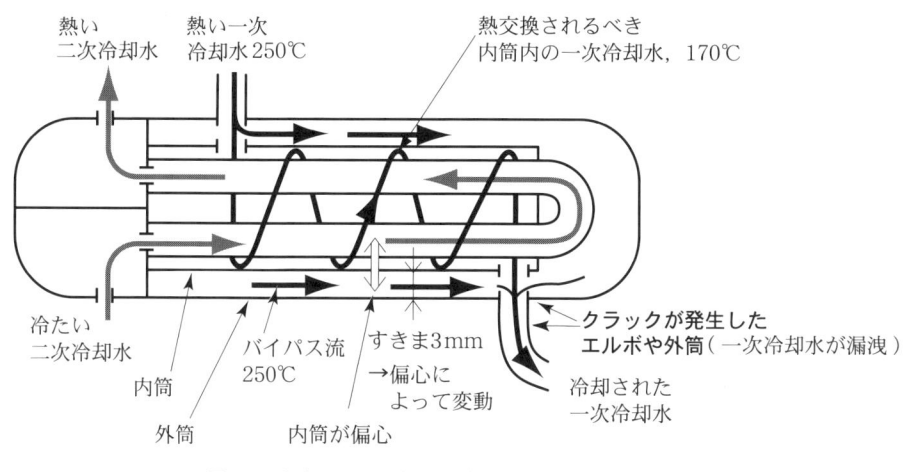

図 2.4 敦賀原発 2 号機の熱交換器から一次冷却水漏れ

- ▶ 熱交換されないバイパス水量が増加し，全流量の 40 ％と設計値の 2 割増
- ▶ 逆に熱交換されるべき，内筒内の一次冷却水水量が減少
- ▶ 一次冷却水が過度に冷却され，出口温度が設計値 185 ℃から 170 ℃に減少
- ▶ 内筒を支持するリングが偏心して，隙間も偏心してバイパス流分布も偏心
- ▶ 外筒が熱膨張して曲がるが，偏心によって曲がりが 10 分間隔で発生
- ▶ この 10 分間隔で 250 ℃のバイパス流と 170 ℃の冷却された水流とが交互に増加
- ▶ さらに短期間の 10 秒間隔で，二つの流れが渦となって金属に接触
- ▶ 炭素鋼外筒や SUS316 配管（L 字形のエルボ）に高サイクル熱疲労発生
- ▶ 稼働以来，12 年間（95,000 時間）に一度も定期検査せず
- ▶ 7 月 12 日 6 時 5 分，再生熱交換器の保温材から一次冷却水が漏洩
- ▶ 格納容器内が汚染，22 時頃，漏洩水 51 トンを液体廃棄物処理系へ移送

説明：わずか 1 mm の隙間変化や隙間偏心が 12 年もの間，熱応力の振動を発生させ続け，致命的な事故を引き起こした．これも複雑なシステムの恐いところである．設計者は原子炉容器に比べれば危険性ははるかに小さいと考えて，内筒を入れて熱交換器を流用設計したぐらいだから，将来の事故を予想してメンテナンス員に定期検査を指示するはずがない．エルボの配管には 10 本のビーチマークが観察され，これは 12 年間の定期検査とトラブル停止の計 10 回の応力変動に相当する．この低サイクル疲労に重畳して，応力振幅 108 MPa の 10 万回程度の熱応力振動が加わった．

事象 2.4	**DC10のユナイテッド航空機墜落**（1989）
	アメリカ，アイオワ州，スーシティ Sioux City，ユナイテッド航空，図2.5，資料 [12]

　GE社が実施した定期検査では発見できなかったクラック（DC10の垂直尾翼内のファンディスクにあった）が進展し，尾翼のエンジンが破裂．必死の緊急着陸を実行するが，283名中111名死亡．

シナリオ
- アルコア社がチタニウムディスクに過度の窒素・酸素を混入
- ショットピーニング（鉄球をぶつけ残留圧縮応力発生）で内部にクラック
- GE社がクラックを製造工程で超音波探知，就航後は蛍光浸透方法で検査
- 17年で6回の定期検査実施において，クラックが発見できず
- 7月19日15時16分，DC10がシカゴに向けてデンバーから離陸
- 実際は，ファンディスクのボア付近からクラックが進展？
- 事故後に採取したファンディスクから，1.2×0.56インチのクラック2個発見
- 垂直尾翼の第2エンジンが破裂してファンブレードが飛散

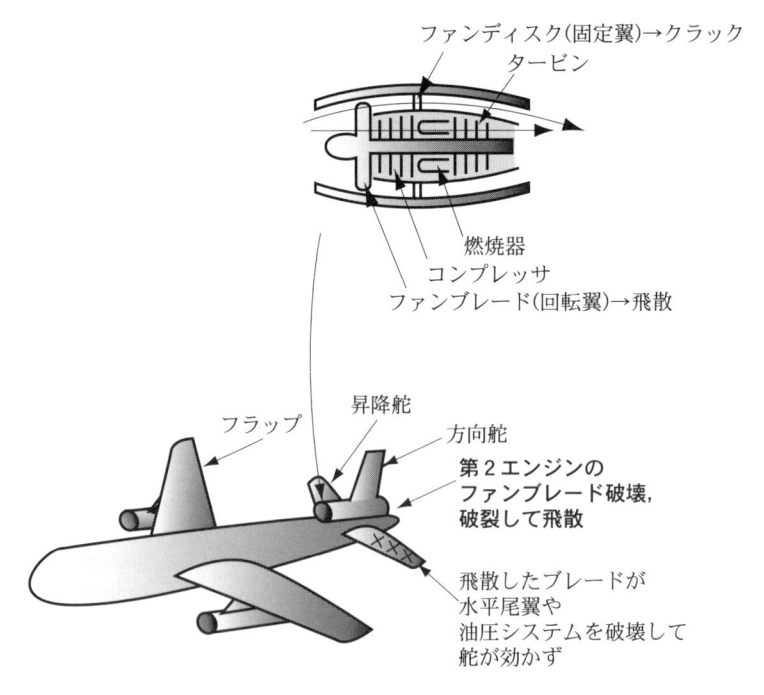

図 2.5　DC10のユナイテッド航空機墜落

2　疲労破壊　79

- 飛散物が防護壁を破り，油圧システム3系統すべてを破壊
- 方向・昇降・フラップなどの舵が制御できず
- 複数の舵を協調制御するaerodynamic surfaces装置が働かず操縦不可
- 破裂から45分間，CRM（crew resource management）で全乗員が協力
- スーシティに緊急着陸，主翼先端が接地して炎上し，283名中，111名死亡

説明：メンテナンスが検査でクラックを発見できなかった場合，最終的にこのような事故に至る．しかし，それでも墜落に至っては困る．そこで設計者は**フェイルセーフの機構として冗長性を組み込んでおく**．でも，それが不幸にもいざというときに働かないから，事故に至る．

本事例では，日航ジャンボ機の御巣鷹山への墜落事故（1985年8月）やトルコ航空DC10のパリの墜落事故（1974年3月）と同じように，油圧が全系統喪失したため，フェイルセーフ機構が働かず，舵が動かなかった．だが幸いにも，**たまたま乗り合わせていたDC10機の訓練チェックパイロットが，前者の日航ジャンボ機墜落を研究していた**．つまり，油圧系統喪失時に左右のエンジンの推力調整で操縦することをシミュレータで訓練しており，その経験を用いて破裂してから生じた右旋回を修正しながら着陸できた．CRMとは，機長が"王様"ではなく，乗員全体が協力して危険を回避しようという危機管理方法である．米国では，どの組織でもボスは王様だから，発想の一大転換ともいえよう．

事象 2.5　遊園地で回転遊具「カオス」が墜落（2001）
アメリカ，ミシガン州，Michigan's Adventure, Chaos, 図2.6, 資料 [2]

アメリカの遊園地で，回転遊具の円盤の中心がゆるみ，回転中の円盤がはずれ，地面へ垂直に落下．乗客31名中3名重傷．これを作った遊具メーカーは倒産．

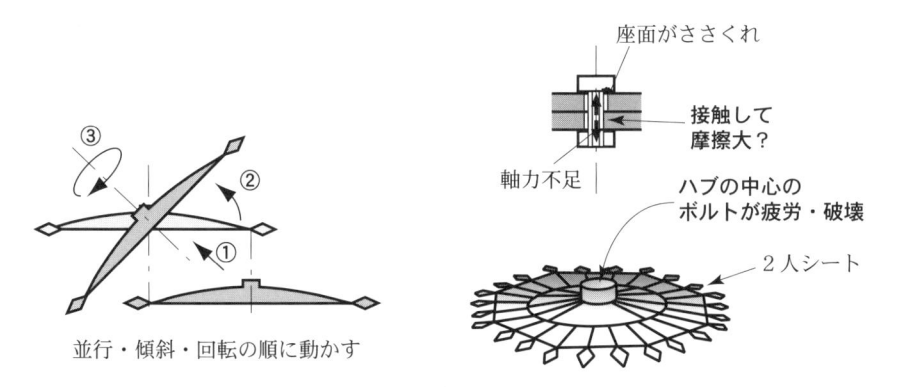

図 2.6　遊園地で回転遊具「カオス」が墜落

80　■1　材料の破壊

シナリオ
- ▶ 「カオス」は18台の2人シート付円盤が上昇・回転・傾倒する遊具
- ▶ ミシガン遊園地のCeder Fair社が円盤中心のボルトの保守検査を実施せず
- ▶ ボルトのゆるみが発生？
- ▶ 事故5時間前に回転途中で停止したため乗客を降ろしたが，対策なし
- ▶ 7月30日，ボルトが曲がり疲労破壊で脱落，回転中心のハブが突然破損
- ▶ 回転しながら傾倒中の円盤がアスファルト地面に垂直に落下
- ▶ 7台の2人シートが地面に激突，乗客31名中，3名が重症
- ▶ 4ヶ月後にカオス製造のChance社（1998年に従業員265名）が倒産

説明：典型的なメンテナンス不良である．ボルトがささくれ立った座面を滑らずに摩擦が大きくなり，またはボルトが通し孔と接触して摩擦が大きくなり，規定トルクで締めてもボルトの軸力として所定の引張応力が働いていなかったのだろう．そこで力がかかるたびにボルト・ナットのねじが緩んできて，それで固定したはずの2枚の板が開き，長いボルトには曲げ応力が働いて疲労破壊したのであろう．その後のハブ破壊，円盤落下，地面衝突は必然の結果である．

3　腐　食

事象3.1　脱臭缶加熱コイルからPCBが米糠油に漏出（1968）
福岡，カネミ倉庫製造，図3.1

　カネミ油症事件として知られる，わが国有数の食品公害事件のひとつである．米糠油の脱臭缶内にある加熱コイル（ステンレス鋼配管だが，このなかをPCBが流れている）に穴があき，PCBが漏れ出し，缶のなかの米糠油を汚染した．コイルを溶接したときに，固溶化熱処理を実施していなかった．14,000名が食中毒にかかる．

シナリオ
- ▶ 米糠油の脱臭缶内にコイル状のSUS316パイプを入れて加熱
- ▶ PCB（polychlorinated biphenyl，有機塩素化合物）の熱媒体を使用
- ▶ 直径40 mm，厚2 mmのパイプをシーム溶接したとき固溶化熱処理を未実施
- ▶ 溶接母材の熱影響部に残留引張応力が発生
- ▶ PCBの熱分解で塩化水素が発生し，SUS316パイプを腐食
- ▶ 稼働後5年経過して，SUS316の粒界に沿ってピンホール（孔食）が発生
- ▶ 1968年1月の缶修理時，衝撃を与えて孔食内の油カスの付着物が剥がれ
- ▶ 同年1月，別の脱臭缶の溶接工事時に，誤って近接したパイプに穴あけ

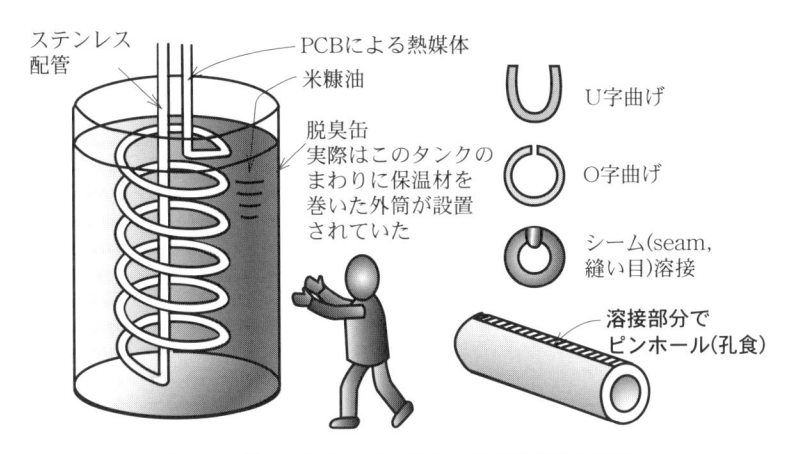

図 3.1 脱臭缶加熱コイルから PCB が米糠油に漏出

- 同年1月から2月にかけて，280 kg の PCB がパイプから米糠油に漏出
- PCB 混入が判明した後，米糠油ドラム缶3本に正常品を混ぜて販売
- 同年10月，14,000名が食用油中毒

説明：当時は，PCB が耐熱性・耐薬品性・絶縁性に優れるため，コンデンサやトランスの絶縁体，熱処理用の熱媒体，ペンキやインクの添加剤に広く用いられていた．しかし，**食品のプロセスには，間接的でもこのような有毒物質を用いるべきではなかった**．もっとも，当時でも本事例の装置は設計ミスといわれてもしかたなく，そこ以外は非塩素系の熱媒体を用いるのが標準的であった．さらに現在は安全な水を用いた高圧蒸気しか許可されていない．また，パイプも丸めた板材を溶接するものに代わって，現在はシームレスパイプ（継ぎ目なし鋼管）が用いられる．

なお，PCB は1972年に製造中止になったが，これまでの長所が短所になって分解されにくく廃棄処理が難しいため，いまだに数千トンの PCB が10万箇所の事業所に保管されている．また，1979年に台湾でも同様の PCB による食用油中毒が発生している．

2004年10月にカネミ油症の新たな診断基準が加えられて，認定患者が増加した．つまり，PCB を加熱したときに生じるダイオキシンに注目して，その血中濃度を診断基準に加えたのであるが，23年ぶりに改訂して37年前の被害者を救済しようというのである．同様に診断基準が問題になる水俣病では多くの裁判が別々に行われ，患者の認定も補償金も異なっている．1995年に未認定患者救済のために政治的決着で一時金支給（約1万人に260万円/人）されたが，2005年でもまだ関西訴訟が残っている．加害者のチッソはこれまでに1,200億円払っているといわれてい

るが，排水が問題かなあと思いつつ，メチル水銀を流しつづけた結果である．逆に救済の点でうまくいっているのは，森永ヒ素ミルク中毒事件である．森永乳業は，国や被害者の確認書にもとづき，財団法人ひかり協会で生活手当や自立訓練などのために年間16億円の救済資金を出している．

参考文献：失敗知識データベース http://shippai.jst.go.jp

■「腐食」について

腐食（corrosion，コロージョン）は，金属材料を陽極とする電池が生じて，表面が溶ける現象である．一般に溶けたらMO_x（Mは金属，Oは酸素，xは環境で大きく変化する）として酸素と結合して多孔質の酸化膜が生じる．普通は，構造体に使っている金属が多結晶なので，表面が一様に溶けるのではなく，結晶粒界に沿って孔食とよばれるような深いピットが生じる．なお，逆に金属を強制的に陽極にして強固な不動態の酸化膜を作るのが陽極酸化法で，アルミニウムやステンレス鋼の表面処理（アルミニウムだとアルマイトとよばれる）に用いられる．

筆者が機械分野の事故を整理したとき，腐食，疲労，摩耗の三つが事故原因として圧倒的に多いことがわかった．そのなかでも腐食は事故の発生量において群を抜いている．一般に，腐食は徐々に劣化をもたらし，たとえば1ヶ月の間に急激に減肉するというような急変は生じない．また，腐食すると表面の色が変わって目視検査しやすいので，メンテナンスが容易であり，大事故に至ることは少ない．（社）

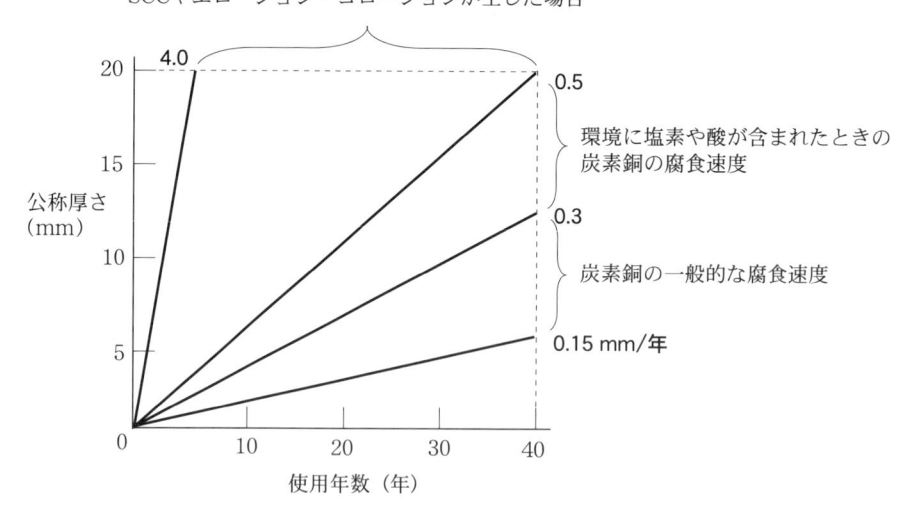

図 3.2　腐食損傷事例の公称厚さと使用年数との関係
出典：（社）日本高圧力技術協会，圧力設備における事故分析

日本高圧力技術協会が行った圧力設備における事故分析結果によると（図3.2），炭素鋼の一般的な腐食速度は0.15〜0.3 mm/年である．つまり，配管や圧力容器の肉厚は数mmであるから，腐食しはじめてから数年から30年を経て，最後は突然だが，薄い肉厚の皮が座屈や破裂をともなって壊れる．なお，このデータの腐食とは，雨水や潮風，炭化水素，天然ガスなどの環境によるものである．

ところが，環境に塩素や酸が含まれると，腐食速度は0.3〜0.5 mm/年と倍増する．つまり，金属に接する環境に，海水や塩素ガス，硫化水素，塩化ビニル，塩化アンモニアなどが含まれると腐食速度が増加し，耐食性に優れるステンレス鋼でさえ粒界に沿った深い孔食が進む．さらに，材料自体に残留引張応力が生じていると応力腐食割れが生じ，そのうえにまわりの環境である流体が材料に衝突するとエロージョン（errosion）が生じて，腐食速度は0.5〜4.0 mm/年と激増する．こうなると，設計者の予想を超えて早期に漏洩・破損・火災が生じて大事故につながる．

類似事例

事象3.2 ガスタンク内のピストン吊り棚の腐食からガス爆発（2003）
日本，愛知県，新日鉄名古屋製鉄所，図3.3，参考文献（14）のpp.159-161

　ガスタンク内を上下するピストン（浮きぶた）が，ガスに含まれる水蒸気で腐食．ピストンからぶら下がっていたおもりを吊るす棚が落下し，タンクに穴をあけ，ガスが燃焼し，連鎖的に爆発．作業員15名重軽傷．

シナリオ
▶ コークス製造時に発生する水素・一酸化炭素を貯蔵

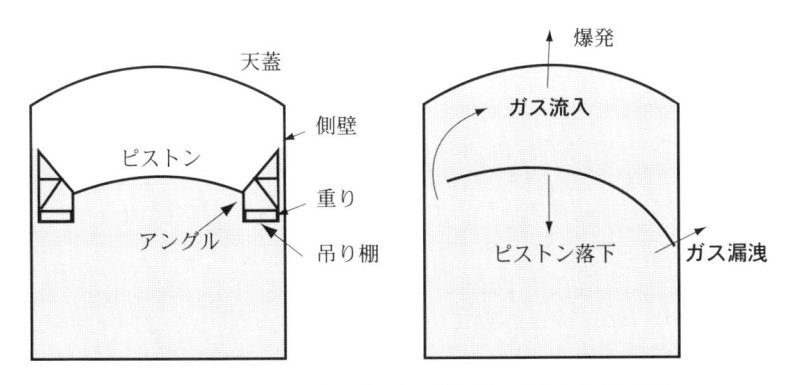

図 3.3　ガスタンク内のピストン吊り棚の腐食からガス爆発

- 1963年にピストン（浮きぶた，480トン）が上下するガスタンクを建造
- ガス内に含まれた水蒸気がピストン内部の炭素鋼を腐食
- ピストン（直径35 m）下部のおもり（300トン）の吊り棚がとくに腐食
- 吊り棚を支える厚5 mmのアングルが10％まで減肉
- 4ヶ月前にガスを抜いて定期点検したが，腐食を看過
- 9月3日，アングル30本のうち8本が，1本を起点に次々に切断
- おもりの一部（50トン）が落下して側壁に穴をあけ，漏洩したガスが燃焼
- ピストンが傾き，ガスがピストン上部に漏洩し，火炎が伝播
- 19時40分，タンク上部の天井を吹き飛ばし，空気が流入し，混合気が爆発
- 作業員15名が重軽傷

説明：アングルは40年かけて4.5 mm腐食したが，**腐食速度は0.11 mm/年で特別に大きいわけでない**．また，定期点検では厚4 mmのピストンだけ超音波検査していた．ここの腐食は1.6 mm（腐食速度は0.04 mm/年）と小さかったので，検査員もピストン下部もそれに比例してまだ大丈夫と判断したのかもしれない．

企業の発表によると，**本事例の損失額は最大300億円**だが，ガスタンク自体の**修理費は50億円**で，残りは修理期間に製品生産量が半減して利益を得るチャンスが半減したという**機会損失**である．火災保険のような損害保険は，直接に被害のあったモノやヒトの損失に対してカネを払う保険で，これまではその金額の5〜10倍にものぼるような機会損失に対しては補填しなかった．最近，日本の損保会社を通して，保険金を海外に再保険して運用する**キャプティブ**とよばれる保険が広がっている．この再保険金を運用する会社は，実は保険金を最初に払った企業の子会社で，**自社専用保険**ともよばれる．それならば直接に自社で運用すればよいとも思われるが，年金積立を生命保険でやるのと同じように，税金上の特典があるのだろう．全世界で4,000社，日本で100社がこの保険を運用し，総運用額は2兆円を超えている．

4　応力腐食割れ

事象 4.1　フリックスボローのナイロン原料工場での爆発（1974）
イギリス，Flixborough（イングランド中部らしいが地図で見つけられなかった），ナイプロ社，図4.1，資料 [306]

イギリスのナイロン原料工場で，反応器（タンク）どうしをつないでいた配管が破損．大規模な蒸気雲爆発が起こり，工場内で34名死亡．工場付近の住宅1,821戸被災，住民53名重傷．

4 応力腐食割れ　85

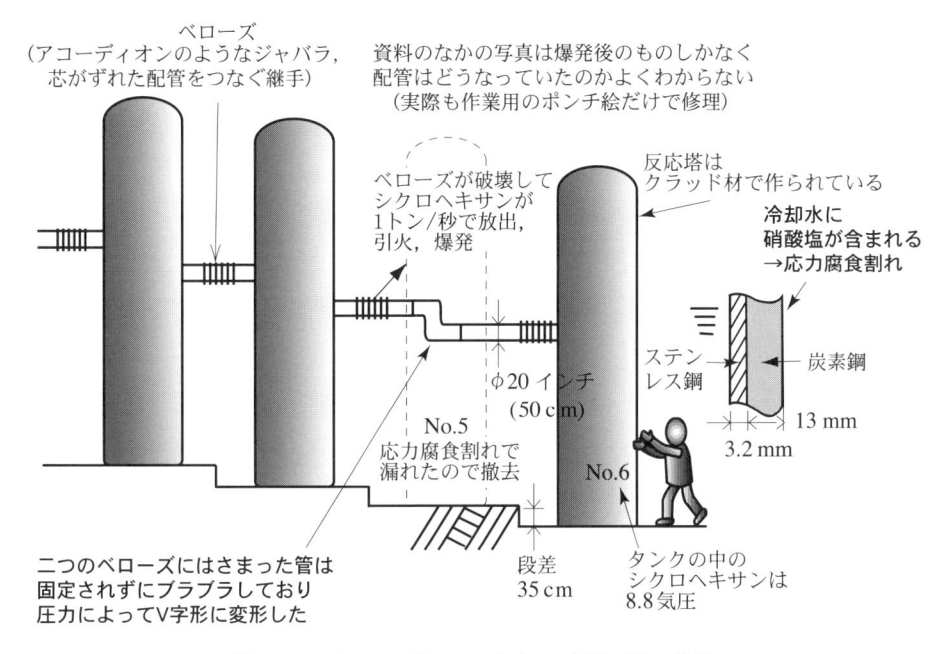

図4.1 フリックスボローのナイロン原料工場の爆発

（図中の注記）
- ベローズ（アコーディオンのようなジャバラ，芯がずれた配管をつなぐ継手）
- 資料のなかの写真は爆発後のものしかなく配管はどうなっていたのかよくわからない（実際も作業用のポンチ絵だけで修理）
- ベローズが破壊してシクロヘキサンが1トン/秒で放出，引火，爆発
- 反応塔はクラッド材で作られている
- 冷却水に硝酸塩が含まれる→応力腐食割れ
- ステンレス鋼　炭素鋼　13 mm　3.2 mm
- φ20インチ（50 cm）
- No.5 応力腐食割れで漏れたので撤去
- No.6
- 段差 35 cm
- タンクの中のシクロヘキサンは8.8気圧
- 二つのベローズにはさまった管は固定されずにブラブラしており圧力によってV字形に変形した

シナリオ

- 1964年以来，ナイロン6の原料をシクロヘキサンから製造
- 六つの反応器は13 mm軟鋼・3.2 mmステンレス鋼のクラッド材を使用
- 反応器間のベローズ付き配管（長さ1.2 m）からシクロヘキサンが少量漏洩
- 硝酸塩で処理した冷却水をスプレーして，漏洩したシクロヘキサンを希釈
- 冷却水のなかに含まれる硝酸塩で，クラッド材が応力腐食割れ
- 3月27日，第5反応器のクラッド材の軟鋼部に2 mのクラック発見
- 第5反応器からシクロヘキサンが漏洩して運転停止
- 28日，工場長ら幹部の会議で，チョークでスケッチを描いて施工指示
- 第5反応器を取り外し，第4と第6との間にバイパス配管を設置
- 工務技師長が退職し電気技師が指示し，強度検査も水圧試験も未実施
- 本来は直径28インチにすべきだったが，20インチで配管施工
- 二つのベローズをはさんで35 cmの段差を屈曲管で結ぶ，ガイドクランプなし
- 4月1日，プラント稼働を再開，9気圧の窒素による漏れ試験で問題なし
- 5月29日反応器の底部隔離弁で漏洩発生，6月1日4時，修理終了再開
- 1日16時53分バイパス配管がV字形に変形し，ベローズが破裂

▶ シクロヘキサン蒸気（8.8気圧，155℃）が1トン/秒で40〜50トン漏洩
▶ 50秒後に大規模な蒸気雲爆発，半径5km内のガラス窓が破損
▶ 工場内で34名死亡，工場外の住宅1,821戸被災，一般住民53名重傷

説明：日本でも1973年から翌年にかけて，多くの化学工場に事故が集中した．この事故も，英国最大の被害で（TNT爆薬15トン相当），工場外にも被災してあまりにも衝撃的だったため，世界中に，化学工場の安全規制強化の動きを促進させた．しかし，本事例原因はあまりにもおそまつな配管設計にあった．バイパス管の動きを拘束するガイドや自重を支えるクランプ（休止配管の足場を流用したらしい）がなく，ベローズにはさまれた配管がブラブラとたわんでいた．

■「応力腐食割れ」について

応力腐食割れ（stress corrosion cracking，略してSCCとよばれる）は，前項で述べた腐食のように，クラック先端の孔の奥に電池が生じているのに加えて，前々項で述べた疲労のように，クラックを開こうとする引張応力が働いて，最終的にクラックが進展して全体が破壊する現象である（図4.2）．すなわち，腐食しやすい材料，腐食しやすい環境，クラックを開く方向の引張応力，の三つの要因が同時に存在すると，"合わせ技"のように，応力腐食割れが生じる．

応力腐食割れは，主に，航空機で用いるようなアルミニウムやチタンの高強度合金，または原子力発電所で用いるようなステンレス鋼や耐熱鋼，インコネルのようなニッケル合金，などの合金に生じる．もちろん，これらの材料は，炭素鋼のように雨が降れば表面が真っ赤に錆びるような腐食に弱い材料ではない．しかし，析出硬化で強度を出すために多くの合金成分を無理矢理に混ぜたため，結晶粒界に脆化しやすく反応しやすい成分が溜まりやすく，近傍に引張応力が働くとSCCに至りやすい材料である．疲労では，力が働くたびに結晶粒内に滑りが生じて粒内破壊

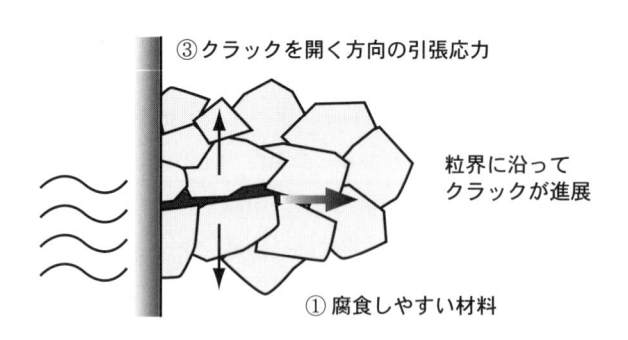

図4.2 応力腐食割れ（SCC）の発生要因

(transgranular cracking) するが，SCC では，粒界 (grain boundary) に沿って腐食をともないながらクラックが進み，粒界破壊 (intergranular cracking) する．

とくに引張応力として，残留引張応力が生じていると，なんら外力が働いていない状態でも腐食してクラックが進み，外から見ていると魔法にかけられたように破壊に至る．たとえば，航空機ならば駐機中の構造体に，原子力発電所ならばカバーのようなシュラウドに，クラックが進展する．このほかにも，塩素雰囲気中の高張力鋼，アンモニア雰囲気中の銅合金，強酸雰囲気下のゴムでも，同様に腐食雰囲気中にクラックが進展すれば，応力腐食割れとよぶことが多い．

応力腐食割れの類似現象だが，炭素鋼では**水素誘起割れ**（hydrogen induced cracking）が発生する．すわなち，材料内部の水素がクラック先端に拡散してきてクラックが進展する．たとえば，原油のパイプラインのように硫化水素が多い環境に曝されると，炭素鋼が腐食してそこの陽極に発生した水素が，表面から伸びてきたクラック先端をさらに進展させる．さらに，水素は内部に拡散してボイドを発生させるが，配管の圧力による引張応力によって，そこを起点として別のクラックが進展する．

類似事例

事象4.2　カナダで天然ガスパイプラインが破裂（1995）
カナダ，マニトバ州，ラピッド・シティー（爆発地はカナダ中央の無人地帯），トランスカナダパイプライン社，図4.3，資料 [7]

カナダで，土中に埋設されている天然ガスパイプライン6本のうち1本が，パイプのつなぎ目のクラックが原因で破裂・炎上．つづいて2本目も誘爆．

シナリオ
- 1973年に直径1,067 mmの炭素鋼の溶接管を埋設
- 管はUOと曲げた後でサブマージドアークで溶接した管で降伏応力414 MPa
- 管外側はプライマー塗布，アスファルトコート，石綿と紙でラップ
- 溶接部に残留引張応力が発生？
- 9.42から11.3 mmと厚み変化部分の管外側はポリエチレンシールで被覆
- 管には電流を流して900 mVで陰極防食（金属イオンが溶出しない）
- 1987，1988，1990，1994年に4回の定期検査を実施
- ポリエチレンテープが剥がれ，鋼管が土中雰囲気に曝され応力腐食割れ
- 溶接シームの熱影響部に沿ったクラックが，板厚の81％にまで進展

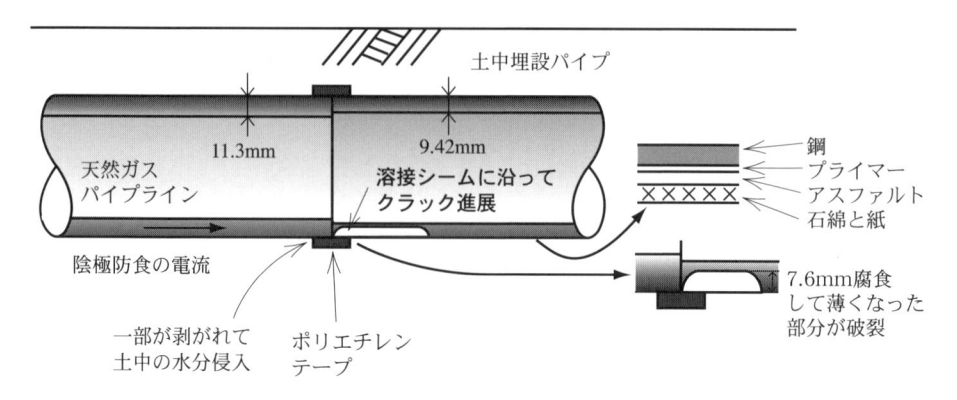

図 4.3 カナダで天然ガスパイプラインが破裂

- 7月29日5時42分，6本の地中天然ガスパイプラインのうち1本が破裂
- つづいて火災・爆発によって23 m幅，51 m長，5 m深のクレーターが発生
- 2分後，現場の作業員はパニックになって，緊急停止ボタンを押し忘れ
- 下流204 km離れた地区管理施設でも停止を試みたが，バルブ閉鎖できず
- 6時4分上流111 kmの施設のバルブ閉鎖に成功，つづいて下流109 kmで成功
- 6時30分，隣接したもう1本にも誘爆，炎上
- 2,000万m^2の天然ガスが漏洩，炎上．7時40分，自然鎮火

説明：ポリエチレンテープとアスファルトコートのなんらかの成分が材料に拡散して鋼を腐食しやすくし，さらに土中のバクテリアと水分が腐食しやすい環境を発生させたらしい．22年間で7.6 mm腐食したのだから，腐食速度は0.34 mm/年と応力腐食割れにしては大きな値ではない．また，テープが剥がれたところに水分が回り込み，陰極防食の電流は水分のほうに流れ，まるでクラック部分の鋼をシールドして電流を流さないような，最悪の結果をもたらしたらしい．

このほかに組織的原因も生じている．すなわち，操作系は爆発でコンピュータが不調になり緊急停止ボタンが働かなかった（誤動作を防ぐためにバネ力を抗して強く押さなければならなかったが，それほど強く押さなかった恐れもある）．また，遠隔操作のバルブ操作も15分間命令操作しつづけないと働かなかった（15分後にバルブ前後で圧力差がなければ自動的に開くため）ことも後からわかった．しかし**なんら安全訓練を受けていない作業員は右往左往するだけだった**．

なお，配管同士をつないだり，そこから漏れる液体をシールしたりするとき，塩化ビニル系のテープや塩化ゴム系の接着剤を用いると，そこから応力腐食割れが生じやすい．いずれも熱分解で塩素イオンを生じさせ，流体の圧力で管が拡がって引張応力が生じると，SCCに至りやすい．

事象 4.3 浜岡原発のインコアモニタハウジングから漏洩（1988）
日本，静岡県御前崎の近く，浜岡原子力発電所1号機，中部電力（株），図4.4

　原子炉の圧力容器の底の部分に，インコアモニタハウジング（中性子の数を測定するための検出器を収めている管）を溶接．溶接部分に残留応力が発生し，応力腐食割れを起こした．割れたところから，放射能に汚染された水が漏出した．

シナリオ
- 直径5cmのパイプのインコアモニタハウジングをSUS304で設計
- 低合金鋼の原子炉圧力容器の底部で，ハウジングと容器とを溶接
- 溶接入熱が大きかったので，圧力容器の溶接部に残留引張応力が発生
- 応力腐食割れがハウジング内壁から外壁へと貫通
- 9月17日，放射能汚染水の漏洩が発生
- クラックは軸方向に13mmで，結晶粒界に沿って進展
- 修理はハウジングを溶接・拡管で接合，溶接部内面にスリーブを追加

説明：この原子炉は，曰わくつきの炉である．2001年にも制御棒駆動機構において，このときはSUS304（オーステナイト系ステンレス鋼，18Cr-8Ni）ではなく，インコネル182（ニッケル基の耐熱合金，76Ni-15.5Cr-8Fe）が応力腐食割れを起こした．原子炉圧力容器の底部で生じたが，本事例と同じ場所である．

参考文献：失敗知識データベース http://shippai.jst.go.jp/

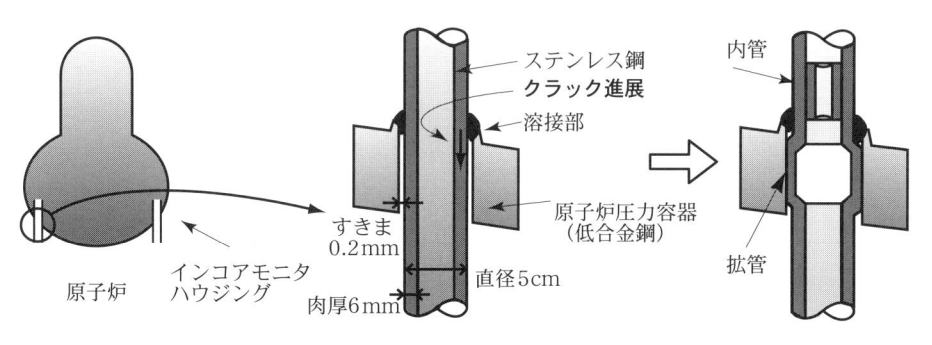

図 4.4 浜岡原発のインコアモニタハウジングから漏洩

5 高分子材料

事象 5.1　スペースシャトル・チャレンジャー号の爆発（1986）
米国，ケープカナベラル Cape Canaveral，NASA，モートン・サイオコール社，図5.1，資料 [226]，参考文献 (23)

　ブースタロケットの燃料を密封するためのゴム製のOリングが，低温で硬化し，密封機能を果たさなくなり，打ち上げ後しばらくして燃焼ガスが漏れはじめ，炎上・爆発．搭乗員7名全員死亡．エンジニアの警告を経営陣が黙殺したという点で組織的原因もからむ事故である．

シナリオ
▶ ブースタロケットをサイオコール社（以下，サ社）が製造

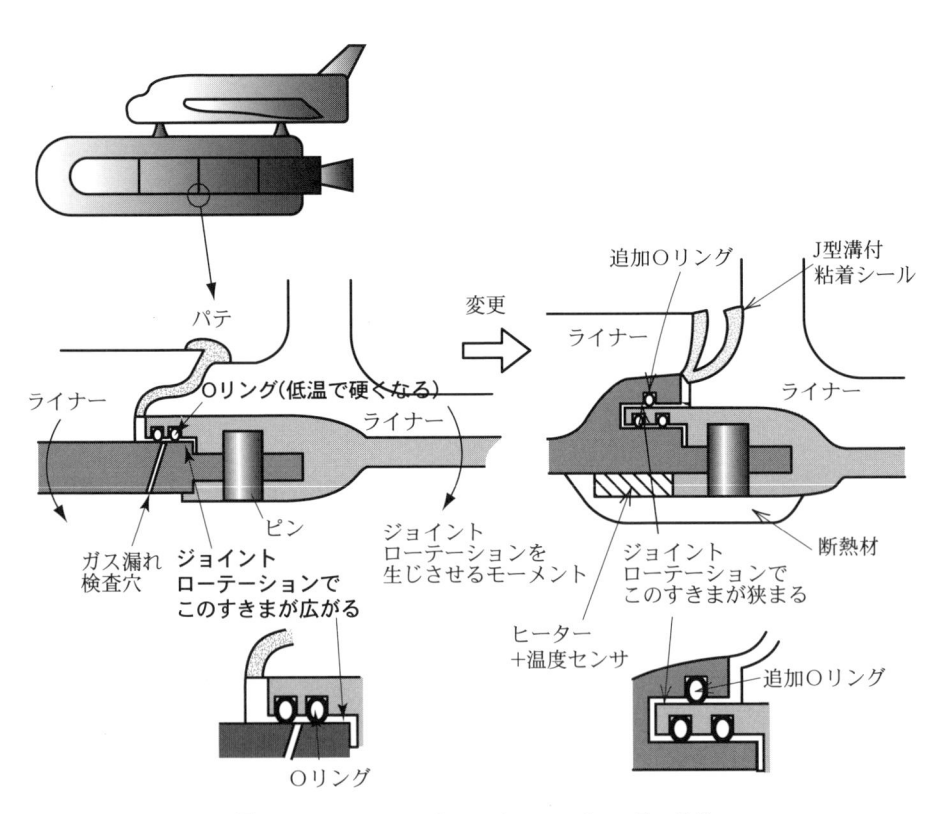

図 5.1　スペースシャトル・チャレンジャー号の爆発

- ▶ 安定製造できるタイタン型ロケットをもとに設計（Oリングは1個）
- ▶ 密閉バックアップとして，2個目のOリングを追加
- ▶ サ社のエンジニアは，打ち上げ前日に低温時の打ち上げを危険と警告
- ▶ この日までにチャレンジャー号は4回も打ち上げ延期
- ▶ NASA経営陣は打ち上げ強行のプレッシャーを暗示
- ▶ レーガン大統領の年頭教書演説に，搭乗者の高校教師が宇宙から共演？
- ▶ サ社の経営陣はエンジニアの警告を無視
- ▶ 1月28日に打ち上げ，気温は−2℃と低温
- ▶ ジョイント・ローテーションでOリングは締め代が減少
- ▶ Oリングが低温硬化して燃焼ガスが漏れる
- ▶ 打ち上げ後，しばらくしてチャレンジャー号は炎上・爆発
- ▶ 搭乗員7名全員死亡
- ▶ 大統領委員会は事故原因をOリングの低温硬化と断定
- ▶ サ社のエンジニア，ボジョリー氏がサ社とNASAを訴え（賠償10億ドル）
- ▶ 2年後に，Oリング追加，ヒーター追加，J形の溝付き粘着シール充填で再開

説明：この事故は技術者倫理の講義でケーススタディに広く使われる事例である．このときの学生は「すべからくエンジニアは作業や製品に危険がともなうとき，雇用主の命令を拒否しても安全確保すべきである」と答えて合格である．**危険のほかにもいざとなったら雇用主に逆らうべき仕事として，汚職や法律違反のように不正を伴う仕事，公害や環境汚染のようにまわりの社会に影響をおよぼす仕事**，などがあげられる．しかし，上記の答えを社会的に受け入れられたいのならば，エンジニアもプロフェッショナルな仕事であると主張して，会社との雇用契約でなく，弁護士や医者のように請負契約で仕事をすべきである．しかし，それでは，エンジニアは些細な設計ミスさえ許されず，好奇心にまかせて挑戦もできず，つまらない職業になってしまう．さてどうすべきか．

ところで，ガムを噛みながら冷たい水を飲むと，ガムが固くなるのに誰でも気付く．これと同じようにゴムが氷水で硬化することを，物理学者のファインマンがテレビの前で明らかにしたのである．であるが筆者が疑問として思うに，この簡単な現象を米国の英知を集めたNASAが知らなかったのであろうか．結果として，高価なシステムがたった1個の安いゴム製Oリングで崩壊したのである．

その後の研究によって事情は複雑で，マスコミが広めたような簡単な構図の事故原因や倫理問題ではないことが明らかになった．下記にシナリオを追加して変える．まず，**事故以前に耐圧実験や使用品回収検査で，Oリングがシールせずにガスの噴き抜けが生じることを，サ社もNASAも知っていたのである**．さらに，過去

には打ち上げ日の気温が，最も高い日（24℃）と低い日（12℃以下）に噴き抜けが生じていたので，打ち上げ中止警告時に気温と噴出とに相関ありとは強くいえなかったのである．それに－7℃でもゴムに十分の弾性があるデータも示されたのである．さらに細かいことをいえば，ブースターロケットの液体酸素か水素が蒸発し，内圧がかかってジョイントがローテーションし始めると，Oリングの潰しが少なくなるような場所に，Oリングが配置されているのもおかしかったのである．

追加シナリオ（前述のシナリオの途中から変更）
- レーガン大統領の年頭教書演説に，搭乗者の高校教師が宇宙から出演？
- ハイドロバースト（高圧水でジョイントシールを検査）を20回試行
- 最初の8回以降はOリングが効かずジョイントが開くことを確認（1977）
- Oリングの潰し代（7.5％）が一般の使用法（15％）より小さいことも確認
- Oリング（直径6 mm）まわりに石綿系のパテを充填・固定
- 高温ガスが噴き出したか否かを調べる圧力検査用の穴を設計
- 事前試験において，噴出ガスがOリングを1.3 mm燃焼したのを確認
- 過去の打ち上げ日では，最高温度と最低温度でガス噴出発生
- 打ち上げ日の気温と打ち上げ成否との間に相関なし
- サ社の経営陣はエンジニアの警告を無視

説明：この打ち上げ前日の深夜会議では，最後に上席副社長が，打ち上げ決行を渋る同僚に，有名な文句「今はエンジニアの帽子を脱いで経営者の帽子をかぶるときだよ」で同意を促したのである．この文句だけを聞くと，エンジニアが安全と利益とを秤に掛けたと見なされるが，**実際は不安全を看破するだけの論証をもっていなかったのである**．

この事故後に対策も公開されたが（図5.1の右側），なんとOリングをもう1本増やして冗長性で安全を保障したのである（3個目のOリングはジョイントがローテーションするとOリングが潰されるように配置されているが）．幸いにもこの冗長性は成功し，その後もスペースシャトルの打ち上げは20年に渡って100回以上成功を続け，ようやくコロンビア号の事故によって次機種へと全面的な設計変更が始まったのである．

■「高分子材料」について

プラスチックやゴムのような高分子の有機材料は，金属材料や無機材料に比べると，**機械設計者にとって設計で御しがたい材料である**．たとえば，一般的なアクリルといっても，製造メーカや製造ロットによって微妙に末端基や分子量が異なり，結果的に機械強度が異なり，耐食性や耐熱性でも大きく異なってくる．高分子材料は歴史がたかだか50年と短く，データが不足していることが主因であるが，機械

設計者が有機化学を理解できないというのも背因である．下記の類似事例は，高分子材料単体が機能を達成しなかったというより，それが機械の主要機能に微妙に干渉し，最後に致命的な結果が引き出されてしまったというものである．

類似事例

事象 5.2　ファイアストン社製タイヤのリコール（2000）

アメリカ，タイヤ製造会社はFirestone社（以下F社），イリノイ州ディケーターDecatur，図5.2，資料［9］，参考文献（14），自動車会社はFord社（以下，フォ社）で製品はExplorer，欠陥調査したのは米国高速道路交通安全局（National Highway Traffic Safety Administration, NHTSA）

　ファイアストン社製のタイヤを装備したフォード社の自動車が横転事故を続出させた．暑い南部州を走っているときに，接地面が発熱し，トレッド部分が剥離していた．この事故では，日本企業の買収後に生じた工場のストライキや，自動車の設計ミスなどの原因も複合した．

シナリオ
▶ 1983年に日本のブリヂストン社がF社を買収
▶ 1994年から1996年までF社のディケーター工場でストライキ
▶ その間，臨時交代要員が生産

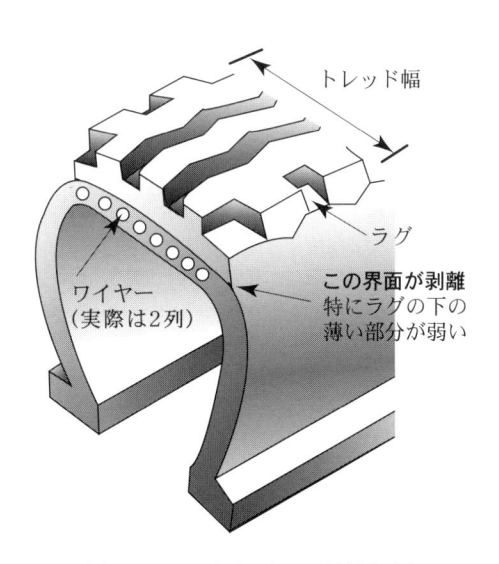

図 5.2　ファイアストン社製タイヤ

- フォ社のエクスプローラが事故続出（174名死亡）
- 南部州で高速走行すると発熱して接地面ゴムがトレッド剥離，自動車は横転
- ディケーター工場の欠陥タイヤは241 ppm（その他の工場のは2.3 ppm）
- 2000年8月9日，フォ社とF社は1,440万本のタイヤをリコール
- 2001年5月，F社はエクスプローラの欠陥調査をNHTSAに要求
- 2002年2月，NHTSAはF社の要求を却下
- ディケーター工場閉鎖，一方でフォ社は2001年3月から低重心の新機種発売

説明：これまでに100年以上も長年，タイヤを作りつづけてきた企業でも，**製造条件がわずかに狂ってくると，ゴムと金属との間が固着せずに剥がれてしまうのである**．ゴムが天然でばらつきやすいのも一因だろう．問題となったATXとウィルダネスATというタイヤは，ファイアストン社の3工場で生産していたが，ディケーター工場の製品だけに問題が発生した．しかし，後述するようにベネズエラのリコールでは別工場のタイヤでさえ問題になった．つまり，事故の原因はタイヤだけではなく，自動車の設計にも問題があったのである．

追加シナリオ（フォード社（以下フォ社）を主体にして記述）
- フォ社は四輪駆動のエクスプローラを1991年に発売
- 前機種のブロンコⅡよりも横転しやすいことが判明（1987）
- 振動防止のため，接地面が増加する低タイヤ圧力を指定（26 psi，1.82気圧）
- 摩擦力が増大したので，燃費劣化（他社より7％大）
- タイヤの軽量化をF社に指示（13.7 kgから12.9 kgまで軽量化）
- 不可解な振動発生（全苦情の31％はタイヤやサスペンションで解決できず）
- トレッドの片側だけが偏摩耗
- オーバーステア気味に運転されて横転に対して危険増大
- ベネズエラで横転事故続出（100名死亡）し，タイヤをリコール（1997）
- このときの使用タイヤはF社のウィルソン工場で生産した製品
- フォ社は米国のタイヤリコールで，エクスプローラは問題なしと声明（2000）
- 横転防止のため低重心へ設計変更
- 空気圧モニターの装備義務化（30 psi）

このようなデータを見ると，エクスプローラには問題がないと主張しつづけているフォード社もかなり怪しい．しかし，日米企業文化のちがいからか，ファイアストン社は事故の全責任を負っていないと主張しながらもタイヤをリコールで代えたが，フォード社は頑としてエクスプローラの米国のリコールには応じていない．しかし，**フォード社は被害者や所有者から訴えられた多数の訴訟**を抱えており，それはそれで大変である．2002年2月5日にカルフォルニア州で陪審員がエクスプロ

ーラの設計に問題ありという判決を下しながら，賠償責任をフォード社でなく，販売したディーラとそれを許可した州政府自動車局に求めた．2002年5月10日にはインディアナポリスでは，エクスプローラの所有者300万人が，一連の事件で中古の価値が下がったとして集団訴訟を起こしたが，連邦政府は訴訟の進行を拒絶した．さすが訴訟天国のアメリカである．損失額はファイアストン社（2000年12月発表）で7.5億ドル，フォード社（2001年1月発表）で5億ドルであった．

事象5.3　アロハ航空243便の機体構造剥離（1988）
アメリカ，ハワイ州，図5.3，資料［14］

機体のアルミニウム板の接合面を織布で低温接着していたが，そこに水分が吸着し，もろくなりはがれ落ちた．飛行中，そこからクラックが進展し，機体が剥落した．客室乗務員1名が飛ばされて死亡．

シナリオ
- ボーイング737-200は19年間運航（飛行回数89,680回）
- アルミニウム板の接合面はスクリムクロス（織布）で低温接着
- クロスは水分吸着して加水分解による脆化で剥離
- リベットに働く力が不均一になり，マルチサイト損傷が発生
- 疲労と腐食でクラック進展（設計飛行回数は75,000回だから寿命を超過）
- 定期検査でクラックが発見できず

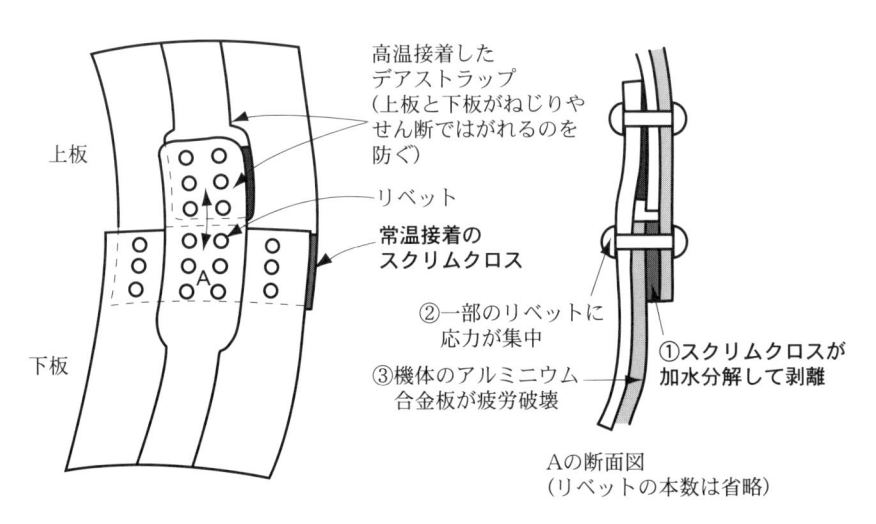

図 5.3　アロハ航空243便の機体構造剥離

- 事故機の乗客が搭乗時に，10 cm以上のクラックを視認
- 4月28日13時25分離陸，クラックが進展し，航行中に上部機体が剥落
- 徐々に減圧できる弁（safe decompression）が働かず，急減圧発生
- シートベルトを着用していなかった客室乗務員が飛ばされ1名死亡
- 13時58分，マウイ島のkahului飛行場に緊急着陸成功
- スクリムクロスは高温加熱接着に変更

説明：飛行機はリベットだけで部材を固定しているのではなく，プラモデルのように接着剤も使って固定している．筆者も愛知県の飛行機製造工場で実際にその工法を見てビックリした．ここでは，その接着剤の役目の**スクリムクロス**が剥がれて，**一部のリベットだけに荷重がかかり，最終的にはリベット穴から機体にクラックが入って金属疲労に至った**．なお，疲労破壊の事故ではいつもいわれることであるが，この事故でも定期検査でクラックが発見されなかったため，メンテナンスの作業手順や作業員の能力に問題がある，と結論付けられている．

事象5.4　プラスチック製のスキー靴が破壊（1994）
日本，国民生活センター発表，図5.4

スキー靴に使われていたプラスチックが，水分を吸着して強度が劣化．スキー中，緩い斜面で転んだ男性は，スキー歴20年だったが，劣化したスキー靴が破壊して足首を捻挫．

シナリオ
- プラスチックが水分を吸収して強度が劣化

筆者のスキー靴の場合
水分を吸収して強度が劣化したと思われる

バックルを止めようと力を入れたら破壊した

図5.4　プラスチック製のスキー靴が破壊

- スキー歴20年の男性が緩斜面で転んだとき，スキー靴が破壊し捻挫
- 国民生活センターによるとスキー靴破壊の苦情は1987〜1993年で57件
- 10年目のスキー靴は，4年目のものの1/2から1/4に強度が低下

説明：筆者のスキー靴も10年目に，履いて金具を止めるとき根元のプラスチックが破壊した．また，筆者の中国製の革靴が，履いてから1週間で接着剤が破壊して靴底が剥がれた．俗に接着剤が"風邪を引いた"といわれる現象である．このような**高分子材料の破壊の多くは，吸水劣化が原因である**．水分で錆びないから高分子材料を使ったのに，錆びなくても脆化して衝撃に弱くなるのである．たとえば，急速に乾燥させたり，高温多湿下で保管したりすると，簡単に壊れてしまう．

事象5.5 地球観測衛星「みどり」の太陽電池パネル破損（1997）
日本，宇宙開発事業団，ADEOS（Advanced Earth Observation Satellite），図5.5，資料［335］

打ち上げられた人工衛星の太陽発電パネルを固定していた接着剤が，日陰に入ったとき予想以上に縮んだ．パネルとマストが根元で切断．開発費1,000億円の衛星は機能を停止した．

シナリオ
- 1996年8月17日，開発費1,000億円の地球観測衛星「みどり」打上げ
- 太陽電池パネルは23 m×3 mで重さ3.6トン，発電5,000 Wで世界最大級
- パネルの基板は6層のテフロン・樹脂を接着剤で固定
- 強化プラスチックフレームのマストで，パネルを支える
- パネル厚みは0.5 mm，打ち上げ前は折り畳まれて，打ち上げ後に開く
- 地球を14周/日，日向70℃，日陰－70℃の温度差を受ける
- 11日目に180回転し逆噴射の姿勢をとる
- 太陽電池パネルは日陰で縮み，マストは日向で伸びる
- 接着剤の縮みが予想以上に大きく，予測26 mmに対して実測40 mm縮み
- 高温の耐久試験で得た膨張率を低温に外挿したが，縮みを過小に見積もり
- マストとパネルの接合ワイヤの定張力機構で調整できず根元で切断
- 1997年6月23日温度センサ異常，27日電力供給低下，30日機能停止

説明：マストとパネル間の熱膨張差はあらかじめ検討済みで，それから生じる引張応力を緩和する定張力機構を設置していた．同様な機構は，ベルトの初期伸び対策でも考えられており，使用開始して1ヶ月ぐらいで10％伸びても張力が一定になるように，バネを用いて工夫している．もちろん，構造体に低剛性部分を設けて，

1 材料の破壊

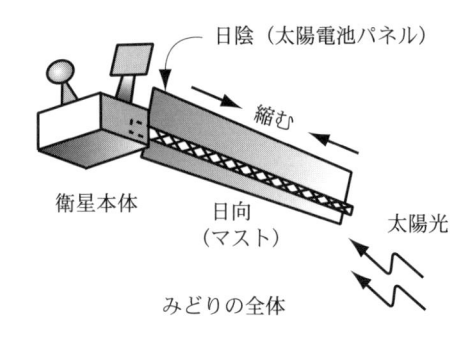

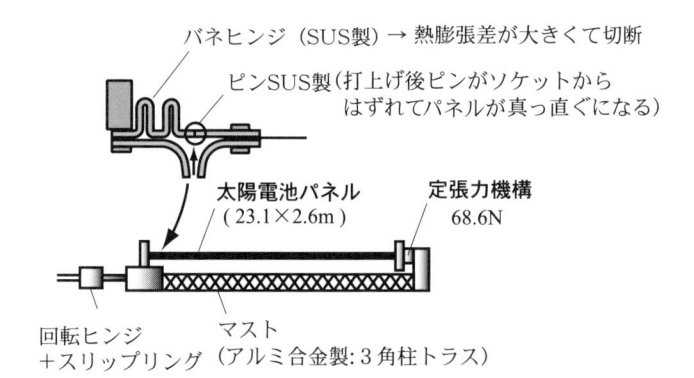

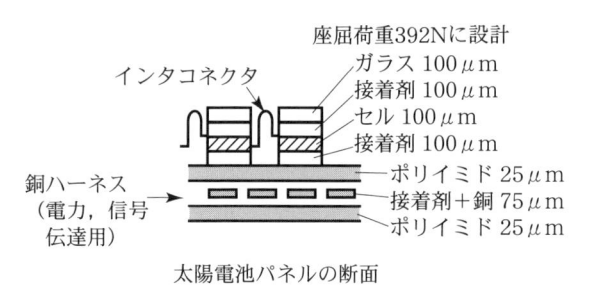

図 5.5 地球観測衛星「みどり」の太陽電池パネル

引張応力分だけ伸びるように設計してもよいが，別の場所で発生した振動で低剛性部分が共振する恐れが生じる．そこでゆっくりした熱膨張には細穴を油が通るダンパが用いられている．たとえば福岡ドームでは直径200 m程度のドームが昼夜で50℃差が生じると，鋼の熱膨張率が10^{-5}/℃だから10 cmも伸縮する．そこで可動台車にダンパを設置し，1日1回の伸縮には柔だが地震には剛の機構を付けている．

本事例の太陽電池パネルはなんと23 mと長いのに，厚み0.5 mmのペラペラのも

のである．日向と日陰で140℃差が生じるとき，ハーネスの銅の熱膨張率を$1.7 \times 10^{-5}/℃$と仮定すると54 mmにもなる．もっとも，実際はパネルのヒンジが低剛性だから反ったりたわんだりして最終的に40 mmの伸縮になったのであろうが，予測の2倍にもなってしまい，定張力機構が効かなかったのである．

筆者もモータと加工軸とをつなぐベルトが予想外に伸びて，プーリー間を最大に拡げてもベルトが弛んでしまったという失敗をした．また，切削油で旋盤の真空チャックのウレタンゴムが長さで2％程度膨潤して，まったく加工精度が達成できなかったという失敗もした．ゴムとか樹脂の伸びはまったく始末に負えない．

なお，みどり2号は2003年10月に運用停止したが，これも樹脂が原因だった．つまり，太陽電池パネルから衛星本体へ電力を伝える電源コードのエチレン系樹脂の被覆が溶けて，104本の直径1 mmの銅線のどれかが短絡したことが原因として可能性が高いと報告されている．銅線は143℃までしか発熱しないと計算したが，**配線群を束ねると中央部の線から放熱ができずに230℃に上昇し，耐熱200℃の樹脂が溶けたらしい**．配線や樹脂というように，本来の機能と比べると些細なところで事故が生じたため，霧散した725億円の開発費は誰が責任をとるんだとマスコミの追求は厳しい．

事象5.6　10,000 m級無人探査機「かいこう」ビークルの亡失（2003）
日本，高知県室戸沖，海洋開発研究機構，図5.6

深海無人探査ビークルをつなぐケーブル（アラミド繊維編組）が切断され，ビークルは漂流．海上には浮上しているはずだが，3週間探索しても見つからず．

シナリオ
- 296回の深海調査，世界唯一の全海洋の最深で探査可能のシステム
- 5月29日，高知県室戸沖の水深4,675 m海底で調査
- 13時12分，ビークルとランチャーを結ぶ二次ケーブル巻上開始
- 二次ケーブルは引張強度3トン（最大張力450 kg）で長さ250 m
- 二次ケーブルのアラミド繊維編組が切断，光ファイバや動力線がむき出し
- ケーブルの伸縮でアラミド繊維編組が屈曲し，編組が乱れ繊維に損傷
- 13時29分，ランチャーと母船「かいれい」とを結ぶ一次ケーブル巻上開始
- 16時47分，ランチャーのかいれいへの揚収は完了，二次ケーブル切断確認
- ビークルは，電源切の1時間後にバラストを切離，浮上開始するように設計
- ビークルは海上浮上後ラジオビーコン信号発信，かいれいが3回受信
- しかし，3週間以上の探索で，漂流するビークルを回収できず

1 材料の破壊

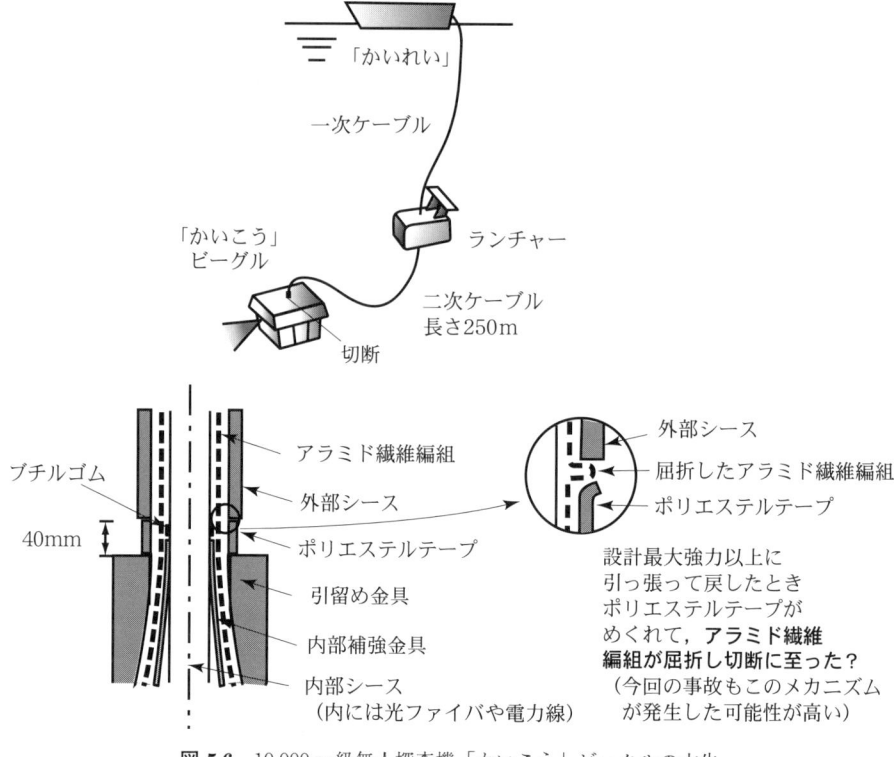

図 5.6 10,000 m級無人探査機「かいこう」ビークルの亡失

説明：この「かいこう」は，学童疎開船対馬丸の船体を発見したり（1997），H2ロケットのエンジンを回収したり（1999），「えひめ丸」の遺留品回収したり（2001），事故調査にも大活躍していた．惜しむらくは5月3日の点検でアラミド繊維編組の1本の切断を発見したが，メーカと協議して当面の使用は問題なしと判断したことかもしれない．アラミド繊維編組は張力が働くと伸び，除くと縮むが，このとき外部シースも引き出されたので，**戻るときに外部シース開口部のポリエステルテープがめくれて，アラミド繊維編組を屈曲させたらしい**．

　引張張力を受けるケーブルと，信号・電力線のワイヤとを合わせて1本で兼ねたところにも問題がなかっただろうか．たとえばこの事故は，コンセントを抜くのに電線を引っ張って，プラグと接する根元で電線が切れたような事故である．最初から中実になるように中心まで鋼線を編組したケーブルを使って，平行に別個に電線を通すことはできなかっただろうか．同一軸に収めようとするから，中空の編組のケーブルを使わなければならず，それは冷凍みかんの網袋のように引っ張れば伸びやすく，離せば縮みやすいので，本事例のように失敗する．

参考文献：特集「かいこう」事故と「かいこう7000」，Blue Earth，第16巻第5号，2004，pp. 18-21

事象 5.7　高速列車「ICE」の脱線転覆（1998）
ドイツ，ニューザクセン州，エシェデ村（ドイツ北部のハノーバーとハンブルグの間），ミュンヘン発ハンブルグ行 Inter City Express 884 便 "WILHELM CONRAD RENTGEN"，図5.7，資料 [224]

　ドイツの高速列車が走行中に脱線．脱線車両は陸橋を崩落させ，後続車両が次々に激突．101名死亡，72名重傷．原因は，乗り心地をよくするために車輪に組みこまれた，ゴムの緩衝材が硬化（？）して車輪外輪が疲労破壊したこと．

シナリオ
▶ 6月3日9時頃，ICE884（14両編成）に異常，緊急停車して点検
▶ 再発車後の10時58分，先頭から2両目の台車の車輪の外輪が疲労破損
▶ 破損外輪が陸橋手前200 mのポイントに当たって台車は脱線
▶ 陸橋手前120 mの別のポイントを切り替え，機関車と連結器が外れる
▶ 3，4両目も脱線，5両目は陸橋橋桁に衝突し横転，陸橋が衝撃で崩落
▶ 6両目以降は崩落した陸橋に衝突，折り重なるように大破
▶ 101名死亡，72名重傷，ヘリコプタが35機出動し救急活動

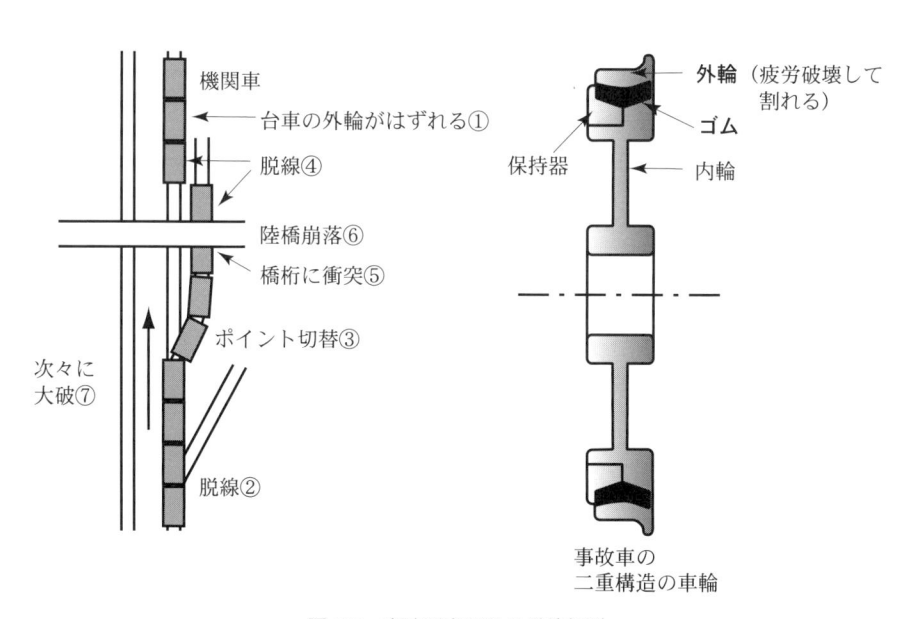

図 5.7　高速列車ICEの脱線転覆

説明：ICEは1991年に開業した当時は，新幹線と同じような，鋼の一体化車輪を用いていた．しかし，乗り心地が悪いと評判がよくなかったので，なかにゴムの緩衝材を挟んだ二重構造の車輪（VSC社製Bochum84）を採用し，1997年までに5年間で乗客を3倍に増やした．筆者も台車製造工場で大阪の地下鉄で使うゴム入りの二重構造車輪をハンマーで叩いてみたが，一体型がカーンという響く音がするのに対して，ボコッと鈍い音がするだけで驚いた．欧米の新形の路面電車には必ず使われており，交差点の急カーブでもキーキーと鳴かない．ところが本事例では，**ゴムが硬くなったのか，外輪が疲労破壊し，亀裂は薄い外輪を割ってしまった．**

　また，外輪破壊後もそのままポイントがなければ，台車は真っすぐ進むだけで，運転士が振動に気付けば緊急停止できて問題はなかった．しかし，台車はポイントで引っかかって脱線し，次に切り替わったポイントは後続車両を橋脚にぶつけて落橋させ，そのまた後続は次々に陸橋に衝突した．ドイツ連邦鉄道局はこのような惨事に至った二重車輪を事故後ただちに一体型にかえたが，残念なことに，交換は事故前から計画されていた．つまり，1997年に空気バネ付きの台車を使うと一体型車輪でも乗り心地が改善されることがわかり，事故時までに二重構造の車輪の4割は一体型にかえ終わり，残りもかえる直前であった．

　なお，**ドイツは救急ヘリコプタを徹底的に利用する国で，交通事故死も迅速に病院に送ることで激減した．**本事故でも35機も集まって事故死を大きく減らすことができた．2005年4月25日にJR西日本の福知山線（尼崎市）で脱線衝突事故が生じた．車両がペチャンコになって死者107名と，本事例のICEとそっくりの大事故であった．しかし，3機の救急ヘリが搬送開始したのは1時間半後と遅く，10名しか運べなかった．ICEの事故では救急ヘリが到着したのは16分後であり，医師は98名駆けつけ，2時間以内に59名搬送した．今後，改善すべき手法である．

2 構造の倒壊　　　　　　　　　　　　　　　6 ～ 8

前項では部分的な材料の破断が，全体の系を破壊する失敗事例を示した．本項では部分的には問題ないが，全体のバランスが崩れて終局的にひっくり返る失敗事例を列記しよう．これも脆性破壊のように，逃げる暇がないという現象が多く，大事故にまで発展することが多い．

6 バランス不良

事象 6.1　友鶴事件（1934）と第四艦隊事件（1935）
日本，図6.1

乏しい国力で戦争をしていた日本は，戦艦の設計において，重装備のために高重心化を，また高速のために軽量化を選択した．その結果，訓練中，荒天に遭遇しただけで，転覆や船体の切断，沈没などの失敗にみまわれた．

シナリオ
▶ ワシントン軍縮会議（1922）後も日本は乏しい国力で英米と建艦競争
▶ 5,000トン級の戦闘能力を，3,100トンの軽巡洋艦「夕張」で実現（1923）
▶ 無理して設計した結果，重装備で高重心化，軽量化で強度不足
▶ 「大鯨」を電気溶接で建艦し，リベットよりも船殻の軽量化実現（1934）
▶ 1934年3月12日，水雷艇「友鶴」（615トン）が荒天のなかで訓練中に転覆
▶ 改造：砲塔や艦橋を軽くし，船底にバラスト100トン搭載して低重心化
▶ 1935年9月26日，津軽海峡東方で演習中の第四艦隊が台風遭遇
▶ 全艦艇に損傷，駆逐艦は速力38ノット，電気溶接，表面滲炭鋼採用の新鋭艦
▶ 駆逐艦「初雪」（1,980トン）と「夕霧」が艦橋直前で切断，船首部は沈没

説明：軍艦というのは台風に突撃しても沈んではならない船であるらしい．この事故の詳細は国民に知らされることはなかったが，造船者や海軍は相当のショックを受けた．それまでエンジニアに課していた極限設計の許容レベルを，要求機能を緩和することで設定変更せざるを得なくなったからである．その当時（1937），日本

2 構造の倒壊

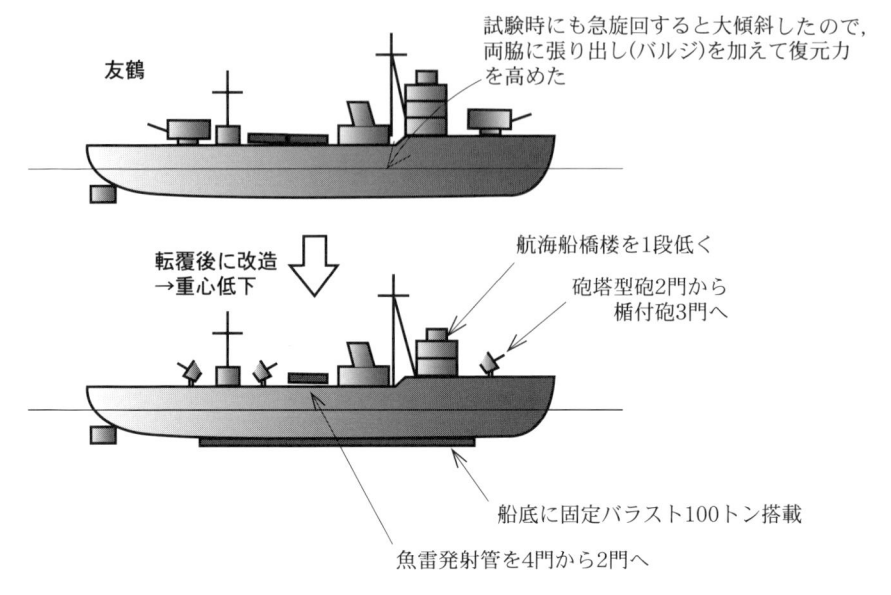

友鶴

試験時にも急旋回すると大傾斜したので，両脇に張り出し（バルジ）を加えて復元力を高めた

転覆後に改造
→重心低下

航海船橋楼を1段低く
砲塔型砲2門から楯付砲3門へ
船底に固定バラスト100トン搭載
魚雷発射管を4門から2門へ

図 6.1　友鶴の改造

の国民所得は186億円，米国は2,424億円だった．その乏しい国力で同等の戦闘能力を得ようとすると，軍艦は重装備・船殻軽量の極限設計がひとつの設計解になる．
　「零戦」も同様の極限設計の産物である．こちらを立てればあちらが立たず，という効果相反の「トレードオフ」の複数の機能を要求されたが，徹底的な軽量化によって高速・敏捷が達成できたところが，防護壁が薄くなって墜落しやすく，結果的に操縦士が撃たれやすくなった．もうひとつの設計解は動力機関を高出力化することであるが，日本では達成が難しかった．とにかく，当時はエンジンブロックからシリンダの穴を削る中ぐり盤が，ようやく第二次世界大戦中に国産化されたぐらいだから，エンジニアは高出力化を期待できなかったのである．米国の爆撃機が零戦の高速性を大出力エンジン，過給機，超高空飛行で対抗し，また敏捷性には戦艦の近接信管砲弾（近くの飛行体を検知して爆発する砲弾．原爆，レーダ，B29とともに米国の4大戦時開発プロジェクト）で対抗している．設計解はひとつではないのだが，トレードオフする要求機能群を微妙なサジ加減ですべてを満足させる極限設計をひたすらに進めた結果，友鶴は重心が高くなってバランス不良で転覆に，第四艦隊は過度に軽量化して強度不足で切断に，それぞれ至ったのである．
　これは日本の設計文化かもしれない．現在でも日本は，自動車や小形電子機器では各種の機器を物理的に統合し，各種の要求機能群を最適化するのは得意である．いわゆる「摺り合わせ技術」をきわめたインテグラル設計である．大部屋で作業し

ていると，隣りの問題がわかるから，ついつい自分の余裕を提供して最適化を目指すことになる．対照的なのは要求機能同士が干渉しない独立設計であり，それは欧米が大好きなモジュラー設計でもある．設計文化が異なると，でき上がってくる製品も異なってくる．

参考資料：日本の技術100年，第3巻造船 鉄道，筑摩書房，1987

■「バランス不良」について

機械は重心が高いと倒れやすくなる．しかし，設計者が重心を計算で求めることは容易であり，危険は織り込み済みである．といっても，顧客がたがいにトレードオフした過度の高機能を要求したり，経営者が利益を得るために過度のコストダウンを要求したりすると，ギリギリの**極限設計**に走らざるを得なくなる．その結果，機械はバランス不良で倒れる．

バランス不良はこのような極限設計がひとつの原因だが，もうひとつの原因として**非定常作業**があげられる．後者は，仮設，解体，搬送，調整などの工事のように一過性で非定常の作業で発生し，労働災害として実に多くの事例が記述されている．多くなる原因は，機械設計者にそのような定常作業以外の作業を考慮することが一般に課されていないからである．とにかく完全な形になったときの重心安定性は考えるが，一部を分解したときの，または一部が未組立であるときの，未完全形状までいちいち重心チェックをしていない．かわって作業監督者が重心チェックを行う．しかし，機械の内部の密度が異なると，見た目とは異なるところに重心が位置して，吊り上げたらバランス不良で簡単にひっくり返るのである．

筆者も若い頃，工場の引っ越し時に，吊り上げた液体処理装置がズルズルと落下する事故を脇で見た．動いたら最後，手で押さえようとすれば装置に潰されるかもしれないので，このときは緊急退避して安全地帯で唖然と見守るしかなかった．

類似事例

事象 6.2 トヨタのSUV1994年製「4-Runner」の横転（1995）

アメリカ，オレゴン州，4-Runnerはsport utility vehicle（SUV）の車種，日本名はハイラックス・サーフ，図6.2，資料 [21]

アメリカで発売されていたトヨタのSUVが，運転中に横転．トヨタは訴えられ，米国最高裁で，過度に危険な車体を作った，という判決を受け，765万ドルの支払い命令．

シナリオ

▶ 一般にSUVはオフロード用として高い重心に設計

2 構造の倒壊

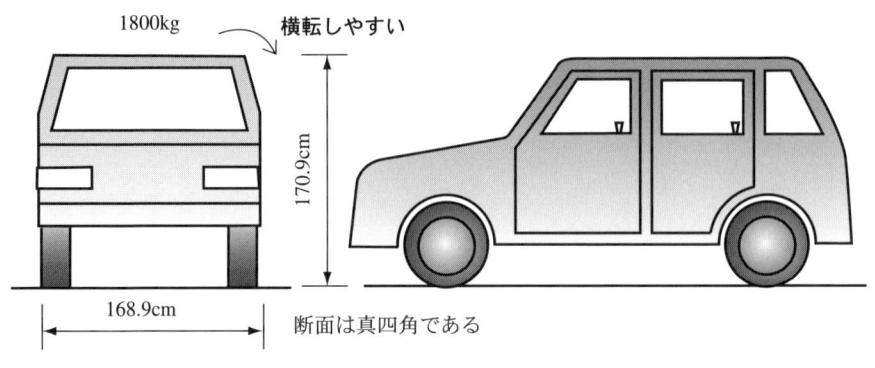

図6.2 トヨタのSUV1994年製「4-Runner」

- SUVはファミリーカーとしても好評，ただし横転の確率は乗用車の3倍
- 1994年製4-Runnerは車幅66.5インチに対して，車高67.3インチ
- 1995年5月28日，オレゴン州395線で4-Runnerは前の対向車を急に回避
- 右へ左へとハンドルを切ったら横転し，2回転して腹を向けて停止
- 1名が首を打ち全身麻痺，3名がシートベルト着用して切り傷
- 同乗者が過失（negligence）と製造者責任（strict product liability）で訴訟
- トヨタが横転の可能性を認めたので765万ドルの支払命令（トヨタは上告）
- 米国最高裁はunreasonably dangerous（過度に危険）と判断し上告を棄却
- 1996年，4-Runnerを低車高・広車幅の低重心化に設計変更

説明：1999年の米国のデータだが，毎年，SUVの横転事故で1万人超が死んでいる．米国は1年に4万人も交通事故死しているが，その実に1/4が本事例のような事故なのである．車高が高いSUVは，視界が広く運転しやすいとか，衝突時は乗用車の上に乗って潰されないとか，一般に安全と思われている．しかし車高が高い分，トレードオフで横転しやすくなる．本例の事故のように，横転してもシートベルト着用していれば車外に飛ばされないが，屋根が潰れて首を怪我するのが一般的である．

　トヨタは裁判では，SUVで急ハンドルを切れば他社製のものも横転すると訴えたが，結局，negligence（過失，故意ではないが横転は予測できた）とstrict product liability（厳守されるべき責任，顧客の期待に応えるように横転は防ぐべきであった）で有罪となった．後者は陪審で判決が決まったが，一気に賠償額が高騰した．

　別の裁判では別の論理がある．たとえば，米国では，1988年に**スズキ社製のジープ「サムライ」**も同じように横転しやすいから，NHTSA（National Highway Traffic Safety Administration）はリコールにすべきであるとユーザに訴えられた．

しかし，事故の大半はオフロード走行を好む運転者（73％が25歳以下，50％は酒気帯び）に発生し，一般道走行のおとなしい運転者には発生しない，という仮説が有意だと統計的に示されて，NHTSAは訴えを退けた．

事象 6.3 ベンツAクラスが走行テスト時に横転（1997）
スウェーデン，図6.3，資料［408］

　ベンツが大衆向け小型車を開発．安全のため，衝突時は搭乗者の下が破壊するよう，車高を高く設計．発売直後に雑誌社の運転試験で横転．ベンツは設計を急遽変更し，好評を得た．

シナリオ
- ベンツ社が広い室内と耐衝突性を有する大衆向け小形車を設計
- 衝突時は変形が搭乗者の下の空間を進むように，車高を高く設計
- 車高を高くした2重フロアパネルの間には，電気駆動用電池を装備予定
- 軽快に小回りで曲がれるように，オーバーステア気味に設計
- 1997年10月，Aタイプとして発売
- 直後の11月，スウェーデン雑誌社のエルクテストで横転
- 低車高化，ESP採用，タイヤワイド化，タイヤ間距離拡大で設計変更
- 好評を博して，販売は好調

説明：本事例も前例と同じように，高い車高がもたらしたバランス不良の失敗例である．なお，エルクテストとは，鹿（エルク）が飛び出してきても回避できるという高速レーンチェンジテストである．時速60 kmで直進中に急ハンドルで曲がり，ふたたび急ハンドルでもとのレーンに戻る．オーバーステアとは曲がるときに後輪が滑って，ハンドルを切った角度以上に曲がることである．またESP（electric stability program）とは4輪の速度をブレーキやエンジンで調整し，滑りを防いで

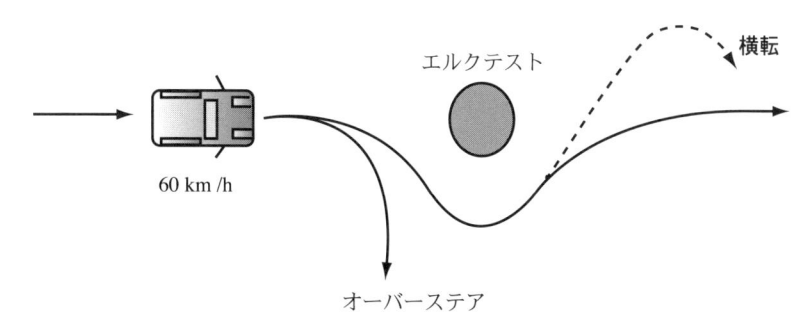

図 6.3　ベンツAクラスのエルクテスト

オーバーステアしにくくする制御機構である．つまり，ベンツは，横転防止の設計解として，コンピュータで横転しないようにハンドル操作を制御することを選んだのである．結局，この高価な機構を全車種に展開したわけだが，高級車のなせる技である．

事象6.4 解体作業中，頭を挟まれて死亡（1995）
オーストラリア，クウィナナ市，図6.4，資料［4］

解体作業中の作業員が，傾いたキャビネットとクレーン部材の間に頭を挟まれ死亡．日本でも，この種の事故で毎年100名程度と多くの死者が出ている．

シナリオ
- 製鉄所内の，操業停止した圧延工場の解体を，解体業者が請負
- 解体業者の作業員（41歳，中卒）は9月25日に入社
- 10月5日に安全導入教育を受講
- 10月18日11時，2トンの電気機器キャビネットを中2階から吊上げ
- キャビネットの重心より下の位置で，キャビネット内にフックを装入
- キャビネット底部に1本のワイヤロープを引き回してフックに引っかけ
- フックを上昇させたら，キャビネット上部の鉄棒に引っかかって停止
- 作業員がキャビネットに乗って，鉄棒を酸素アセチレンカッタで溶断
- 作業のパートナーのリーダ（実は9月25日から解体を経験）が現場を離れる
- その後も作業員1人で作業続行
- フックを上昇させたら，次は蛍光灯固定用の平板に引っかかって停止
- 作業員がキャビネットに乗って，平板を同様に溶断

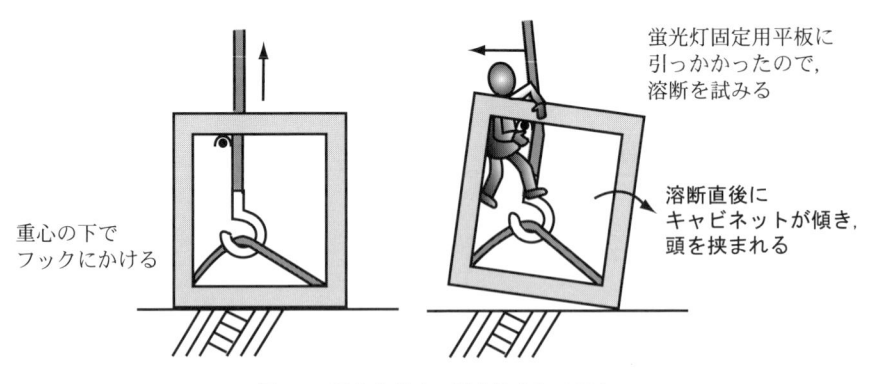

図 6.4 解体作業中，頭を挟まれて死亡

- ▶ 溶断終了後，ワイヤがまっすぐになり，キャビネットが傾斜
- ▶ 作業員は頭をキャビネットとクレーン部材との間に挟み，死亡

説明：**本事例は解体作業中の事故で**，いわゆる玉掛け・クレーンの事故とよばれるものである．日本でもこの事故で毎年100名程度と多くの死亡者が出ている．さらに本事故は，リーダが現場を抜けて作業監督を怠った後にも，経験不足の作業員だけで作業を継続させたのが原因である．もっとも，解体業そのものが"やっつけ仕事"で世界中どこでも事故は多い．とくに本事例の業者は1991年にも死亡事故を発生させていた．

本事例のキャビネットは事故直前，底部の一隅で床に接触していたから，仮に平板切断後に事故が起こらなくても，床からもち上がった瞬間にその接触点の摩擦がなくなり，傾斜して振動し始める．そして，このときに作業員が振り落とされたり，キャビネットに衝突したりして，別の事故を起こしたはずである．

2003年3月13日15時35分，**静岡県富士市のビル解体工事でも同じようなバランス崩れで大事故が発生**した．鉄筋コンクリートの外壁のうち，3×5mの固まりが県道に落下し，作業者の1名と県道通過中の2台の乗用車の運転員2名とが亡くなった．もともと作業者はビルの中心の内側に向かって5階の外壁を落とそうと目論んだらしい．しかし，4階と5階との固定ボルトが老朽化で抜けていたので，4階との柱を溶断中に5階の外壁は突然，ビルの外側へと落下していった．

事象6.5　アンテナ吊り上げ中にボルトが外れ転落（1982）
アメリカ，図6.5，資料[8]

テレビ塔の設置工事中，アンテナを塔の最上部へ吊り上げる際，取手が損壊し，アンテナが落下．テレビ塔全体が崩壊し，作業中の5名が死亡．

シナリオ
- ▶ 305mのテレビ塔の設置工事中
- ▶ 設計業者はアンテナを塔最上部へ吊り上げることを指示
- ▶ 施工業者は，マイクロ波バスケット部の取外し後，再組立を提案
- ▶ 設計業者はバスケット部を外すとその保証が無効になると拒否
- ▶ 施工業者は仮設の取手をアンテナにボルトでねじ止め
- ▶ 吊り上げ時に取手に曲げモーメントが働いて，ボルトに過負荷が発生
- ▶ たまたま，臨時に使ったボルトが欠陥品で強度不足
- ▶ 11月18日，仮設の取手が損壊し，アンテナ・バスケット部が落下
- ▶ テレビ塔全体が崩壊

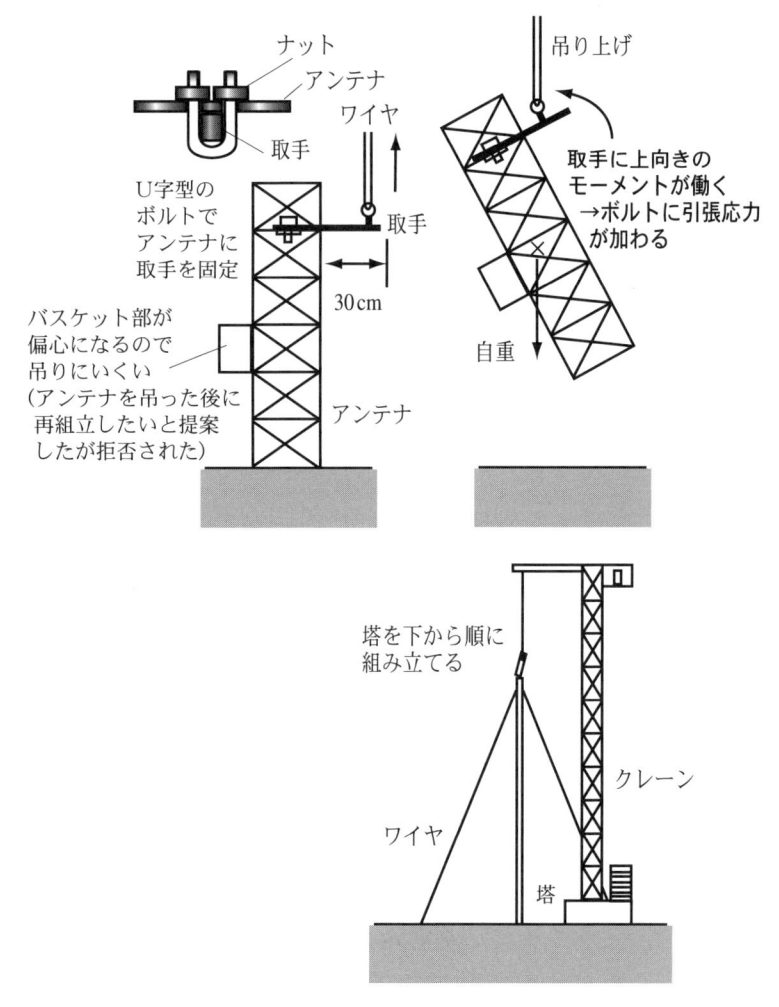

図 6.5 アンテナ吊り上げ中にボルトが外れ転落

▶ アンテナの2名，塔の2名が転落し，地上の1名とともに死亡

説明：これも玉掛けの一種である．**設計者があらかじめ作業を仮想演習して，吊り上げ用の取手位置を検討して，事前に設置すべきであった．**構造物を組み立てるとき，横転・反転・傾斜させることもあるが，あらかじめその作業時の重心を計算し，玉掛けのワイヤが引っかけられるアイボルト用雌ねじや取手を付けておくべきである．下記のホームページには事故のビデオが掲載されている．テレビ塔は短波アンテナのように細い棒状の溶接組立物をワイヤで支える構造で，簡易エレベータと思われるもので昇っていく画像と，塔最上部がロケットのように落下し，それにとも

なってビデオカメラとともに全体が落下していく，という恐ろしい画像が見れる．

また，写真を見るかぎり，ボルトはU字型に曲げられたもので，吊り下げた塔最上部の鉄骨を巻いてから，両端をナットで締め上げて固定する「Uボルト」らしい．もしも仮設の取手と鉄骨との間の摩擦が小さくたがいに横にずれたら，ボルトの根元に大きなモーメントが働いて破断しやすい．

参考文献：http://ethics.tamu.edu/ethics/tvtower/tv3.htm

事象 6.6　飲料自動販売機の転倒で下敷き（1998）
カナダ，ケベック，図6.6，資料［23］

カナダの大学生が期末試験終了を祝うパーティで酔っぱらい，缶ジュースを盗もうとして，自動販売機を傾けた．転倒した自販機の下敷きになった学生は死亡し，翌朝になって発見された．

シナリオ
- 12月13日，寮内で期末試験終了パーティで大学生が酔う
- 寮内の自販機（ヴェンド社Vendo475）から飲料缶の無料取り出しを目論む
- 自販機はボルトなどで床や壁に固定されておらず
- 自販機を20°傾けたときに手前へ転倒，大学生は400 kgの自販機の下敷き
- 翌朝，大学生は発見されたがすでに死亡
- 問題の自販機の周辺には，過去にも傾けた形跡あり
- 両親がヴェンド社，コカコーラ社，大学などに68万ドルの損害賠償訴訟

説明：筆者の友達にも酔うとバス停を引きずる者がいたが，自販機を傾けるとは怪力である．しかし，米国では怪力が多いらしく，1978〜1995年になんと37名死亡，113人ケガの犠牲者を出している．Consumer Product Safety Commission（消費者

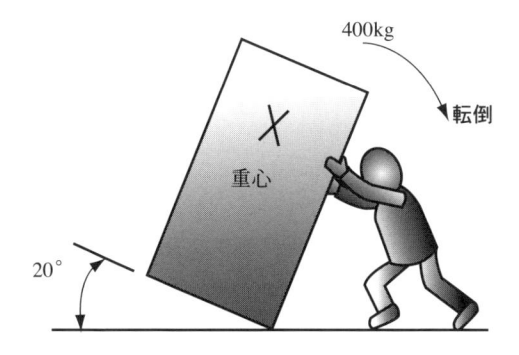

図 6.6　飲料自動販売機の転倒で下敷き

安全委員会）は1995年から「揺らすな傾けるな」の警告ラベルを貼ることを促したが，カナダはいまだ未処置だった．

本事故時には，飲料缶は満載されており，重心は上から1/4の高さにあったらしい．日本では自販機が地震で倒れることを指摘され，転倒防止フックが打ち込まれているものもある．後述する特殊使用の共通シナリオには，本事例のように，設計者にとって想定外の顧客使用作業がもたらした事故が列記されている．この自販機も，たとえば傾斜が5°以上になると傾斜計が自動的に警報を鳴動させるとか，転倒しても床との間に体が挟まる隙間ができるように，天井に庇を設置しておくとか，何か手があったはずである．

7 基礎不良

事象7.1 セントフランシスダムの崩壊（1928）
アメリカ，ロサンゼルス，St. Francis Dam，図7.1

1926年にロサンゼルスでコンクリート重力ダムが完成．しかし底部からダム本体のコンクリートへ水が浸透し，ダムが浮き上がった．完成から2年後，底部から泥水が噴出しダムは崩壊，洪水が民家を破壊，430名強が死亡した．

シナリオ
- 第一次大戦後，ロサンゼルスの人口が倍増
- 2.5億ガロン（9.5億リットル）/日で375 kmの上水道を市が計画
- 経験主義で独学のエンジニア，Mulholland氏が1902年から設計に従事
- 175フィート（53 m）高のセントフランシスダムもMulholland氏が設計担当
- 1923年にコンクリート重力アーチダムとして施工を開始
- 初期計画の25％増の貯水量を得るために10フィート（3 m）高を追加
- Mulholland氏は計画変更後も安全率が3〜4とコメント

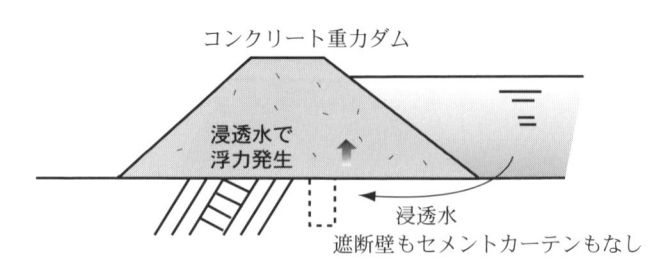

図7.1 セントフランシスダムの崩壊

- 13万立方ヤード（10万m³）のコンクリートのなかには補強材なし
- 底面には浸透水流を防ぐための，遮断壁もセメントカーテンもなし
- 底面の浸透水が浮力を発生させ，重力を相殺する可能性大
- 1926年5月セントフランシスダムが完成し，水路から水を引き貯水開始
- 1年後，満水間近だが，底部のクラックから漏水したので応急的にシール
- 底面の岩石割れ目に埋め込んだ石膏が軟化して，クラックが進展？
- さらに1年後，底面の浸透水の排水のためのパイプ設置を指示
- 1928年3月12日，底部から泥水噴出，数千トンのコンクリートも崩壊
- コンクリートは1.6 km下流に流出，洪水は民家を押し流し，430名強が死亡

説明：設計者のMulholland氏は，少しずつ大きなダム設計を経験するうちに，誇りが傲慢に変わり，最後は最も大きなダムで失敗した．重力ダムの底面や側面と地山との接合部から水漏れが生じないように，その当時からいくつかの手法が開発されていたのである．重い機械でも床面に設置するときは，アンカーを打ってボルト締めするか，ゴム板を敷いて摩擦を大きくするか，両面テープで接着するか，柱と引き合うようにワイヤを張るか，いずれのどれかを選択しなくてはならない．しないと地震のときに機械は足があるかのように動き回る．なお，米国では1889年に**ペンシルバニア州のサウスフォークダム**が崩壊して2,209名が死亡するという惨事が生じたが，これは底面の基礎不良ではなく，豪雨で増水した水流が天端を越して，その水流が徐々にダムを浸食・崩壊させたのが原因である．

参考文献：Henry Petroski, Pushing the Limits, Alfred A. Knopf, NY, 2004

■「基礎不良」について

「機械の設置場所は剛体で平面で水平である」と，機械設計者は誰もそれを疑わない．しかし，床が傾いたりたわんでいたりしたら，前提条件が大きく崩れる．重い機械を載せたら，足の下から床が崩れるかもしれない．筆者も8.3トンを6本の足で支える研削装置を入れる前日に，床面の許容加重を調べたら600 kg/m²だったので慌てた（そこで床下梁の鉄骨の位置を床を叩いて調べ，足を梁上に載せた）．確かに重いトランスを設置するときは，コンクリートの台座を作って荷重を分散させている（10年後にこの研削装置を移動させたが，幸いに沈下していなかった）．

基礎不良は設計者にとって想定外であり，気付いたときは顔は真っ青，頭は真っ白，パニックに陥る．機械を設置するときは，床のどこに建物の梁が通っているのか，建物の入り口や廊下やエレベータの耐荷重はいくつか，をあらかじめ調査すべきである．購入した機械をトラックから降ろしてから重いことに気付き，作業員を待たせて，慌てて床をコツコツ叩いても遅い．

もっとも，機械を設置する建物の床が剛で平面で水平であっても，その建物を

支える地面が緩むと，機械は建物ごと傾くことになる．それを防ぐには，岩盤を露出させてそれを平面に水平にならして，そこに機械を設置するしかない．**青森県六ヶ所村の日本原燃の原子力燃料再処理工場**（使用済みウラン燃料からプルトニウムを抽出する）では，300 m×400 mの土を20 m深さまで掘って取り除き，露出した岩盤を研磨してその平面上に工場を直接建てている．見学した筆者は工事の光景に驚いたが，さすが3兆円の大プロジェクトである．

類似事例

事象7.2 水島のタンク破損による原油流出（1974）
日本，岡山，図7.2，資料 [419]

石油タンクに取り付けられた直立階段の下の地盤が沈下し，階段の重量が不等にタンク底面にかかり，クラックが発生し原油が流出した．原油は防油堤を越えて4.3万m³流出，一部は海上へも流れた．

シナリオ
- 1973年に三菱石油水島製油所で重油タンクを新設
- タンクの直立階段を追加，その下の地盤を基礎工事後，埋め戻し
- 階段付近の地盤が不等沈下して，タンク底板に過大荷重
- 1974年12月18日20時40分，下請けのパトロール保安員が油流出発見
- タンク底板の溶接部分が油の出入で疲労し，クラック進展で油が流出
- 21時5分，操油課員がとなりのタンクに原油を送油すべくバルブを開く
- ベント（外気導通孔）から外気吸入少量，タンク内圧が負圧，屋根が陥没
- 直立階段が倒れて防油堤が崩壊，23時15分までに原油が流出

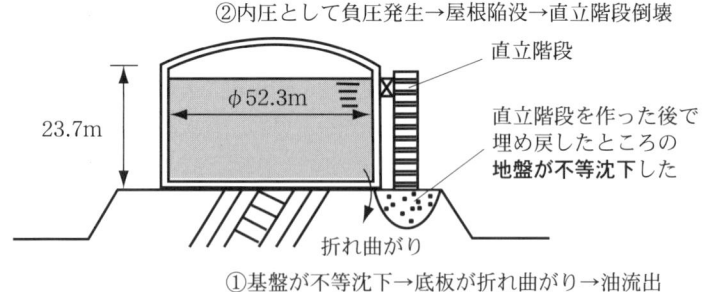

図 7.2　水島のタンク破損による原油流出

▶ となりのタンクからも，閉鎖できなかったバルブを通して0.65万m^3流出

▶ 原油は防油堤を越えて4.3万m^3流出，0.8万m^3は海上にまで流出

説明：タンクの底板下の基盤は踏み固められていた．つまり，長穴の中に砂をいれてあたかもサンドパイルが埋め込まれているかのように配して軟弱地盤から排水するサンドドレーン工法，盛土荷重で地盤を圧密するプレロード工法，タンクを建設してから水を張って地盤を圧密する圧密促進工事，などを施して固くなっていた．しかし，**直立階段下の基盤はそれらとは別個に基礎工事をして埋め戻されていた**．だから，そもそも，その階段下の基盤は柔らかく沈みやすかった．

本事例では油が底面から噴出すること以上に，油が出た分だけ外気が補給されなかったことが大事故につながった．噴出は幅1m程度のクラックから出ていたが，それだけでは防油堤を越えることはなく，海上に流出することもなかった．ところが想定外の噴出で，出た分だけ空気が入らなかったのでタンク内で負圧が発生し，連鎖崩壊が始まった．**操油課員は油の動きしか想定できず，逆の流れである外気導入まで気が回らなかったらしい．**

事象 7.3　工事現場内を移動中の杭打ち機が転倒（1997）
日本，大阪府東大阪市，図7.3，参考文献（15）

大阪の軟弱地盤上の高校で杭打ちを実施．杭打ち機が，地面にめり込んで転倒．巻き添えで電柱が倒れ，信号待ちの自動車に直撃し，2名が重軽傷を負った．

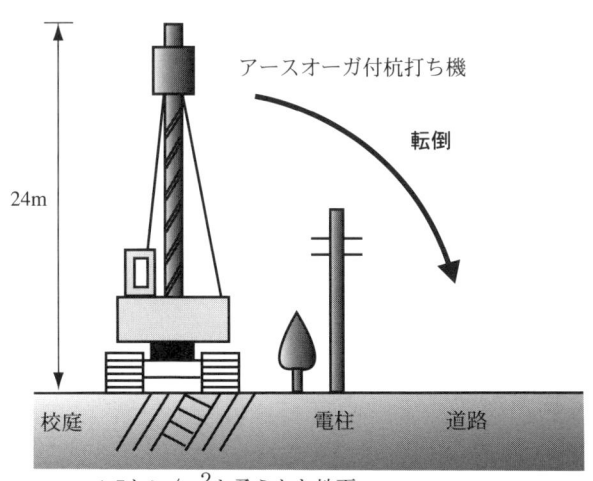

図 **7.3**　工事現場内を移動中の杭打ち機が転倒

シナリオ

- 1.5m深でN値5以下の軟弱地盤の城東工業高校で杭打ち
- 仕様書特記に，養生鉄板を敷き，移動の際にも順次移設せよと命令
- 8月4日，次の杭打ち位置まで85トンの杭打ち機が移動中，鉄板は敷かず
- 8時頃，クローラがめり込み，24m高の杭打ち部分を含め，30分後に転倒
- なぎ倒された電柱の1本が，信号待ちで停車中の自動車を直撃，2名が重軽傷

説明：N値は標準貫入試験値だが地盤の硬さを示しており，おおよそトン/m^2である．岩盤やレキ層に達するまで掘ると，N値50以上になって建物の基礎に適するようになる．**本事例では足下が軟弱だったので，鉄板を敷け，と安全指示されたのにそれを無視して作業し，重機が倒れた**（現場責任者とオペレータは過失で書類送検されている）．このような杭打ち機やクレーンのような重機が倒れる事例は多いが，ほとんどの原因が基礎不良である．

事象7.4　御徒町駅高架橋直下の道路陥没（1990）
日本，東京都台東区，図7.4，参考文献（15）

東北新幹線東京・上野間のトンネルを掘削中，トンネル上部の地面が陥没．陥没してできた穴に自動車が転落．負傷者13名．そこはJR御徒町駅の高架下だった．

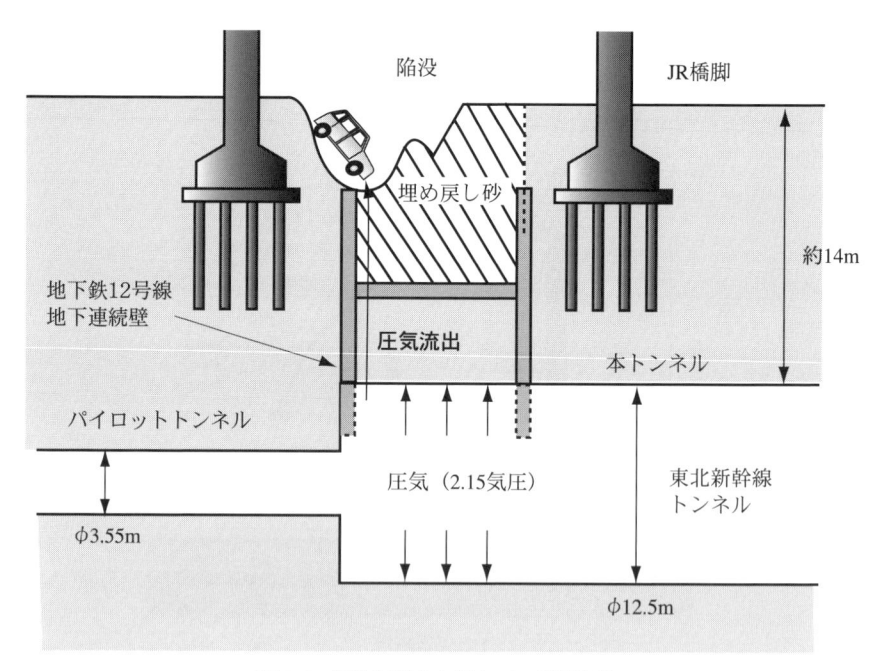

図7.4　御徒町駅高架橋直下の道路陥没

シナリオ
- 東北新幹線の東京・上野間のトンネルを掘削
- トンネル内に圧気を送りながらシールド機で掘る
- 下請けが薬液注入量を設計量の半分で施工したが，不正に記録を偽造
- 1月22日，圧気が地下鉄12号線工事の地下連続壁を伝って流出
- 圧気は14 m上の道路へ噴出し地山が陥没し，通行中の自動車が5 m下に転落
- 負傷者13名

説明：筆者は新聞の写真を見たとき，ベンツが穴に落ちているのに搭乗者が死亡していないのに驚き，当該車体の強さに目を見張ったことを覚えている．なお，トンネルを掘るときには，**トンネルの有無で付近の土の圧力が変化してはならない**．仮に工事によって，トンネルの切り羽の土圧が増加すればまわりが隆起するし，減少すれば沈下する．

事象 7.5　上野の地下駅が地下水で浮上（1994）
日本，上野，図7.5

上野の地下駅が，地下水位の上昇による浮力で持ち上がった．近年は，地下水位が徐々に上昇しつつある．

シナリオ
- 東京レキ層から地下水を揚水し，東京都の各所で地盤沈下発生
- 1965年頃，地下水位が－50 m程度と最も低下
- 1971年，地下水規制強化
- 1978年，新幹線地下駅工事が着工，このとき，地下水位は－38 m
- 地下水位は上昇し，1994年で－14 m
- 地下駅の底面は－30 mなので，駅全体が浮力で持ち上がる
- 底面に鉄のインゴットを並べて浮力に対抗
- 東京駅の横須賀線地下駅ではアースアンカーを打設

説明：つい30年前まで，基礎不良といえば，まっ先に地下水位低下による地盤沈下が主因にあげられた．だがいまや，**逆に地下水位上昇による構造体浮上を心配しなくてはならなくなった**．1991年には**武蔵野線の新小平駅**が，本当に浮き上がって水没してしまった．新小平駅はU字型に約10 m掘り下げたコンクリート駅である．一方，地下水位は1970頃は1年を通して－12 m程度だったのに，しだいに，4月頃が－12 mと低くて10月頃が－6 mと高くなる，という本来の自然な変動が観察できるようになった．1991年は連続的降雨で地下水位が異常に上昇し，事故日

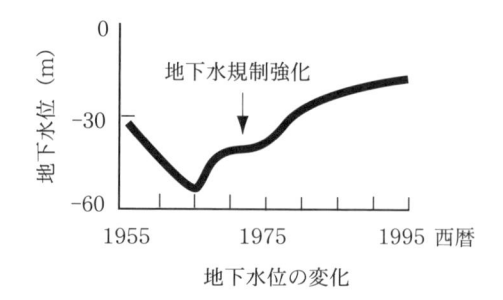

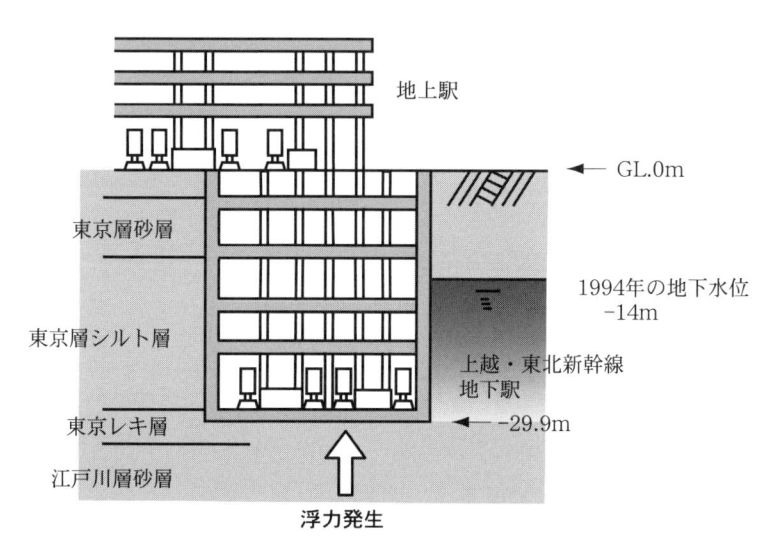

図 7.5 上野の地下駅が地下水で浮上

の10月11日では−3.3 m まで上がった．対策として長さ10 m のH型鋼のアースアンカーを打ち込み，2ヶ月後に復旧した．それでも集中豪雨が降るたびに，いつも武蔵野線は都内で最初に運休になる．

参考文献：仁杉巌監修，変わった構造物と特異な災害，交通新聞社，2003

事象 7.6　山陽新幹線トンネルのコンクリートがひかり号直撃（1999）
日本，山陽新幹線福岡トンネル，図7.6，資料 [321]

福岡で新幹線がトンネルを通過中，コンクリートが壁面から落下し，屋根に直撃を受け，1時間半停車する．JRはあわてて点検・補修を行い，補修費250億円を計上した．

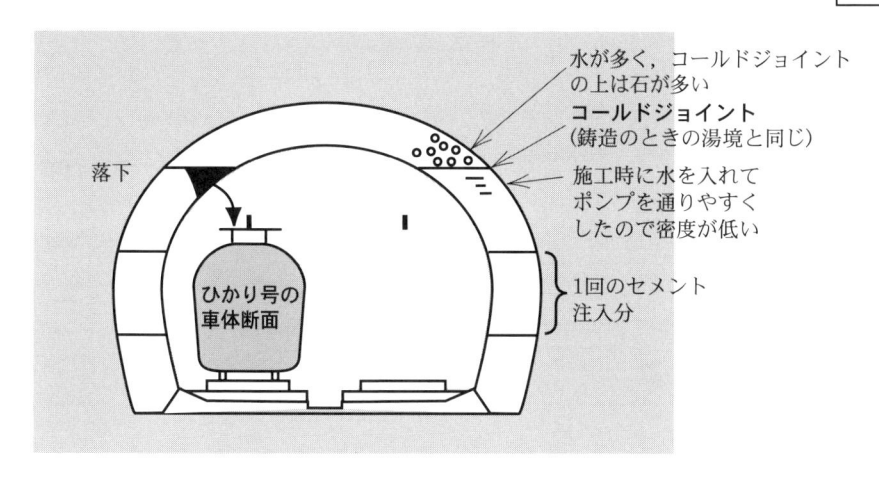

図 7.6 山陽新幹線トンネルのコンクリートがひかり号直撃

シナリオ
- 1970〜1975年の工事中，コンクリート打設中に供給中断
- 下層凝固後に上層を注入したので，コールドジョイント（湯境面）が生成
- コールドジョイントは上下層が接着されておらず，付近が剥離しやすい
- 施工時に水分を過度に混ぜたので，下層上部に密度が低い部分あり
- 1998年11月と1999年4月のトンネルの保守点検で異常なし
- 1999年6月27日9時25分，下りひかり351号が福岡トンネルを通過
- 高さ5.5mから$200 \times 65 \times 40\,cm^3$の200kgのコンクリート落下
- 9号車屋根に衝突，スクラッチ発生，10号車のパンタグラフの碍子破損
- ただちに停電，ひかり351号はトンネルを出て1時間半停車
- トンネルを点検し8月に安全宣言
- 10月9日4時10分，北九州トンネルでもコンクリート落下
- 52日間にわたって全142トンネルを点検，補修費用50億円
- 打音検査で濁音部は41,138箇所，叩き落としてネットや鋼板で補強
- 12月16日，安全宣言，翌年3月，トンネルと高架橋の補修で250億円計上

説明：阪神・淡路大震災では，壊れたビルの破断面から，コンクリートの施工不良が多数暴露されたが，アッという間に証拠は消されてしまった．基礎不良に対して，コンクリートの問題がいつもつきまとう．コールドジョイントは継ぎながらコンクリートを充填するときに生じる不良で，下層が固まらないように超音波で硬化を遅らせたりすべきである．また，コンクリートポンプで流しやすいように水を入れて緩くすることも施工不良のひとつである．それを防ぐのに米国では検査官が必ずコ

ンクリート打ちに立ち会う．第二次世界大戦前のコンクリートでもいまだに崩れていないものが多く，設計の問題ではない．**高度成長期や列島大改造時期にはとくに手抜きが多かった．**

JR西日本はレーザでひびを計測する計測車両を3億円で装備した．これは時速4 kmで走行しながら壁にレーザ光を照射して反応光の強弱を測る．また東京の地下鉄では，ライトで加熱して，剥落しそうなところは高温を保つので，内部のひびを表面温度で検知できる，という検査車両を装備している．

8 座 屈

事象8.1 広島新交通システムの橋桁落下（1991）
日本，広島，図8.1，資料［421］，参考文献（15）

広島市の橋梁工事中，橋桁の受け台の土台となるH型鋼が座屈で折れ曲がった．続いて支えきれなくなった橋桁が落下した．車両11台の上へ落ち，一般市民10名を含む15名死亡，8名重傷．

シナリオ
- 広島市が元請会社・サクラダに工事を発注
- 橋架設の実績なしの一次下請・川鉄物流，二次下請・太成建設工業に発注
- 2本の橋脚に渡した橋桁を，クレーンでもち上げて北から南にずらす
- 横にずらし終え，六つの支点と三つの仮受け台で支持
- 橋桁から転倒防止ワイヤを撤去，各橋梁で順々に降下させる作業開始
- 西側橋脚の南側支点のジャッキ受け台は，H型鋼を一列平行3段積み重ね
- ほかのジャッキ受け台は，H型鋼を井桁状に3段積み重ね
- ジャッキ受け台の上に，円筒状のジャーナル・ジャッキを設置
- 西側橋脚上のジャッキを縮めて，橋桁をH型鋼1個分を降下開始
- 西側橋脚の南側支点で，一列平行3段の上下のH形鋼のT部分が座屈
- 3月14日，長さ63 m・重さ59トンの橋桁が，橋脚から南方向に傾いて落下
- 工事現場下の県道は通行規制せず，橋桁の転倒防止ワイヤも張らず
- 橋桁が平行に通る県道上に落下し，停車中の車両11台を押し潰す
- 一般市民10名を含む15名死亡，8名重軽傷
- 橋脚降下作業を監督すべきだったサクラダの工事部長らが立ち会わず
- 1996年サクラダの現場代理人3名は過失責任で刑事訴訟され，実刑確定
- 1998年犠牲者遺族が広島市（過失責任）とサクラダを民事訴訟，勝訴

8　座　屈　121

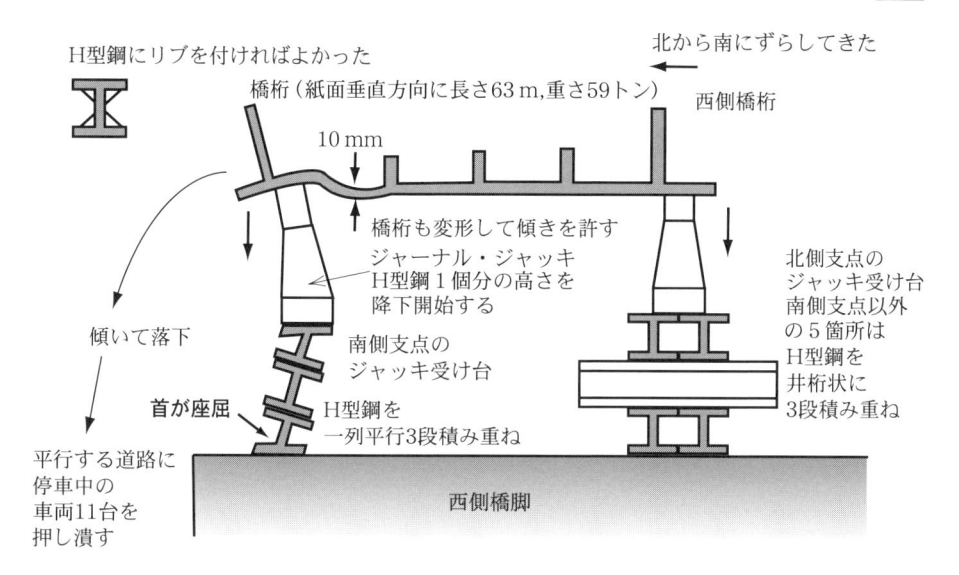

図 8.1　広島新交通システムの橋桁落下

（図中ラベル）
- H型鋼にリブを付ければよかった
- 北から南にずらしてきた
- 橋桁（紙面垂直方向に長さ63 m，重さ59トン）
- 西側橋桁
- 10 mm
- 橋桁も変形して傾きを許す
- ジャーナル・ジャッキ H型鋼1個分の高さを降下開始する
- 傾いて落下
- 南側支点のジャッキ受け台
- 北側支点のジャッキ受け台 南側支点以外の5箇所はH型鋼を井桁状に3段積み重ね
- 首が座屈
- H型鋼を一列平行3段積み重ね
- 平行する道路に停車中の車両11台を押し潰す
- 西側橋脚

説明：H型鋼を北側支点のように井桁状に組めばよかった．普通は，平行に積み重ねれば，真ん中が左右どちらかに押し出されて全体が座屈のように変形する．荷重がさらに大きくなる場合，井桁上に組んでさらにリブを付けないとH型鋼はT部分の首で必ず座屈する．

　なお，この事故後の裁判では，なぜ下請会社がH型鋼平行積み重ねや転倒防止ワイヤ未設置のような初歩的なミスを起こしたのかが争点になったが，結局，**安全作業を指導すべき監督者や法人に過失があったとして広島市や元請会社が罪を受けた**．広島市のような発注者に対しても過失を認め，完成品の不良には責任をもつが，その途中は関係ない，という市の主張を広島地裁は退けた．少なくとも簡単に指摘できるような，製造作業中の不安全行為には監督責任をもつべきだという司法判断は，機械のエンジニアにとっても重い判断である．なお，広島市はこの判決を不服として控訴したが，賠償金をすぐに支払うというサクラダと早期締結したい原告の遺族が，広島市への請求を放棄した．

■「座屈」について

　一般に機械は，前節で述べたように，引張応力が発生した表面から，クラックが進展して壊れる．逆に，全体に圧縮応力が働いていると，クラックは潰れて進展せず，機械は壊れようがない．しかし，**圧縮応力で唯一，問題となるのは座屈**（buckling）である．紙を丸めて立ててその上に物を載せると，紙自体が折れてグ

シャッと潰れるが、これが座屈である。途中で止まらずに潰れるまで破壊が進むから、脆性破壊と同様に、起きたら逃げる時間も見込めず、実に恐ろしい現象である。

座屈は、上記のように大きな力を用いる建設現場で頻繁に生じる現象であるが、機械でも図8.2に示すように過大な加重が働くと生じる。たとえば、**クレーンで重量物をもち上げたとき**、角形パイプ状のアームには曲げモーメントが働いて梁の下側には圧縮応力が働くが、ここで座屈が生じる。つまりアームが曲がるような力が働くと、その凸面には引張応力、凹面には圧縮応力がそれぞれ生じるが、凸面表面を起点とするクラックが進展する前に、凹面の部材が座屈で潰れるとVの字型にアームが折れる。また、**油圧シリンダで重量物を押すためにロッドを伸ばしたとき**、ロッド先端に働く荷重の作用点が、ロッドを支える軸受けの中心軸からわずかでもずれると、ロッドは紙の棒のように座屈する。

とはいっても座屈を除けば、圧縮応力は破壊を防ぐのには好ましい。人類は、つい200年前まで引張応力に耐えられる構造部材として、木材しかもたなかった。このため、石材やコンクリートを用いるときは**アーチ型**に組み、部材がたがいに圧縮応力を及し合うように設計した。金属として鋳鉄が使えるようになっても、鋳鉄は引張応力が働くとガラスのように脆性破壊するため、石材とまったく同じようにアーチ状に部材を組んだ。そして、延性破壊する錬鉄が出現してから、やっとエッフェル塔（1889年）やフォース橋（1883年）のように、アーチ曲率を大きくしてスッキリと見えるデザインを実現できた。

耐衝撃性の高い材料を作るときも、圧縮応力は有用である。何かを水中に沈めれば、四方八方から圧縮圧力が働くが、この状態を**静水圧状態**とよぶ。その圧力を無限に高めていけば全体が収縮し、内部欠陥も潰されて、さらに加熱すればカーボンもそのうちにダイヤモンドになる。この静水圧を利用したのが、HIP（high-

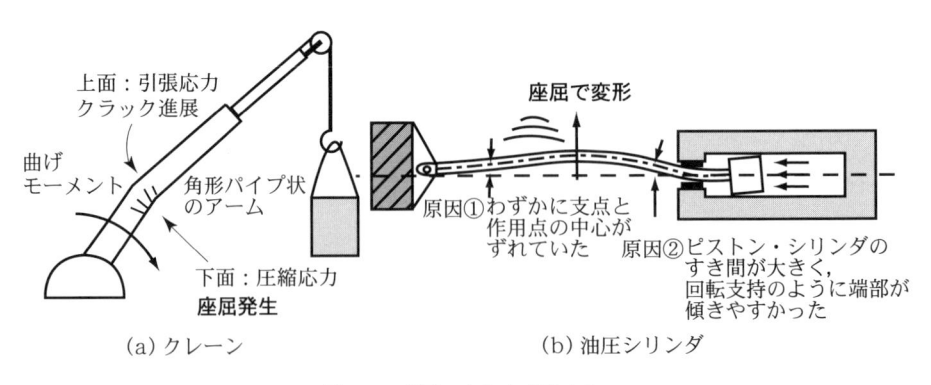

(a) クレーン　　(b) 油圧シリンダ

図 8.2 座屈で大きく変形する

temperature isostatic pressing）加工である．すなわち，圧力容器のなかに素材（たとえば粉体成形した金属や酸化物）とアルミナ粉体を詰めて，容器内のアルゴン気体の圧力を高める．それで圧縮した素材は，そのなかの内部欠陥が気体を母材に拡散させながら潰される．その結果，クラックの起点が潰されて，素材は衝撃性に優れた材料に生まれ変わる．

類似事例

事象 8.2　槐戸橋（さいかちど）の締め切り支保工倒壊（1991）
日本，埼玉県草加市槐戸橋，図8.3，参考文献 (15)

橋脚の土台空間を掘削するための支保工を，槐土橋の施工業者が仮設した．土圧や水圧に押され，支保工に使われていたH型鋼が座屈し，支保工全体が倒壊．2名の作業員が死亡．

シナリオ
- 橋の架け替えで，新しい橋脚を施工
- 建設省が発注し，浦和土建工業が元請け，下請けが吉田工務店
- 鋼矢板で四角く締め切った支保工のなかを，クラムシェルで掘削
- 締め切り支保工は施工者の責任で計画・施工する「任意仮設」の扱い
- 2段の支保工を組んで，その下を作業しやすいように高さ5mの空間保持
- 9月7日9時，2段目の隅4箇所のリブのうち，M22のボルトの1本破断
- 午後に補修，ついでもう1箇所のリブでボルトが破断，補修開始
- 2時50分頃，1段目のリブも同様に4本のボルトが破断し軋み
- その後の5分間に，土圧に負けてまわりのH型鋼（腹起こし）が座屈
- 鋼矢板が水圧や土圧に負けて内側に湾曲
- 締め切り支保工が大音響とともに倒壊し，2名の作業員が圧死
- 事故後に，建設省はプレキャスト化したリブ構造体を試用開始

説明：これも前述の広島の事故と同じ，H型鋼座屈という現象が原因で生じた．座屈現象の恐い点は，作業員に逃げる暇を与えないほど速い崩壊時間である．それこそ，グシャッと潰れる．また，井形に組んだ腹起こしのH型鋼は，四隅にリブを付けていたが，そこに発生する圧縮力によってボルトがせん断破壊したらしい．設計ミスである．しかし，これらはどうせ完成品には表れない「仮設」の構造物だからと思って，設計者も比較的いい加減に考えてしまったのだろう．

また，リブの対角線状の2枚の梁（火打ち梁とよばれる）をボルトで締めて摩擦

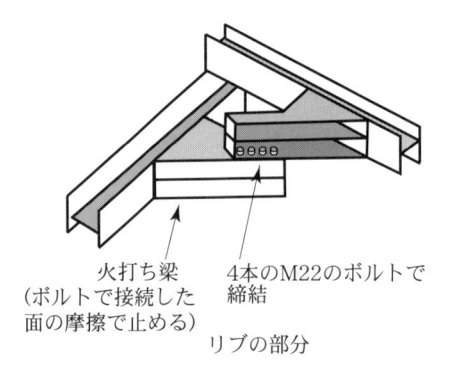

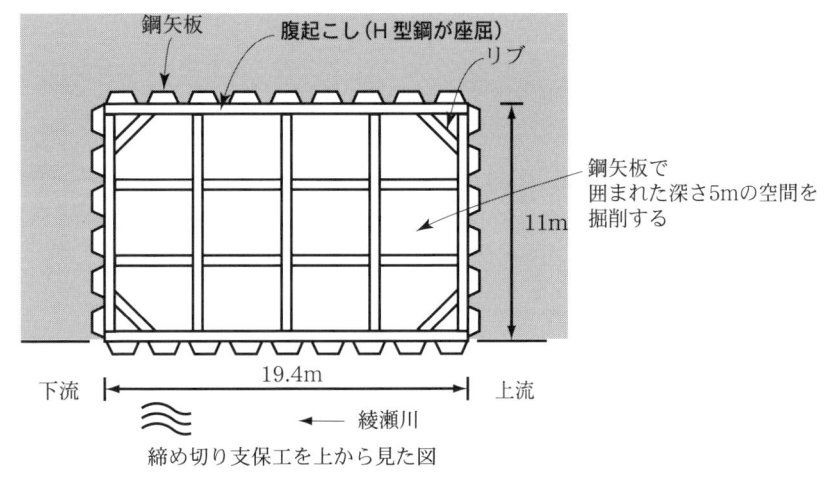

図 8.3 槐戸橋の締め切り支保工

で保持するという設計も危険である．事故当日には事故以前に8箇所のうち2箇所のリブのボルトが破断し，3箇所目の破断で全体の崩壊を引き起こした．その対策として，全体を鋳鋼で作ってプレキャスト（事前に鋳造で作るという意味）で一体化し，接合部が不安定になるボルト締結や溶接を使わないリブ構造体（火打ちブロックとよばれる）にかえることは有効である．

　仮設構造物が崩壊した例として，対角線のリブにあたる筋交（すじかい）を設計通りに組まずに支保工が座屈して崩壊した，**神戸市営地下鉄地下車庫建設現場の事故**（1998）や，2階の荷重を支えるべき縦方向の型枠支保工の木材がずれて全体が座屈した，**海上自衛隊厚木基地体育館建設現場の事故**（1992）など，枚挙に暇がない．

3　構造の振動　　　9～11

　振動で恐ろしいことも，脆性破壊や座屈と同じように，段々と振幅が大きくなって気が付いたら崩壊寸前で逃げる暇がなかった，ということである．外力の振動数が構造物の固有振動数と同じだと，エネルギーが蓄積され，想定外の変形が発生する．機械分野で生じる現象の多くは，温度や圧力のような入力を変化させると動力や変形のような出力が単純増加／減少か，またはどこかで極大値／極小値をとるか，のどちらかである．たとえば，タグチメソッドでは各要因で水準を3点設定すれば，どこで最適値をとるかは推測できる．

　しかし，材料分野ではそのような単純な関係ばかりが起こるわけではない．すなわち，組成がある成分比だと特異な原子構造が構築され，特性が数倍も向上するという現象が起こるので，このときは入力の水準はできるだけ多くしなければならない．機械分野では，それが共振で起こる．実際，周波数を入力にすると変位の出力はある特別な周波数で数倍も大きくなって崩壊に至る．だから周波数を掃引して特異な共振周波数を探すしか，共振の危険から逃れる手だてはない．

9　共　振

事象9.1　ミレニアムブリッジの閉鎖（2000）
イギリス，ロンドン，図9.1，資料[218]

　英国ブレア政権はミレニアムプロジェクトの一環として，テムズ川を渡る歩行専用橋を建設した．見た目重視の優美な橋に，観光客が殺到．橋が横揺れをはじめ，歩行者は大混乱に．対処として，振動を防ぐダンパを9億円で設置した．

シナリオ
▶ ブレア政権がミレニアムプロジェクトを進行
▶ ドーム（直径320 m）・観覧車（直径155 m）・橋（スパン長144 m）を建設
▶ 民間企業が投資せず，仕方がないから国が負担
▶ 1851年の英国大博覧会で建設したクリスタルパレスの再来を期待

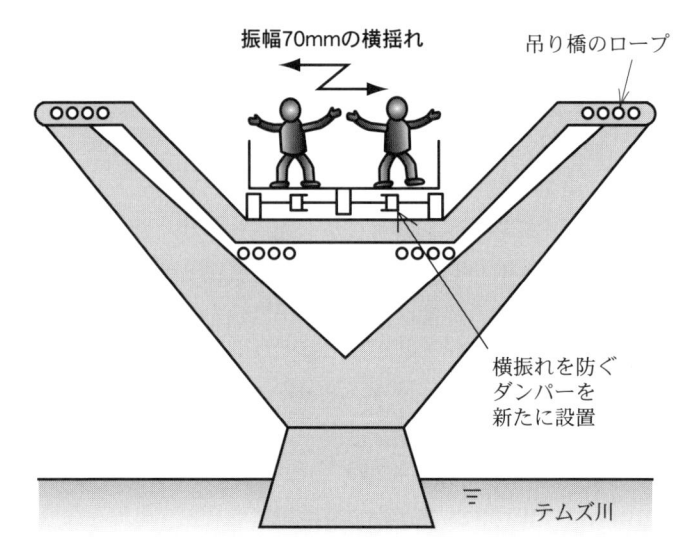

図 9.1 ミレニアムブリッジの断面

- テムズ川の歩行者専用橋を約33億円で建設
- 著名な建築家フォスターと彫刻界の大家カーロがコンペで1位
- イギリスの世界有数の設計コンサルタントArup社が構造設計
- 設計は2連の水平ケーブルに桁を渡した，華奢で軽くて透明感のある橋
- 6月10日開通，10万人の観光客が殺到
- 終日，強風だったが，歩行者数の制限もなし
- 2歩/秒の歩行速度で振幅70 mmの横揺れが発生し，歩行者がパニック
- 翌日，歩行者数制限後も横揺れ止まらず，公団が橋を閉鎖し原因調査
- 9億円かけて，横方向と垂直方向に，計91本のダンパーを追加
- ミレニアムブリッジは2年後に再開
- ドームは2001年に競売，観覧車は初期トラブル後，順調で英国航空が運営

説明：この事例を「失敗知識データベース」に載せたら，「吊り橋を歩いたら共振が起こったというような古典的な事故は，エンジニアがすでに解決済みだから調べ直せ」というお叱りのメールをいただいた．確かに兵士の行進が誘発した同期的な振動で，1831年に英国マンチェスターで，また1850年に仏国アンジュールで吊り橋が落橋している．しかし，**人間は失敗をくり返すのである**．本事例は歩くときに踏み込む重力方向の力ではなく，重力に対して水平方向にわずかながらも働く力によって，小さな横揺れがしだいに大きくなった．

参考文献：Henry Petroski, Pushing the Limits, Alfred A. Knopf, NY, 2004

■「共振」について

発散現象は恐ろしい．少しずつ振幅が大きくなって破壊に至る．寺の大鐘を小指で動かした，という信じられないような英雄伝説でも，その振り子の共振周波数で根気よく押していれば実現したはずである．しかし，現在，固有振動数は3次元CADで設計したソリッドデータを使えば，製作前にCAEを使って簡単に有限要素法で解析できるし，製作後でもレーザ測長器やひずみゲージで測定することも容易である．ただし，梁の固定部分のボルト締結力のような境界条件がわからず，また共振を減衰させる摩擦のようなダンパー成分がどれくらいか予想できず，実際は共振周波数や共振時のゲインはなかなか当たらない．

破壊に至らずとも，騒音が大きいというクレームがつけられることは多々ある．1 kHzオーダの騒音は，数cmの板部分が太鼓のように振動して生じることが多い．リブを加えるとか，平板の厚くするとか，捨て溶接で板を張らせるとか，減衰用のシールを貼るとか，わずかの設計変更で騒音は抑えられる．逆にわずかの製作不良で騒音が起こるから，なんとも始末が悪い．たとえば，メタルタッチしない面積を作る接合部分のバリ，歯車の歯面のような摺動部分の油切れ，鋳造部品の巣のような欠陥で剛性低下，などの些細な製作不良を有する特定の製品が，ときどき異常音を発生する．

類似事例

事象 9.2 関西電力海南火力のタービン軸の飛散（1972）
日本，和歌山，三菱重工業製，図9.2，資料 [202]

三菱重工が火力発電用の蒸気タービンを作り，発電所に設置後，実際に運転しながらバランス調整．しかし，最大負荷運転で異常音が発生し，緊急停止させたが，次々に異常な振動が誘発されて，全体が崩壊してしまった．

シナリオ
▶ 火力発電所用の60万kW蒸気タービンを施工

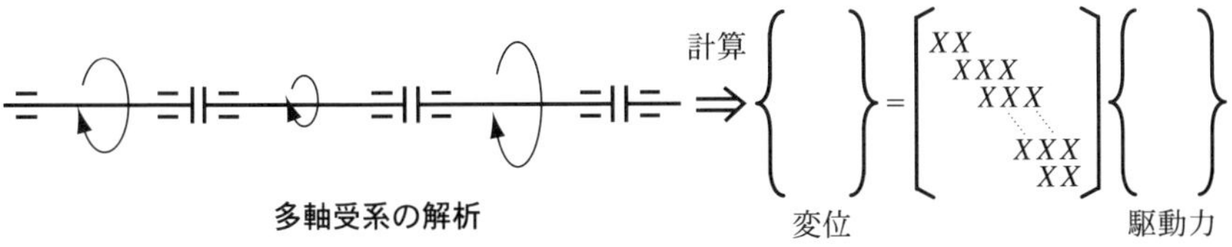

$$\text{多軸受系の解析} \Rightarrow \{\text{変位}\} = \begin{bmatrix} XX & & & & \\ XXX & & & \\ & XXX & & \\ & & XXX & \\ & & & XX \end{bmatrix} \{\text{駆動力}\}$$

図 9.2 関西電力海南火力タービン軸の振動計算

- ▶ 蒸気タービンから発電機まで軸9本が軸継手8個と軸受11個で支持
- ▶ 個々の機器を工場でバランス調整
- ▶ 現地組立後に全体のバランス調整，6月5日までに62回目の調整終了
- ▶ 5月27日から発電機端部の励磁機用No.11軸受の振動が大
- ▶ 6月5日，3,850 rpmの最大負荷運転で異常音発生
- ▶ ただちに緊急停止（トリップ）操作を行う
- ▶ 異音発生後数秒で発電機No.10軸受付近から水素ガスが漏れて，赤い炎発生
- ▶ No.11のジャーナル軸受の上半分が脱落し，共振周波数が低下
- ▶ 次々に異常振動を誘発し，軸受メタルが溶失
- ▶ 全体が振れ回って崩壊，低圧タービン最終翼は380 m飛散

説明：現在は，多軸受系の振動もコンピュータで正確に解析でき，それにもとづいて調整が容易になっている．この計算は振動学の講義の演習問題としてお馴染みだが，軸受が多くなるとその分，連立方程式の変数が多くなって，本事例でもその当時の最高級のコンピュータを用いないと，設計解は容易に算出できなかった．

ジャーナル軸受は，軸の上下から半円筒状の軸受メタルではさんだものである．軸と軸受メタルとの間には油がはさまれ，その動圧によって両者は接触しない．しかし，本事例では上下から軸受メタルを押さえつけるボルトがゆるみ，軸受メタルが踊り，動圧が減って，軸がふれ回った．

事象 9.3　苫小牧の原油タンク火災（2003）
日本，北海道，出光興産，図9.3

震度6弱の地震に，苫小牧の大形タンク（直径42.7 m）のなかに入っていた原油液面が共振し，大きな波になった．引き続き，タンクの浮き屋根が傾いて落ち，原油が漏洩し，着火されて火災が発生した．

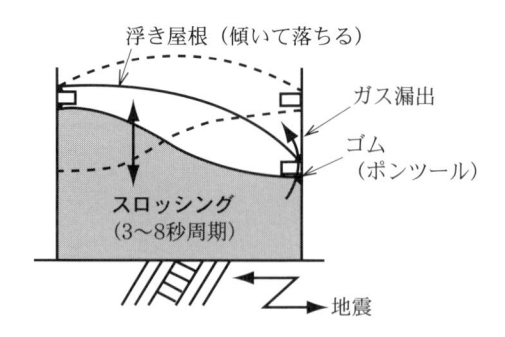

図 9.3　苫小牧の原油タンク火災

シナリオ

- 9月26日に北海道を中心に震度6弱の地震発生
- 3から8秒の長周期振動に大形の原油タンクの原油液面が共振（スロッシング）
- 浮き屋根と側壁をシールしているゴム（ポンツール）から原油が漏れ
- 漏洩した原油が揮発し，浮き屋根衝突時の摩擦衝撃で火花発生，着火
- ナフサタンクではナフサ液面に撒いた泡消火剤で消火，だが28日の強風で液面露出
- 泡が液体に戻り，水滴のナフサ沈降中に，ナフサが帯電，液面で放電，着火

説明：原油タンクが大形化すると，なかに入っている原油の固有振動数が小さくなり，その周期は長くなる．苫小牧周辺の岩盤がレンズ状で長周期の地震波を誘起し，それに大形原油タンクが共振した，といわれる．この現象は東京湾でも生じるらしい．つまり，東海大地震に誘起された関東地方の長周期地震波が，東京湾まわりの原油タンクを共振させる，とNHKの特別番組で警告していた．50階建の超高層ビルも長周期で揺れるのは同様であり，一部には"船酔い"を避けるために屋上にアクティブ防振機構が設置されている．

1985年9月19日に生じた**メキシコ地震**は，太平洋岸を震源としたM8.1の大地震であるが，350 kmも離れた内陸のメキシコシティが震度6程度で大揺れした．これはメキシコシティが盆地の湖の堆積地の上に発達した都市であるため，盆地が凹レンズになって長周期の地震波を誘起したからである．約2秒の振動周期と構造物の共振周波数とが一致した10階建てのビルが揺れて，湖の埋立地上に建築されていた市中心部のビルが多数崩壊した．

参考文献：日経ものづくり，日経BP社，2004.11, pp. 173-175

事象9.4 「ポケモン」パニック（1997）
日本，図9.4, 資料 [117]

テレビ東京系列で放映されたアニメ「ポケットモンスター」を見ていた視聴者770名が痙攣，吐き気などをうったえ病院へ．激しく変化する色彩の明滅が，視神経を通じて脳に"共振"をひきおこし，視聴者の気分を悪くさせた．

シナリオ

- 12月16日，テレビ東京系列で「ポケットモンスター」放映
- 18時50分頃，770名が痙攣，吐き気，頭痛，めまいをうったえて病院へ
- 光感受性発作であることが判明，約12回/秒の青や赤の点滅画面が原因
- 1998年4月8日，日本民間放送連盟がガイドライン作成
- 点滅は3回/秒以下，鮮やかな赤色の点滅や規則的パターン模様の禁止

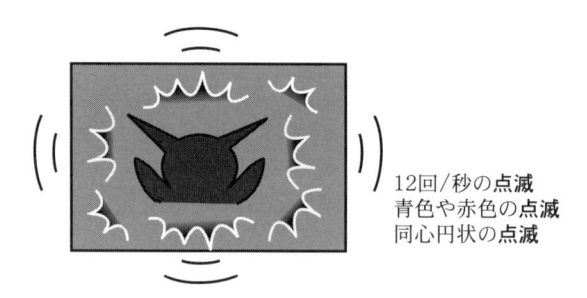

図 9.4 「ポケモン」パニック

12回/秒の**点滅**
青色や赤色の**点滅**
同心円状の**点滅**

説明：これは脳に与えた"共振"である．TBSのオーム真理教番組で映像フレーム間に潜ませた**サブリミナル映像事件**や，英国の**テレビゲームによる少年失明事件**（1993）でも同じような対策が導入されている．このような点滅光で反応が生じやすい人は，斜めから陽が射している鉄橋を自動車や列車で渡っているときに，コラムに遮られた陽によって断続的な光がパッパッと目に入るだけでクラクラしてくる．胃腸に与えた共振は乗り物酔いとしてあらわれ，1 Hz程度の振動は本当に器官を揺らしてムカムカさせる．

筆者はアミューズメントパークで，臨場感たっぷりの画面を見せながら椅子を揺らす装置には弱く，脳の視覚野と胃腸とが共振の相乗効果をもたらすのか，一発でダウンする．

10 流体振動

事象 10.1 タコマ橋の崩壊（1940）
アメリカ，ワシントン州タコマ，図10.1, 資料 [219]

優美で華奢なタコマ橋は，横から風が吹くと上下に振動し，危ないことで有名になる．つまり，橋の表面を風（流体）が通過するとき，風が渦（振動）を発生させ，この渦に橋が共振し，大きな揺れが生じた．結局，タコマ橋は落ちてしまった．

シナリオ
- 優雅で華奢な橋をモイセーエフ氏（以下，モ氏）が設計
- モ氏は活荷重をケーブルの引張応力で保つ「たわみ理論」を応用
- 1940年3月9日にタコマ橋完成，直後から風が吹くと上下動するので有名
- ワシントン大学のフォーカーソン博士が16 mmの撮影開始
- 8ヶ月後の11月7日に，19 m/sと弱い風が吹く

10 流体振動

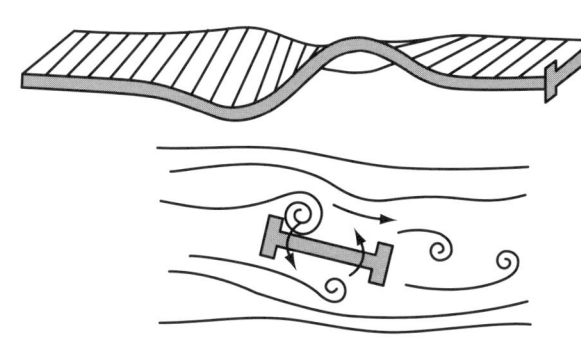

落橋前は毎分14サイクルで
ねじれ振動していた
実際は断面がH形の橋桁

低気圧の渦が流れ方向に動くと
H形の橋桁が逆にねじれる

図 10.1 タコマ橋の崩壊

▶ 橋桁の上下に横風が流れて，飛行機の翼のように揚力発生し振動励起
▶ H形の橋桁が横風で自励振動し，毎分36サイクルで上下の曲げ振動発生
▶ H形の橋桁に渦が発生して横に流れた後，剥離してねじれの自励振動発生
▶ 10時間後に，毎分14サイクルのねじれ振動発生
▶ 橋桁が30°近くねじれて最後に落橋

説明：流体振動の学問がこの事故を契機に急速に発展したといっても過言ではない．工学部機械工学科では，この落橋時の16ミリフィルムを見ていない学生は「もぐり」だといわれるくらい有名である．

　現在の吊り橋は，この自励振動が生じないように，翼形かトラス形にするが，後者にしたのが明石大橋である．つまり，ねじれないように剛に，翼にならないように風が貫通するトラス形に設計した結果，80 m/sでも落橋しない．また，タコマ橋のような優雅で華奢な橋として，サウザンド・アイランド橋（カナダ）やゴールデンゲート橋（米国）が有名だが，タコマ橋だけが落ちたのは斜張橋のような対角線に張ったワイヤがなく，ねじれ振動が抑制できなかったためらしい．

■「流体振動」について

　共振のうち，設計者が計算できずに，しばしば大事故に発展するのがこの流体振動である．もっとも，この流体振動だけでは構造体の破壊には至らない．**流体振動の振動数と構造体の固有振動数とが一致して共振すると，最後は配管や回転機器を吹き飛ばす**．つまり，機械力学のうち，流体力学と材料力学と振動学の専門家が協力しないかぎり，このような事故は防げない．

類似事例

事象 10.2 高速増殖原子炉「もんじゅ」のナトリウム漏れ（1995）
福井，敦賀，動力炉・核燃料開発機構（略して動燃，1998年に核燃料サイクル開発機構の改組），図10.2, 資料 [112]

　もんじゅの冷却用ナトリウムの配管に温度計を差し込んだ．しかし，ナトリウムの流れで生じた渦で共振を起こし，温度計のさやが折れ，折れたところからナトリウムが漏れた．さらに，動燃の事故後の対応のまずさが事件となった．

シナリオ
▶ 中間熱交換器二次主冷却系配管の温度計のさやを設計
▶ ASMEの流れ方向の振動に関する設計指針（1991）に気付かず
▶ 上下交互に現れるカルマン渦が発生しない，低レイノルズ数で設計
▶ 温度計は計装品として扱い，ほかの二次主冷却系の機器のように審査せず
▶ 1995年4月に稼働開始
▶ 上下対称に現れる双子渦が発生し，流れ方向に振動励起
▶ さやの固有振動数257 Hzで共振，亀裂進展とともに固有振動数は低下
▶ さやの段付き部で応力集中し，高サイクル疲労破壊で折損
▶ 同年12月8日19時47分，中間熱交換器出口ナトリウム温度高の警報発生
▶ 48分，二次主冷却系ナトリウム漏洩の警報発生
▶ 漏洩チェックして液位変化小，小規模漏洩と判断，20時頃，通常停止
▶ 温度計内からナトリウムが640 kg漏洩（230 kgはエアロゾルとして飛散）
▶ 溶け出たナトリウムが，空調用ダクトと鉄製網状の足場に穴をあける
▶ ナトリウム漏洩検出器指示盤は現場に設置，制御室の運転員が気付かず

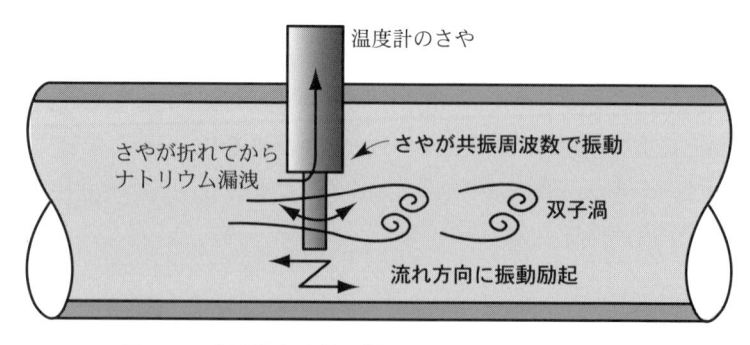

図 10.2　高速増殖原子炉「もんじゅ」のナトリウム漏れ

- 20時49分，火災検知器発報，白煙増加確認，21時9分，緊急停止
- 22時55分，ナトリウム抜き取り開始，9日0時15分，抜き取り完了
- 国や地元への連絡が電話やFAXと別々で遅延（事故発生50分後に開始）
- 10日14時と16時に入室して観察した結果を公表せず
- 事故後の状況を撮影したビデオを部分的に公開（一連の情報隠し）
- 2005年になっても運転再開できず

説明：この事例も，流体と構造の固有振動数が一致した例である．タコマ橋はカルマン渦（翼の後流に交互に生じる渦で，流れに直角に翼に振動が発生する）で落ちたが，**本事例はそれより小さな流速（たとえば半分）で双子渦（交互でなく対称に生じる渦で，流れに平行に振動が発生する）が生じた**．しかし，その双子渦は流体力学の専門家しかわからず，重大事故に至った．

それでも，放射能が漏洩したわけではない．それよりも事故後の対応が稚拙でマスコミを怒らせたことが重大事件に発展し，2005年になってもいまだに運転再開に至っていない．つまり動燃敦賀が気を回しすぎて，一般市民（とくにマスコミ）にナトリウムが溶かしたダクトや足場を見せると過剰反応するだろうと，**ビデオ情報を隠したのがとくにマスコミの印象を悪くした**．

参考文献：日本機械学会講演論文集No.97-1，608-616

事象10.3　福島第二原発の再循環ポンプの損傷（1989）
日本，福島県，東京電力，図10.3

福島第二原発の原子炉の再循環ポンプの水中軸受リングが，リング上下の差圧によって共振し，落下した．水中軸受リングを鋳鋼の一体成形にかえて，2年後に運転を再開．

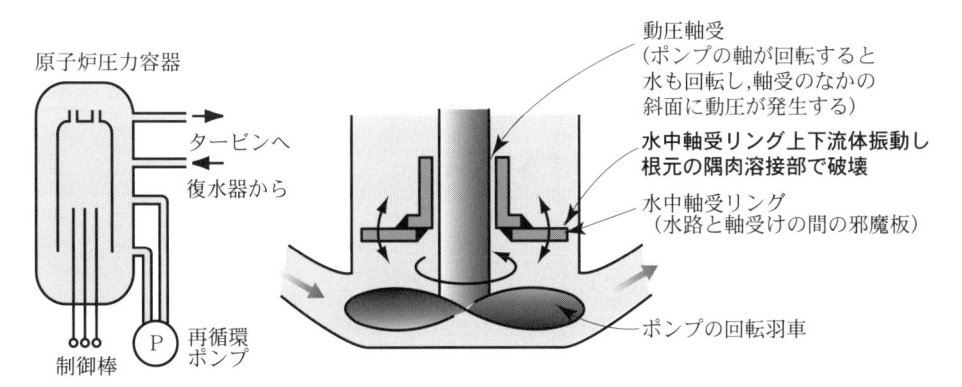

図10.3　福島第二原発の再循環ポンプの損傷

シナリオ
- 1月1日に原子炉再循環ポンプの振動大の警報発信
- 再循環ポンプの水中軸受リングがリング上下の差圧で154Hzで共振
- 帽子のつば状円板のリングの根元の隅肉溶接部分が疲労破壊
- ポンプ回転数をわずかに下げたら，振動低下し，警報解除
- 1月6日に再び振動大の警報発信し，振動低下せず，原子炉停止
- 再循環ポンプの水中軸受リングが，回転羽根車に落下し，飛散
- 座金の疲労破壊とボルトの緩みで，水中軸受全体が落下
- 原子炉圧力容器や配管から破片を回収
- 水中軸受リングを鋳鋼の一体成形品にかえて，2年後に運転再開

説明：この事例は，円板の流体振動が主因だが，隅肉溶接部にモーメントがかかり疲労破壊に至り，事故が大きくなった．なお，モーメントが最大になる根元で隅肉溶接する設計は，多くの構造物でも問題になった．現在は，溶接を用いずに鋳造で一体化する設計や，根元を避けて，同じ厚みの板同士を接合する突き合わせ溶接の設計にかえる場合が多い．なお，本事例は元旦に不具合が始まったので，運転員に正月気分があったのではと揶揄された事故だが，決してそんなことはない．ただし，あと1週間で定期検査が始まる予定なので，そこまでだまし運転で引っ張ろうとして停止指令が遅れた可能性は否定できない．なお，本事例の事故ポンプは3号炉のなかで見学できる．

参考文献：原子力百科事典ATOMICA，科学技術振興機構，http://mext-atm.jst.go.jp

11 キャビテーション

事象11.1 H2ロケット8号機の打ち上げ失敗（1999）
日本，NASDA，図11.1，資料 [124]

宇宙開発事業団のH2ロケット主エンジンは，燃料の液体水素を通す配管を，90°に曲げて設置した．ロケット打ち上げ直後，そこで発生したキャビテーションが原因で，水素ポンプの停止に至り，墜落させた．

シナリオ
- 宇宙開発事業団が衛星打ち上げのビジネス参入を計画
- タイタン型エンジンをもとに，背の低い第1段目の主エンジンLE7を設計
- 配管を折り返すため，水素ポンプの上流に90°曲がるエルボを設置
- 1990年に液体酸素ポンプで旋回キャビテーション発生

11 キャビテーション 135

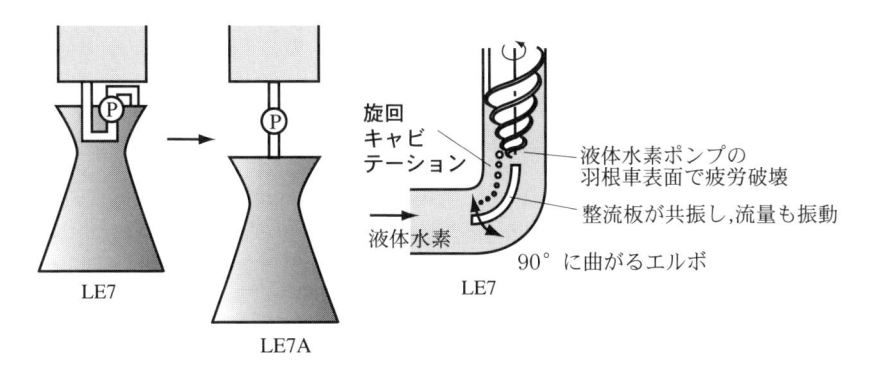

図 11.1 H2ロケット8号機の打ち上げ失敗

- エルボ内の整流板に沿ってキャビテーションが上流側に進展
- このときは上流パイプを1 mm拡げて解決，液体水素ポンプは改良せず
- 羽根車の材料の極低温時の疲労強度は，NASAの900 MPaを流用
- 11月15日，種子島宇宙センターからH2ロケット8号機を打ち上げ
- 飛行中の減圧制御時に，液体水素ポンプに旋回キャビテーション発生
- 気泡崩壊により，チタン合金製羽根車表面に振幅270 MPaの圧力振動発生
- キャビテーション（気泡）が逆流してポンプ前の整流板を振動
- 液体水素の流れが振動し，下流のポンプの羽根車が共振
- 共振により，羽根車表面に振幅130 MPaの圧力振動が追加発生
- 42,000 rpmの遠心力により，羽根車表面に600 MPaの圧力発生
- 羽根車表面の深15 μmの加工痕からクラック進展し疲労破壊
- 3分59秒後，第1段目の主エンジンの水素ポンプが急停止
- 7分41秒後，破壊命令，小笠原北西380 kmに墜落
- 2000年に深海無人探査機「かいこう」によって海底3,000 mから回収
- H2A用に改良した主エンジンLE7Aは，"折り返さない"配管を採用

説明：事故を起こしたLE7はタイタン型の機器配置を参考にしながらも，噴射方向を制御しやすくするために，液体水素の配管をグルッと折り返し，ポンプにはタンクから遠い位置にあたる噴射出口方向から流入するように設計されていた（図11.1）．このため，**ポンプ上流に90°に折れ曲がるエルボが付いていたのである**．タイタン型とLE7との違いは，種子島の見学センタに行くと両者が展示されているからよくわかる．一方，LE7Aは科学みらい館に展示されているが，これはタイタン型と同じように，水素配管はタンクからポンプを経て噴射出口に向かってまっすぐ流れるように設計されている．このほうが自然である．

船舶のプロペラの効率を高めるため，またはボイラーの寿命を長くするためにエンジニアが研究を続けた結果，気泡崩壊時に高い圧力が発生することは，約100年も前から知られていた．この事例では，減圧制御とエルボによって思わぬ共振が引き起こされた．**一般に減圧は，加圧と異なって安全側とみられ，運転担当者から設計者に条件変更の連絡がいかないことが多い．ところが気泡発生だけは減圧で生じる．**高圧の油や水の配管では，高圧配管部分ではなく，大気圧のドレイン直前の低圧配管部分で気泡が発生し，それが潰れたときに配管振動を引き起こす．たとえば，射出成形の金型冷却管が振動しているときは，バルブを閉じて圧力を下げるのではなく，逆に開いて圧力を上げたほうが振動が止まる．

なお，羽根車表面の深さ$15\,\mu m$の加工痕は設計許容内であったが，深海から回収した羽根車表面に存在していたらしい．もっとも，後で裏話を聞く機会があったが，羽根車表面の圧力は，

$$600\,\text{MPa} + (\text{振幅}\,270\,\text{MPa} + \text{振幅}\,130\,\text{MPa})/2 = 800\,\text{MPa} < 900\,\text{MPa}$$

となり，解析では疲労破壊しない．この疲労破壊するというストーリーを完全に通すために，加工痕は疲労誘発要因として必要だったらしい．実際は調査委員会がこの後で真面目にチタン合金の材料を疲労試験しており，その結果，NASAのデータと試験結果が異なっていたことがわかり，鏡面でも疲労破壊するというストーリーのほうが正しかったらしい．

■「キャビテーション」について

腐食のcorrosion（コロージョン）に似た言葉にerrosion（エロージョン）がある．これは流体，またはそのなかの粉や泡による摩耗である．泡自体は構造体にあたっても，表面を撫でるだけで問題はない．問題は泡が破裂したときに生じる．泡が破裂すると，予想以上の大きな圧力の弾性波が発生するのである．図3.2で示したように，腐食速度は一般の腐食より一桁大きく，たとえば0.5から$4\,\text{mm}$/年である．後述する2004年の**関西電力美浜原発3号機の復水配管での破裂**では，オリフィス通過後の減圧されたところでキャビテーションが生じ，エロージョンに至った．破裂した配管は厚み$10\,\text{mm}$で27年間で$1.4\,\text{mm}$にまで減少したから，$0.32\,\text{mm}$/年とエロージョンにしては摩耗速度が小さい．

米国バージニア州のサリー原発の二次冷却水配管でも同様のエロージョンによるエルボ破壊（1986）が生じて4名死亡したが，このときの摩耗速度は76,600時間で$12.7\,\text{mm}$腐食し，$1.45\,\text{mm}$/年だった．H2Aロケット6号機の打上げ失敗（2003年11月29日）も局所エロージョンが原因で，100秒の燃焼でノズルのスロート（オリフィス状で最も狭まったところ）部の炭素繊維強化プラスチックの断熱材が破孔して，導爆線が切られて本体ロケットと分離できず打上げ失敗になった．

類似事例

事象11.2　スーパーカミオカンデの連鎖破壊（2001）
日本，神岡，東京大学宇宙線研究所，図11.2

スーパーカミオカンデで超純水をタンクに注入中，1個の光電子増倍管が突然，破壊した．それがきっかけとなり，そのまわりの増倍管が次々に破壊されていった．1万個あまりのうち60％を失う．

シナリオ
- スーパーカミオカンデで一連のニュートリノ振動を実験
- 2001年7月から光電子増倍管（直径50 cm）を一部交換
- 2001年9月からタンク（直径40 m）に超純水を注水
- 2001年11月12日に深31.7 mだったが，突然5〜10秒間の轟音発生
- 底部で交換された光電子増倍管のうち，1個のガラスが破壊
- 水が10 ms程度の間に真空内に流入して蒸発し，飽和水蒸気圧が発生
- 常温の飽和水蒸気圧0.02気圧から圧縮されて300気圧に上昇
- 高圧衝撃波が発生し隣（70 cm間隔）の光電子増倍管（耐圧6気圧）を破壊
- アッという間に，次々に連鎖破壊
- 6,779本が破壊し，水面付近の4,337本は生き残る
- 2002年1月に連鎖破壊の確認実験をマスコミに公開
- 翌年，生き残った光電子増倍管にカバーを付けて均等配置，実験再開

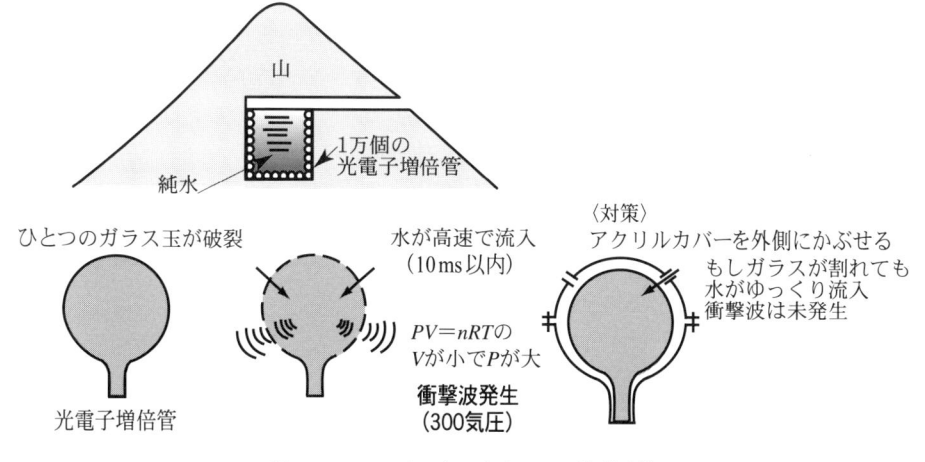

図11.2　スーパーカミオカンデの連鎖破壊

▶ 2003年に装置の生みの親の小柴昌俊 東大名誉教授がノーベル賞受賞

説明：カミオカンデは東京大学の誇りであるが，知識を活用できなかったという点では恥である．気泡崩壊時に高圧衝撃波が発生することは，工学部では常識であったが，理学部には伝わらず，致命的な事故を防げなかったのである．事故発生後10日後の調査委員会において，連鎖崩壊のシミュレーションが，タンクを設計した三井造船の機雷の専門家から（機雷は，水中に広がった爆風のガスが圧縮されて崩壊するときに生じる，衝撃波やジェット水流で艦船を沈める），また東京大学工学部機械工学科の松本洋一郎教授（流体力学専門，実は研究室が筆者のとなり）から同時に提出され，その後の確認実験でも衝撃波発生が計算通りに生じたことが確かめられた．なお，1987年に深5m程度のプールに光電子増倍管を並べてひとつを破壊したが，ほかへの連鎖破壊は生じなかった．だから光電子増倍管のガラス球の耐圧は6気圧で十分だったのである．深30mになるとその水圧の自乗に比例するように衝撃波の圧力は異常に高くなる．

参考文献：東京大学スーパーカミオカンデ事故究明等委員会報告書，2002

事象11.3　美浜原発2号機の化学体積制御系配管から漏洩（2000）
日本，福井，関西電力，図11.3

オリフィスで発生したキャビテーションが原因で，配管が破損した．同様の事故は海外の発電所でも過去に起こっていたが，その失敗知識を活用することができなかった．しかも，2004年にも同様の事故をくり返し，死者を出している．

シナリオ

▶ 化学体積制御系配管では，再生クーラからオリフィスを通す

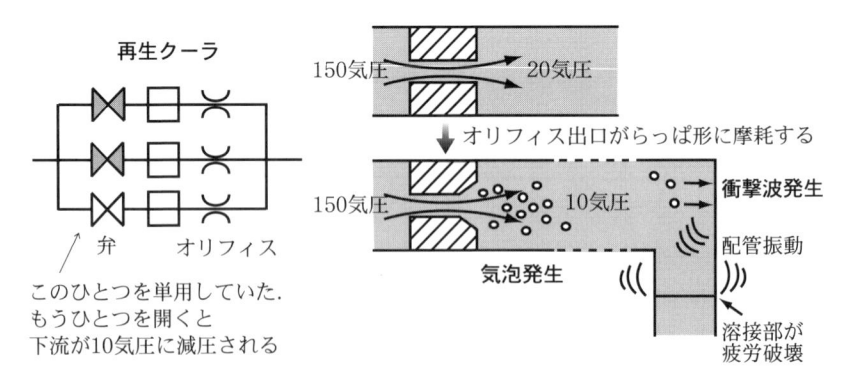

図11.3　美浜原発2号機の化学体積制御系配管から漏洩

- ▶ 海外発電所でオリフィス部の配管が漏洩した情報を看過
- ▶ オリフィス（直径60 mmから6 mm）で150気圧から20気圧に減圧
- ▶ 並列の三つのうちひとつのオリフィスを常用，もうひとつ開くと10気圧に半減
- ▶ オリフィスの下流にキャビテーション発生
- ▶ オリフィスの下流部がエロージョンで摩耗し，ラッパ状に変形
- ▶ さらにキャビテーションが発生しやすくなり，気泡崩壊時に衝撃波発生
- ▶ 4月12日，配管が振動し溶接部が疲労破壊し，一次冷却水が漏洩

説明：並列配管を多く開くたびに安全側に運転されると思いきや，下流側が減圧されてキャビテーションが起こりやすくなった．衝撃波は本事例ではエロージョンではなく，配管振動を誘発させ溶接部を疲労破壊させた．また，これも海外発電所で類似事故例が発生していたことが事故後にわかり，失敗知識の活用に問題があったと反省されている．前述したもんじゅの双子渦もASMEは設計指針を事故前に出しており，同様に活用に問題があったと事故後に指摘された．しかし，エンジニアがエロージョンや双子渦に最初から問題意識がなければ，有用な知識が目の前にあっても自分の機器にまで水平展開することはない．

2004年8月9日に同じ**美浜原発の3号機**で，タービン・復水器と通して液体になった140℃の二次冷却水が，流量計のオリフィス部の下流で800トン噴出し，4名死亡，7名重軽傷の事故が生じた．ここのオリフィスでは直径54 cmから34 cmまで絞っていたが，下流部の鋼の配管が摩耗し，板厚が10 mmから1.4 mmまで減肉し，最後は座屈が生じて破裂した．現象としては，4年前の本事例とまったく同じである．オリフィスの下流が怪しいと思いながらも，27年間も放置していたのは，メンテナンスを実施する関連子会社と親会社との間に，**安全維持の使命感が醸成されていなかった**，と批判されてもしかたがない．残念なことにこの復水配管の摩耗は電力各社でも問題視されている最中で，全国23基のPWR（加圧水型原子炉）のうち，すでに16基で交換され，事故の原発でもほかの部所ではステンレス鋼管に交換されていた．

なお，この事故のエロージョンは，原子力の専門家によると，現在は「流れ加速型腐食」という，キャビテーションよりも流れ加速に支配された腐食に分類されている．技術も進歩している．

4 想定外の外力　12～14

　機械の構造体は外力に耐えなくてはならない．もちろん，外力があらかじめ想定できれば，それに耐えるように形状・材質で対策できる．しかし，世の中には想定外に規模の大きい外力も発生する．もちろん常識的に想定外と皆が認める外力だったら事故もしかたがないが，実は想定外というより想定するのが恐かったというレベルの無責任設計が引き起こした事故が多い．

12 衝撃

事象 12.1　フォード「ピント」の衝突火災（1972）
アメリカ，Pinto，図 12.1，資料［223］

　フォード社の開発したサブコンパクト車は燃料タンクを後部に設置した．追突されると危険だが，これを改善するためのリコール費用より，事故が発生した場合の訴訟費用のほうが安いと判断し，そのまま販売する．ところが，予想をはるかに上まわる懲罰賠償金を支払うはめになった．

シナリオ
▶ フォード社はサブコンパクト車，「ピント」を設計
▶ 重量2,000ポンド以下で価格2,000ドル以下
▶ 日本車に対抗して開発期間を43から25ヶ月に短縮，デザイン重視

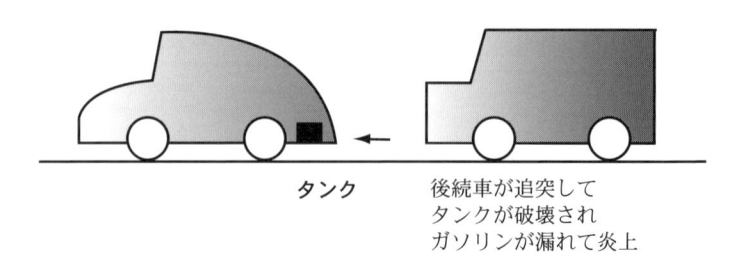

図 12.1　フォード「ピント」の衝突火災

- ガソリンタンクを後部車軸とバンパーの間に配置
- 時速34 kmで後部から衝突されると，燃料漏れが衝突テストで判明
- タンクにゴムを装着しタンクを上部に移動し，連邦安全基準には合格
- さらなる改善には13,700万ドル必要
- 改善しないと事故が発生し，4,950万ドルの費用発生と試算
- 1972年にエンストしていたピントが，後続車に時速50 kmで衝突される
- ガソリンが漏れて炎上し，1名死亡，同乗者が重度の火傷
- 陪審評決では補填賠償280万ドル，懲罰賠償12,500万ドル（控訴審で減額）

説明：安全とコストのトレードオフに対して，どの程度で折り合いを付けるか，はエンジニアにとっていつも悩ましい問題である．フォード社は，費用として，火災で失う180名の死亡者（1人20万ドル），180名の負傷者（1人6.75万ドル），2,100件の車両（1台0.07万ドル）を計算したが，今はそれ以外の損失，つまり評判を落としたことによる，フォード社全体の売上減少，株価下落，ブランド低下のほうが10倍から100倍大きいはずである．一般に，リコールしたほうが結局，お得である．図II.6の図の中央にフォードピントと記した点があるが，不具合がわかったときにリコールせずに出費しなかった費用（図では利益と記したが4,950万ドル）と不具合発覚後の損害賠償裁判や株価減少で実際に生じた費用（図では損失とよぶが株価減少を多めに見積もっても，この当時は利益と記した額と同程度だった）であった．なお，ピントの開発責任者は有名なリー・アイアコッカ氏である．事故後もうまく対処して信用を下げるようなことはしなかったのであろう．

「衝撃」について

衝撃は機械設計者でも見積もることが難しい．たとえば，筆者が設計で苦しんだことだが，弁当箱のようなハードディスク装置を30 cmから落とすと，300 G（重力加速度の300倍，つまり3,000 m/s^2）もの衝撃が装置内部のヘッドに働き，ディスクに傷を付けてしまう．しかも，衝撃の大きさを計算で見積もることが難しいので，実機を用いた衝突テストを実施しなければならなくなる．最近は計算技術が進歩して，自動車の衝撃は，飛行機と同じようにスーパーコンピュータを駆使してバーチャル衝突テストを行い，実際の衝突テストでは確認車として1台だけぶつけるらしい．

なお，フォード・ピント車の事例だけでなく，後述する類似事例の最初の二つは，いずれも安全とコストのトレードオフというシナリオの共通点を有する．日本だと「人命は地球より重いのに価格設定するとは何ごとだ」とマスコミから情緒的な攻撃を受けるが，米国だとリコールの費用と事故ごとに裁判したときの損害賠償とを天秤に掛けて，役所は粛々とリコール命令が是か否かを判断する．

類似事例

事象 12.2 GMピックアップトラックの燃料タンク欠陥（1989）
アメリカ，事故はジョージア州ジェネラルモーターズ社（GM），米道路交通安全局（NHTSA），図12.2, 資料［311］

広く販売されていたGMのピックアップトラックだが，側面に燃料タンクがあるという欠陥を知らぬふりをしていたことが暴露され，次々と訴えられた．しかしリコールをはねのけ，所有者とも国とも和解を獲得した．

シナリオ
- GMはフルサイズ・ピックアップトラックのガソリン容量増加
- ガソリンタンクを後部の車体主体枠（竜骨にあたる）の外側両わきに配置
- 1973年から1987年までに470万台生産
- 側面からの衝撃で火災する可能性を，衝突テストで知ったが看過
- 連邦安全基準には合格
- 1992年11月17日に欠陥放置が暴露され，100件超の損害賠償請求訴訟
- 1989年にピックアップトラックが側面衝突で火災し，少年が死亡
- 1993年，少年の両親がGMをPL訴訟し，1億500万ドルの賠償を評決
- NHTSAが火災危険性はフォード製トラックの2.4倍と報告
- GMは10億ドルかかるであろう，NHTSAからのリコール要請を拒否
- 所有者1人に1,000ドル，総計47億ドルの証券（値引き用）授与で和解
- 今後，5,100万ドルで安全性研究を実施することでNHTSAと和解

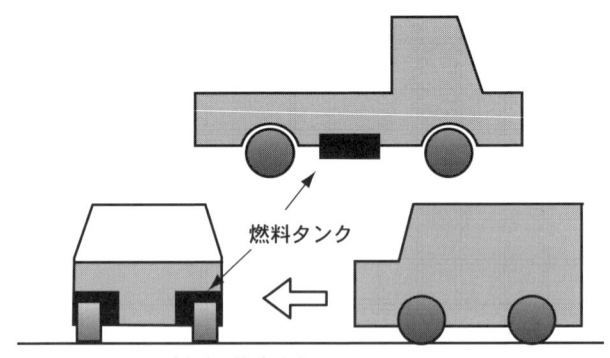

側面に衝突されると
タンクが破壊してガソリンが炎上

図 12.2　GMピックアップトラックの燃料タンク欠陥

説明：衝突による火災発生は，前事例のフォードピント車と同じである．しかし，安全とコストのトレードオフに対して，ユーザだけでなく，国家とも和解するという離れ業は，日本では考えられないことである．ピックアップトラックは米国で年間5,200件も火災を起こしているが，本事例のGMの火災死亡事故は年間10件である．確率が低かったので，リコールは結局されなかった．本事故は筆者が米国に滞在したときに進行中の事件で，テレビ番組ではGMのエンジニアが設計時に安全とコストを計算したというメモが登場していた．このためか陪審員はGMに悪意があったと判断し，GMは敗訴した．

事象12.3　タイプ3ドアの掛け金の欠陥（1991）
アメリカ，事故はアラバマ州，ジェネラルモーターズ社（GM），図12.3，資料 [24]

衝突時に運転者側のドアが開いてしまうという欠陥を，GMは黙って販売していた．この欠陥のため112名死亡．GMは結局リコールをせず，賠償金，罰金，和解金で処理した．

シナリオ
- GMのSUV（シボレー，Blazer）が後部車軸破壊で横転
- 運転者側ドアの掛け金（GM社のタイプ3）に事故時にドア開の欠陥
- シートベルトとドアとを一体に設計（passive restraintの法律に対応）
- 1991年事故時にドアが開いて，運転者がシートベルトとともに路上に放出
- 運転者は下半身麻痺状態の負傷
- GMは自社の衝突試験でもタイプ3が不合格であることを看過

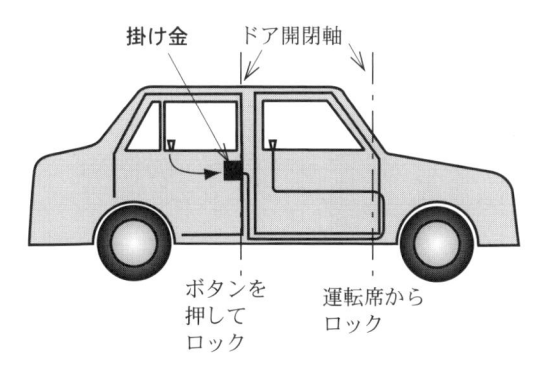

図 12.3　タイプ3ドアの掛け金の欠陥

- 1978年から10年間，毎年18,000件もドアが開き，総計112名死亡
- 1988年に掛け金を改良し，サポート盤で強度付加
- 3,000万台のリコールは総計1,100億円かかるので8年間も見送り
- ディーラーにもち込まれた車だけ修理する，サイレントリコール実施
- GMに損害賠償請求訴訟，1996年GMは賠償金5千万ドル＋罰金1億ドル払う
- 新車発売後8年経過すると，政府による強制リコールは実施不可
- 1996年までにタイプ3の55件の訴訟すべてに和解処理，計8,000億円

説明：たかだか，1個3.09ドルの掛け金（door latch）にGMは苦しむのである．結局，リコールを行わなかったので，2000年にも中古車でこの事故とまったく同じ形態で事故死が生じて，GMは訴訟で和解している．なお，ドアをロックするシステムはレバーやらケーブルやらを使ってメカニズムとしても複雑である（筆者はタイプ3の図面を見つけられなかった）．要求機能として，扉のボタンを押すとドアがロックされ，後部は運転席のボタンでもロックされるが，盗難に遭わないように外部からは外れないということを実現する．

事象 12.4　自動倉庫のリフト落下（1994）

アメリカ，Buchanan社倉庫，図12.4，資料 [5]

リフトのレールとして使っていけないH型鋼をそれに使っていた．H型鋼の終端ストッパに衝突し，脱輪し，リフトが傾いて乗員は6m落下して重傷を負う．

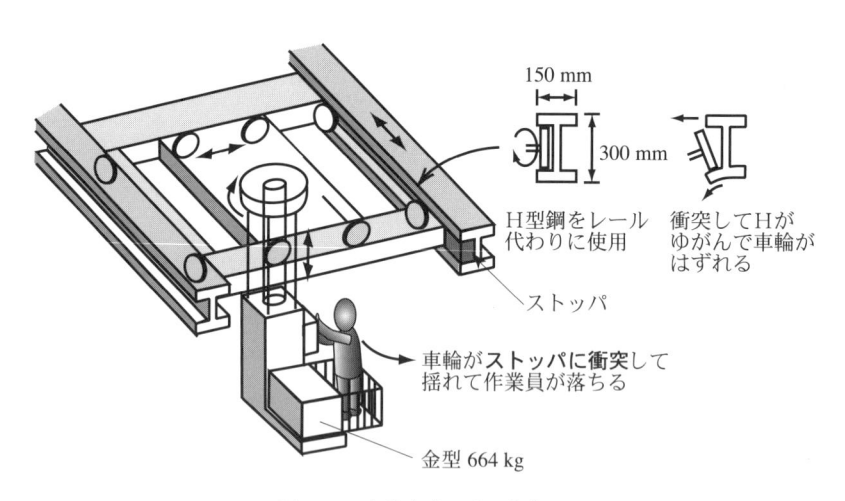

図 12.4　自動倉庫のリフト落下

シナリオ
- ▶ Lakewood社が自動倉庫内に3軸並進1軸回転のリフトを設計
- ▶ 5月23日，作業員がリフトで664 kgの金型を倉庫上段から移送
- ▶ リフト（最大909 kg積載）が1軸の終端でストッパに衝突
- ▶ レールに流用していたH型鋼が変形して，車輪がH型鋼から脱落
- ▶ フォークリフトが衝突時の慣性力で傾動
- ▶ 操作員がブランコのように振られて飛ばされ，6 m落下して重傷

説明：H型鋼は6-12インチというタイプで，横150 mm，縦300 mmの大きなものだが，そもそもレールとして用いるものではない．Hの交点が曲がり，車輪が脱輪してしまい，結局，リフトが傾き，作業者は飛ばされた．質量1トンのリフトが0.1 m/sで動いてストッパに衝突し，ストッパが1 cm変形して0.1秒間接触していると，$mv = Ft$からストッパに1,000 Nの力が働く．1,000Nではストッパは破断しないだろう．しかし，リフトの重心は下方だから，停止の加速度1 m/s^{2}で1,000 Nの慣性力が働き，大きなブランコになる．

事象 12.5　高速道路で自動車に鉄製ふた直撃（1999）
日本，江戸川区，図12.5，資料 [122]

高速道路上の排水溝の鉄製のふたを走行中の自動車が踏んで跳ね上げ，対向車の運転手を死なすなど，事故多発．メンテナンスを怠っていたとして道路公団幹部4人を書類送検．結局，60億円ですべてのふたを交換した．

シナリオ
- ▶ 高速道路の排水溝の鉄製のふたの跳上現象多発
- ▶ 1988年から1991年まで，首都高速道路公団は跳上現象を調査

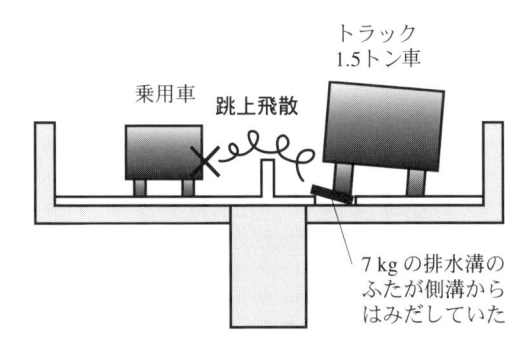

図 12.5　高速道路で自動車に鉄製ふた直撃

- 1992年に首都高・神奈川2号線でふたがトラックを直撃し，運転手軽傷
- 1993年から50,000個のふたのうち1,300個を改良型に変更
- 首都高速7号線の盗難防止用の鎖が，98％のふたで腐食・切断
- 跳上事故は10年間で約20件発生したが，看過
- 1999年4月20日首都高速7号線のトラック1.5トン車がふた7 kgを跳上
- ふたは側溝からはみ出しており，踏んだらタイヤは破裂
- 飛散したふたは中央分離帯ガードレールを越えて，対向車線の乗用車に直撃
- 運転者は死亡，公団幹部4人を業務上過失致死で書類送検
- 1999年に60億円ですべてのふたを交換

説明：7 kgのふたでも飛んできたら凶器である．50,000個もあるとメンテナンスが大変になるのもわかるが，危険だとわかっているから事故が生じたら，怠慢と非難されてもしかたがない．自動車が衝撃で跳ね上げるものは，こぶし大の石や雪の固まり，コンクリートのドブ板，など多種多様で，人間や建物に多くの傷を付けている．

13 強　風

事象 13.1　余部鉄橋から列車脱落（1986）
日本，兵庫県，図13.1，資料 [206]

　その日，兵庫県余部鉄橋上は強風で危険であったが，お座敷列車の回送を間に合わせるため，通過が指令される．客車7両が落下し，車掌1名と橋の下の水産加工工場で5名死亡．

シナリオ
- 12月28日，山陰本線余部鉄橋を回送のお座敷列車が通過予定
- 橋上の風速計で風速25 m/sの警報発信，CTC指令室から香住駅に問い合わせ
- 香住駅員は20 m/s前後で異常なしと回答
- 15分後に25 m/s超となりふたたび警報発信
- 指令員は間に合わないと判断し特殊信号発光器によって列車停止させず
- 13時25分，33 m/sの突風が吹き，回送列車のうち7両の客車が落下
- 車掌1名と橋の下の水産加工工場で5名死亡
- 対策として，警報で自動停止，橋上に風防設置，20 m/sで警報発信

説明：余部鉄橋は1912年に33万円（現在価値で15億円程度）をかけて架橋された，高さ41 m，長さ309 mのトレッスル（架台）式の歴史的鉄橋である．場所は橋の

13　強風　147

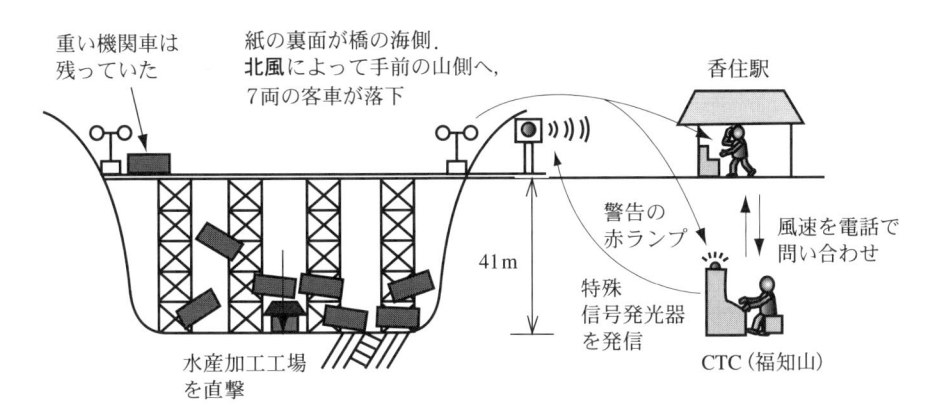

図 13.1　余部鉄橋から列車脱落

北側だけが日本海に開け，冬季は季節風や吹雪が吹き付ける難所である．腐食に対してメンテナンスが不可欠だが，1968年から8年かけてリフレッシュ工事が行われ，横に渡した鋼材だけ交換された．その構造がタコマ橋のように，風の自励振動を生んだという説もある．たまたま軽量客車が回送でさらに軽かったのも（それでも30 m／sに耐えるはず），吹いた風が観測史上4番目の強風だったのも運が悪かった．

しかし，**強風が吹いたら自動的・強制的に列車を止めればよかった**（事故後にそのようになったが）のである．それなのに警報を受けた指令員が駅に確認し，駅からの報告によって特殊信号発光器（赤のパトライトが回転）で運転手に警告し，運転手が列車を止めるというような伝言レースをやっているうちに，列車は橋に入ってしまった．なお，事故は国鉄民営化（1987）の4ヶ月前に生じたが，再雇用に不利になる列車運休をしたくないという空気が現場にあったらしい．同様な事故として，1978年に帝都高速度交通営団・東西線車両が，**荒川鉄橋**（江東区と江戸川区の境）を時速90 kmで進行中，突風を受けて3両が脱線するという事故があげられる．そのうち2両が横転し，23名が負傷した．なお，このときも突風が吹いたが，20 m/sの警報発信風速には至っていなかった．

■「強風」について

天災で機械を壊す原因に，強風や地震，津波，水害，噴火などがあげられる．そのなかで，エンジニアの責となる天災は強風であろう．衝撃的な力が働くことになる．台風でも最大60 m/s程度であろうが，トルネードになると120 m/sにも達する突風が生じるらしい．確かにトルネードが通過すると，ナメクジが通ったように筋ができて，草木から建物からすべてが根こそぎ取り除かれている．こうなるとそれぞれの家にある地下室に避難するしか，逃げる手だてがない．

類似事例

事象 13.2　嵐の中でテイ橋崩壊（1879）
イギリス，スコットランド・ダンディ市，テイ橋 Tay bridge，図 13.2

テイ橋は1878年に架けられた当時世界最長の橋．翌年末の嵐の夜，走行中の列車6両が落下し，橋も崩落した．75名死亡．さまざまな原因が指摘でき，いまだに研究されている．

シナリオ
- 湾のショートカット用に，フォース橋とともにテイ橋を計画
- Thomas Bouch氏が設計したが，全長2マイル，85スパンで当時世界最長
- 1878年に架橋，鋳鉄の構造材を錬鉄の斜め緩衝部材で連結
- 1879年12月28日の嵐（風速31 m/s）の夜に，6両の客車が落下し，橋も崩壊
- 75名の乗客が海に落ちて死亡
- モーメント大の柱基部のピン締結部の鋳鉄に引張応力が働き脆性破壊？
- 強風で客車が浮いて橋に引っかかって構造体を破壊？
- 風の最大圧力を10ポンド/平方フィート（0.005気圧）と過度に低く設定？
- 構造体の安全率を4〜5と過度に低く設定？　振動に対して柔？
- 海のなかに立てた基台がレキ層に達しておらず，柱が揺れて振動？

説明：なんと落橋してから125年も経っているのに，まだ原因解析している研究者がいるし，いまだに多数のガラス乾板の破壊構造物の写真が残っており，数年前に

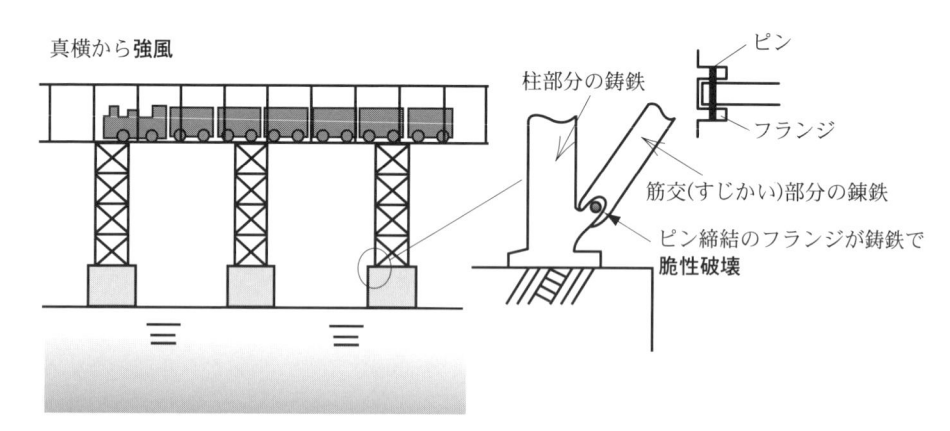

図 13.2　嵐の中でテイ橋崩壊

英国のオープンユニバーシティ（放送大学）が番組を作成している．日本では西南の役で内戦していた頃に，英国は工学として資料を集め，解析していたのだから先達は偉い．シナリオに「？」と書いた脆性破壊，客車浮上，外力設定ミス，**構造体振動，基礎不良**は，どの鉄橋事故にも当てはまる原因の有力候補である．たとえば前述の余部鉄橋は客車浮上，後述の送電鉄塔は基礎不良である．上述の番組では，保管写真のなかから脆性破壊した基部フランジの写真を探しだし，強風に励起された脆性破壊が橋全体の連鎖崩壊に至ったという原因を主張している．

事象 13.3　台風21号で送電鉄塔倒壊（2002）
日本，茨城県潮来市，図 13.3，資料 [328]

茨城県の水田地帯に建てられた送電鉄塔が，強風に吹かれ倒壊した．原因は，地盤が砂で土台が不安定だったため．倒壊による停電の被害は20万世帯に及び，最長5時間45分だった．

シナリオ
- 10月1日，水田地帯上の275 kV送電線「香取線」に台風直撃
- 許容最大瞬間風速は60 m/sで設計，付近の最大瞬間風速は56.7 m/s
- 地盤・台座間のグラウト層（セメント，水，砂，混和剤）形成を設計
- 地盤が砂だったのでグラウト層は形成不足
- 基礎の台座が浮き上がる
- 風上側の鉄塔が風下側へ倒壊
- 8基が連鎖して6基倒壊，2基折損
- 20万世帯が最長5時間45分の停電

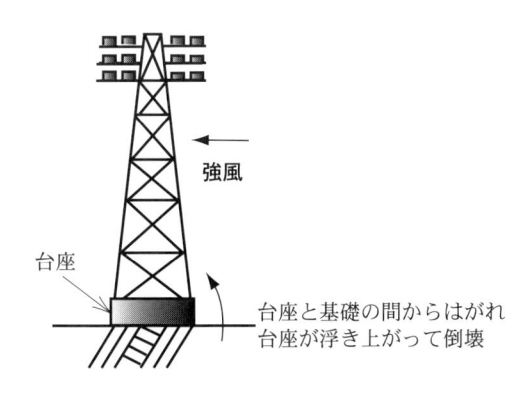

図 13.3　台風21号で送電鉄塔倒壊

説明：本事例は強風がきっかけで倒れたが，主因は基礎不良である．1998年には香川県坂出市でも強風で送電線鉄塔が倒壊したが，これは何者かがコンクリート基盤と鉄塔とを結ぶボルト（計56本）を悪意的に抜いたという悪質なテロ（もどき）が主因であった．このとき，停電によってガス圧送機が停止して1日後までガスは復旧しなかった．

事象13.4　青函連絡線洞爺丸の沈没（1954）
日本，函館，図13.4，資料 [209]

1954年，洞爺丸は台風15号の嵐のなか，横転転覆した．主因は車を載せる後部扉からの浸水および蒸気機関の停止，風に押されて海岸に座礁，などであるが，その他に船長の判断ミスやフェリーの傾きやすい構造上の問題，などがあげられる．

シナリオ
- 1947年，洞爺丸就航，1950年，貨客船で日本初のレーダ装備
- 9月26日18時39分に洞爺丸の船長が風速10 m/sを台風の目と誤判断し出航
- 台風15号が時速110 kmで日本海を急速北上して突然減速（午後20時函館）
- 港外が風速40 m/sと予想以上に荒天，湾内の投錨仮泊法でやりすごすと決断
- 台風は956 hPa，最大瞬間風速57 m/sに発達
- 貨車を載せる船尾の後部扉から浸水して，22時頃，蒸気機関が停止
- 碇が海底にかからず，強風に押されて海岸に近づく
- 22時26分，函館湾七重浜付近で座礁し，8分後，横転転覆し，1,172名死亡

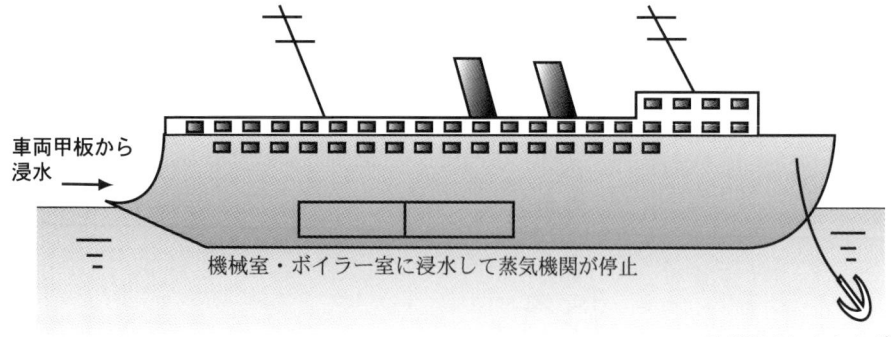

図13.4　青函連絡線洞爺丸の沈没

- 対策として，船長・地上局の合議制，後部扉の水密化，海底トンネルの掘削
- 1988年3月13日青函トンネル運転開始，青函連絡船運転終了

説明：当時は，連絡船の運行可否は船長が権限をもっていたが，洞爺丸の船長は"天気図"と渾名でよばれているぐらいだから，自信をもって出航した．そもそも台風15号は日本列島に沿って急速北上して函館で急停止した異常台風である．洞爺丸以外にも日高丸，北見丸，十勝丸，第十一青函丸の4隻が湾内の投錨仮泊法を選択して沈没している（死者275名）．一方で大雪丸はほかの船との衝突を避けて湾外に脱出したら無事だった．つまり，洞爺丸の船長の判断も悪くはなかったが，午後5時に函館市街に生じた無風晴を台風の目と判断して乗客を乗船させたのがいけなかった．なお，洞爺丸と同じような形状の船の災害として，脆弱構造で後述するが1994年にバルト海でカーフェリーの**エストニア号**（事象23.2）が沈没している．風速25 m/sで高波10 mの海上を航行中，洞爺丸と同じように船首の自動車乗降扉の留め具がはずれて，そこから水が入って左傾し，20分以内に912名とともに沈没した．つまり，フェリーは傾き始めると車両が動いて横転しやすいのである．

14 異常摩擦

事象14.1 技術試験衛星「きく6号」の静止軌道投入失敗（1994）
日本，宇宙開発事業団，郵政省，NTT，図14.1，資料[108]

日本は衛星「きく6号」の静止軌道への投入を計画するが失敗．打ち上げ時の振動により，燃料供給用のピストンを抑えていたばねがずれ，ピストンが動かず，燃料を供給できなくなったためである．695億円の損失を生んだ．

シナリオ
- ミリ波の衛星通信などを目指して「きく6号」（重量2トン）を計画
- 8月28日，種子島宇宙センターからH2ロケットで打ち上げ
- 長円軌道から静止軌道へ投入を計画，29日，1回目の軌道修正開始
- 衛星の液体アポジエンジンに，打ち上げ時の振動が伝導
- 推薬供給弁のピストンをシリンダ内で抑えるためのばねが不規則振動
- ばねがずれて，シリンダの段差の角にかみ込む
- 30日，衛星の液体アポジエンジンに噴射指示
- 推薬供給弁が開かず，燃焼圧力が設計値の1割と不足
- パイプ途中でピストン駆動用ヒドラジンが凍結して，供給弁が半開き？
- 31日，衛星の軌道修正は制御不能で，静止軌道投入は失敗

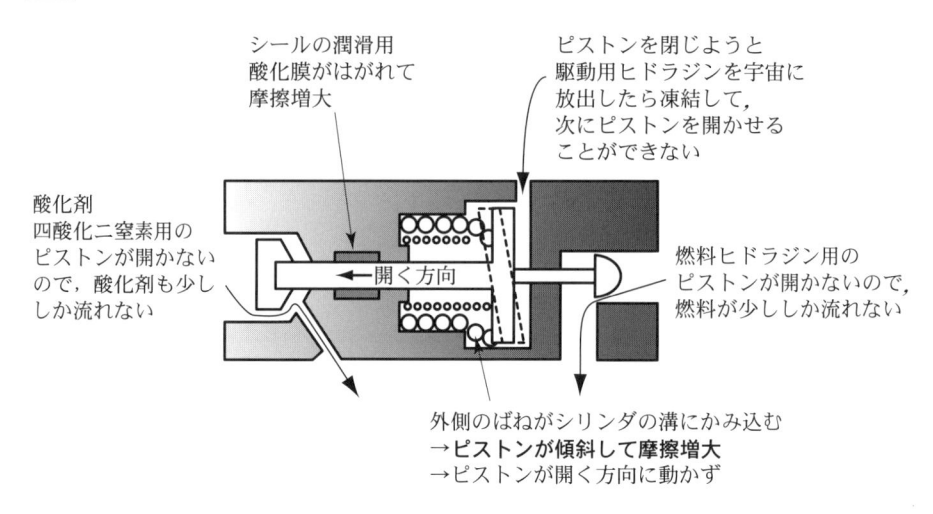

シールの潤滑用
酸化膜がはがれて
摩擦増大

ピストンを閉じようと
駆動用ヒドラジンを宇宙に
放出したら凍結して，
次にピストンを開かせる
ことができない

酸化剤
四酸化二窒素用の
ピストンが開かない
ので，酸化剤も少し
しか流れない

←開く方向

燃料ヒドラジン用の
ピストンが開かないので，
燃料が少ししか流れない

外側のばねがシリンダの溝にかみ込む
→**ピストンが傾斜して摩擦増大**
→ピストンが開く方向に動かず

図 14.1 技術試験衛星「きく6号」の静止軌道投入

▶ 衛星415億円やH2打上費用190億円などで695億円損失

説明：つまり，ばねのかみ込みで**摩擦が増加し，ピストン自体も傾いてその摩擦も増加したのである**．ばねの姿勢を決めるばね座もなく，またピストンも直進ガイドをシールで代用するように設計していた．かじるはずである．

一般に，ばねが伸縮時に倒れないようにガイドを付ける方法として，ばねの内側にピンか凸部を入れるか（この推薬供給弁の内側のばねのように），ばねの外側に筒をはめるか（外側のばねのように）の二つの方法がある．しかし，後者は筒が本事例のように非貫通穴の場合が多い．つまり，ばねを筒の内側に落とし込むように設計されるが，組立時または伸展時にばねが斜めにセットされて問題になる（第1部II章の図II.5 (a) のように）．なお，アポジエンジンは遠日点（アポジ）で噴射して楕円の長円軌道から円の静止軌道に変えるエンジンである．

■「異常摩擦」について

前節では，疲労，腐食，摩耗が「失敗三兄弟」であると紹介したが，**摩耗は機械が動かなくなる方向に変化するので，大事故**には発展しにくい．すなわち，摺動面に摩耗が生じて摩擦力が異常に大きくなっても，物体が動かなくなるので，不具合自体が感知され，大事故には至らない．さらに，摺動面同士が焼き付いて一体化すれば摩擦係数は無限大になるが，動かないのだから安全である．しかし，動かないことで二次機能が達成できなくなると困る．たとえば磁気ディスクのように，水分によってヘッドと吸着すると，大事な情報が読みとれなくなる．また，油圧シリンダのピストンがかじると，作業したくともバケットが動かなくなる．

14 異常摩擦

　異常摩擦を回避するのに最も効果的な対策方法は，適正なる摩擦力を期待するような設計を破棄することである．たとえば，自動車や電車は車輪にシューを押し付けてブレーキを掛けているが，道路やレールに水や氷が付くと，車輪と路面との摩擦力が小さくなって止まらなくなる．それならば，路面やレールが凸凹になろうがおかまいなしに，直接に地球に棹をさして止めたほうがよい．実際に登山列車や路面電車では，ゴムや松の木材のシューをレールに押し付けて止めているし，空母上に着陸する戦闘機は滑走路に直角に張ってあるワイヤにフックを引っかけて止まる．さらに電車はモータを発電機に変えて回生ブレーキをかけているし，着陸時のジェット機は逆噴射して減速させる．

類似事例

事象14.2 逆バンジー「スカイショット」でイスが鉄塔に激突（1998）
日本，別府，城島後楽園ゆうえんち，図14.2，資料［120］

　城島後楽園ゆうえんちの逆バンジーで，空中でゴムと座席のワイヤが外れ，乗客2名負傷．ゴムとワイヤを固定していたピンを，抜けやすいものに勝手に変えていたのが原因である．

シナリオ
- 前保有者は米国のオリジナル商品をオリジナル通りに使用
- ゴムとワイヤとの留め具に，先端二叉の割りピンを挿して使用
- その後，保守容易な安全ピン式ロックピン（直径2mm，長6cm）に改造
- 1997年10月に城島後楽園ゆうえんちが中古のスカイショットを購入
- 12月18日，マニュアル通り，500回でゴムとワイヤは交換
- 営業終了後，ロックピンをはずし，ナット，ゴム，ワイヤを分解
- 12月20日，ジャンプ中にロックピンがはずれてナットがゆるむ
- ゴムとワイヤが空中で外れ，座席が鉄塔に衝突
- 乗客2名負傷
- スカイショットは廃止（国内でこれまで5機使用されていた）

説明：高所から飛び降りるのではなく，地面から垂直に上方に打ち上げるのが，逆バンジーである．メンテナンスしやすくするために，交換しやすい安全ピン式のロックピン（ピンの写真が見つからないので図に描いたようなものかと筆者は想像した．これに似たものにギリシャ文字のベータの形をしたスナップピンが多用されている）にかえたが，何かの拍子でフックが外れて，さらにピンとピン穴との摩擦が

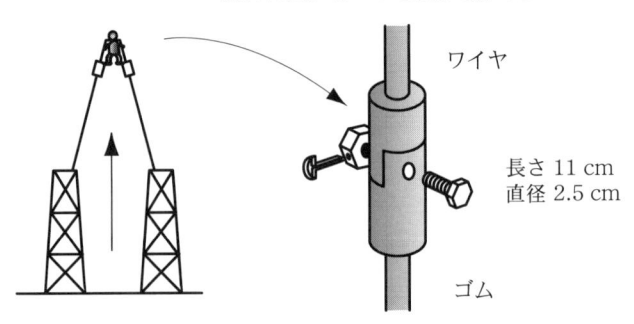

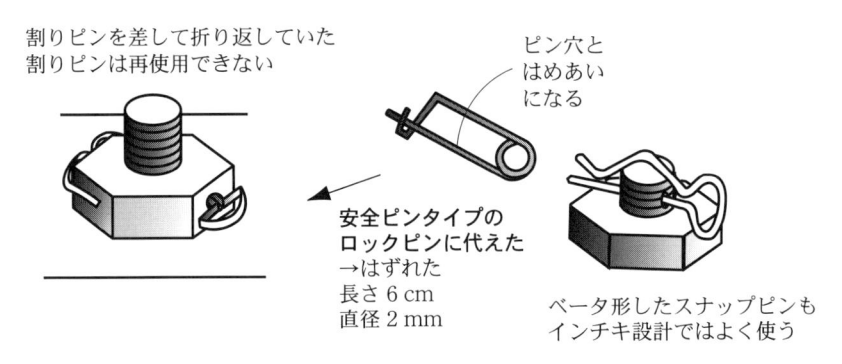

図 14.2 逆バンジー「スカイショット」でイスが鉄塔に衝突

小さくなって，抜けることもありうる．この場合，ロックピンを毎日の保守で取り替えずに何度も使っているうちに，ばね鋼自体がへたってピンの摩擦が減少する可能性も高い．一方，割りピンはピンとピン穴との摩擦を使わずに，向こうに抜けてから折り返すので折り返し部分が戻らないかぎり，抜けはしない（それに保守のたびに新品に取り替えていたはず）．ピン穴があったら，針金を通してグルグル巻きにしたほうがまだ安全であった（電車のモータを固定するボルトはそうしている）．

事象 14.3　日比谷線の列車脱線衝突（2000）
日本，東京都渋谷区，帝都高速度交通営団，図 14.3, 資料 [208]

下り電車が中目黒駅直前のＳ字カーブで最後尾・非運転台側の車輪が乗り上がり脱線．対向列車と側面衝突し，5名死亡 63 名負傷．レールに潤滑油を塗る直前で摩擦が大きく，朝のラッシュと逆方向で乗客が少なかったので，たまたま軽い車輪が付いていた最後尾が脱線してしまった．

14 異常摩擦

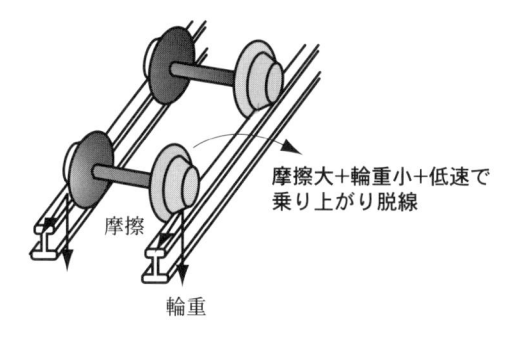

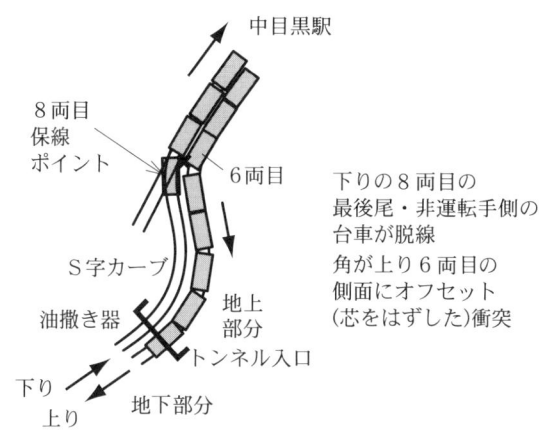

図 14.3 日比谷線の列車脱線衝突

シナリオ
- 3月8日，下り電車が中目黒駅直前のS字カーブで徐行運転
- 摩擦係数が0.2から0.8へ増大，曲線の潤滑油は5分後の9時に塗布予定
- 朝のラッシュの逆方向で最後尾車両は5名しかおらず軽量
- 輪重が最も軽い，最後尾・非運転台側の台車の車輪が，乗り上がり脱線
- 脱線車輪が保線ポイントに当たって車体が横にずれる
- 対向列車とオフセットで側面衝突
- 対向列車の車端の座席に座っていた5名死亡，63名負傷

説明：輪重のばらつきを事故後に測定したところ，日比谷線の車両の台車は最大30％とばらつきが大きかった．つまり，脱線した車両はとくに輪重が軽く浮きやすかったかもしれない．一方で，日比谷線に乗り入れる東急東横線の車両の台車は，分布が最大10％と小さかった．東急は1986年に東横線横浜駅で同様な乗り上がり脱線事故を起こしてから，車体左右の重量アンバランスを小さくして輪重ばらつき

を小さく管理していたのである．横浜駅の事故はS字カーブ，発車時の低速，乗客の少なさ，先頭車両・非運転台側の台車脱線，などの要因が日比谷線の事故とまったく同じであった．東急は事故を活かしたが，一方で営団は同様な事故を車両基地で起こしていたのにそれを活かせなかった（でも営団は1941年の設立以来，死亡事故がなくきわめて安全であった）．

　日比谷線の事故を機に多くの実験が行われたが，たとえば，事故現場の急カーブは2時間おきに油を撒いていたが，ラッシュ時は油切れになって，摩擦係数が0.2から徐々に0.8程度に急上昇することがわかった．事故は始発から4時間後で，次の油撒きの直前であった．このほかにも事故調査委員会の報告には，脱線防止レールの未設置，時速10 km以下の低速運転，地下鉄最軽量の03系車両，空気ばねのロール剛性，レールの踏面の形状，車輪のフランジ角，レールの再研磨時期，S字カーブの傾き（軌道の歪み），などが原因として列記されていた．確かにこれらの条件の最悪状態を合わせると，この日比谷線事故の車両・場所・時刻となり納得できる．しかし，これでは責任が分散されてそれぞれの過失が非常に少なくなり，**無責任の「複合原因」**と化す．実際，役所が作った事故調査委員会報告書は，材料が悪い，設計が悪い，製造が悪い，保守が悪い，運転者が悪い，運転管理者が悪い，教育研修が悪い，規制官庁が悪いという**"総員懺悔"の「複合原因」**が原因であることが多い．

2 技術的な要因だが，普通は副次的に考えている使用時の設計要因

　この章では，前章と同様に技術的要因だが，エンジニアが前章の要因よりは副次的に考えている設計要因を集めて紹介する．これらの設計要因は，エンジニアがつねに対応しておくべきかという重要度について，悩ましいものを含んでいる．つまり，そこまで設計時に必須事項として考えるべきか否かについて，適切なしきい値を社会が設定してくれていないため，エンジニアは自分の信念でどちらかを選ばねばならない．

　具体的には，仮にそれを考えずに看過して不幸にも事故が生じて被害者から訴訟された場合，(a)「ほぼゼロの確率の事象を予見できるはずがなく，自分の過失ではない」と堂々と主張できるか，逆に，それを考えて真面目に対処した結果，コスト増で利益が減少したことを経営者に責められた場合，(b)「エンジニアの倫理観に従った，恥じることのない対処である」と胸を張って主張できるか，である．(a)(b)のどちらを選択しようとも，後で行うかもしれない申し開きのために選択に合わせた自分の答えを用意しておかねばならない．

5 想定外の制約　　15〜19

事故が生じてから「君の設計が間違っていた」と責められても，「まさかそんな使い方をするとは思わなかった」という感想が，設計者から吐露されてくるような失敗である．

15 特殊使用

事象 15.1　箱型ブランコで女児の足が骨折（1997）
日本，神奈川県藤沢市，図 15.1，資料［116］

箱型ブランコを，設計者の想定外の使い方で遊んでいた女児が，大腿骨を骨折．親がメーカを訴えるが，二審で敗訴．判決に不服をもつ団体が発足し，自治体は，ブランコなのに固定するという処置を自主的にとった．

シナリオ
▶ 全国の公園に，約 13,000 台の箱形ブランコが設置
▶ 10 月 23 日，9 歳の女児が友人とブランコを両側から押合い，仰向けに転倒
▶ 箱形ブランコと地面との隙間 22 cm に右足が挟まれ，大腿骨折

地面のすきまに右足が挟まれる

図 15.1　箱型ブランコで女児の足が骨折

- ▶ 女児の親がメーカと市を過失で提訴
- ▶ 一審ではメーカが危険な形状を市が同種事故を看過していたと親が勝訴
- ▶ 逆に高裁では本人や保護者が回避義務を負うべきで過失認めずと親が敗訴
- ▶ 国土交通省調査では1998〜2000年で287件の事故発生，いずれも看過
- ▶ 1999年に「箱ブランコ裁判を考える会」発足，支援者200名以上
- ▶ 自治体が自主的に，箱型ブランコを固定

説明：箱形ブランコはブランコのなかに座りながらも簡単に漕げる．赤ちゃんを抱いた母親でも漕げる．ブランコの設計者もそのような使用法を想定していたはずである．ところが，一部の元気な子供らは，ブランコの左右の外に漕ぎ手が乗って交互に体重をかける，という過激な漕ぎ方をするのである．でもこれが過激で予想外であろうか．筆者も子供の頃はこのようにして遊んでいた．しかし，2000年に筆者の自宅マンションの公園でも，箱形ブランコは，土中に打たれた杭に結ばれスウィングしなくなった．この箱形ブランコでさえ危ないと判断されると，まわりも問題だらけである．滑り台は頂上から落下する幼児が後を絶たないし，砂場もどんな菌が潜んでいるかわからないし，ブランコは座面が板では幼児が滑って落ちるし……ですべてが使用禁止になり，最後には単なる空き地の広場になってしまうのではないか．

■「特殊使用」について

本事例は，顧客が長年使用して，安全に問題なしと設計者が確信していた製品に対して，突然，想定外の特殊な使用方法で大事故が起こったという例である．**刑法上の過失**（negligence）は，**結果発生の予見可能性**があって，かつ**回避措置を講じなかったという注意義務違反**があったときに有罪になる．日本では，とにかく加害者を刑務所に送るべく，責任追及に気合いが入る．しかも，ただでさえ裁判が長いから，一般に被害者の救済のためにも過失が認められることが多い．一方，欧米では，刑事裁判では司法取引や刑事免責を用いて「罪を軽くするから真実を話しなさい」と交渉して，原因究明・再発防止にも重きをおく．一方で，被害者の救済は別個の民事裁判や損害保険で，また加害者の仕事上の処罰は行政処分でそれぞれ行われる．

前述の箱形ブランコの裁判では，メーカは事故を予見できないし，事故回避は保護者がすべき，と判断した．しかし，メーカは予見できなかったともいい切れない．過去にも同種の事故は発生していたのである．2004年現在，裁判所の判断は流動的であるが，**一般に社会，とくにマスコミは過去の同種の事故を看過した場合，手厳しいバッシングが待っている**．ちょっと間違えると，雪印や三菱自動車のように会社の経営が傾くことになる．

5 想定外の制約

設計の講義では「新聞紙の副次的な使い方を列挙せよ」という有名な問題がある．記事を読んで知識を入手するという主要機能のほかに，土の付いた野菜を包む，灯油のポリバケツの下に敷いてこぼれた分を染み込ませる，丸めてチャンバラごっこをする，雨でずぶ濡れになった靴に丸めて入れて乾かす，宅急便で段ボールを送るときに空いた部分に丸めて詰める，などである．しかし，新聞紙から特殊インクが転写された野菜で老人が下痢になったら，または新聞紙の刀の紙面で幼児の目が切れたら，家族は新聞社を訴えるだろうか．

類似事例

事象 15.2 宅配便のスタビライザ損傷（2001）
日本，トヨタ自動車，図15.2

トヨタ製の宅配便車が，急坂・急カーブの連続路を5年間毎日走行していた．高車高のため，たわみやねじれが大きく，車体の疲労が想定外に蓄積した．トヨタはリコールし，亀裂のはいりやすい箇所を強化した．

シナリオ
▶ 1985年から宅配便用の車高の高い貨物車を販売
▶ 2000年，1995年製のリアスタビライザの右側ブラケット下面に亀裂発生

いろは坂のような山道を曲がるたびに車体がねじれる

車高の高い宅急便用のトラック

リアスタビライザ

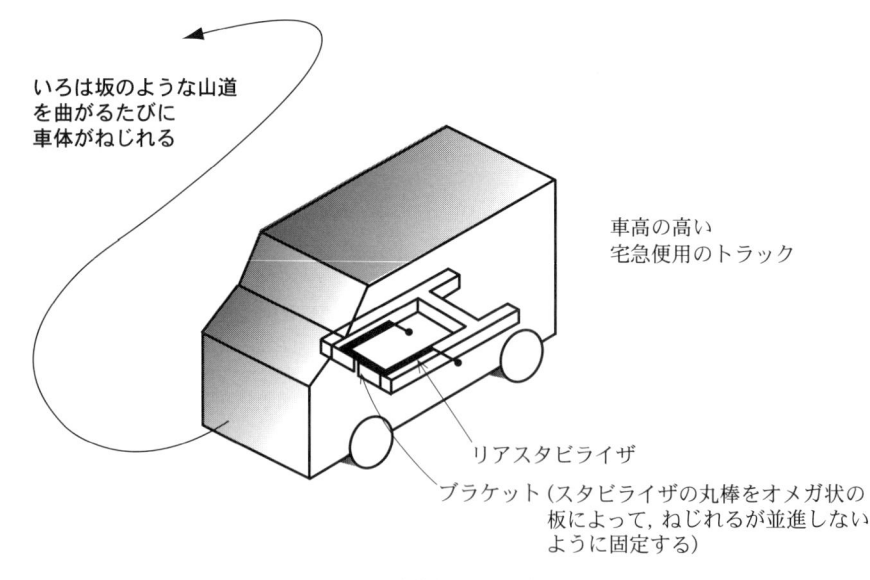

ブラケット（スタビライザの丸棒をオメガ状の板によって，ねじれるが並進しないように固定する）

図 15.2 宅急便のスタビライザ

15 特殊使用

- ▶ 連続屈曲した山道を5年以上，毎日走行していた専用車に損傷
- ▶ 最悪の場合，当該ブラケット脇のブレーキパイプ損傷の可能性あり
- ▶ リコールを届け，ブラケットを強化

説明：いろは坂のような急坂・急カーブの連続路では，カーブのたびに車体が遠心力と加速度でたわんで捻れる．これを毎日365日5年間もつづけていれば，疲労試験と同じ結果が得られる．設計者にとってみれば，まさかと思う使用例である．この特殊使用車は少数で車番が特定できるが，危険を公表せずに個別に改良を施すことは現在の日本では許されない，とメーカは判断し，修理は始めるが平行してリコールで公開した．このような判断がリコール数を図A.5で前述したように，急増させている．

参考文献：平成13年度国土交通省委託調査報告書「リコールの原因調査・分析検討」（株）日本総合研究所，2002．16ページで前述したが，筆者はこの委員会に出席して，リコールはエンジン・ブレーキのような主要部分でなく，配線・配管のような周辺部分から生じることを知った．本書もそこから4例転載したが，公開資料のほかに，守秘義務で明かせない内部資料も見せていただき，メーカは設計者が思いつきそうもないインシデントでも真摯に対応していたことがわかった．彼らは，マスコミに非難されているような利益優先組織ではけっしてない．実際，日本の車は故障が世界一少ない．

事象15.3　焼き芋販売車の変速機損傷（1998）
日本，富士重工，図15.3

　焼き芋販売車として使用されていたスバル製ミニバンのギアが損傷した．長時間低速で走行していたため，軸受が焼き付いたため．スバルはリコールして，潤滑油をより供給できるよう改造した．

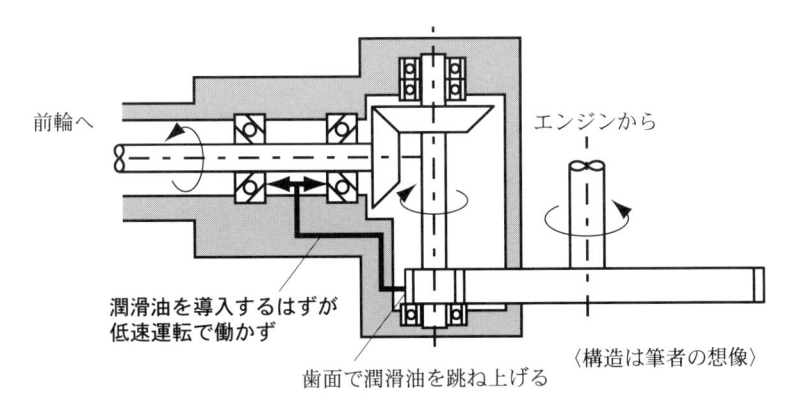

図 15.3　焼き芋販売車の変速機

シナリオ

- ▶ 1997年から軽自動車のバンを販売
- ▶ 1998年に3ヶ月しか走行していない車の自動変速機にギア損傷発生
- ▶ 連続して低速走行していたため，軸受に潤滑油が供給されず焼き付き
- ▶ 軸受が焼き付くと，ギアが溶損し，走行不能の可能性大
- ▶ リコールを届け，潤滑油循環機構を改造

説明：連続して低速走行したのは，焼き芋販売者や牛乳配達車である．確かに時速10 km以下と極端にゆっくり走っては止まる．しかしそれでは，**変速機の歯車をポンプがわりにして軸受へ潤滑油を供給**できなかったのである．潤滑油は重要である．100年前のエンジンは，燃料消費量と同じぐらいに潤滑油を大量に消費していた．つまり，ピストンとシリンダの間のピストンリングや，シリンダの表面のホーニングによる加工痕が，今のように最適化されておらず，潤滑油がシリンダを昇ってきて燃料と一緒に燃えてしまったのである．逆にそのくらい潤滑油を流さないと，加工精度や冷却性能が悪かったから簡単に焼き付いたのだろう．また，低速間欠運転で生じた事故として有名なのは，その運転条件で排気ガスの水分が蒸発せずに，硫黄を含んだ硫酸が溜まって，排気マフラーを腐食させた事例である．高速連続運転していれば水分が蒸発して，硫酸も長期にわたって残留しなかったのである．

機械の初心者は給油・給脂をバカにする．筆者は学生に2枚の平歯車を用いた単純形状の歯車減速機（図15.4）の設計を指導しているが，歯車のどこの高さまで油を浸すかが問題になる．入れすぎると油を引っかき回すのに動力が使われて非効率であるが，かといって入れないとほかの歯車や軸受まで油が回ってくれない．それでは，液体の油をやめてドロドロしたグリースとよばれる脂を使うのもひとつの代案である．回転しても歯車や軸受にベタベタ付いていてくれる．しかし，使ううち

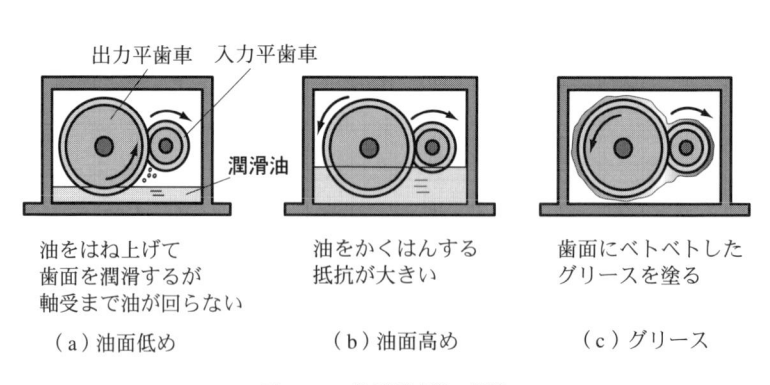

（a）油面低め
油をはね上げて歯面を潤滑するが軸受まで油が回らない

（b）油面高め
油をかくはんする抵抗が大きい

（c）グリース
歯面にベトベトしたグリースを塗る

図 15.4 歯車減速機の潤滑

に脂は劣化してサラサラになるので，定期検査ごとに給脂できる穴やホースをあらかじめ準備し，その一端には脂をピストンで押し込めるようにニップルを付けておくべきである．

参考文献：平成13年度国土交通省委託調査報告書「リコールの原因調査・分析検討」（株）日本総合研究所，2002

事象15.4　レーザポインタで視力障害（1999）
日本，神奈川県横浜市，図15.5，資料［128］

中学生が振り回すおもちゃのレーザポインタの光が目に入り，3名の視力が低下．全国でも同様の被害が発生していた．レーザポインタはプレゼン用だが，使用禁止のところは多い．

シナリオ
- 中学校で数人の生徒が教室内でレーザポインタを振り回す
- 光を受けた3名が視力低下，その後，点滴液で視力回復
- 12月8日に消費者生活センターに生徒の保護者から報告

説明：問題のレーザポインタは100円の"ガチャ"（おもちゃ自販機）から出てきた外国製玩具らしい．レーザの事故として，**1997年から2000年まで14件の網膜損傷や視力障害が報告されていた**．確かに，大学の発表会で，緊張していた発表中の学生がスイッチを切らずにポインタを振り回し，レーザを観客に当てて喧嘩になる．1997年にはプロ野球のピッチャーが観客席からレーザを当てられて降板した．企業でも，研究発表においてレーザポインタ禁止の組織が多い．

図 15.5　レーザポインタで視力障害

事象 15.5　デジタルビデオカメラでエアバスの操縦計器が異常（1997）
日本，東京都羽田空港，図15.6，資料 [114]

乗客が使用していたデジタルビデオカメラから発生した電磁波により，羽田空港に進入するエアバスの計器が狂ってしまった．電子機器から発する微弱な電磁波でも，離着陸時は操作に影響する．

シナリオ
- 3月13日，青森発JASエアバスA300が羽田空港へ進入
- 水平位置表示計，姿勢指令指示計，グライドスコープの針が振れる
- 地上無線局からの距離表示も消失，空港へ計器進入できず
- ちょうど乗客がデジタルビデオカメラを作動中，それを切ったら復旧
- 電磁波が客室外に浸透し，機外にある20本程度のアンテナの1本で受信した

説明：飛行機に乗ると「離着陸時は電子製品のスイッチをお切り下さい」という注意が必ずくり返される．離着陸時に漏洩電磁波を受信すると，操縦自体に問題が生じるらしい．しかし，本当にこんな小さな携帯電話でも悪さをするのか考えてしまう．でも現在の技術は，モニター画面に送っている画像情報を，部屋の外から盗聴して画面ごと情報を盗むことも可能である．**電波は微弱でも壁を透過してほかの機械に影響をおよぼすのである．**

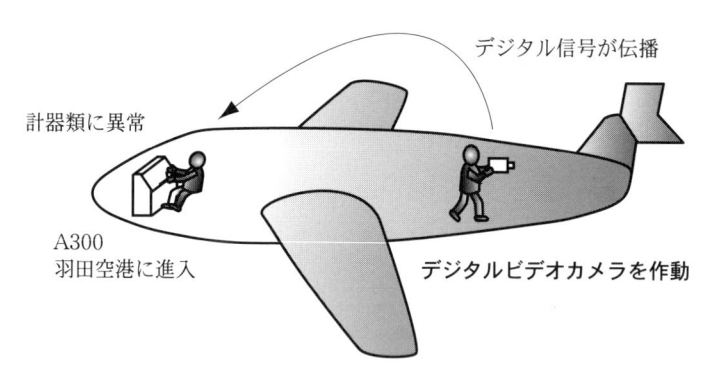

図 15.6　デジタルビデオカメラでエアバスの操縦計器が異常

16 落下物・付着物

事象 16.1 コンコルドの墜落（2000）
フランス，パリ，シャルル・ドゴール空港，エールフランス社，図16.1，資料[134]，参考文献（14）

　超音速旅客機コンコルドが，離陸するとき，滑走路上に落ちていた金属片（前に離陸した飛行機の落とし物）を踏んでタイヤをパンクさせた．タイヤの破片が燃料タンクを貫通させ，エンジン出力が低下し，コンコルドは墜落した．乗客・住民の113名死亡．

シナリオ
- 7月25日にコンチネンタル航空DC10が26R滑走路に金属片落下
- 当該金属片はGE社製エンジンCF6-50の逆噴射装置の覆い
- 当該覆いは6月11日のオーバーホールで交換，GE社の正規部品ではない
- DC10の離陸5分後に，コンコルドが離陸
- コンコルドの四つの車輪のうち，ひとつが金属片を踏み，タイヤが破裂
- タイヤ破片が燃料タンクを貫通，または変形で内圧上昇して破壊
- 燃料が漏洩し，一部が引火
- 四つのエンジンのうち，左翼の第2エンジンが故障，ほかも出力低下
- 機体が失速し，滑走路から9.5 km先のホテルに墜落
- 乗客100名，乗員9名，墜落したホテル内に居た4名の計113名死亡

説明：コンコルドはタイヤから燃料タンクへと損傷を拡大させた事故が，過去に6

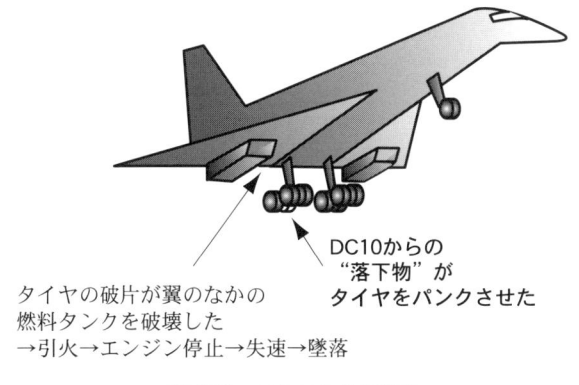

タイヤの破片が翼のなかの燃料タンクを破壊した
→引火→エンジン停止→失速→墜落

DC10からの"落下物"がタイヤをパンクさせた

図 16.1　コンコルドの墜落

件もあって，この事故を機にF1マシンと同じように，アラミド繊維「ケブラー」内張りのタンクに改良しようとしていた．連鎖反応のチェーンを切ろうと努力はしていたのである．筆者が学生にこの事故を説明していたときに気付いたことだが，旅客機の翼は，要求機能として，揚力を発生させることと，燃料を積載することとが一人二役で両立するように設計されている．つまり，翼のなかを燃料タンクに流用しているのである．戦闘機だと，翼を撃たれて墜落になるような脆弱な設計では勝負にならない．そこで，**内部にゴムを貼り付けて弾が貫通してもゴムがふたたび傷口を塞ぐように設計される**．本事故の場合でも，ゴムとケブラーが貼ってあれば，タイヤ破片が貫通した傷口をゴムが包み込み，その後の燃料気化漏洩・引火炎上を防ぐことができたはずである．なお「落とし物」をしたDC10に対する賠償責任を問う裁判は，2004年現在，まだ結審していないが，それ相応の責任が問われると思われる．

この事故を契機に，2003年10月にコンコルドは引退した．この「もらい事故」がコンコルドの1976年の就航以来はじめての重大事故だったというのだから，実はきわめて安全な機種であった．しかし，マッハ2で飛ぶために燃料消費が激しく，乗客あたり燃料消費は1席0.9トン（乗客定員100名で90トン）と，ジャンボの1席0.3トン（乗客定員約400名で120トン）の3倍も大きかった．また，1976年の就航以来，老朽化も進み，飛行時間1時間あたり12時間のメンテナンス時間を必要としていた．

しかし，コンコルドは高度18,000 mと高く飛ぶため，空がとても青く美しく見えるらしい．引退は残念であり，筆者は一度，乗ってみたかった（ただし大西洋横断往復で1.3万ドルと高価で，貧乏学者の身では無理）．

■「落下物・付着物」について

小さな落下物が大きな事故を誘うという事例である．高層マンションでは，幼児が何気なくベランダから落とした玩具が，1階で庭の手入れしていた人を大怪我させる．たとえ柔らかい布団でさえ，凶器になり得る．

小さな落下物は，メンテナンスの些細なミスから生じることが多い．しかし，落下物から大事故に至るシナリオを想定することは大事であるが，落下物を心配していたら何もできないと設計者から反発されるのも当然である．以前，テレビで賢いカラスが鉄道レールの上に石を並べている画像が流されたが，その石が列車を脱線させ，跳ね飛ばした石に当たった近隣の住人が負傷するかもしれない．たかがカラスと馬鹿にできないが，カラス脅しの目玉風船を吊さなかった設計者の責になるだろうか．

また，落下物と同様に外からの飛来物も事故原因として考えられる．この前，

筆者が何気なくテレビを見ていたら，アフリカのサハラ砂漠の拡大で砂煙が偏西風で大西洋を飛来し，カリブ海沿岸の珊瑚を弱らせ喘息患者を増やすという番組があった．日本へも中国の黄河上流の黄砂がジェット気流に乗ってやってくる．また，韓国の日本海沿岸の原子炉がテロ爆破されたら，放射能の塵埃は対岸の北陸地方に飛来してくる．

　これらは大げさな落下物であるが，もっと身近な付着物も，付着場所によっては重大なトラブルを発生させる．たとえば，酸性雨が有名である．石炭の暖房や火力発電によって，つい30年前のヨーロッパの多くの街では金属は錆び，石壁は真っ黒だった．筆者の大学の非常階段の手すりは，普通の雨が縦パイプのなかに溜ってパイプの最下部だけが腐食し，退避訓練のときに手すり全体がコンクリートから外れた．北海道ならばその雨が冬季に凍って，氷が体積膨張し自然と崩壊したかもしれない．

　以前，筆者の勤めていた工場では，部品の洗浄乾燥に塩素系の液体を使っていたが，それが漂って50 m先の冷たい機械表面に凝結し，正月休み明けにあちこちが錆びているのを発見した．外来浮遊物はちょっと予想しにくいので，どんな物質が浮遊してきても致死に至らぬような機構を考えることがエンジニアの役目である．

類似事例

事象 16.2　桜木町の63系電車火災（1951）
日本，神奈川県横浜市，図16.2, 資料 [203]

　作業員が落としたスパナによって架線がショートして切断．その下を通過する電車のパンタグラフに絡まった．電車の屋根は木製で，火花から火災を発生，閉じこめられた乗客は106名死亡，92名重傷．

シナリオ
- 4月24日，桜木町駅で架線工事を実施
- 13時38分，作業員が碍子交換のときに誤ってスパナをビームに短絡させた
- 上りの吊架線（架線の上の弓なりの線）が切断，架線（トロリー線）がたわむ
- 電力工主長（作業長）が桜木町駅信号所に事故報告
- 「架線を断線させ，上りはいけない．下りは差し支えない」と曖昧に報告
- 13時42分，京浜東北線の63系5両編成の下り電車が桜木町駅に到着
- ポイントを渡るとき，パンタグラフのシューが架線に巻付，フレーム湾曲

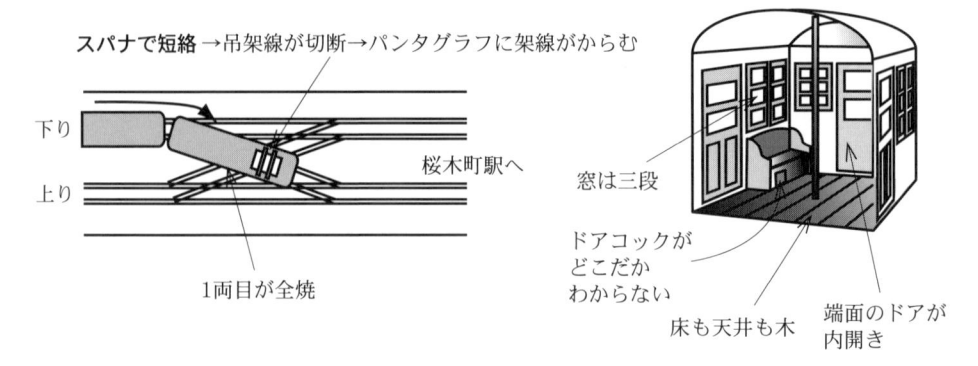

図 16.2 桜木町の63系電車火災

- 運転手が慌ててパンタグラフを降ろしたので，電力供給なく自動扉は開かず
- 木製の屋根が架線かパンタグラフからの短絡の火花で火災発生
- 非常用ドアコックは誰も知らず，隣り車両への貫通扉は内開きで開かず
- 窓は三段窓で上窓か下窓が開いても29 cmの隙間しか生じない，避難不可能
- 運転手と同乗の電車係員は炎上中の2両目と3両目を切り離し
- 鶴見変電所の高速度遮断機が5分間作動せず，1,500 Vの給電続く
- 1両目は10分で全焼，2両目も半焼
- 106名焼死，92名重軽傷

説明：作業員が誤ってスパナを落として短絡させることは予見可能である．電気工事者は多くのポケットにたくさんの工具をさし込んで作業しているが，ときどき高所から落とす．つまり，人間はそのような失敗を必ず起こす．設計者がやるべきことは，この短絡が回避できなくても，車両は停止させることであり，車両火災が回避できる構造を設計することであり，さらに車両火災が回避できなくても少なくとも乗客は退避できる構造を設計することである．

この事故以来，貫通ドアは引き戸になり，ゴム幌も付けられ，となりの車両に逃げられるようになった．またドアコックも注意書きとともに赤枠で表示され，3段窓は2段へと改造され，車両の木材がすべて金属に置き換わった．

筆者は講演で「**ドアコック**ってご存知ですか」と観衆によく聞くが，60歳以上の高齢者は90％が知っているが，若い学生は10％も知らないことがわかった．要するにこの「桜木町ショック」の有無がこの差を生みだしている．

2003年の**韓国の大邱の地下鉄火事**（事象21.2）では200名以上の焼死者が出たが，列車の先頭車と後尾車にわかれて逃げた乗客のうち，先頭車の方にはたまたま鉄道関係の人がいてドアコックを開いてホームから逃げられたが，後尾車は誰もドアコ

ックを知らず，ドアに折り重なって焼死していた．事故の後で韓国市民にドアコックの存在を聞いたところ，日本の学生以下の比率で，わずかな人しか知らなかったそうである．今はソウルの地下鉄に乗っても，日本の山手線と同じように扉ごとにドアコックが表示してある．なお，現在の車両は空気圧でドアが開くのではなく，モータで開くが，依然として空気圧部品名称のドアコックを表記し，このレバーを捻るとメカニカルストッパが外れて手で開くようになっている．

なお，63（ロクサン）系の電車は第二次世界大戦の戦時中や戦後の何もかもが不足しているときに作った車両で，ガラスがなくて板張りのもあったぐらいである．それでも戦後の日本の復興に活躍して，73系に改番された後も1985年まで使用された．

参考文献：中川浩一，桜木町事故とモハ63系とのかかわり，鉄道ピクトリアル，No.756, pp.64-69, 2005

事象16.3 火山灰による航空機のエンジン停止（1982）
インドネシア上空，図16.3, 資料［406］

インドネシア，ジャワ島の火山が噴火．英国航空のボーイング機が火山灰雲に入ってしまい，機体が灰に覆われ，エンジン停止．約7,000 mを降下したあと，エンジン始動し，緊急着陸し，全員無事だった．

シナリオ
▶ 1982年にジャワ島西部のグルングン火山が噴火，3ヶ月間噴煙
▶ 6月24日，英国航空ボーイング747-200オーストラリア・パース行が通過

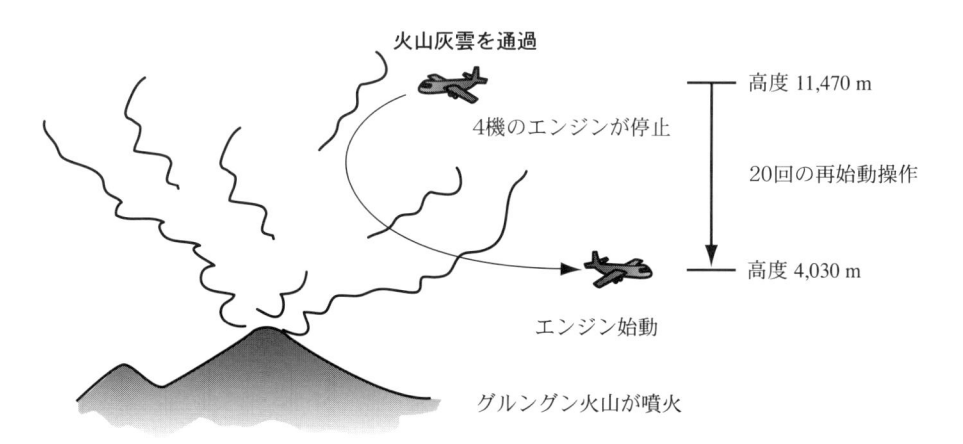

図16.3 火山灰による航空機のエンジン停止

- 火山灰雲に入って灰が燃料ノズルやタービンブレードに堆積
- スマトラ島の南の上空高度11,470 mで，突然，エンジン4基が停止
- 滑空して急降下中，高度4,030 mで再始動操作20回目にエンジン1基始動
- コックピット正面は火山灰で曇りガラスになり，両端5 cmから前方可視
- 始動したエンジン3基でジャカルタに緊急着陸し，全員無事

説明：1982年当時は火山灰がエンジンに及す影響は知られておらず，火山灰雲は通常の水蒸気の雲よりも密度が小さいためレーダにも映らなかった．その後の20年間に火山灰が起こしたトラブルは80件も生じており，**1991年のフィリピンのピナツボ火山が噴火した際，20機以上の飛行機がエンジントラブルを起こした**．現在は全世界を9箇所の航空路火山灰情報センターが監視するだけでなく，気象衛星から酸化硫黄ガスや赤外線を探知して火山灰雲を観測している．

筆者は以前，福岡発の飛行機に乗って，大島上空で左に曲がって羽田空港に降りるとき，ほんの近くに長く尾を引いた三宅島の噴煙を見たが，この噴煙にはゾッとした．

事象 16.4　降雪のワシントンでの飛行機墜落（1982）

アメリカ，ワシントン，ワシントンナショナル空港，フロリダ航空，図16.4，資料[407]

雪降りしきるワシントンナショナル空港で滑走路の除雪を待っているうち，翼に雪や氷が付着した．滑走をはじめるが，推力・揚力ともに上がらず，失速し，墜落した．乗客乗員ら82名死亡．

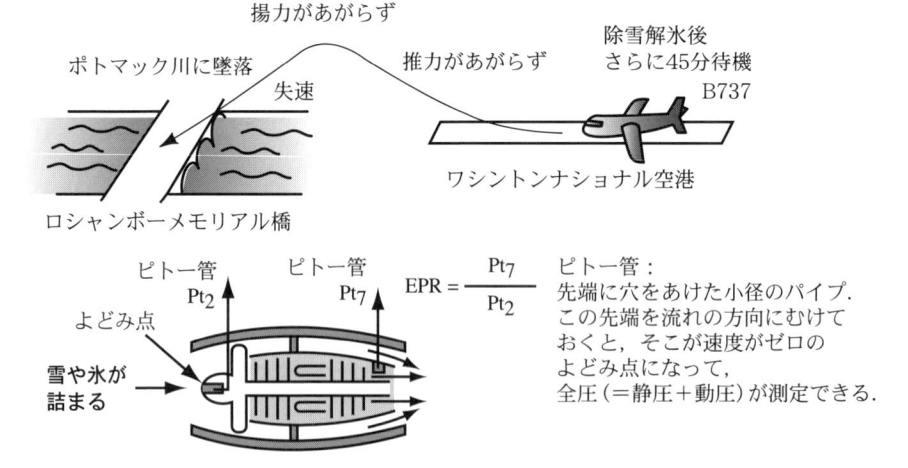

$$EPR = \frac{Pt_7}{Pt_2}$$

ピトー管：先端に穴をあけた小径のパイプ．この先端を流れの方向にむけておくと，そこが速度がゼロのよどみ点になって，全圧（＝静圧＋動圧）が測定できる．

図 16.4　降雪のワシントンでの飛行機墜落

16　落下物・付着物　171

シナリオ
- 厳寒の1月13日，フロリダ航空B737-222が強度の降雪のため待機
- 空港再開予定時刻直前に除雪解氷作業を実施
- 15機以上も優先機があり，さらに雪のなかで45分待機後に離陸
- 副操縦士が速度計の異常を発見，操縦士は警告を却下
- 離陸直後にスティックシェーカー（操縦桿の振動による警報）発生
- 翼の前縁部に雪や氷が付き揚力が発生せず
- 速度計のピトー管（エンジンのファン中心に設置）が雪や氷で詰まる
- 推力を示す，エンジン圧力比（EPR）が実際の値よりも高めに表示
- 揚力が上がらず急降下し，ロシャンボーメモリアル橋に衝突
- 機体はポトマック川に墜落，橋上の自動車7台（4名死亡）を巻き込む
- 乗客78名中74名，乗員5名中4名それぞれ死亡

説明：氷でも重大事故につながることもあるという事例である．飛行機は簡易的に推力のパラメータとしてEngine Pressure Ratio（EPR）が用いられるが，これは排気の静圧を吸気よどみ点の全圧で除した値である．この事故時に必要な推力が2.04EPRであった．しかし，**計器は氷によって詰まって吸気全圧は実際よりも低い値を表示し，計器は2.04 EPRを示していたが，実際は1.70 EPRであった**．推力不足で失速したのである．

なお，この事故は墜落後でも水温1℃の冷たい川面で生きていた人が6名いた．1名の男性は二度も同じく生きていた女性にヘリコプタの救命浮き輪を譲って沈んでしまった．また，現場に居合わせた別の男性は川に飛び込んで救命浮き輪を放してしまった女性を助けた．この勇者の物語は事故原因よりも有名である．

参考文献：Macarthur Job, AIR DISASTER, Vol.2, p. 83, Aerospace Publications Pty Limited, 1996

事象 16.5　スペースシャトル・コロンビア号の墜落（2003）
アメリカ，NASA，図16.5

スペースシャトル・コロンビア号の打ち上げ81秒後，外部燃料タンク断熱材が落下し，左翼に衝突，穴があき損傷した．しかし，誰も気づかない．地球に戻るべく，大気圏再突入すると損傷部から高温ガスが入り，機体を破壊．乗員7名死亡．

シナリオ
- スペースシャトルの113回目のミッション
- コロンビア号は1号機のスペースシャトルだが，28回目のミッション

5 想定外の制約

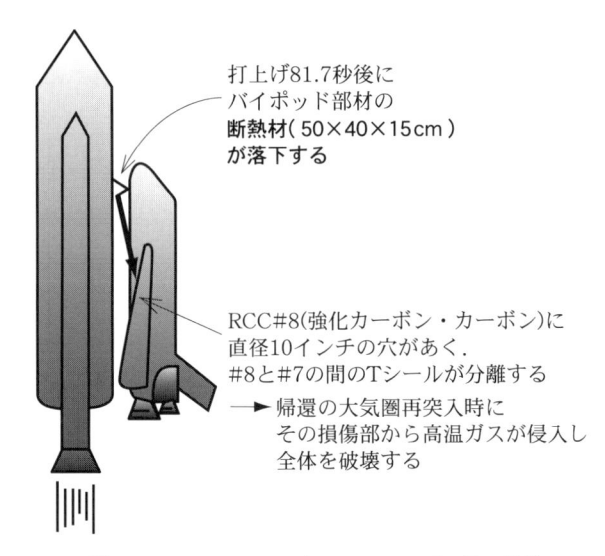

打上げ81.7秒後に
バイポッド部材の
断熱材（50×40×15cm）
が落下する

RCC#8（強化カーボン・カーボン）に
直径10インチの穴があく．
#8と#7の間のTシールが分離する
→ 帰還の大気圏再突入時に
その損傷部から高温ガスが侵入し
全体を破壊する

図 **16.5** スペースシャトル・コロンビア号の墜落

- 2003年1月16日，コロンビア号の打ち上げ
- 打ち上げ81秒後，外部燃料タンクの断熱材が落下，左翼に衝突
- 左翼 RCC（Reinforced Carbon-Carbon）パネル#8が損傷，直径10インチの穴
- 損傷は乗務員も地上サポートチームも気付かず
- 飛行2日目に左翼からRCCパネル一部または連結部材のTシールが分離
- 2月1日に大気圏再突入，左翼前縁の損傷部から高温ガスが内部に進入
- 左翼が重大な損傷を受け，機体のコントロールを失い，機体が破壊，7名死亡

説明：打ち上げ時に断熱材が落下することは，本事例の113回目の以前のミッションにおいても，約半数のミッションで発生していたらしい．だから，今回も地上の分析チームが断熱材による損傷を望遠鏡で観察しようと軍に依頼していたのに，運行管理チームは，たとえ損傷を見つけたとしても救助できないから，と分析自体を止めさせていた．これは「そこまで心配したらミッションは進まないよ」という論理である．**安全維持も運行管理チームの責任だったが，安全と運行とを天秤にかけること自体，難しい**．宇宙開発は冒険が付き物だから，どうしても安全は二の次になる．民間航空機ならば墜落による損失は運行による利益よりもはるかに甚大だから，安全維持が優先される．2003年8月26日にコロンビア号事故調査委員会が最終報告書（一部和訳あり）を公開したが，**最初に技術的原因**（physical cause）**と組織的原因**（organizational cause）**を示してから，詳説している**．

なお断熱材は普通，機械のエンジニアは真面目に考えず，仕上げ図面にも描いて

いないことが多い．この断熱材は，極低温の液体酸素や液体水素を供給してから，それらが打ち上げまでに蒸発しないようにするのが要求機能である．つまり外部燃料タンクの表面とバイポッド（機関銃の支持脚のようにＶ字型したオービターとタンクとの連結部材）の表面に，厚さ３cmのエポキシ系樹脂と厚さ５cmのポリウレタンの断熱材（今回，剥離・落下した）を，厚く塗布した．つまり，この断熱材は，打ち上げ直前で要求機能が終了するので，理想的には打ち上げ直前に飛行に邪魔だから消えてくれると好ましいものなのだろう．また，RCCは炭素繊維強化プラスチックを焼成し，樹脂を含浸させては焼成することを10回もくり返すもので，1,600℃に耐える"優れモノ"であるが，セラミクスと同様に衝撃によって脆性破壊するのであろう．

　断熱材は総じてあまり格好のよいものではない．たとえば，稼働中のガスタービンを見に行くと，停止時に保温して起動しやすい状態に保つために「おこもさん」のように断熱材ですっぽり覆っているのが見れる．また，稼働中の高真空処理装置を見に行くと，真空容器表面の水分を焼き出しするために，装置全体が配管を含めて断熱材とアルミフォイルでグルグル巻きになっているのがわかる．さらに，工作機械や測定器械でも熱変形で歪まないように（熱変形するならば等方的に相似的に変形するように），表面を厚い断熱材で覆うことが多い．このような**現場対処的に設計する要素が断熱材だから，本事例のような飛行時の剥離・落下もマァ　シカタガナイ**と思っていたのだろう．もし剥離・落下が困るならば，飛行船はアポロのように燃料タンクよりも上の最上部に配置すべきだし，断熱材表面を針金やテープでグルグル巻きして固定すべきだろう．

参考文献：中野不二男，科学技術はなぜ失敗するのか，中央公論新社，2004
　　　　　http://www.jaxa.jp/press/archives/nasda/2003/09/columbia_20030903_j.html

17　逆　流

事象17.1　豪雨でふたの外れたマンホールに転落（1985）
日本，東京都大田区，図17.1，資料［309］

　猛暑の日の夕方，東京は豪雨に襲われ，下水道があふれた．あふれた水がマンホールを押し上げ，ふたが外れ，冠水で穴に気づかなかった男性が吸い込まれ，流された．

シナリオ
▶ 7月14日，日中は猛暑，夕方に豪雨，大田区で雨量40 mm/時間

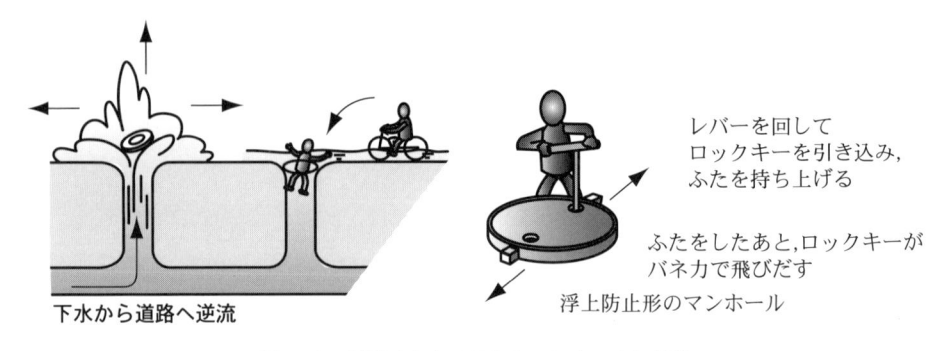

図 17.1 豪雨でふたの外れたマンホールに転落

- 流下能力以上に下水流量増加，マンホール内の水圧・空気圧上昇
- 都区内に34万箇所あるマンホールの一部のふたがはずれる
- 冠水した道路を通行中の41歳男性が自転車とともにマンホールに転落
- 胸まで入ったところで助けを求めるが穴に吸い込まれる
- 翌日，1.4 km離れた川で男性を発見したが，すでに死亡
- ふたとして浮上防止型，ボルト固定型，格子状圧力解放型に2千箇所変更

説明：マンホールは排水溝であり，汚水や雨水は排水溝を通して下水処理場，川，海に至る．それなのに，**排水溝の圧力が上がってふたを跳ね上げて，水が逆流して自分の工場に溢れる**と，設計者は面食らう．また豪雨だけでなく，高潮や洪水でも同様に水が逆流する．1998年にも高知市で集中豪雨があり，高校生と美容師が，同様に逆流でふたの外れたマンホールに転落し犠牲になった．逆流を防ぐには，逆止弁と同じように，浮上防止型のふたが有効である．消火栓のホースソケットのように，バネで押されたロックキーが外径方向の溝にはまって，ふたは外れなくなる．

■「逆流」について

水や空気，電流などが設計していた方向と逆に流れると，設計者が逆流を考えていなかった分，大事故に至る．電気ノイズもアースから逆流してくるとお手上げである．筆者の大学の実験室では，どこかの機械が漏電しているらしく，水道管や排水溝が50 Vを示す．このほかに，インターチェンジを行き過ぎた車が，高速道路をバックで逆送してくれば後続車は驚くし，台風によって風呂釜の排気口から風が吹き込んで火が吹き消され，洗い場でガスの臭いがすると驚く．落ち着いて考えれば，そのような現象が生じることは物理的に不思議ではないが，**逆は起こるはずがないと思いこむ"心理的障壁"が思考回路をはずしてしまう**のである．

類似事例

事象17.2 下水道のマンホールのふたが飛散（2002）
日本，東京都板橋区，図17.2，資料 [326]

　流量調整のために貯留池から沈砂池へ水を流したことにより，沈砂池の圧力が増加し，上流側へ水が逆流した．逆流した水で上流側のマンホールのふたが吹き上がった．

シナリオ
▶ 6月13日7時2分，新河岸東処理場で貯留池から沈砂池へ送水開始
▶ 下流側の沈砂池が上流側の貯留池より圧力増加（−0.52 mから+1.03 m）
▶ 7時40分，沈砂池に流入する下水道の上流側の圧力が減少（−0.01 m）
▶ 本来，処理場に流入すべき下水が流出，逆流開始
▶ 河川の下に下水道を通すエアクッション・サイホンの空気が上流側へ
▶ 7時45分，上流側が加圧，80 kgのマンホールのふたが飛散，下水とともに噴出

説明：これも逆流の事例であるが，制御の手加減を間違えた人災の事例である．下水道だけでなく，上水道の圧力が変動することもある．たとえば，筆者の大学では5月の連休で皆が水道を使わない間，秘かに水道圧が上昇して，ゴムホースを破裂させ，床が池に変わり，床に転がしていたコンセントが短絡した（2004）．

　逆流も海外では大規模の災害が生じている．たとえば，1992年にはメキシコ・グアダラハラ市で，**下水道からガソリンが逆流してきた**．つまり，国営石油会社の地下輸送管から下水道にガソリンが流入し，臭いがするという市民の苦情を無視するうちに，市街地の12箇所で爆発が発生し，190名死亡，1,470名負傷という大災害が生じた．何が逆流してくるかわかったものではない．

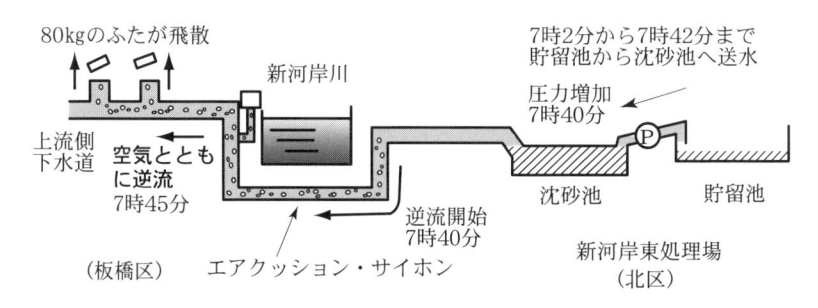

図 17.2　下水道のマンホールのふたが飛散

事象 17.3	マフラー腐食で排ガスが車内侵入（1994）
	日本，日産自動車，図17.3，資料 [333]

日産製の車のマフラーが腐食し，排気ガスが排出されず，車室内へ逆流した．一酸化炭素中毒発生．日産は70万台リコール．ステンレス製マフラーへ変更．

シナリオ
- 3元触媒を採用したが，マフラーの腐食を看過
- 排ガスが客室床下から侵入し，一酸化炭素中毒発生
- 同様の事故は日産車を含めて，1985年から6年間で21件発生23名死亡
- 輸出車はPL法を意識，マフラーをステンレス鋼化，取扱説明書に警告
- 日産は70万台をリコール，国内車もマフラーをステンレス鋼化

説明：一酸化炭素がマフラーから客室へと逆流したことは，設計者にとって想定外である．いや，そうでもなく，車庫内や降雪中で，暖をとるためにエンジンをかけて一酸化炭素中毒に至る事故は後を絶たないから，エンジニアは低い確率だが最悪の事態が生じることを想定していたのかもしれない．自動車部品販売店では，フェライト系ステンレス鋼である400番台のSUS409（11Cr-Ti）やSUS430（18Cr-0.5Cu-Nb）で作られたマフラーやテールエンドパイプが売られている．排気ガス内の硫黄や硫酸イオンや硝酸イオンが凝縮液となって鋼を腐食させるので，穴が開いたら速やかに交換しなければならない．

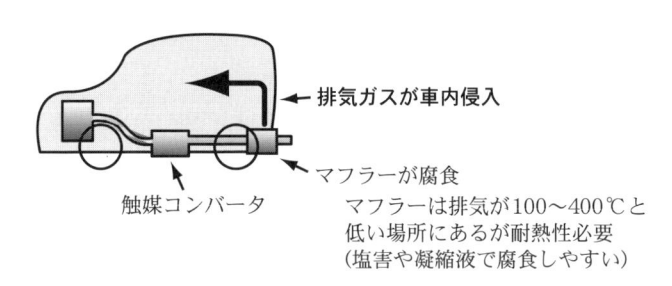

図 17.3 マフラー腐食で排ガスが車内侵入

事象 17.4 ジェットバスで女児が溺死（2000）
日本，東京都調布市，図17.4，資料［129］

ジェットバスの吸込口に髪の毛を吸い込まれて水中で身動きできず，女児がおぼれる事故が多発した．

シナリオ
- 1980年代から40万台の気泡噴射式浴槽（ジェットバス）を販売
- 1992年，7歳女児がINAX製浴槽の吸水口に髪の毛を吸い込まれ水死
- INAXは吸水口カバーを穴の開いたタイプに変更，既売品9,000台交換
- 1990年から10年間で，ノーリツ，松下，TOTOなどで事故20件（水死3件）
- メーカ23社で穴あきカバーに改良，しかし既売品はカバーを交換せず
- 2000年9月21日，6歳女児と2歳男児の子供だけでノーリツ製浴槽に入浴
- 女児の髪の毛が吸水口に吸い込まれて，溺死

説明：水泳プールの排水口も同じで，同様の事故が生じている．日本体育施設協会によると，1966年以降に少なくとも50名が排水口に吸い込まれて死亡しているそうである．手足が吸い込まれないように，排水口にふたが必要だが，全国の学校プールの2％の589校のふたが固定されていなかったそうである（日本経済新聞，2005年4月21日）．最近，2005年9月4日の記録的豪雨では，雨水の排水口が流れてきた枯葉で詰まり，筆者の研究室は池になった．排水口にも気をつかって，まわりを清掃する重要性に気付いた．

系に入れる水量分だけ系から出ていくのだから，入口流量と出口面積がわかっていると出口流速も計算できるはずである．しかし，エンジニアの初心者は排水をバカにして計算もしない．排気も同様で，なんでもかんでも排気ダクトにつないでお

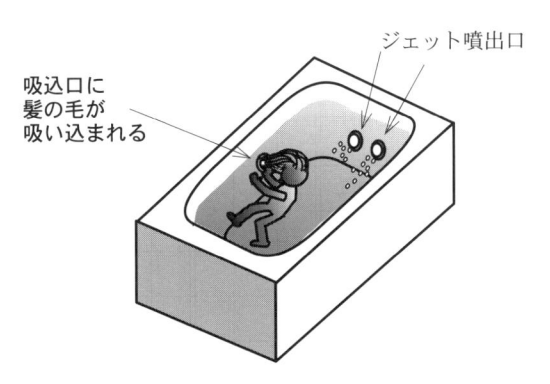

図 17.4 ジェットバスで女児が溺死

けば大丈夫と思っていると，つなぎすぎて既設の排気ファンでは引かなくなる．また，電気配線では，装置で使っている電源線の5倍ぐらい太いアース線を使うべきである．そうしないと，電気抵抗が生じてアース線に電圧勾配が生じる．

本事例のように，**装置出口の噴流の設計に没頭していると，装置入口の吸水口に問題が生じる**．たとえば，池にホースを入れて水を汲み上げて放水したとき，放水する出口のほうばかりに気が向いていると，片方の吸水口から渦が竜巻のように成長し，水面に一端が達してゴボゴボとポンプに空気が入ってきて動かなくなる．また放水するポンプ出口流量が変動すると，池から汲み上げるポンプ入口流量も配管内の振動で変動するため，ポンプ直前でサージタンク（脈動防止槽）が必要になる．つまり，意識の少ない方向にも思考のエネルギーを注ぐことが肝要である．

事象17.5　大阪大学のモノシランガス爆発（1992）
日本，大阪府，大阪大学基礎工学部，図17.5，資料 [211]

　亜酸化窒素のボンベとモノシランのボンベは，パージラインでつながっていた．亜酸化窒素がモノシランボンベへ逆流し，混じり合い，学生がボンベを開いたとき，モノシランボンベ内で爆発が起こり，2名が死亡した．

シナリオ
▶ CVD（化学気相成膜）の残留ガスの排出のためにパージライン敷設
▶ 亜酸化窒素とモノシランに対して窒素の共通パージラインを敷設
▶ 亜酸化窒素が逆止弁のOリングを劣化させてパージラインを逆流
▶ 亜酸化窒素ボンベに近いほうにメタルタッチのバルブを設置すべき

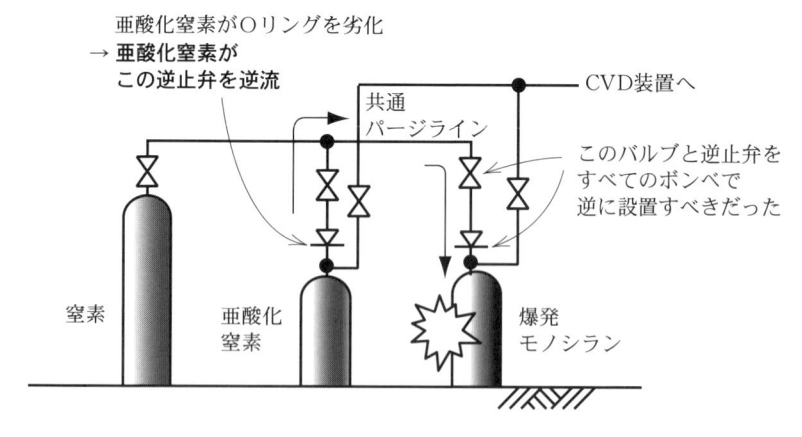

図17.5　大阪大学のモノシランガス爆発

- 亜酸化窒素がモノシランのボンベへ流れて混合
- 10月2日，学生が実験開始時にバルブを開いて，火花が発生？
- モノシランボンベ内で爆発，2名死亡

説明：学生はパージラインのバルブを常時「開」にしていたらしかった．そうしないとボンベから漏れ出た亜酸化窒素が，モノシランのボンベに到達しない．死んだ学生には可哀想だが，人災である．また，化学実験に用いるガスの配管のプロによると，亜酸化窒素に近いほうに逆止弁でなくバルブを設置すべきであったらしい．亜酸化窒素のボンベは液体が蒸発するもので圧力は使用量にかかわらず50気圧である．一方で窒素は使っているうちに2気圧まで減少する．だから**亜酸化窒素が窒素を押して逆止弁に流入し，Oリングを劣化させた**．しかし，ボンベに近いほうにメタルタッチのバルブを設置しておけば，逆止弁は窒素に曝されるだけで事故は生じない．しかしこのようにボンベ・バルブ・逆止弁と安全側に設置しても，「逆止弁は逆流を防ぐからその経路のバルブは常時「開」にしても大丈夫」と信じている人は，亜酸化窒素が常時開のバルブを通して逆止弁のOリングを劣化させるので，やはり爆発して怪我をする．モノシランガスの**爆発事故は過去に多く発生しており，半導体生産に付き物の事故である．沖電気の宮崎工場**の排気用ダクトでの爆発（1982，5名死亡）や**日立の武蔵工場**での爆発（1989，1名死亡）が有名である．

事象 17.6　MRIにボンベが引き込まれて男児に衝突（2001）

アメリカ，ニューヨーク州ニューヨーク市Westchester 医療センタ，MRI（磁気共鳴装置），図17.6，資料［20］

ニューヨークの病院で，MRI装置のなかの磁石に引き寄せられた鋼製の酸素ボンベが，検査を受ける6歳の男の子の頭に直撃した．男児は2日後に死亡．

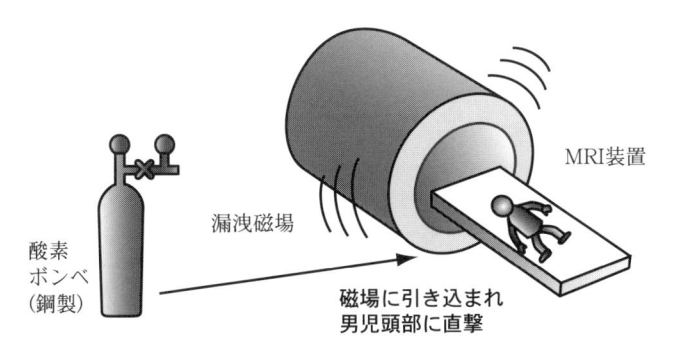

図 17.6　MRIにボンベが引き込まれて男児に衝突

シナリオ
- 7月31日，脳腫瘍摘出手術後の6歳男児がMRI検査で麻酔中
- 付近に放置されていた酸素ボンベがMRIの磁石の磁場に引き込まれる
- 時速32 kmでボンベが男児の頭部直撃，男児は脳内出血で2日後に死亡

説明：MRIから磁場が漏れて生体を測定するのに対して，逆流として磁場に引き込まれて酸素ボンベが飛んできたのが本事例である．これまでに**脳動脈瘤手術のクリップや清掃員の掃除機，警官の拳銃までがMRIの10トンの磁石に引きつけられている**．米国では年間1,000万回のMRI検査を行っているが，過去15年間にわたって調査した13.5万回の検査中，酸素ボンベが引き込まれた事故は5回あったそうである．低確率だがゼロとはいえない．屑鉄置き場では電磁石で鉄を吸い付けているが，手にもった鉄ごと電磁石に吸い込まれて指を潰す事故がときどき生じる．

18　塵埃・動物

事象 18.1　石油ファンヒータが不完全燃焼（1985）
日本，三洋電機，図18.1，資料 [331]

サンヨー製石油ファンヒーターは，空気取り入れ口が上向きに設計されていたので，ホコリが堆積し，その結果，換気が十分に行われず，不完全燃焼を起こした．一酸化炭素中毒事故18件，4名死亡，41名中毒にかかった．

シナリオ
- 1984年，三洋が石油ファンヒータCFH-S-221F型を約6万台販売
- 空気取入口が上向きに設計されており，取入口の上にホコリが堆積

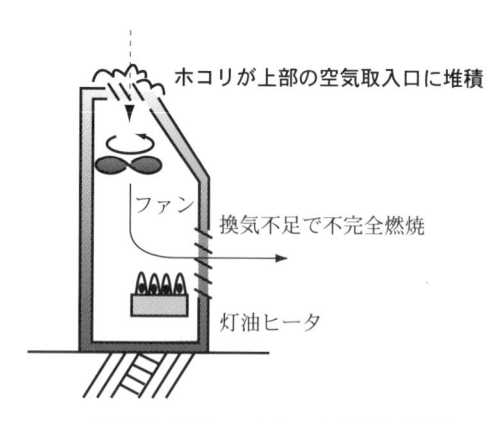

図 18.1　石油ファンヒータが不完全燃焼

- ▶ 換気不足で，不完全燃焼が発生
- ▶ 発売直後の1984年冬に最初の事故が生じていたが，トップに伝わらず
- ▶ 1985年7月に新聞広告で燃焼不調の恐れを警告
- ▶ 同年11月に新聞広告で「お礼とお願い」として婉曲に危険を提示
- ▶ 1986年1月時点で4.5％の商品が未回収，人命に影響とテレビで緊急に警告
- ▶ 一酸化炭素中毒事故が18件発生し，4名死亡，41名中毒

説明：一般に空気取入口に手足や動物が入ったりしないように，目の粗いメッシュが付いているが，それにゴミが絡まると吸気できなくなる．同様に，水の取入口の配管にも50 μm程度の隙間が開いている粗めのフィルタを付けることが多いが，同様に詰まることが多い．筆者らはそのゴミ取りのフィルタを付けなかったために，スパッタ装置の細い冷却配管にゴミが詰まってホースがはずれ，クリーンルーム内を池にしたこともある．

　2005年1月5日に松下電器製石油温風機（屋外機から排ガスを出す構造，1985-92年製）のホースが劣化して亀裂が入り，一酸化炭素中毒で男児が死亡した．これの原因は配管のゴムホースである．ノートブック・コンピュータを膝の上に置いて使用すると，CPUが異常加熱することがある．これは冷却空気取り入れ口が底面にあるため，普通ならば机面と底面とのわずかの隙間に流入する空気が膝に塞がれて流れず，CPUが異常加熱したのが原因である．筆者が用いている石油ファンヒータは，背面に15 cmの隙間を必ず空けよ，と指示している．近づけると，吸気ができなくなるのだろう．

■「塵埃・動物」について

　装置を置いておけばホコリやゴミが必ずたまるし，熱く光る機械には動物が近寄ってくるし，暖かい水には藻やバクテリアが湧いてくる．これらは品質不良の事例として社内のデータベースには載っているが，人身事故に至るような大事故に至る事例は少ないから，ますます想定外として設計時に無視されることが多い．なお，装置の上が平らだと，使用者は必ず何かを置くから，置けないように曲面にするか，そこを吸気や排気の通り道にしないようにするか，よく考えて設計すべきである．

　また，この種の事故のなかでも動物に関しては，奇特な事件としてマスコミの社会面で扱われる．たとえば，鉄道線路を滑らすカメやムカデ，変圧器や配管に絡まるヘビやそれを噛む鼠，海底ケーブルに噛みつくサメ，暖かいトランスで寝る猫，飛行機のエンジンに突っ込むカモメ，などが有名である．まあ，それに準ずることはヒトでも発生し，筆者の担当する演習でも，旋削回転中のワークがツルツルに見えて触ったり，レーザスポットを他人に照準してみたり，涼しげなドライアイスを撫でてみたり，というような理解に苦しむ小事故は枚挙に暇がない．

類似事例

事象 18.2 カラーテレビが発火（1990）
日本，ソニー，図18.2，資料 [332]

　テレビの内部に溜まったチリ・ホコリが発火し，テレビ全体が燃える事故が多発する．このような事故を起こすテレビはメーカを問わず，各社でリコールが相次いだ．

シナリオ

- 1986年にソニー製テレビの最初の発火事故発生
- トランスの高圧（26 kV）リード線のひび割れからトランスコアへの放電
- 溜まっていたチリ・ホコリが発火，全体が炎上，2年半に6件火災発生
- 1979年から1986年に発売した39万台をリコール
- 難燃製樹脂の採用や，高圧トランスと配線の間に1 cm以上の隙間を設置
- 東芝，パイオニア，松下も相次いで同種の欠陥を公表

説明：石炭ストーブにたとえれば，テレビの高電圧による短絡が"マッチ点火"，ゴミ・ホコリによる延焼が"薪柴による種火"，テレビ全体への炎上が"石炭燃焼"にあたる．テレビの発火はソニーにかぎった事故ではなく，1990年以前でもメーカにかかわらず多発しており，現在でも多くのメーカがリコールしている．参考文献の小林先生によれば，電圧の大きさに比例して放電が生じる最大距離が伸び，約3万ボルトの高圧部の絶縁体にひび割れがあれば，半径7.5 mm以内の金属に向かって放電する．また，エポキシ樹脂は，電力オンオフで生じる室温～約100℃の温度サイクルによって，熱応力で疲労破壊してひび割れが生じることが多い．つまり，「**高電場でも絶縁する**」という要求機能を有する材料が，「**熱応力で割れない**」という要求機能も達成していないから問題が生じるのである．ここで"一人二役"で二

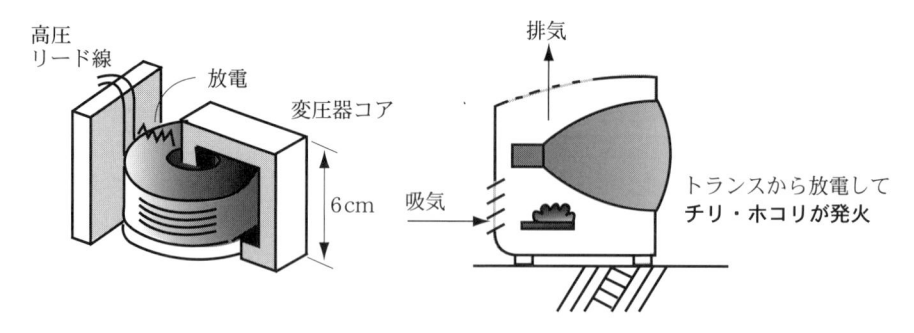

図 18.2　カラーテレビが発火

つの要求機能が同時に達成できる材料があればよいが，それが存在しないときは電場を弱めるか熱履歴を弱めるかしてどちらかを消去しないと設計が実現できない．

さらに発火する家電品を調べると，カーステレオ，シェーバ，充電電池パック，冷蔵庫などの多くの製品に発火事故が生じている．身近な事故として，たとえば，電池ならば何でも動くだろう，と安易に考えて複数本挿入して使用していると，古い電池と新しい電池の間，または容量の大きい電池と普通の電池との間で充電・放電をくり返し，最後には電池が液漏れするかまたは発生ガスで電池が破裂する．筆者の友達は電気を知っていないためか，勇敢にも，普通のアルカリ電池を充電しようとして吹っ飛ばしたり，電池を1本だけ逆に装填して破裂させたり，何度も危険を経験している．

参考文献：事故は語る，日経BP社，P152-159，2003
　　　　　材料分野情報収集委員会報告（小林英男），（社）日本高圧力技術協会，2002

事象18.3　コイルスプリングの防錆塗装不良（1997）
日本，マツダ，図18.3

ある部品メーカは，不純物が溜まった洗浄槽でコイルスプリングを洗い，防錆塗装が不十分なままで，マツダに納入した．そのスプリングが原因で，マツダは約1,000台をリコールした．

シナリオ
▶ 部品メーカでコイルスプリングを防錆塗装してマツダに納入
▶ 塗装前の洗浄水槽の排水ポンプが故障したが，2ヶ月間気付かず
▶ 洗浄水槽の液面が下がらず，新たな市水が供給されず

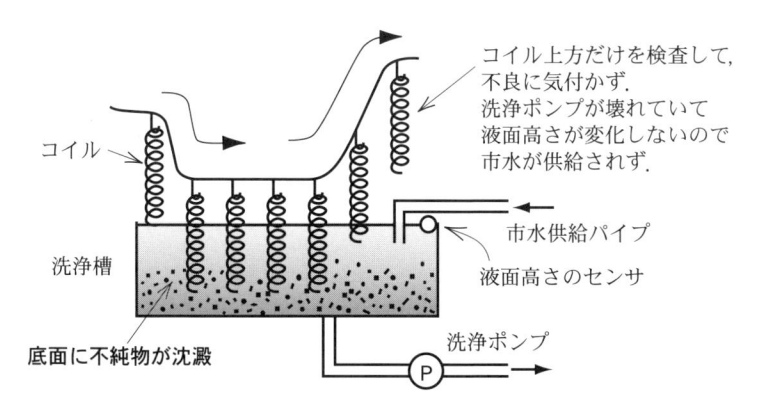

図18.3　コイルスプリングの防錆塗装不良

▶ 洗浄水槽中の不純物が沈殿し，洗浄後に不純物が製品表面に残る
▶ 防錆塗装の塗膜の密着力が不足，腐食しやすい製品が混入
▶ 沈殿した不純物が付着しないコイル上方において表面検査，不良に気付かず
▶ 2000年に前輪緩衝装置のコイルスプリングの1本が腐食から折損
▶ 約1,000台をリコール

説明：**機械設計者**にとって，**塗装とか洗浄とかは，枝葉末節で末梢的な決定事項**であることが多い．ただでさえ部品メーカの工程なんかに考えが及ばないのに，そこの洗浄のゴミや排水ポンプの故障は完全に思考空間外である．しかし，半導体や液晶ディスプレイの製造や，筆者がエンジニアをやっていた磁気ディスクの製造では，歩留不良の最大原因がゴミ，埃，塵，芥の類である．そんなものの根絶に熱情を込めないと，決して歩留は上がらず，利益も上がらないのである．

普通，ゴミは軽いので洗浄槽の液面に浮くため，洗浄液に浸した製品を液体から取り出すときに液面のゴミを浚って，製品表面にゴミを付着させることが多い．このため，**乾燥の製品取り出しには，気体-液体界面の代わりに，気体-気体界面を使うことが多い**．つまり，図18.4に示すように洗浄液を蒸発させてそこに浸した製品を空気へと取り出すのである．この界面にはゴミが溜まらないので綺麗に乾燥させることができる．

参考文献：平成13年度国土交通省委託調査報告書「リコールの原因調査・分析検討」
　　　　　（株）日本総合研究所，2002

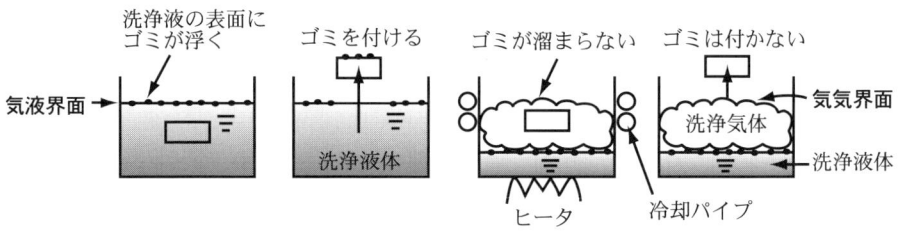

(a) 気体-液体界面から製品取り出し　　(b) 気体-気体界面から製品取り出し

図18.4　気体-気体界面を使う

19 誤差蓄積

事象 19.1　パトリオットミサイルの防御失敗（1991）
アメリカ，湾岸戦争中のサウジアラビア，Operation Desert Storm，図 19.1，資料 [27]，参考文献 (23)

　湾岸戦争中，米軍は，イラクのスカッドミサイルを，パトリオットミサイルで撃ち落とそうと試みた．しかし，弾道計算をするときに，切り捨て誤差が蓄積していたままで迎撃していたため，ほとんど打ち落とせなかったようだった．

シナリオ
- ▶ 米軍はイラク軍に対して「砂漠の嵐作戦」を強行
- ▶ イラク軍のスカッドミサイルに対抗して，パトリオットミサイルで迎撃
- ▶ 弾道計算する 24 ビットのコンピュータは 23 桁以下を切り捨て
- ▶ 使用時間長いと時刻誤差蓄積（100 時間で 0.34 秒，スカッド 680 m 飛行相当）
- ▶ 迎撃をすり抜けてスカッドが米軍兵舎を直撃，28 名死亡，約 100 名負傷
- ▶ 頻繁な再起動でコンピュータをリセットさせる
- ▶ パトリオットはスカッドの 1/4 しか迎撃できず，でもほぼ全弾命中と報道

説明：パトリオットミサイルは全長 5 m 31 cm，直径 41 cm で，マッハ 5 で 3 分 30 秒飛べるミサイルで，1973 年にレイセオン・ミサイル・システム社が開発し，1980 年に生産開始以来，170 基の発射システム（1 式 110 万ドル）と，9,000 発のミサイルを作ったというベストセラーである．マッハ 2 の飛翔体を同時に 100 個までフェイズド・アレイ・レーダで捕捉し，同時に 9 本のミサイルを誘導できる．ミサイルは目標物に近づくと自分で反射レーダ波を発信し，最終的に航路修正し，目標物を撃墜する．ところが，あろうことか**丸め誤差が生じてしまったのである**．たとえば 0.1 秒を二進法に直して 23 桁以下を切り捨てると，その分が誤差になり，10 進

高度 16,000 m

秒速 2,000 m，長さ 11.8 m　　　　　　秒速 1,700 m，長さ 5.3 m

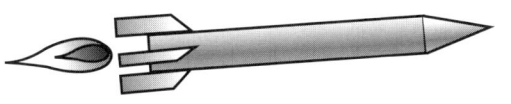

スカッドミサイル
（アル・フセインミサイル）　　　　　パトリオットミサイル

図 19.1　パトリオットミサイルの防御失敗

法に再度変換すると0.000000095秒になる．これが100時間分だと誤差は蓄積し，なんと0.34秒になる．これは上空16 kmを2,000 m/sで飛ぶスカッドミサイルでは，680 mの飛行に相当するから命中するはずがない，という結果が得られる．

　湾岸戦争中に，イラクのスカッド（アル・フセイン）ミサイルは約80発発射され，そのうちの47発に対して159発のパトリオットミサイルが応戦した．問題は本当に何％迎撃できたのか，ということである．ブッシュ大統領は戦争開始して1ヶ月後に42発中41発命中と公言した．しかし，戦争後に調査したところ，正確にはわからなかったのだが，**陸軍は議会公聴会後に成功率を徐々に下げてついに25％と発表した**．実際は，スカッドが大気中を降下するときに三つぐらいに分解してそれぞれが不規則に運動するので，パトリオットはどれが弾頭だがわからなかったのである．

■「誤差蓄積」について

　塵も積もれば山となる．この誤差蓄積が引き起こした品質不良の代表例は，**熱膨張による位置誤差**であろう．工作機械の構造体は鋼でできているが，熱膨張率は1×10^{-5}/℃で，10 cmの長さが1℃で1 μm変化する．たとえば，加工時間が10時間となるような金型の加工では，早送りの増速や角部の減速でモータ発熱が変動するので，数℃の温度変動は日常茶飯事である．徐々に熱が蓄積し，それこそ塵が積もって数10 μmと大きな加工誤差を生む．

　バブルが崩壊した後から預金利率は低くなったが，2004年末の**郵便局の定期預金の年利はなんと0.02％**である．ところが，郵便局の定期貯金は，最低額が1,000円で最短期間が1ヶ月で，しかも利子が1円未満切り上げである．そこで1,000円を1ヶ月後に降ろすと，1年で20銭だから1ヶ月で2銭しか利子がつかないが，切り上げで1,001円になる．これを毎月くり返すと，1年後には1,012円になり年利はなんと60倍の1.2％になる．それでも所得税で20％の2.4円取られるが，元金100万円でも分解して1口1,000円で預金すれば利回り1％になる（ただし電話で確認してみたが，2005年4月以降は切り捨てになるそうで，もうこの方法は使えない）．

　また，100±0.1 mmの間隔で穴を100個開けるときに，開けるたびに変位計をリセットしてふたたびゼロにすると，つねに＋0.1 mmずつずれた場合，100個目に10 mmもずれる可能性が生じる．だから，ずれては困るときは，基準面を設定してそこから，100±0.1 mm，200±0.1 mm，300±0.1 mmと表示すべきである．

19 誤差蓄積

類似事例

事象 19.2 ソ連戦闘機による大韓航空機の墜落（1983）
樺太沖, 図19.2, 資料 [405], 参考文献 (17)

アンカレッジを発った大韓航空便は，正規ルートを離れ，ソ連の領空に侵入した．パイロットや管制官のミスが重なったらしい．ソ連の戦闘機は侵入機を打ち落とし，乗客乗員269名死亡．

シナリオ
- 9月1日深夜の1時，大韓航空007便ソウル行がアンカレッジを離陸
- 離陸後，機長は機首方位を246°に設定し，ヘディングモードで飛行
- オートパイロットの航法モードスイッチを次へワンノッチ回さず
- このため，慣性航法装置（INS）モードに入らずに，正規ルートを進めず
- 3台のINSのうち，2台のINSから警告発信したはず，機長がクリア？
- 離陸して10分後から機首が西へずれ始めるが，管制官は通告せず
- 機長は，気象レーダを地図モードに変えて地形チェックせず
- 正規ルートから250 km離れ，カムチャッカ半島上空のソ連空域に侵入
- ソ連国防軍のミス（？）で，ソ連迎撃機は007便を見失う
- 30分後に，ふたたび樺太上空でソ連空域に侵入
- ソ連戦闘機スホーイSu-15は国際緊急周波数の警告や威嚇攻撃を未実施？
- Su-15は熱探索誘導とレーダ誘導のミサイルで007便を撃墜
- 6時30分，樺太南西沖，モネロン島北に墜落，乗客乗員269名死亡
- ソ連がフライトレコーダ，ボイスレコーダ，遺体，残骸を回収・隠匿

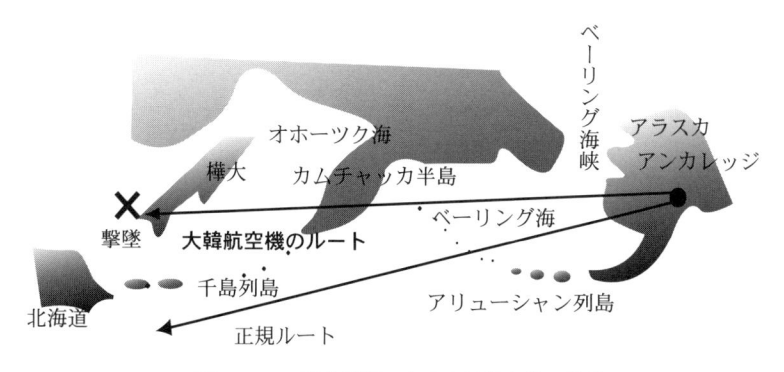

図 19.2 ソ連戦闘機による大韓航空機の墜落

▶ ソ連は，米空軍RC-135型偵察機と一緒に，007便が諜報活動中だったと発表
説明：事故当時は謎だらけだった．筆者は，稚内の自衛隊通信基地で受信されたソ連戦闘機操縦士の交信記録が米国で公開され，日本がまだ米国の属国だったのかと驚いた．大韓航空機は1978年にもソ連のシベリア北部で2時間半も領海侵犯して強制着陸させられた．また，本事例の墜落直前に米空軍RC-135型偵察機が活動していたのは事実らしい．

しかし結局，**機長は領海侵犯を意図していたわけではない**，と現在は推定されている．第一の仮説は，上記のように，INSとオートパイロットを結合すれば寝ていても自動操縦されたのに，飛行機首方位（ヘディング）を246°に一定にしたまま飛行したという説である．第二の仮説は，アンカレッジでINSの位置の経緯度を西経149°と入力すべきを，139°と誤入力したという説である（シミュレーションでこのように間違えると，本事例の007便の航路を辿ることが確認された）．いずれにせよ，このような失敗によって徐々に位置誤差が蓄積して，正規ルートのようにアリューシャン列島に沿って進むべきところを，実際の航路が徐々に西にずれてきたのである．そして間違いに気付くチャンスがあったのに運に見放された．つまり，その誤差を管制官は許容誤差範囲として通告せず，また正規コース上の航法標識からは007便が離れすぎてシグナルを受信できず，さらに機長は地図で自機の位置を確認しなかった．

ソ連は冷戦終結後の1990年にブラックボックス回収を認め，1992年にボイスレコーダの一部の会話を公表した．さらにソ連崩壊後の2003年になってはじめて，大韓航空機を軍用機ではないと認識していたが軍内規に従って撃墜した，と極東軍管区防空軍師団司令部が証言した．

6 火災・天災からの逃げ遅れ　20〜22

　火災事故は多い．確かに機械や建物は破壊に引きつづいて火災も生じると，死傷者は激増し，物的損害もうなぎ登りに大きくなる．しかし事故件数が多くみえるのは，実のところ記録がしっかり蓄積されているからである．つまり，消防車を出動させると原因調査が公的に行われ，調査結果も正直に報告されてファイルされる．さらにその報告書は検索しやすいので，火災事故が各種の事故全体を記したデータベースのなかでも大きな割合を占めるようになる．

　機械分野では，油脂の燃焼が身近の火災である．しかし，**燃焼物は多種多様で**，それこそ化学研究者の数ほど存在するので，**爆発・炎上・火災・延焼**という，お決まりのシナリオを辿る化学事故はそれこそ枚挙の暇がない．燃えたら燃えたでしかたがないと開き直るとして，**機械のエンジニアが考えるべきことは，その後の避難通路確保や延焼拡大防止のほうであろう**．

　火事に加えて，さらに地震，津波，雷，大雨，台風，洪水，地滑り，火山爆発などの天災になると，機械のエンジニアには，いつ，どれくらいの強さで来るとは予想できないだけに，自分の気持ちと相談して避難装置に費用をかけるしかない．不幸にも天災が来てしまったら，最低でも使用者が命からがら逃げ出せる時間が稼げるように構造設計しておくべきである．

20 油脂引火

事象20.1　高圧空気タンクの発火・爆発（1995）
日本，埼玉県桶川市，三菱マテリアル，図20.1，資料［110］，参考文献（12）のp.468

　三菱マテリアルの工場で，アキュムレータ内の作動油が劣化し，可燃ガスを発生．ピストン上部の空気と混じり，爆発．作業員ら20名負傷．うち1名死亡．

シナリオ
- アキュムレータの空気が1,650トン押出プレス機の作動油を加圧
- アキュムレータの作動油が劣化し，低沸点で可燃性の炭化水素が生成
- 作動油がピストン－シリンダ間から漏出，ピストン上部で混合気発生

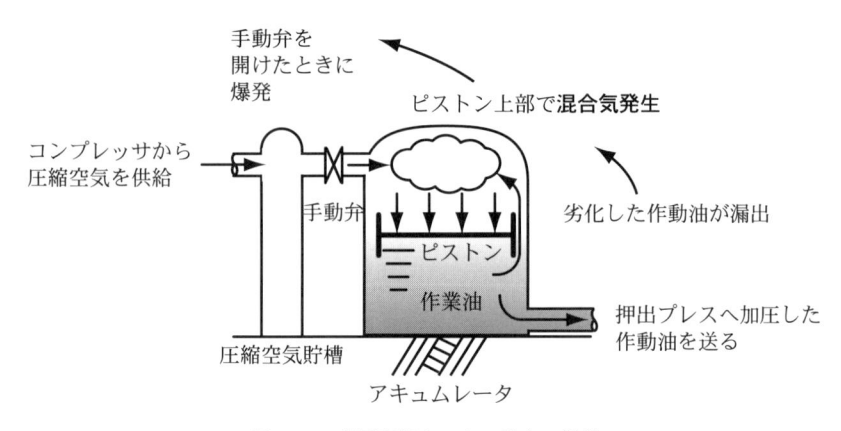

図 20.1 高圧空気タンクの発火・爆発

- 7月31日8時27分，アキュムレータ上部の圧縮空気供給用の手動弁開
- ほかの運転作業者がコツという音を聞く，手動弁作業者と目が合う
- 圧縮空気流入で混合気が断熱圧縮され，静電気・摩擦熱で着火？
- 手動弁を開いて2秒後に圧縮空気貯槽2基が爆発，プレス機が焼破損
- 飛散物が1,200 m先の民家に落下，8時44分鎮火，損害額14億8千万円
- 工場作業員，消防職員，近隣住民など20名負傷，うち1名が13日後死亡

説明：この事故後に「圧縮空気貯槽等破損事故調査委員会」が高圧ガス保安協会内に設置され，事故原因究明と再発防止策が検討された．**本質安全の対策案は空気でなく，窒素で加圧**することである．また次善策は，ピストンの隙間から油が漏れて混合気を作らないこと，そのまた次善策は油を定期的に検査して劣化させないこと，圧縮空気供給の手動弁を急激に開かないこと，である．なお，油圧作動油だけでなく，変圧器のコンデンサ油や回転装置の潤滑油も劣化すると，混合気が生成されて爆発する恐れが生じる．

空母のカタパルト（艦載機発進装置）も本事例と同様に，圧縮空気で加圧された作動油でジェット機を急速に射ち出している．そして同様に高圧の空気が可燃性作動油を発火させ，1953年には**空母レイテ**がボストン海軍造船所で爆発火災し36名死亡，1954年には**空母ベニントン**がニューポート沖で爆発炎上し103名死亡している．今では，英国が開発したのだが，**高圧の空気のかわりに高圧の水蒸気**を用いている．水蒸気は窒素と同じ不活性ガスである．

■「油脂引火」について

油が燃えるだけならば，天ぷら油の炎上のようにそれほど恐くない．油が燃え切るまで待てばよいし，空気を遮断すればよい（と火災訓練の時，いとも簡単に消

防署の方が実演してくれる）．それよりは，油を含んだ混合気に火花が飛んできて，爆発・炎上・火災に至ると大変なことになる．逃げることができない．爆発して火炎がマッハ以上に進むことを爆轟（ばくごう）とよぶが，こうなったら死はアッという前にやってくる．

　空気のような支燃性気体中に，水素のような可燃性の気体が混ざった場合，薄くても濃くても爆発は生じないが，中間のある範囲の濃度域で爆発が生じる．常圧常温のときの爆発下限界と爆発上限界が理科年表にも載っていて，たとえば，空気中の水素では4.0～75％，メタンでは5.3～14％，エチルアルコールでは4.3～19％，トルエンでは1.4～6.7％である．いずれにしても**数％**でも爆発しそうであるから，中途半端に空気が混ざると危ない．

類似事例

事象 20.2 　無人大形・自動ラック倉庫の火災（1995）
日本，埼玉県，東洋製罐（倉庫使用者），村田機械（倉庫メーカ），図20.2，資料[111]

　自動制御の無人倉庫内でボヤ発生，その後，過熱された荷姿が，倉庫に収められてから徐々に火が拡大し，火災へ発展．スプリンクラーは効果がなく，倉庫全焼．3名死亡，被害額17億円．

シナリオ
▶ コンピュータ制御でハイテクの無人大形自動倉庫を操業
▶ インフラパック機械（荷姿維持用被覆のポリエチレンを熱収縮）が不調

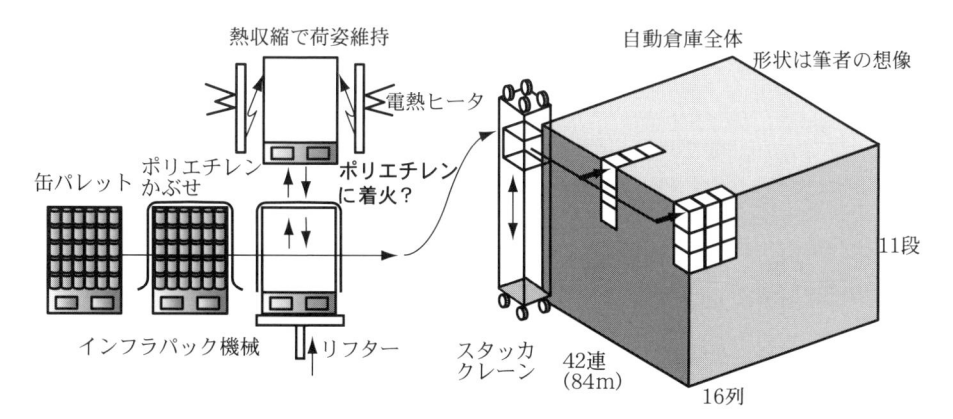

図 20.2　無人大形・自動ラック倉庫の火災

- リフターからの油漏れ，床に染み込み用の段ボール設置
- 11月8日23時30分，段ボールに溶けたポリエチレンが落下して，ボヤ発生
- 5分後に作業員が消火して，そのままパレットを倉庫へ搬送
- ボヤ発生より15分前，別のパレットをインフラパック機械で処理
- このときのポリエチレンシートが電熱ヒータで着火？
- 無人搬送車で自動倉庫の20m高の位置に運ばれ，ここで徐々に火炎発生
- ボヤ消火直後，「荷姿異常」警報で駆けつけた作業員が火災を発見
- スプリンクラーが作動したが，缶パレットが邪魔し，消火効果が小
- プラスチック製パレットが激しく燃焼
- 作業員がクレーンで登って消火器で消火したが，初期消火失敗
- 30分後，消防隊が到着，火災が20m高で放水効率悪く，次々に延焼
- 消防士がクレーンから落下，さらに消防士と村田機械社員が逃げ遅れ
- 3名死亡，23時間後に消火，倉庫3,800 m^2 が全焼，被害額17億円

説明：この火災後に，消防庁消防研究所が原因調査し，1998年に消防法施行規則の一部を改正する省令というのが公布され，ラック倉庫のスプリンクラーに対して規制が強化された．火災直後の新聞では，ボヤ後の消火が不十分で再着火した，と記述されていたが，**1年半後にまとめられた報告書では，ボヤ以前に別個に火元がないと火炎速度実験結果と辻褄が合わないので，15分前に火災発生元のパレットが着火していたはず，**と記述されていた．筆者はこの事例を使って「ボヤを消しても残火確認が必要だから，学生で処理せずに教官職員に連絡しろ」と指導していたから，この真実が出てきて実はとても残念である．

ドイツでは1972年に**120,000 m^2（本事例の30倍）**の自動車部品用の大形倉庫が火災に遭っている（参考文献 (13))．被害額も直接被害160億円，間接被害（休業等）170億円と本事例の20倍である．原因は従業員のたばこかマッチの不始末（推定）であるが，火災発生後15分後に電力供給が停止したので，スプリンクラーや排気ファンも停止して，延焼を助長してしまった．スプリンクラーも本事例と同様にラック自体が邪魔をして消化能力は低かったらしい．火炎で1,200℃に熱せられ，防災設備だけでなく鉄骨さえ軟化して崩壊してしまった．

事象20.3　東京大学工学部のボヤ（2003）
図20.3

コンプレッサのドレインから油が漏れていたので，オガクズで堤防を築き，広がりを防いだ．しかし，放置されていた油を含んだオガクズに溶接の火花がかかり，ボヤ発生．学生が消火したが，翌朝まで教官に報告しなかった．

図 20.3 東京大学工学部産業機械工学科のボヤ

シナリオ
- コンプレッサの油が逆流してドレインから漏洩
- オガクズを使って油の防波堤を築くが，そのままに2週間放置
- 隣でアーク溶接を行い，油を染み込ませたオガクズが火花で着火
- 消火器で鎮火したが，20時だったので翌朝，教官にボヤを報告

説明：20時であっても電話すべきである．残火が再着火して夜間に炎上したら，と思うと筆者は責任者なのでゾッとする．**残火確認は難しい**．消防署は半焼でくい止めた場合でも，布団だけは外に出すそうである．布団は水をかけても，内部の残火はなかなか消えないらしい．

事象 20.4　上越新幹線大清水トンネルの完成直前の火災（1979）
日本，群馬県谷川岳直下，前田建設工業，図20.4

トンネルが貫通したので掘削機を解体，その作業中に油が漏れたのでオガクズで吸収した．それに火花が飛び，火災発生．トンネルの中で，火災地点の風下にいた作業員ら16名が一酸化炭素中毒死．

シナリオ
- 上越新幹線大清水トンネルが貫通
- 全断面削岩機（ジャンボと呼ぶ）を解体中に作動油漏れ，オガクズで吸収
- 3月20日，解体用のガス溶断機の火花で，オガクズが着火
- 消火器が湿気で故障して泡が出ず，初期消火失敗，側板の矢板に延焼
- 新潟側から5 m/sの風が吹いて火勢を煽る
- 不完全燃焼で煙に巻かれ一酸化炭素（CO）中毒発生

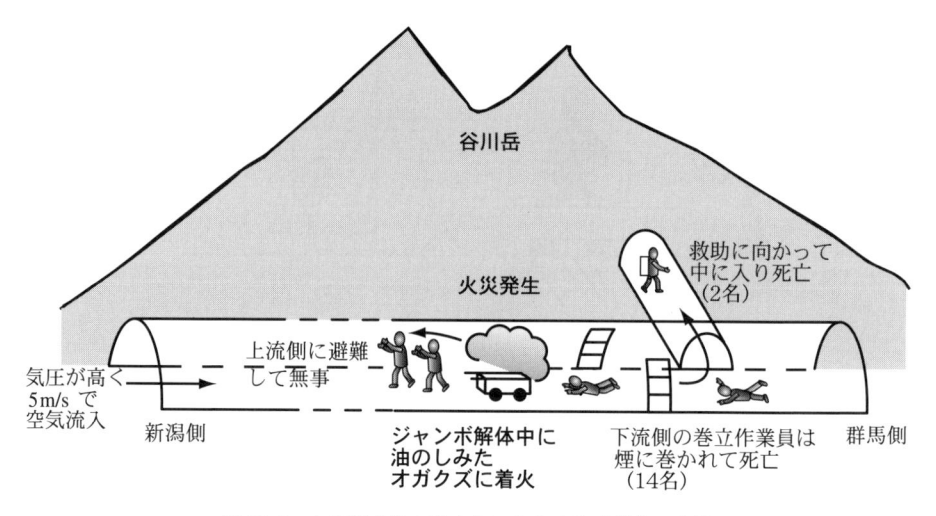

図 20.4 上越新幹線大清水トンネルの完成直前の火災

▶ 風の上流側の新潟側に脱出した解体作業員は無事
▶ 風の下流側の作業員14名死亡，群馬側から救出に向かった2名死亡

説明：前田建設工業はこの事故を忘れないために2000年に社内用の映画を作成したが，筆者はこれを学生に講義で見せている．前田又兵衛元社長は，筆者の大学で講演していただいているが，「人柱の上に経営など存立しない」とおっしゃっている．上述のシナリオを見ると，前述した東大のボヤのシナリオと酷似していることがわかる．しかし，ボヤの当事者のなかには，この映画を講義中に見ていながらも，「あれはトンネルの話で，うちは大学です」といって類似性に気が付かず，発火を予測できなかった者もいた．

21 火災避難

事象21.1 ドニャ・パス号の衝突・炎上（1987）
フィリピン，サルピシオ・ライン社，図21.1, 資料 [415], 参考文献 (22)

フィリピンの海運業サルピシオ・ライン社は，火災で全損した船をスクラップとして再購入，客室を増設し再起させた．しかし，クリスマス前，タンカーと衝突．漏洩した石油に引火し大火災へ．助かったのは24名だけ．史上最悪の海難事故．

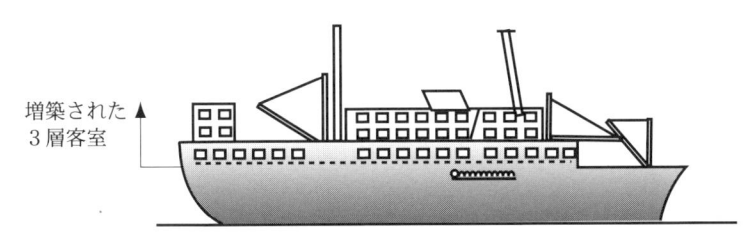

図 21.1　ドニャ・パス号の衝突・炎上

シナリオ
- 1976年に琉球海運からひめゆり丸をサルピシオ・ライン社が購入
- ドン・サルピシオ号と命名したが，1979年に火災で全損
- 海上保険会社からスクラップとして再購入，ドニャ・パス号で再起
- 上部構造物を建て増しして，定員が532名から1,518名に増加
- 12月20日，クリスマス前で超満員の乗客を乗せてマニラに向かう
- 午後10時，シブヤン海で小形石油タンカーのヴェクタ号と突然，衝突
- タンカー積載の1,000トンの石油が漏洩し，ドニャ・パス号とともに炎上
- 両船から救難信号が発信されず，火災が数日間続く，救助者は24名
- 死者は最少で1,576名，最多で4,375名，最少でも史上最悪の海難事故

説明：ドニャ・パス号をたとえれば，過積載用として荷台を高い側板で囲った小形トラックに，人間を満載してバスと称している乗合自動車，というような船である（筆者はこのようなトラックをインドでたくさん見た）．ドニャ・パス号は総トン数2,640トンと，タイタニック号の46,000トンに比べると，小さくて吹けば飛ぶよう

な船である．しかし，犠牲者数は少なく見積もっても，タイタニック号沈没時の1,512名を超えている．このような船に，瞬間発火装置のようなタンカーと出会い頭に正面衝突すれば，曇り空の闇夜に熟睡していた乗客は逃げ出す暇もなく，アッという間に焼死してしまったのではないだろうか．乗船名簿もあってなきような状態だから，何人が犠牲になったのかもわからない．まったく死んだ人も浮かばれないような事故であった．

■「火災避難」について

九死に一生を得て火災から生き延びた人の話では，新しい場所に行ったら，瞬時でいいから，まず逃げ道を考えることが身を助けるらしい．とくに建て増しで迷路のように複雑になっている旅館に泊まるときや，地下の穴蔵のような飲み屋で宴会するときは，トイレを探すついでに出口を調査したほうがよい．問題は逃げ出す時間が許されているかである．とにかく，ビニール袋でも被って煙や一酸化炭素を吸引しないように逃げればよい，と避難訓練で教えてもらった．最近はどこでも火災警報のベルに誤作動が多くて，鳴って即座に逃げ出すと臆病者に見られる．しかし，このときもトイレに行く振りして自分だけ逃げ出す勇気が必要である．

類似事例

事象21.2 韓国の地下鉄火災（2003）
韓国，テグ市，図21.2，資料［420］，参考文献（34）

韓国の地下鉄車内で乗客の一人が焼身自殺を図り，車内が燃焼するが，初期消火は始まった．しかし，司令室の怠慢で，対向列車が入線してしまい，延焼した．合計196名死亡，116名負傷．

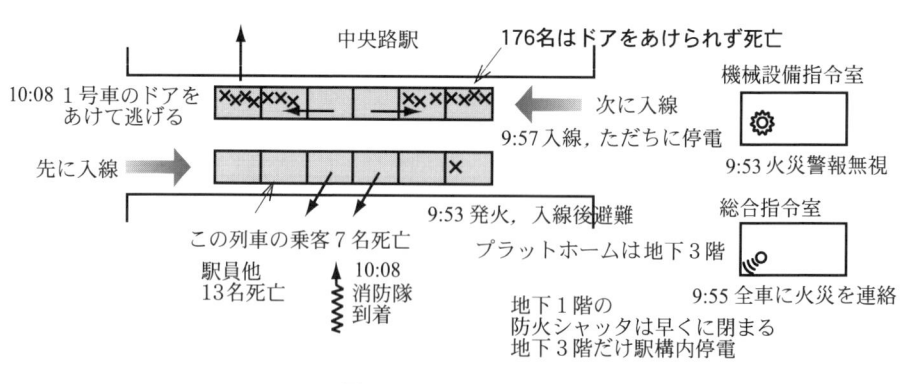

図21.2　韓国の地下鉄火災

シナリオ

- 1997年開業，列車はワンマン運転だが総合指令室で運行管理
- 2月18日，乗客の一人が車内で焼死自殺を図る，車内の床・天井を燃焼
- 9時53分，運転士が中央路駅に停車後，初期消火開始
- 火勢強く乗客に避難を指示，大体の乗客は無事避難（7名死亡）
- 9時53分，機械設備指令室に火災警報発令，しかし誤動作と思って看過
- 総合指令室ではモニター監視を怠り確認できず，55分，全車に火災通知
- 57分，対向列車が中央路駅直前で煙を視認したが入線
- 停車直後に，駅，ついで本線と停電
- 10時1分，運転士は総合指令室の指示でパンタ下降，キー持参で避難
- 10時8分，消防隊到着（駅の中で13名死亡）
- 前方に逃げた乗客は鉄道関係者がドアを開けて駅に降車でき，無事避難
- 後方に逃げた乗客はドアを開けられずに煙に巻かれて死亡（176名）
- 196名死亡，116名負傷
- 総合指令室は事故時のビデオを編集・修正して偽証

説明：事象16.2桜木町事故で前述したが，**乗客の生死はドアコックを使用できるか否かにかかっていた**．しかし，仮にドアが開いても煙に巻かれる前に地下3階のプラットフォームから外へ逃げられたかは疑問である．実際は地下1階の防火シャッタは早くに閉まっていたらしい．それもこれも，**運転士や総合指令室が「すぐに逃げろ」という避難命令をグズグズして出さなかったことに原因がある**．多くの乗客は次の指示を待つうちに焼死してしまった．また，総合指令室は事故後に対応の悪さを非難されることを恐れてビデオを編集し，事故の過失以上に責められた．もんじゅの事故でもビデオを編集してマスコミに散々叩かれたが，国を超えて人間のやることは同じである．

しかし，本事故の乗客にも問題がある．乗客が撮った写真には，しばらくお待ち下さいという車内放送を信じて，数分後に煙が侵入してきたときにもジッと待っていた人が多く写っていたらしい．**パニックは起こしていなかったらしいが，それほど冷静ならば煙を見た瞬間に逃げ始めればよかった**．以前，筆者がある著名な先生と飲んでいたときのことだが，突然，その先生はガス臭いといいだして焼き鳥をもったまま，店の外に出ていってしまった．筆者はビールを片手に唖然としていたが，もしガス爆発が起こっていたら死ぬのは筆者のほうであったろう．

6 火災・天災からの逃げ遅れ

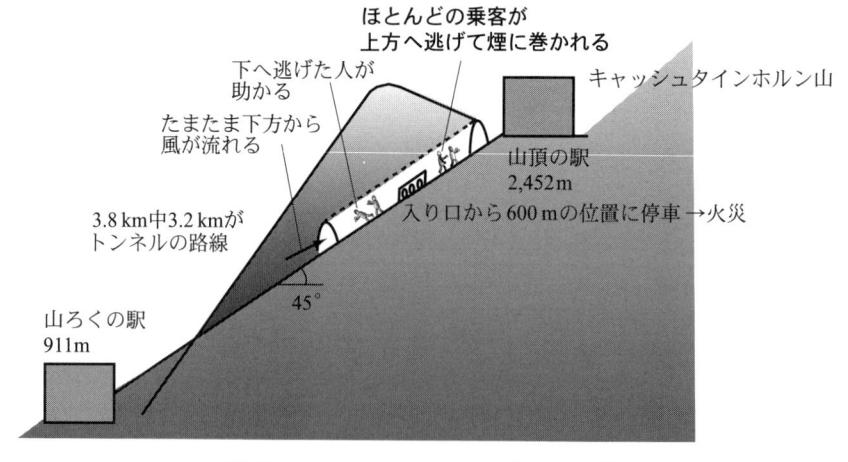

事象 21.3　オーストリアのケーブルカー火災（2000）
オーストリア，ザルツブルグ州カプルン，図21.3，資料［404］

　スキー客のためのケーブルカーがトンネル内で火災発生し，ケーブルの熱による切断で，緊急停止．乗客のほとんどは上方へ避難したが，煙に巻かれて窒息，155名死亡．下方へ逃げた人は無事だった．

シナリオ
- 高度911 m〜2,452 mの路線でスキー客専門ケーブルカーを運行
- 全3.8 kmの路線のうち3.2 kmがトンネル，車両は1974年使用開始
- 11月11日，標高2,400 mトンネル内で車両後部で火災
- 乗客はトンネル入口で炎視認していたが，運転手はまったく気付かず
- 過熱でケーブル1本が切断し，自動停止装置が作動
- 車内に消防装置が未設置，車両ドアが火災発生後にすぐには開かず
- 約180名の乗客はパニック，たまたま風がトンネルを下から上へ流れる
- トンネル上方へ線路脇の階段を昇った乗客は窒息死多数
- 約180名の乗客のうち，日本人10名を含む155名が死亡
- トンネル下方へ階段を下って行った乗客は無事避難
- 2003年，火災原因は車内に違法設置した暖房装置が故障という鑑定を発表
- 2004年，ケーブルカー会社16名は事故を予見できず過失なしと判決される

説明：この傾斜45°のトンネルの避難通路は，線路脇の階段だった．このときのト

図 21.3　オーストリアのケーブルカー火災

ンネル内の風は上昇する方向に吹いており，風上の麓に降りていった人が正解で，実際に生き残った．でも，停車した高さがほぼ終点だから，昇ったほうがトンネル出口に近く，昇るほうが助かると判断した人も多かったのであろう．実際，45°を"いのいちばん"に駆け昇った人は助かっている．なお，オーストリアではケーブルカー会社は過失なしと判決が下されたが，日本と過失の解釈が大きく異なるためである．たぶん日本では有罪であろう．

事象21.4 北陸トンネルでの列車火災（1972）
日本，福井県敦賀市，図21.4，資料［205］

食堂車からの出火で，「きたぐに」はトンネル内に停車．停電で動けなくなり，全員の避難に13時間かかった．30名が一酸化炭素中毒で死亡した．

シナリオ
▶ 1957年に全長13.9 kmの北陸トンネルが完成
▶ トンネル内の換気・排煙設備等の火災対策を消防署から勧告されたが未実施
▶ 11月6日，急行「きたぐに」の食堂車（オシ17形）から火災，乗客が出火発見
▶ 1時13分頃，マニュアル通りに停車したが，39分後に停電して動けず
▶ 乗客の一部はトンネル内に停車中のディーゼルカーの立山3号移乗，避難
▶ 1時間半後に第一次，5時間半後に第二次の救援列車で避難
▶ 13時間後に全員避難終了
▶ 約760名の乗客のうち30名が一酸化炭素中毒で死亡
▶ 事故後の実験で火災列車を停車させずにトンネル通過，火勢変わらず

説明：この事故によって「火災が発生したらすぐに停車せよ」から「長大トンネル内では火災が発生しても停車するな」というマニュアルに変わった．この失敗知識が活きたのは1996年の英仏海峡トンネル火災である．貨物シャトル列車の運転手

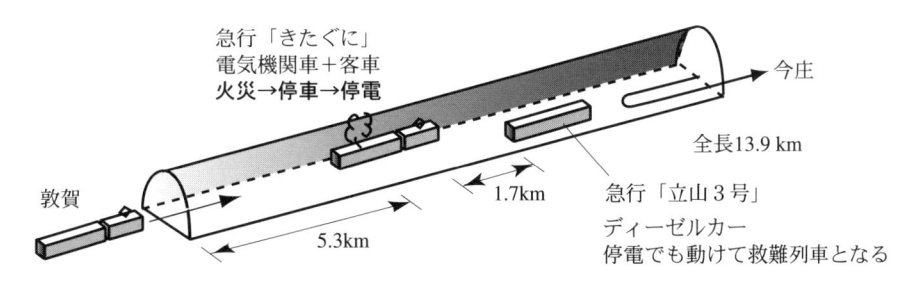

図21.4 北陸トンネルでの列車火災

はトンネルのフランス側入口の信号所から火災を指摘されたが，イギリス側出口まで停車せずに進むと即答している．しかし，途中で軸受が溶けそうになって停車して，避難トンネル（南行きと北行きの単線トンネル2本の間に先導坑の避難トンネルがある）へと避難した．その結果，列車に乗っていたシャトル上の貨物トラックの運転手と，列車乗員の30数名全員が無事だった．

当たり前の話だが，電車は電気が切れたら走れない．今の電車はドアもモータで動くから，停電になったら車掌室のスイッチでドアは開かない．電灯も車内放送も消えるはずだが，コンデンサが付いた非常灯ぐらいはあるのだろうか．筆者らはリニアモータで動く高速工作機械を作ったが，走っている最中に停電したら，テーブルは慣性力で止まらないことに気付いた．そこで端部にストッパを付けたが異様なほどに頑丈なものだった．このように，**停電がこの瞬間で起こったらどうなるか，と仮想演習してみることで事故は防げる**．

なお，電車は圧縮空気でブレーキを効かせるから，エアータンクに圧縮空気が残っていないと止まれない．超精密な工作機械は静圧空気軸受を使ったスピンドルを用いるが，停電してもエラータンクに圧縮空気が残っていれば，空気膜の摩擦が小さいから1時間ぐらい回りつづけて止まる．しかし，筆者らの研究室の事故であるが，エアータンクに圧縮空気がなくなると，スピンドルが着陸して潤滑油が燃えて白煙が工作室を覆った．同様に，ビルにスプリンクラーが付いていても，電気が切れたらポンプも動かず，水は出てこない．停電しても，貯蔵していた圧縮空気でタンク内の冷却水を押して流し続けるような対策が不可欠である．最悪のシナリオでは，停電になると工場内の冷却水が止まって，電気炉のなかの冷却管内の水が沸騰して（図Ⅱ.15（c）で述べたように），最後は蒸気爆発で工場が吹っ飛ぶ．たかが水蒸気とバカにできない．チェルノブイリの事故では，核爆発でなく，蒸気爆発で原子炉が吹っ飛んだ．

事象 21.5 モンブラン自動車トンネル内の火災（1999）
フランス・イタリア国境，図21.5，資料［320］

フランスとイタリアを結ぶトンネル内でトラックが火災．フランス側は緊急排気したが，イタリア側は給気を続けたため，火の手が大きくなり，ほかの車に延焼した．消火隊が近づけないほどの高温になって39名死亡．

シナリオ
▶ 1965年に全長11.6 kmのモンブラントンネルが完成
▶ 幅8 mで片側1車線で2車線，片側に歩道，1日4千台，トラックが半分

21 火災避難

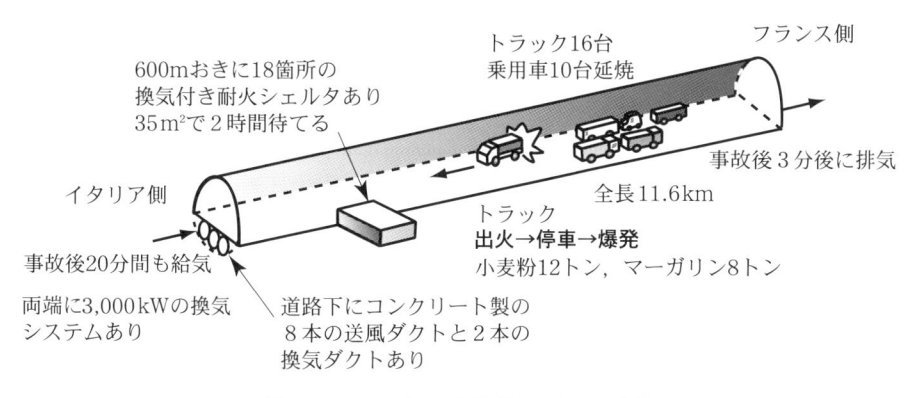

```
                                    トラック16台         フランス側
         600mおきに18箇所の            乗用車10台延焼
         換気付き耐火シェルタあり
         35m²で2時間待てる
イタリア側                                                    事故後3分後に排気
                                           全長11.6km
                               トラック
                               出火→停車→爆発
事故後20分間も給気             小麦粉12トン，マーガリン8トン
両端に3,000kWの換気    道路下にコンクリート製の
システムあり            8本の送風ダクトと2本の
                       換気ダクトあり
```

図 21.5 モンブラン自動車トンネルの火災

- 道路下に8本の送風ダクトと2本の排気ダクトを完備
- 600 m ごとに 18 箇所の排気設備付き耐火シェルタを設置
- 1999年3月24日イタリアに向かう食品運搬トラックの燃料が漏れて出火
- フランス側の監視装置はトラックの入坑直後に煙を検知したが閉鎖せず
- 対向車のパッシングで運転手（57歳）が停車後，消火器を使う間もなく爆発
- フランス側はただちに最大排気開始，だがイタリア側は20分間も最大給気
- ほかのトラック20台と乗用車10台に延焼，濃煙が発生
- 現場は1,000℃以上に加熱，消火隊が進めず，39名死亡

説明：このモンブラントンネル（1965年完成）は北陸トンネル（1962年完成）のように複線断面トンネル1本というものである．青函トンネル（1985年完成）のように本坑に平行の避難坑がないため，消防隊は本坑から現場に駆けつけなければならない．1979年には東名高速日本坂トンネルで自動車が衝突炎上し，179台が焼失し11名が死亡している．**自動車が渋滞すると消防隊は進めない**．

アルプス越えのトンネルは，大形トラックの火災が相次ぎ，たとえば，1999年にはオーストリアの**タウエルントンネル**（1975年完成）で12名死亡の火災が，また2001年にはスイスの**ゴットハルトトンネル**（1980年完成）で11名死亡の火災がそれぞれ発生している．いずれのトンネルも避難坑がないため，そのトンネルの脇にもう1本掘る工事をはじめている．**平行避難坑が本質安全への最善策である**．現在工事中の第二東名では，上り3車線のトンネルと下り3車線のトンネルが平行に掘られ，ある間隔ごとにその両者間を避難通路で結んでいる．

事象 21.6　歌舞伎町雑居ビル火災（2001）

日本, 東京都新宿区, 図21.6, 資料 [411], 参考文献 (12) (35)

歌舞伎町のこの雑居ビルは，所有者・管理者などの関係が複雑で，防火責任者の選任などの対策を実施していなかった．そのビルで火災が起こり，避難口がふさがれていたり，火災報知器が鳴らなかったり，窓が開かなかったりで，44名が死亡した．

シナリオ

- 1985年竣工，地上4階地下2階，建築面積83 m^2
- 1999年10月の消防署の定期立入検査で9項目違反，改善せず
- 防火責任者の選任，消防計画の提出，消火訓練の実施，などは未実施
- いわゆる雑居ビルで所有者・管理者・占有者・又貸しなどが複雑
- 2001年9月1日，3階の麻雀ゲーム店「一休」のエレベータ付近から出火
- 0時59分出火，ガスメータ配管からガス放出？，発泡スチロール看板を放火？
- 1時1分，4階のキャバクラ「スーパールーズ」に延焼
- 階段前の防火戸が未作動，1時7分までに4階から4本の119番電話
- 非常階段はロッカーなどを設置し通行不可，防火戸が作動しても閉まらず
- 自動火災報知設備も未作動（1階のメインスイッチが切られていた）
- 窓は3箇所あるが，つねに施錠，一部は不燃材のはめ込み
- 3階窓から3名脱出，3階の残り16名死亡，4階で28名全員死亡
- 44名全員の死因は一酸化炭素中毒死，出火当時ビル内には82名いた

説明：火事のデータは非常に多く残されているが，多数の死亡者が出た火災は，お

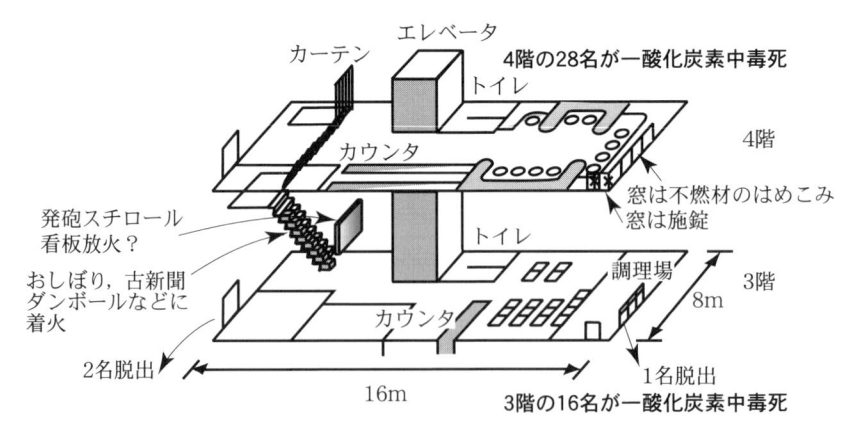

図 21.6　歌舞伎町雑居ビル火災

おむね本事例とシナリオが似ている．たとえば，118名死亡の**千日デパートビル**（1972年，大阪府南区）では7階のキャバレー「プレイタウン」が本事例の4階と同じ状態だった．四つの非常階段は三つが施錠され，残りのひとつはクロークのカーテンの裏で，従業員でも3人しか気が付かずに避難できず，結局，7階から22名が飛び降りて死亡した．発火当時は一部の3階が店舗改装工事中で，防火シャッタや自動火災報知設備は作動せず，火災通報自体が7階に伝わらなかった．

100名死亡の**大洋デパート火災**（1973年，熊本市）では，非常階段に積み上げていた段ボールから発火した．電話交換室の従業員は119番通報や館内放送を上司に連絡してからと手間取っているうちに何もできず，結局自分は持ち場から逃げた．

45名死亡の**川治プリンスホテル火災**（1980年，栃木県藤原町）では自動火災報知設備が作動したのに，つねに誤報が多かったうえにその昼に感知器装置を増設したので，フロント従業員は火災を確認せずに非火災報と思い込み，ベルの鳴動を試験中だと館内放送した．

さらに33名死亡の**ホテルニュージャパン火災**（1982年，東京都千代田区）では9階の客室でたばこの不始末で生じた出火を初期消火できず，従業員が27名も居たのに自衛消防訓練未実施のため，組織的避難誘導ができなかった．火災後にわかったことだが，経営者は赤字経営による資金難や前経営者への責任転嫁を口実に，消防署が指導していたスプリンクラー設置を無視しただけでなく，消火設備の保守点検費用も削減していた．

このように，火災報知や消火の設備が完全になっても，まず最初に，それを完全稼働する状態の維持が肝要であることがわかる．**報知装置は電気を切れば働かず，スプリンクラーは上水を切れば消火できない**．なお，上記の4件の火災では，いずれも**最高裁でトップの代表取締役だけに監督過失を認め，その他の人事部長や売場課長，営繕課員などは無罪になっている**．実態をみて過失責任が問われるべきだと判断されたのだが，たとえば消防計画案の起案者のような書類上の責任者には，安全対策を講ずる作為義務が注意義務として要求されていない．ただし，下々の者は，火災発生時に初期消火・延焼防止の危険回避努力はしなくてはならない．

筆者も思うに，大学においても最も危険なところが「**雑居ビル**」である．つまり，いくつかのプロジェクトが部屋を小割りに借りて研究する校舎である．リーダの教授がその"飛び地"を3ヶ月に1回も見に来ないから，そこの実験担当の博士課程学生が"代官"になってやり放題である．廊下には使用済みだが赤い水素ボンベが魚市場のマグロのように何本も転がっているし，居室には乾燥した煙草の吸い殻が一斗缶に溢れているし，実験室は段ボールが放置され装置までまっすぐに歩けない．最後に筆者が，責任者はどこだ，と怒り出すと部屋の隅の寝袋から代官が起

きてくる．学生自体が勤務時間不定の不特定住民なのに，非常階段は不審者侵入を防ぐためにしっかり施錠されている．揚げ句の果てに，非常階段の手すりの根元が腐食して，煙草を吸いに出た学生が転落しそうになった……．

22 天災避難

事象 22.1 明治の三陸大津波 (1896)
日本，東北地方三陸海岸沿い，図22.1，資料 [213]

三陸沖で発生した地震は，リアス式海岸へ巨大津波をもたらす．波の高さは最高38.2 m に達した．22,066 名が死亡した．

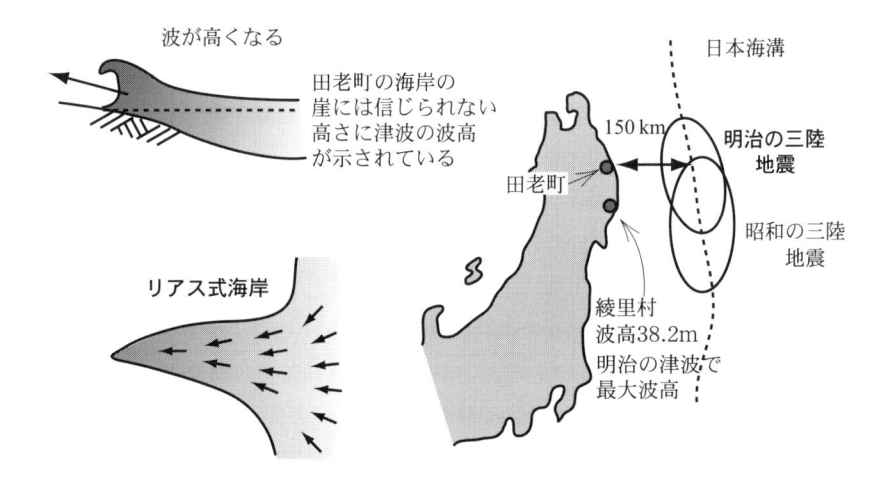

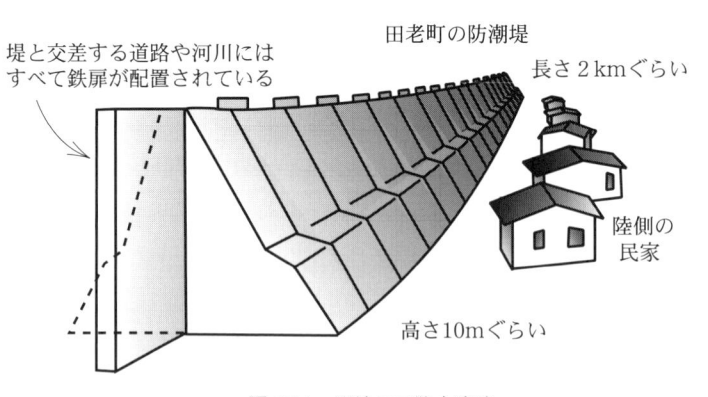

図 22.1 明治の三陸大津波

シナリオ

- 6月15日19時32分に三陸沖でM8.5だが震度2から3の地震発生
- 日清戦争の凱旋祝賀式典，または旧暦の端午の節句の祝いの最中
- 朝から同じような弱い地震が続いていたので，高所避難せず
- ちょうど満潮時で地震発生35分後に津波第一波到来
- 第一波の8分後に第二波到来
- リアス式海岸を津波が直撃，波の高さが最高38.2 m，ハワイでも2〜9 m
- 22,066名死亡，とくに打撲が多い，8,891戸家屋流出

説明：この津波の37年後の1933年3月3日に，ふたたび震度5のM8.3の大地震による津波が三陸海岸を襲い，3,064名の死亡・行方不明者を出した．それから70年間，継続的公共事業として，三陸海岸の防潮堤が延々と万里の長城のように建設されていった．たとえば，田老町の二重の防潮堤は見事である．地震になれば，消防団が扉をただちに閉めるが，訓練も気合いを込めてやっている．

ちょうどこの部分を執筆した次の日，2004年12月26日に，**スマトラ島北端の西方沖でM9.0の巨大地震**が起こった．1,000 kmにわたって，インドプレートによって沈み込んでいたユーラシアプレートがバネのように跳ね上がった．インドネシアでは，三陸大津波を起こした本事例の地震のようにヌルヌルとした揺れの後に，一気に大津波が襲ってきた．300年間も津波を経験したことのないタイでは，引いていく海や遠くの白波を見ても住民は逃げることもなく，海岸で魚を拾い，迫り来る白い壁を眺めていた．木材やレンガでできた家は，まるで明治時代の三陸海岸のように崩されている．行方不明者や死者は3日後に6万人を数えたが，通信が途絶えた地域に救助が進むとその数は20万人を超えた．震源地近隣の海岸のように5分以内に襲われては高所に逃げようもないが，今回のタイのように1時間後に津波到着するならば十分に避難する余裕はあったはずである．今後，地球規模の警報システムが確立されていくと思われる．

■「天災避難」について

筆者らも三陸海岸に行ってみたが，多くのところで山とか崖に向かって矢印の標識が立ててあり，津波警報が出たらここを登れ，と書いてある．地震の後はまず避難である．専門書には，**震度4以上ならば20 mの高所に逃げよ**，と書いてある．毎年，筆者は毎夏に静岡県西伊豆の戸田村に学生と海水浴に行っているが，泳いでいる最中に津波が来たらアウトである．しかし，**高所がなければ，鉄筋コンクリートの3階以上の建物が逃げ場としてよい**そうである．これまでに世界で1例しか津波で崩壊してないそうである（しかし，スマトラ沖地震（2004）では津波の水圧が4トン/m^{2}と大きく，鉄筋コンクリートの家屋も壊れたそうである）．2004年に新

潟県中越地方で洪水があったが，市町村にハザードマップがないため明らかに避難勧告の遅れが生じて，被害を増大させた．何ごとも体や頭を動かしてシミュレーションしていないと，いざというときに実施できない．

なお，津波は水深に重力加速度をかけて平方根をとると速度が算出できる．たとえば，太平洋の平均水深は4,200 mだから，205 m/sというマッハ0.6の高速になる．1960年5月22日のチリ地震では，17,000 kmを22.5時間かけて三陸沖を襲い，142名の死亡・行方不明者が出ているが，速度は210 m/sであった．また，明治の三陸津波では150 kmを35分で来たから，71 m/sである．**津波は速い．警報が出ようが出まいが，まずは走るしかない．**

参考文献：津波防災を考える，社団法人日本損害保険協会，1994

類似事例

事象 22.2　日本海中部地震による津波（1983）
日本，秋田県・青森県の日本海沿岸，図22.2，資料［214］

　　日本海の男鹿半島沖で発生した地震が，津波を引き起こした．湾工事作業員，釣り人など計100名死亡．日本海側では津波は起こらないといわれていた．

シナリオ
- 5月26日12時ちょうどに男鹿半島沖でM 7.7，震度5の地震発生
- 12時7分に引き波の津波第一波，速度は170 m/s
- 12時15分に押し波の第一波，男鹿半島では波高6 m
- 12時14分に津波警報発令
- 湾工事作業員41名，釣り人17名，遠足の小学生13名など，計100名死亡
- 被害総額は約1,800億円

説明：日本海側では津波が発生しないと思われていた．地域によっては「地震が来たら浜に逃げよ」といわれるほどであった．その一瞬の遅れが，海岸にいた人々を逃げ遅れさせた．**津波は，波というより，水位が上昇する洪水である．**三陸大津波では多くの人が打撲で死んだが，溺れるよりも波によって何かに打ち付けられると危ないのであろう．本事例では，警報は津波襲来後に出た．これだから，"お上"の情報はあてにならない．しかし，この意図せぬ訓練が10年後の北海道南西沖地震では生き，人々は役所の警報発令を待たずに自主的に緊急避難を始めた．

22　天災避難　207

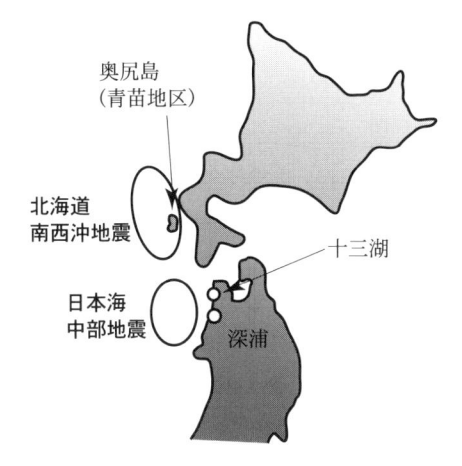

津波に気付いて9人が
逃げはじめている

最前列の3人だけが逃げ終えた

青森県十三湖の湖岸

出典：津波防災を考える
　　　社団法人日本損害保険協会,1994

図 22.2　日本海中部地震による津波

災害後,ここに高さ6.6mの人工地盤を作って,
高台と避難路で結んだ

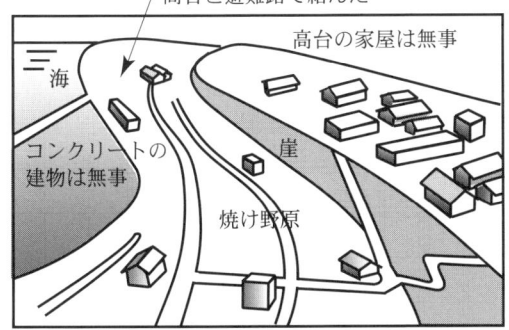

高台の家屋は無事

北海道南西地震に伴う津波と
地震後の火災により,**壊滅的な
被害をうけた奥尻島の青苗地区**
出典：津波防災を考える
　　　社団法人日本損害保険協会,1994

図 22.3　北海道南西沖地震による奥尻島の津波

事象 22.3　北海道南西沖地震による奥尻島の津波（1993）
日本，北海道，図22.3，資料 [215]

北海道南西沖で発生した地震が，津波を引き起こした．全体で230名の死亡・行方不明者発生．

シナリオ
- 7月12日22時17分に北海道南西沖でM7.8，震度6の地震発生
- 3分後に津波第一波，青苗地区では波高6.7 m，504戸中，385戸流出
- その2分後に札幌管区気象台が大津波警報発令
- 全体で230名の死者・行方不明者

説明：奥尻島の住民は，10年前の日本海中部地震では津波襲来まで20分の余裕があったので，7％程度の人は今度も大丈夫とゆっくり避難して逃げ遅れたらしい．しかし，3分では若者が走るか自動車で逃げるか，と手段が限られてしまい，避難すること自体，困難である．**家屋を鉄筋コンクリート化するほうが正しい選択ではないだろうか**．米国の大平原ではトルネードがランダムに発生し，予期せぬ方向にものすごい速度で進んでくるから，住民は自分の家に地下シェルターを設けている．とにかく速く逃げるしかない．

2005年の新聞記事（日経2月13日）によると，926億円をかけてハード面を整備し，たとえば青苗漁港には高さ6.6 mの人工地盤が構築され高台まで避難路がつづいているそうである．また，島の周囲の84 kmのうち14 kmは防潮堤で囲まれているそうである．島には犠牲者の鎮魂の意味を含めて膨大な投資が行われているが，それが日本のすべての海岸線の危険区域にも構築できるのだろうか．

事象 22.4　火薬爆発による津波でハリファックス市街全滅（1917）
カナダ，大西洋側のハリファックス市，図22.4，資料 [414]

5,000トンの火薬を積んだ船が，湾内でほかの船と衝突し火災，火薬が爆発を起こした．湾沿岸の街ハリファックス市は全滅．1,500名死亡，2,100名行方不明．

シナリオ
- 11月30日にモンブラン号（3,121トン）がベドフォード湾に向かう
- モンブラン号にはTNT火薬，ピクリン酸，ベンゾールなど，5,000トン積載
- 水先案内人の警告を無視して，船長が前方のタグボートを追い越す
- ベドフォード湾から出港中の貨物船イモ号（5,043トン）と衝突して火災

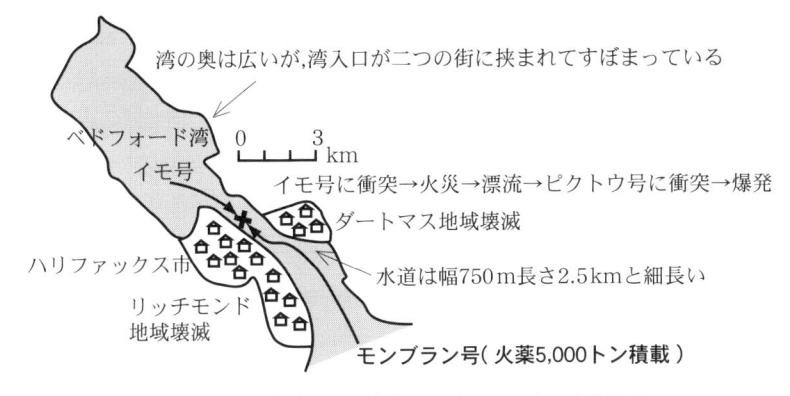

図 22.4 火薬爆発による津波でハリファックス市街全滅

▶ モンブラン号乗員は脱出したが漂流して別の貨物船ピクトウ号に衝突
▶ 火薬が大爆発して津波発生，波高4.5 m，ハリファックス市街が全滅
▶ 1,500名死亡，2,100名行方不明，建物3,000棟損傷

説明：長崎・広島型原爆がTNT火薬10,000トン級である．その半分の火薬が爆発したのだから，被害は大体，想像できる．もちろん，住民は避難しようにも予兆がみえないから逃げようもない．**この津波は，追い越し禁止の細い水路で無理な追い越しを強行したモンブラン号船長による人災である．**

　また，山の崩落で生じる津波も恐ろしい．1640年には北海道・駒ヶ岳の噴火で山頂が崩落して内浦湾に流れ込み，対岸の伊達市有珠に津波が襲いかかり，約700名死亡した．また，1792年には**雲仙普賢岳の噴火**で眉山が崩壊して島原湾に流れ込み，津波が発生し，島原で約15,000名，対岸の肥後でも約5,000名溺死した．いわゆる「島原大変肥後迷惑」である．1958年には**アラスカのリツヤ湾**（浜名湖の半分程度の大きさ）で，地滑りが生じて山が崩落し，対岸では平均73 m，最高520 mの波高の津波が生じた．過疎地帯だから死者2名で済んだが，山を越える津波というのも想像しにくい．

　山津波という土石流の災害も日本で生じている．1858年の飛越地震では立山の大鳶山・小鳶山が崩れて（いわゆる「**とんび崩れ**」），約4億m³の土砂が常願寺川上流に流れ込んだ．川をせき止めて立山カルデラ内に池を作ったが，川が枯れてきた原因を偵察して，自然ダムの発生を知った住民は，あらかじめ避難して半月後の洪水は逃げることができたが，安心した頃の2ヶ月後にも洪水が襲って約140名が死亡した．現在でも，2億m³の土砂が残っており，それが立山カルデラから流出しないように公共事業で営々と砂防ダムを作りつづけている．筆者らは立入禁止の

工事区域を見学して，高さ108 mの白岩砂防ダムのコンクリートの固まりに驚いた．岩石が剥落しないようにダムを補強していたが，そこは立山カルデラの唯一の土砂の出口であるため，白岩ダムが崩れると上流の砂防ダムの根元が崩れる．それが崩れるとさらに上流の砂防ダムが崩れて，まるでドミノ倒しのようにすべてが崩れる．富士山の大沢崩れと，安部川上流の大谷崩の三箇所を日本三大崩れとよぶそうである．

事象 22.5　有珠山の噴火（2000）
日本，北海道，図22.5，資料 [216]，参考文献（26）

火山性の地震が群発していたので，有珠山周辺の自治体は住民に避難勧告を発令し，9,500名が避難した．1名の被害者も出ず，これは避難の成功例となる．

シナリオ
▶ 3月27日に火山性地震群発
▶ 29日に伊達（だて）市，虻田（あぶた）町，壮瞥（そうべつ）町が避難勧告発令

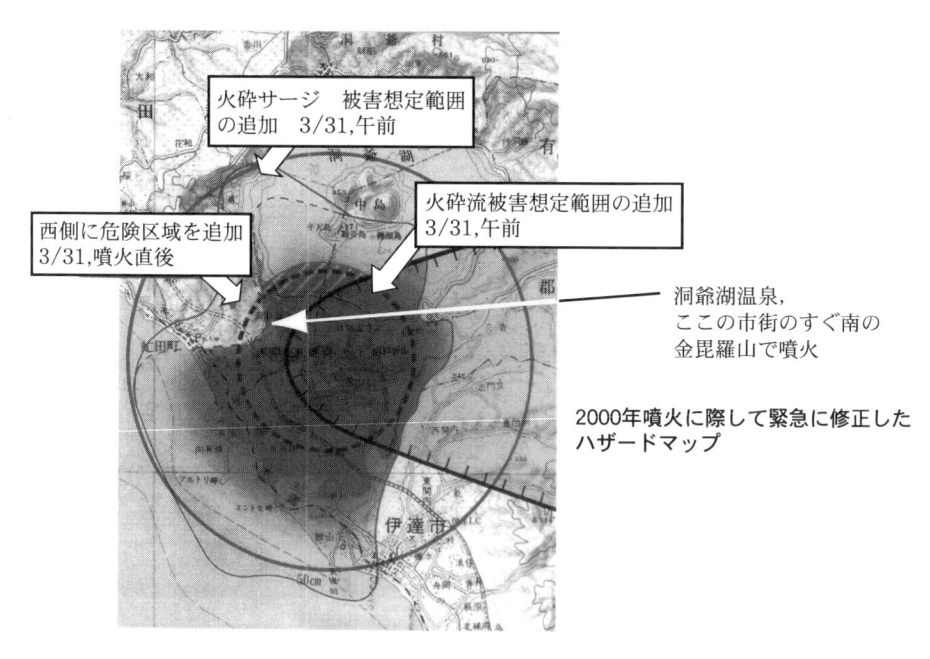

火砕サージ 被害想定範囲の追加　3/31,午前
火砕流被害想定範囲の追加　3/31,午前
西側に危険区域を追加　3/31,噴火直後
洞爺湖温泉，ここの市街のすぐ南の金毘羅山で噴火
2000年噴火に際して緊急に修正したハザードマップ

出典：有珠山現地連絡調整会議(伊達市,虻田町,壮瞥町,豊浦町,洞爺村)1995，宇井忠英2000年有珠山噴火，北海道新聞社，2002，p.9

図 22.5　有珠山の噴火

- 同日，避難指示発令，ハザードマップに従って9,500人の住民避難開始
- 30日に有珠（うす）山西側で新しい断層，地割れ
- 31日に西山山麓西側から噴火，噴煙が3,200 mまで上がる
- 4月2日に金比羅山から泥流噴石とともに噴火，10日に熱泥流で橋が流出
- 16,000名が避難して1名の犠牲者も発生せず，職住分離の街づくりで復興計画
- 避難生活は最長5ヶ月，被害金額は約103億円

説明：これは避難の成功例である．有珠山は1663年から8回噴火したが，北海道大学の岡田弘教授が調査して，そのうち7回は1日から3日の前兆地震後に噴火することを明らかにした．つまり「**有珠は嘘をつかない**」ので，まるで噴火時期を制御していたかのように**避難**できた．すでに1995年にハザードマップを作成して，住民，行政，科学者，マスメディアの，岡田教授いわく「減災の正四面体構造」を確立していた結果がこの鮮やかな避難である．1991年**雲仙普賢岳**の火砕流や，1995年の**阪神・淡路大震災**においては避難・救助方法が各組織バラバラで非難されていたが，有珠山と**三宅島の噴火**（2000年）をみるかぎり，日本も緊急時の対策がうまくなったといえる．先日，自衛隊の方と話していたら，2004年の**新潟中部地震**では震度5以上なので，部隊長の判断でヘリコプタを飛ばし，初期救助をはじめたそうである．阪神・淡路大震災のとき，県知事の要請がなく，助けたくとも自衛隊が震災地に入れなかったのと大違いである．

事象 22.6　ネバドデルルイス火山の泥流災害（1985）
コロンビア，トリマ州ボゴタの西140 km，図22.6, [412]

コロンビアのネバドデルルイス火山が噴火．アルメロの街を泥流が襲い，21,000名が死亡した．事前にハザードマップは**配布**されていたが，ほとんどの住民は従わなかった．

シナリオ
- 11月7日に国立地質鉱山研究所がハザードマップを公表，配布
- 11月13日15時頃からネバドデルルイス火山（5,399 m）が噴火
- 山頂から火砕流が，周辺の氷河上に広がり，氷が溶けて泥流発生
- ハザードマップの予測どおりに急勾配を泥流が流下
- 夜半に50 km離れたアルメロの街を急襲，住民の約70％の21,000名が死亡

説明：地震後の津波と同じように，噴火後の泥流も逃げるが勝ちである．日本でも，1926年5月24日に**十勝岳の噴火**で同じような災害が発生した．つまり，噴火によって生じた熱い岩屑なだれが積雪を溶かして泥流を発生させ，時速60 kmで流下し

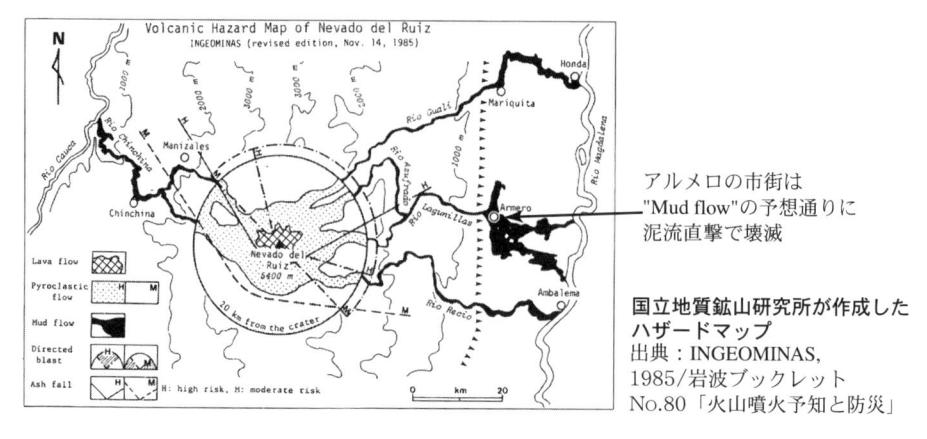

図 22.6 ネバドデルルイス火山の泥水災害

アルメロの市街は
"Mud flow"の予想通りに
泥流直撃で壊滅

**国立地質鉱山研究所が作成した
ハザードマップ**
出典：INGEOMINAS,
1985/岩波ブックレット
No.80「火山噴火予知と防災」

た泥流が上富良野（かみふらの），美瑛（びえい）の2村を埋没させ，144名の死者・行方不明者を出した．ここには，その後に作られた鉄筋コンクリート造りの泥流発生時の緊急避難塔が立っているそうである．なお，**本事例は，「ハザードマップに従っていれば逃げられたのに」という，ハザードマップの重要性を強調するときに頻繁に引き合いに出される災害である．**

7 連鎖反応で拡大

23～27

　些細な不具合が止まらずに，あれよあれよという間にドミノ倒しのように連鎖反応して，大災害を引き起こしてしまうこともある．もちろん，エンジニアはその失敗に至る鎖をどこかで断ち切る工夫を設計のなかで組み込んでいるが，残念なことに期待通りに働かず，使用者や乗客が逃げ遅れて大事故につながる．

23 脆弱構造

事象23.1 世界貿易センタービル崩壊（2001）
アメリカ，ニューヨーク州ニューヨークのダウンタウン，World Trade Center (WTC)，図23.1，資料 [222]

　ワールドトレードセンタービルの2本の塔に，1機ずつ旅客機が突っ込んだ．世界中の人々が注視するなか，ビルがあっけなく崩壊していった．ビルの構造は，太い柱を使わない鳥かごのように柔軟な構造だった．2,752名死亡．

シナリオ
- ウサマ・ビンラディンのテロ組織アルカイダが攻撃予告
- 9月11日8時45分にボストン発アメリカン11便のB767がWTC北棟に突入
- 9時3分にボストン発ユナイテッド175便のB767がWTC南棟に突入
- WTCの2本の棟が炎上，200名近い人が飛び降り，消防隊が救援で昇階
- 重量177トンのB767の衝撃で，柱の損傷，耐火被膜の脱落
- オフィス部分のスプリンクラーも停止
- 9万リットル（70トン）の燃料が炎上，床面の鋼のトラスが高温で軟化
- 構造部材のトラスがピン構造で脆弱？，10時5分に南棟が崩壊
- 10時28分に北棟が崩壊，衝突階上で生存中の約1,500名が死亡
- 2,752名死亡（うち飛行機乗員147名，救助隊員412名），被害総額は830～950億ドル

説明：筆者はこの日，イチローの野球を見ていたが，突然，画面が変わった．そして，ビルがトランプで組んだ城のようにパタパタと崩れるのを，呆然としながら見

外側の殻(鳥かご構造)
周辺部 990 mm 間隔の鋼柱(45 cm角)が計236本

内部のコア部分

内側のコアエレベータホールを囲む48本の鋼柱

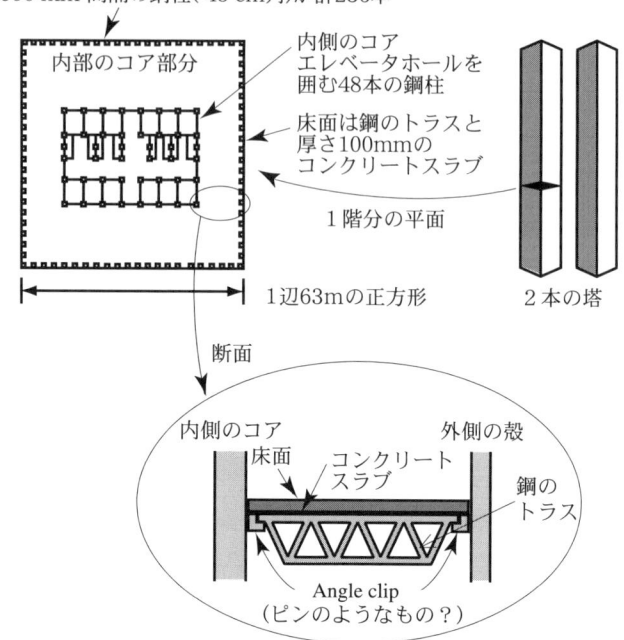

床面は鋼のトラスと厚さ100mmのコンクリートスラブ

1階分の平面

1辺63mの正方形

2本の塔

断面

内側のコア　外側の殻
床面　コンクリートスラブ　鋼のトラス
Angle clip (ピンのようなもの?)

図 23.1 世界貿易センタービル崩壊

ることになった．世界中でどれくらいの人がその画面を脳に刻んだのだろうか．
　参考文献：ジム・ドワイヤー＆ケヴィン・フリン，9.11生死を分けた102分，文芸春秋，2005-9

　WTCのビルは，太い柱を使わない構造，いわゆる「**鳥かご**」構造を採用していて，これは施工簡単・軽量・柔構造で施工当時は画期的であった．外側の鳥かごの殻と内側のエレベータホールを囲むコアとは，各階ごとにトラスで締結されていて，その上にコンクリートの床板が敷かれていた．トラスは両端でピンで締結されていたが，トラス＋ピン構造自体は鉄橋に使われているように，問題ないはずであった．なお，WTCは1960年代後半に設計されたが，このときはボーイング707（重量150トン）が衝突しても崩壊しないように構造計算で考慮されていた．実際，衝突時に鳥かごの柱は，200 MPaの許容応力の1/3しか応力が生じず，設計通りであった．しかし，ジェット燃料が燃えて空気温度が650℃になると，衝撃によって耐火被膜のアスベストが剥落した**鋼材が熱されて，強度が半分になるまで軟化**した．だんだんと設計余裕がなくなってきたところに，18 mのトラスが熱膨張したいのに，

両端をピン結合されているから座屈してたわみ，たわんだ隙間にコンクリートの床が階下に落ちて……後はドミノ倒しに崩壊した．エンジニアは連鎖反応が生じないように一応考えていたが，部材の耐火被膜が脱落し，スプリンクラーも停止することまでは予測できなかったのである．設計者が想定していたのは，1階分の火事であり，それだからこそ幅1.2mの非常階段でよしとしたのであろう．

なお，**被害額が10兆円と非常に大きくなり，損害保険の支払額も地震保険並に大きくなった**．日本のあいおい損保，日産火災，大成火災は米国再保険エージェント，フォーレストリー社の再保険を引受けていたので，3社で2,749億円の損失が生じ，大成火災は債務超過となって，会社更正手続の申立を行った．

参考文献：T.Eagar, C. Mosso, Why Did the World Trade Center Collapse? Science, Engineering and Speculation, JOM, 53(12), 2001, p8-11

■「脆弱構造」について

脆弱構造は，1本の「心棒」を抜いたら全部がパタパタと崩壊するような構造である．つまり，**一部の不良で全体が崩壊する**．エンジニアにとってこれは悪夢である．部材がたがいにもたれ合って安定を実現している構造がその好例で，たとえばアーチを形成する石材をひとつはずすとアーチ全体が崩壊する．また，**ロマプリータ地震**（1989）ではカルフォルニア州オークランドの高速道路の1スパンが落ちたら，柱が傾いて次のスパンが落ちて，そのまたとなりの柱が傾いたらと，次々とスパンが落下してスパンと柱が三角波状に残った．

フェリーも脆弱構造である．搭載口の扉がきちんと閉じられていないと，浸水して機関を停止させるだけでなく，搭載物を浮かせて片側に運び，結局，横転して簡単に沈んでしまう．身近なものでコンピュータ制御の自動車も脆弱である．筆者が経験したことであるが，走行中の自動車のコンピュータが壊れてエンジンが止まると，パワーステアリングの油圧が上がらずにハンドルが重くて回らなくなり，ブレーキの倍力用の油圧も上がらずに踏み込んでも停止できなくなる．つまり，自然に止まるまでまっすぐに進むしかない．

類似事例

事象23.2　カーフェリー「エストニア」が沈没（1994）
バルト海フィンランド沖（エストニアのタリンからスウェーデンのストックホルムまで航行予定），図23.2，資料［109］

大しけのバルト海を渡るカーフェリーの，車を入れるデッキの扉が破損したため，海水侵入．船体は左へ傾き，右へ復元できずに転覆，沈没．912名死亡．

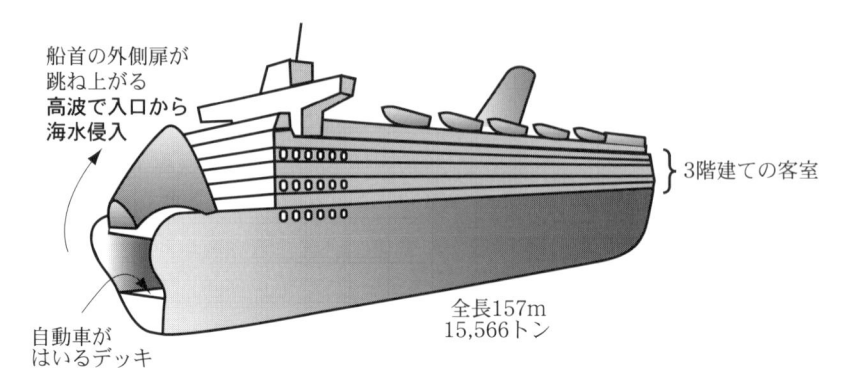

図 23.2 カーフェリー「エストニア」が沈没

シナリオ
- 9月27日夜，バルト海は大しけで高波の高さ10 m
- エストニア号（15,566トン）はタリンからストックホルムに航行中
- 船首の車両格納デッキの跳ね上げ式外側扉の固定装置が破損，浸水開始
- 内側扉も通って海水侵入，28日0時10分頃，乗員が排水ポンプ始動
- 0時20分，一瞬のうちに左に傾いて24分に転覆（復元力小さい）
- 停電になり位置情報が電信で遅れず，艦船が派遣できず救助が遅れる
- 45分に水深60 mの海底に沈没，1,049名の乗客・乗員のうち，912名が死亡

説明：仮に外側扉が壊れても，冗長に設計された内側扉が連鎖反応を止めてくれてもよいはずであった．そして仮に海水が侵入しても排水ポンプを稼働して，退避が終了するまで沈没を遅らせられたはずであった．日本では，青函連絡船の**洞爺丸沈没**（1954年，1,430名死亡）や，宇高連絡船の**紫雲丸沈没**（1955年，168名死亡）も本事例と同じように脆弱さが問題であった．フェリーは搭載していた車両が倒れると，アッという間に横転して逃げられなくなる．

参考文献：鉄道連絡船のいた20世紀，イカロス出版，2003

事象 23.3 ツェッペリンが水素爆発で墜落（1937）
アメリカ，ニュージャーシー州レークハースト，図23.3，資料 [403]

飛行船ヒンデンブルグ号の水素が爆発，34名死亡．戦時中，軍事転用を恐れたアメリカはツェッペリン社にヘリウムを売らなかった．

シナリオ
- ツェッペリン社の完成機がヒンデンブルグ号（全長245 m）

図 23.3 ツェッペリンが水素爆発で墜落

▶ 水素20万 m³ で6日連続航行可能
▶ フランクフルトから大西洋横断，5月6日にレークハーストで着陸体勢
▶ 係留綱を地上に降ろした瞬間に水素が爆発
▶ 推進動力用の燃料も火災，40秒間で全焼
▶ 外皮に塗ったゴムの摩擦で静電気発生，放電して火花が水素に引火？
▶ 乗客・乗員の96名中34名死亡，ツェッペリン社も飛行船製造を119機で停止

説明：ツェッペリン社はもともと水素でなくてヘリウムを使いたかったらしい．本質安全を考えると当たり前である．しかし，**世界唯一のヘリウム産出国の米国が，ナチの飛行船の軍用転換を恐れて供給しなかったのである**．また，ツェッペリン社は過去にも同様な爆発が生じたため，ゴム表面の静電気を逃がすために金属箔を貼って対処していたが，残念ながら水素爆発を防げなかった．

事象 23.4 韓国のサンプン百貨店崩壊（1995）
韓国，ソウル，三豊百貨店，図23.4，資料 [402]

オフィスビルにする予定のビルを百貨店に変更した．エレベータ設置のため，太い柱を取り除き，しかも屋上に大形冷却装置をのせた．クラックの進展が発見されたが，営業続行．閉店間際にビル崩壊．501名死亡．

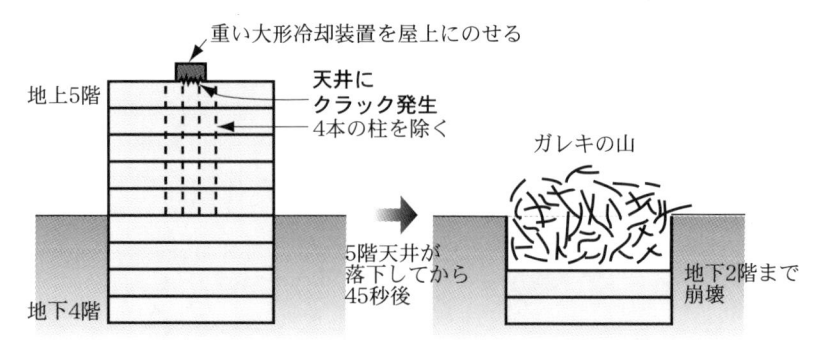

図 23.4 韓国のサンプン百貨店崩壊

シナリオ
- 建設中の地上4階オフィスビルを地上5階地下4階の百貨店に変更
- エレベータ設置のために中央部分の柱を4本除く
- 屋上に重い大形冷却装置を設置,粗悪なコンクリートの床板がたわむ
- 6月28日,従業員が5階天井にクラックを発見
- 6月29日8時30分,5階従業員が前日のクラックのさらなる進展を発見
- ただちに上司に報告,経営陣が緊急会議を開催,しかし営業続行を決定
- 15時に社長が頼んだ建築士が到着,危険と警告
- 経営陣はまもなく閉店だからといって,営業続行を決定
- 閉店間際の17時50分に5階天井が落下,45秒間で地下2階まで建物崩壊
- 死者501名,負傷者937名,行方不明者6名
- 救助活動が続けられ,11日目と13日目に1名ずつ救出

説明:日本では奇跡的な救出劇ばかりが報道されていたが,どうやったらこのような崩壊が生じるのか筆者には不思議であった.**鉄筋が正しく入っていなかったのかもしれない**.日干しレンガ造りの家も簡単に崩壊する.西アジアでは地震で数万人の死者が出るが,たとえば,インド南部の**マハラシュトラ州の地震**(1993年,死者9,748名),**イランの北西部の地震**(1990年,死者35,000名),トルコの**イズミット市の地震**(1999年,死者15,135名),と中近東では信じられないぐらいの数の死者が生じる.日本でも明治時代の1875年には欧米を真似て**銀座煉瓦街**が建てられたが,1923年の関東大震災であっけなく崩壊している.韓国のソウルでは1992年に建設中の**新幸州大橋**が1,020mにわたって崩落した.さらに1994年に供用中の**聖水大橋**が48mにわたって崩壊し,通過中のバスや乗用車が漢江に落下して32名が死亡した.韓国では1970年から橋梁が8回も崩壊しており,聖水大橋の崩壊で国民は手抜き工事に怒った.

事象 23.5　エンパイアステートビルへの B25 爆撃機の衝突（1945）
アメリカ，ニューヨーク，図 23.5，資料 [220]

　ニューヨーク空港へ向かう B25 が，濃霧の視界不良でエンパイアステートビルに衝突した．このビルは飛行船を係留できるように頑丈に設計されていたので，79，80 階で火災が起こっただけでおさまった．死者は 14 名出た．

シナリオ
▶ 飛行船ツェッペリンの係留マストとして剛にアンテナを設計
▶ ニューヨーク空港に B25 が向かう，残存燃料は 4 千リットル（3 トン）と少量
▶ 濃霧で視界不良，ビル 79 階に衝突
▶ 79，80 階で火災したが，14 名死亡のみ，被害総額は 100 万ドル

説明：エンパイアステートビルは爆撃機が衝突しても崩壊しなかった．**飛行船が係留できるぐらい剛に設計されていたのである**（キングコングが登っても大丈夫なはずである）．1931 年に竣工したが，鋼材は 60,000 トンで高さ 391 m，102 階建てのビルは，超大形タンカーを垂直に立てたような建物である．なお，B25 は翼長 20 m，胴長 16 m であり，WTC に衝突した B767（翼長 47 m，胴長 48 m）に比べると約 1/3 である．また，重量は 15 トンと B767 の 1/10 だから，B767 が衝突したら崩壊するかもしれない．

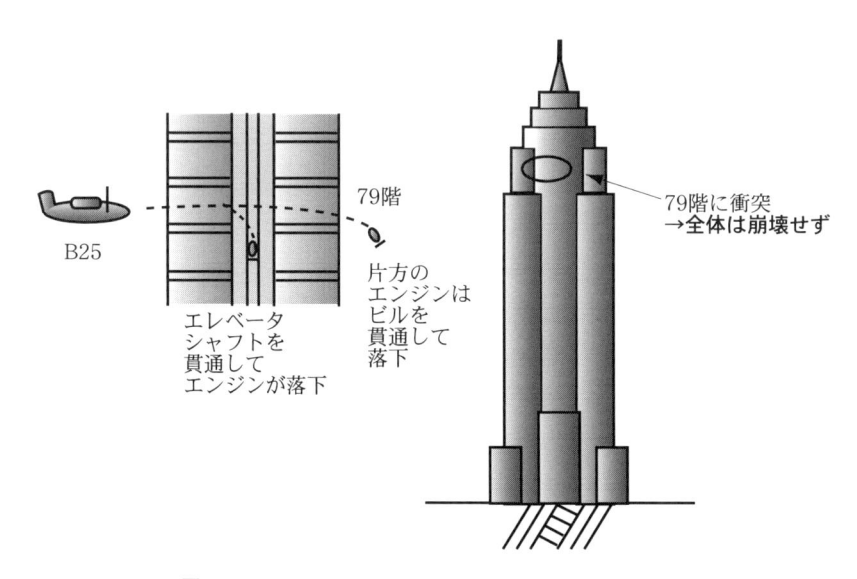

図 23.5　エンパイアステートビルへの B25 爆撃機の衝突

事象 23.6	高層アパートのガス爆発による連鎖崩壊（1968）

イギリス，東ロンドンのカニングタウン，図23.6，資料［221］，参考文献（4）

　ロンドンの24階建てマンションの18階でガス爆発．上部階の床パネルが崩落した衝撃で階下も崩落し，建物の東南角は最上階からすべて次々に崩壊していった．3名死亡．

シナリオ
- 24階集合マンションをプレハブ工法で施工（トランプ積上げ式）
- 5月16日，18階でガス爆発，壁パネルが損なわれ上部階の床パネルが崩落
- 崩落した衝撃で階下も崩壊，壁と床のパネルが鉄筋で連結されておらず
- 建物は東南角の最上階である22階から2階まで，一瞬に崩壊，3名死亡
- 大ロンドン行政庁が住宅政策を反省，20年かけて約3,000棟すべてを解体

説明：本事例はWTCの連鎖的な崩壊と構造的に同じである．日本でもガス爆発で小さな崩壊が生じており，たとえば，**秀和めじろ台レジデンス火災（1975）**では11階のうち，6階のガス爆発で7階と6階の床が5階に崩落した．英国では，本事例の住宅を解体するときに，壁と床の間に本来充填されているべきモルタルがないという手抜きを発見し，これではダメだと悟ってすべてを長期計画に従って解体してしまった．筆者も**阪神淡路大震災**の直後に，コンクリートの専門家の工学院大学の嵩教授と歩いたが，一目でわかる手抜き工事もたくさん見受けられた．もちろん日本では1981年に「新耐震性設計基準」が施行されており，実際，これに適する

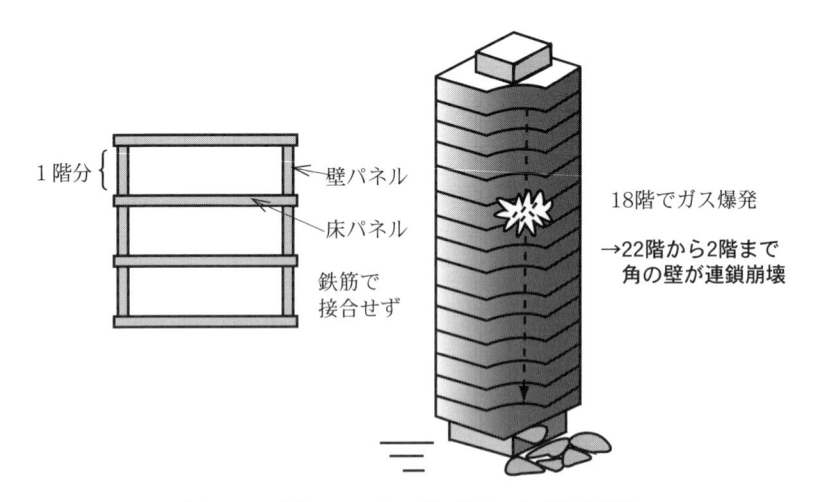

図 23.6　高層アパートのガス爆発による連鎖崩壊

建物はほとんど倒壊していなかった．設計者の勝利である．しかし，**これ以前に建てた建築にまでも遡及してこの基準に合わせるべきだった**．それをなんらしていなかったので，これも設計通りに地震で倒れて大被害を出したのである．その点，本事例のロンドン行政庁は立派で，既存のプレハブをすべて解体した．

24　フィードバック系暴走

事象 24.1　チェルノブイリ原発の爆発（1986）
ソ連ウクライナ共和国キエフ市，図 24.1，資料 [229]

　チェルノブイリで原発の電力発生実験を行った．ここの原子炉では，出力を減らすときは制御棒を押し込む設計であるが，挿入直後は，逆に出力が増加してしまう恐れがあった．この事故はまさにその事例となる．潜在的な被害者数は何名に及ぶか不明．

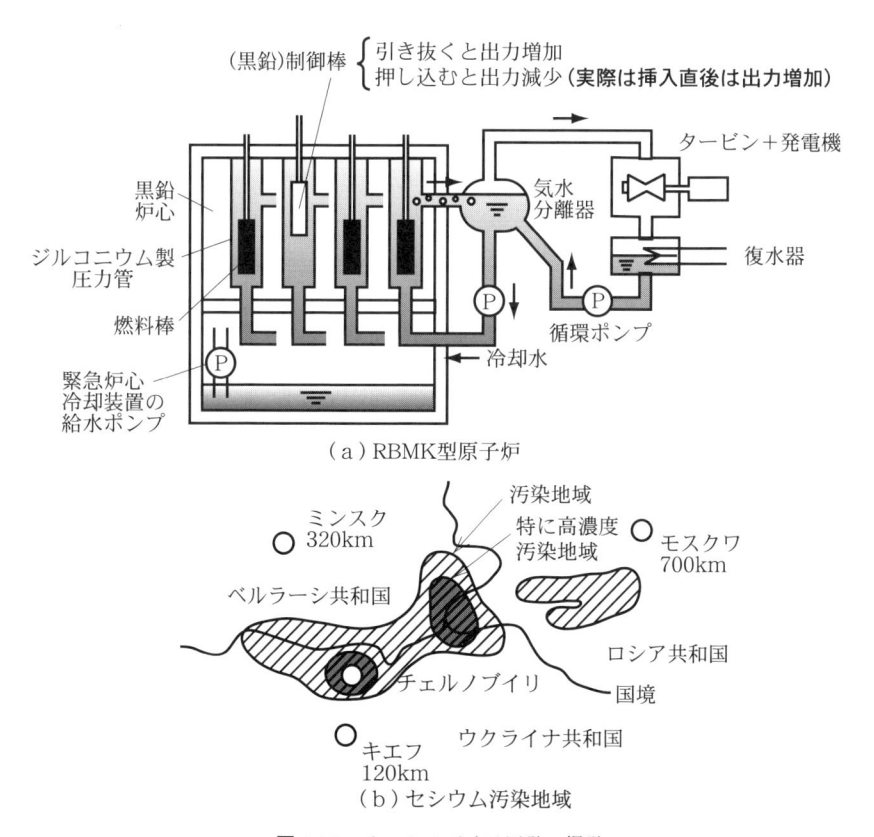

図 24.1　チェルノブイリ原発の爆発

シナリオ
- タービン発電機の慣性回転による電力発生実験を計画
- 4月25日1時，タービン発電電力（定格100万kW）を主循環ポンプ負荷に接続
- 誤動作を防ぐために緊急炉心冷却装置の給水ポンプを切り離し
- 定格熱出力320万kWから50万kWの低出力状態に給電しながら移行
- 翌日の26日0時28分，操作ミスで出力が3kWと過度に減少
- 増加に転ずるために制御棒のほとんどを引抜
- 1時頃，20万kWで安定し実験再開，1時23分4秒，タービンへの蒸気を遮断
- タービン発電が減少し，ポンプ回転数も減少，冷却水量も減少
- 出力上昇開始，運転班長が慌てて制御棒一斉挿入（AZ-5）ボタンを押す
- 緊急制御棒の挿入時にボイド（蒸気気泡）発生し，冷却されずに出力上昇
- 実験開始後40秒で出力が暴走し，燃料温度が上昇し黒鉛炉心が破裂
- 厚さ4mmのジルコニウム管の圧力管が破裂
- 1時23分47秒，水が黒鉛炉心ブロックと接触して，水蒸気爆発
- 消防隊員から周辺住民まで，何人被災したが不明（公式発表は31名）

説明：このRBMK型（ロシア語で黒鉛減速・軽水沸騰冷却・チャンネル管形原子炉の意味，原爆用プルトニウム製造のために設計・製作）とよぶ原子炉は，黒鉛制御棒の緊急挿入時に正の反応度で暴走する恐れがあった．なぜならば，出力を減少させるために減速材の黒鉛を入れると，冷却用の水が沸騰して制御棒まわりに泡が発生し，冷却できなくなる．そして，泡が発生して冷却水の密度が減少すると，中性子吸収も減少して出力は増加する．すなわち，**ブレーキを踏んだらアクセル**だった，ということになりかねない．

一方で，日本の軽水炉はもともと原子力潜水艦用の原子炉で，水が減速材と冷却剤とを兼ねている．一人二役の干渉設計であるが，減速と冷却の効果によって水を用いた出力減少は速やかに達成できる．つまり，出力を減少させるために水を増やすと，減速されるから出力減少，冷却されるから出力減少というように，両者が干渉せずに働いて目的を達成する．このため，ブレーキの掛かり具合にも両者には違いがある．日本では緊急停止まで2～4秒かかるのに対して，RBMK型では制御棒を入れてから18秒もかかる．

また，**本事例の犠牲者数は，実際によくわかっていない**．チェルノブイリはちょうど，ウクライナとベラルーシとロシアとの国境が交わる所にあり，汚染地域も3国に広がっている．そこに住んでいた600万人の住民や，そこから事故処理作業のために派遣された60万人の兵士も被害者である．今後，彼ら自身が癌や白血病になり，その子供も半減期30年のセシウム137（事象38.2のアイソトープの不始末

でも登場）の影響を受けるかもしれない．

　本事例はソ連の末期に生じた事故である．ソ連政府事故調査委員会は，運転が不安定になる原子炉の設計と，運転班長が慌てて制御棒一斉挿入（AZ-5）ボタンを押したような操作ミスや規則違反とを，原因として報告した．

　しかし，その上部組織のソ連共産党政治局会議は，社会の動揺を恐れて操作ミスと規則違反だけを追求した．そして本来，それを糾弾すべき国際原子力機関も，西欧の原発反対派の勢いを恐れて，原子炉設計の間違いには踏み込まなかった．ソ連崩壊後の1991年になってやっと，チェルノブイリ事故再評価委員会が原子炉設計の責任を指摘し，1992年に国際原子力機関もその問題を認めた．

　しかし，反省した，と急に前言をひるがえしてもまだ何かを隠しているのではないか，と疑いたくなるのが人情である．本事例は，被害損失を将来にまで残していることに大きな問題がある．しかしそれ以上に，「**原発推進派はウソをつく**」という**実例**を作ってしまい，いつも原発反対派のスローガンの題材になっていることのほうが，より大きな問題である．

　■「フィードバック系暴走」について

　連鎖反応は，何かの手違いでフィードバック系が発散し始めると，影響が飛躍的に大きくなり損失も拡大する．もちろん，フィードバック制御では，あらかじめ発散しない系が設計できる．ところが，たとえばそこでセンサが滅茶苦茶な数値を出すと，たちまち暴走しはじめる．

　工場でよくある失敗は，ロボットのモータのエンコーダの不良による暴走である．エンコーダの光センサにゴミが入って少しおかしくなって，たとえば実際は回転して100パルス出力すべきなのに80パルスしか出力しないと，モータは残り20パルスを進めるためにさらに回転し，目標位置を越えて暴走しはじめる．**暴走事故に直結しないためには，制御できる範囲の終端にエンドストッパを設置しておくのが，最も賢い方法である**．そうではなくて，メカトロニクスを活用する方法も考えられるが，それは次善策である．次善策としてたとえば，センサをリミットスイッチとして終端に設置し，暴走開始を検出したらモータが停止するというプログラムを組むとしよう．しかし，電源が停電したり，その終端センサの配線が断線したら同様に暴走して一巻の終わりである．

　また，温度を測る**熱電対が狂う**ことも多い．熱電対が狂うというより，熱電対の測定点が測定物体と接したり接さなかったりと不安定だと，数値は数10℃は異なってくる．これでは電気炉や金型の精密な温度制御ができるはずがない．それ以上に，自動制御中に表示温度が上下するので，作業者がその値を信用しなくなり，勝手に手動に切り替えて操作しはじめ，事態を悪化させるほうが恐い．

さらに、**真空計も狂いやすい**。基準となるような真空が準備できないから、較正もできない。筆者はスパッタ装置で磁気ディスクを製造するときに、ずいぶんと真空計にだまされた。製品の磁気特性を制御したいのに、目標真空度に到達しない。原因は、真空容器内に水分が吸着したのか、真空ポンプの引きが悪くなったのか、はたまた真空計が壊れているのか、と次々に疑いの対象を広げていくが、一般に高価な真空計の交換は最後の手段だから、最後にやっぱり壊れていたと気が付いたときのショックは大きかった。

フィードバック制御は日常生活でも実行されている。つまり人間は、つねに「**人の振り見て我が振り直せ**」を実践し、自分のまわりで起こっていることを分析し、自分の生き方を修正しながら生きている。ところが、社会規範が変わってやってよいことと悪いことが反転すると、どこかで判断を誤って行動が発散して身の破滅がやってくる。たとえば「大学教官が産業界と共同研究して民間の利益に貢献する」というようなことは、つい10年前までは"産学複合体の悪事"と報道される可能性も大だから、筆者らはコソコソとやっていた。ところがいまや「大学で生まれた知識を産学連携で社会に貢献する」ことが実力以上に期待され、挙げ句の果ては売れる特許を書けとまでいわれるほどになった。何かおかしい。**毛沢東の右派弾圧**（1957）と似ている。百花斉放と言いたいことを言えと鼓舞されて、言ったらブラックリストに載せられて殺されるのである。社会の期待通りに特許収入を得てベンチャーで儲けた教官は、いつかふたたび社会が反転して、三角帽子を被らされ学生の吊し上げを喰らうかもしれない。

類似事例

事象 24.2　エッチング装置でボルト飛散（2004）
東京大学，筆者の研究室，図24.2

学生が真空容器内に窒素を送り、大気圧以上に内圧を上昇させたが、容器を締めていたボルトの首が飛んだ。真空容器は外圧には頑丈だが、内圧には弱かった。

シナリオ
- 5月，研究室に配属になった学部4年生が加工実習
- エッチング装置の扉を4本のボルトで固く締結して真空引き
- エッチング終了後に、真空容器内に窒素を導入して大気圧まで戻す
- 真空計を見ながら窒素を流したが、240 torrから表示は変わらず
- 大気圧760 torrまで復帰させようと、窒素ボンベの減圧弁を開く

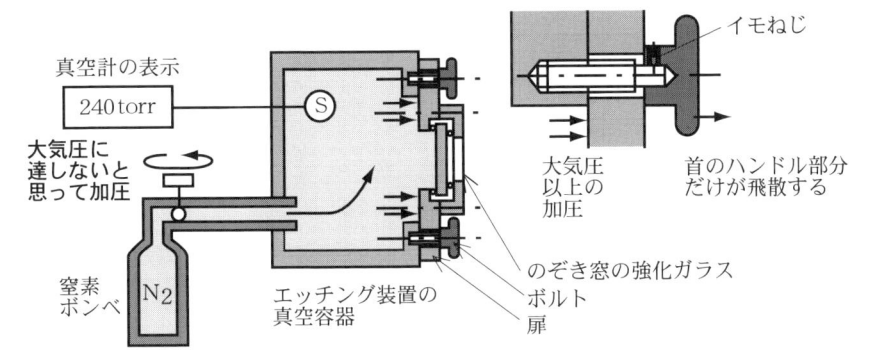

図 24.2　エッチング装置でボルト飛散

▶ 真空チャンバ内の圧力が3気圧になって，ボルトが分断しボルトの首が飛散
▶ のぞき窓の強化ガラスの角が欠けて，その後も真空度上昇せず

説明：真空容器は内圧を1気圧低くするものだから，大気圧で潰されないように剛に作ってある．ところが圧力容器のように内圧を大気圧以上に高くしても膨らまない方向には，設計者の頭が働いていない．だから，たった2気圧差が生じただけで本事例のような事故が生じる．破断したボルトはハンドルに埋め込みボルトを差し込んで，2本のイモねじで抜けないようにしただけである．つまり，真空時に働く圧縮応力には耐えるが，加圧時の引張応力にはまったく弱く，イモねじの接点が滑ってハンドルが抜けてしまう．のぞき窓の強化ガラスもそうだった．内側から押されたときに細いOリングが潰されて角が欠けた．

つまり，「逆流」を考えていなかった設計者が悪い．もともと，真空容器は内圧を大気圧より低くして用いるため，扉をボルト締結する必要はない．すなわち真空引き始めに手で扉を押してやれば，扉はすぐに吸い付く．しかし，Oリングを潰すのにも力がいるからボルトがあれば便利なため，この装置を購入してから10年間，代々の学生らは緩く締めていた．緩く締めておけば，大気圧に戻ると，扉がちょっと開いて窒素が漏れてくるから大気圧以上に真空容器内の内圧が上がらない．つまり，安全弁として使用していた．その知識がどういう訳か今年の学生には伝授されなかったのである．

それに真空計の表示の最大圧力が240 torrであることも伝わっていなかった．その数値で振り切っているのに，圧力が上がらないのはおかしいと，真空をパージする窒素圧力を高めてしまったのである．センサの表示が飽和しているのだから，ボルトの首を飛ばすまで，圧力を上げていく"暴走"は止まらなかった．センサ表示が間違っているのだから，暴走を防ぐにはエンドストッパと同様に，安全弁を設置すべきだった．1気圧分のばね力を超えれば，容器内の異常な高圧が解放される．

事象 24.3 富士重工「レガシィ」のアクセル緩まず，リコール隠し（1996）
日本，滋賀県守山市，図24.3，資料［138］

富士重工製のレガシィに，アクセルをゆるめても加速を続けるという欠陥が発覚．社内の安全部会でリコールを看過．最終的には，大事故をきっかけにリコール実施および罰金．

シナリオ
- 1994年に暴走事故が2件発生，アクセルを緩めても回転数増加
- 1994年1月，市場品質改善会議でリコールと決定
- 2月，安全部会では，社運をかけたニューレガシィなので看過と決定
- 1996年10月7日守山市，レガシィを80 km/hで走行，アクセルから足を離す
- アクセルレバーと，オートクルーズ・速度制御装置用レバーが共回り
- アクセルを強く踏むと，速度制御装置用レバーのフックも作動
- 作動したフックで，エンジン混合気を調整するケーブルを緩ませ外す
- 調整弁は開のままになり，アクセルを離してもエンジンが高回転持続
- 減速せず，交差点内に暴走し正面衝突，ミニバイクの女性が大ケガ
- 1996年11月，最終的に147万台をリコール実施
- 1998年4月，リコール隠しで道路運送車両法違反，メーカに140万円の罰金
- 2000年3月，品質保証本部幹部2人が業務上過失傷害で罰金50万円ずつ

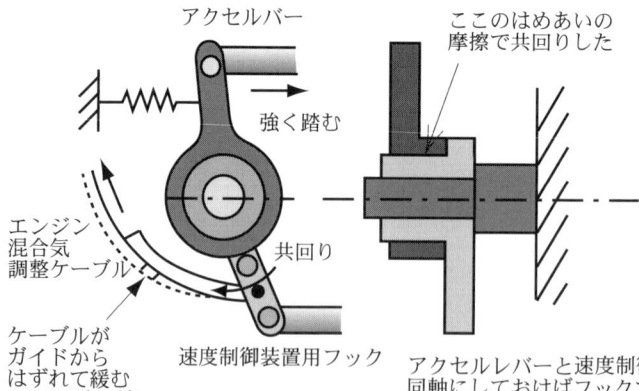

〈スロットルボディーの図面が見つからず，すべて著者の想像〉

図 24.3　富士重工「レガシィ」のアクセル緩まず

説明：踏み込んだアクセルから足を離せば，ペダルはバネで戻って，当然，エンジン回転数が下がって減速されるはずなのに，逆に回転数が上がったままで加速されたから，運転者は大いに驚いたのである．品質管理部長は，リコールによるイメージダウンを恐れて，リコールすれば回収・修理できる回収率が9割になるのに，ユーザが不具合を申し出た場合のみ対策したので，回収率は2年間で8％にしか達しなかった．

筆者は本事例の機構がよくわからなかったが，たぶん，アクセルレバーを回転する軸と，速度制御装置用レバーを回転する軸とが同軸になっていて，両軸の間に摩擦が存在したのであろう．すなわちアクセルを勢いよく踏むと，アクセルレバーとの摩擦によって，ついでに速度制御装置用レバーも回ってしまったのである．そうであるならば，よくある話である．一般にリコールでは「ここを交換します」という情報しかユーザに掲示されず，一方で国土交通省に内密に報告される詳しい参考資料は多くはインシデントなので公開されない．だから，一般市民が不具合の概要を知ることは難しいのである．

なお．本事例はリコール制度が設定されてから，欠陥隠しで刑事責任が問われた初めてのケースである．インシデントであろうと隠す態度がよくない．その潮流が一気に噴出したのが，三菱自動車・三菱ふそうに対する非難である．

事象 24.4 エネルギー回収装置のタービン暴走・爆発炎上（1994）
日本，神奈川県，東燃川崎工場，図24.4，資料［106］

発電機調整弁のメンテナンスミスで，弁を開いたのに開度表示では減少（閉じ）を示した．自動制御装置はさらに弁を開いたが，暴走して弁は全開になり，タービンは異常高回転し，火災発生．

シナリオ
▶ 重質軽油精製の流動接触分解装置の発電機調整弁が調子悪い
▶ 発電機はガスのエネルギーを回収・発電する蒸気タービンのようなもの
▶ 2月25日14時30分，メンテナンスによって調整弁の開度計を分解点検
▶ 誤って，回転角を180°ずらしてセット（0〜180°でなくて180〜360°に）
▶ 19時25分調整弁を自動復帰，弁の開度を増加させたが開度表示は減少
▶ 自動制御装置は開度を目標値にまで上げようと弁開をさらに命令
▶ 最後は弁が全開，流量大でタービンは異常な高回転，発電量も増加
▶ 手動で調整弁の閉止を試みるが，タービンブレード破壊・火災
▶ 加熱炉に延焼，引き続き反応塔・再生塔も延焼，ただし全員無事

228　**7**　連鎖反応で拡大

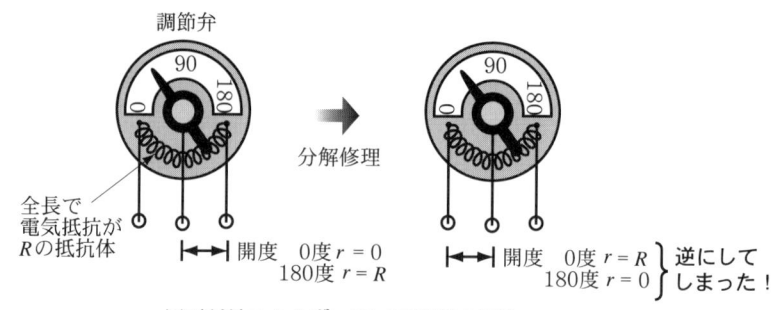

調節弁

全長で電気抵抗がRの抵抗体

分解修理

開度　0度 $r = 0$
　　　180度 $r = R$

開度　0度 $r = R$　逆にして
　　　180度 $r = 0$　しまった！

図面が見つからず，すべて著者の想像．

図 24.4　エネルギー回収装置でタービン暴走・爆発炎上

説明：弁の開度を増加させたのに，開度表示は増加せずに減少した．フィードバック制御では，その減少分を補うために弁をさらに開くように命令が出され，その命令がいつまでたっても達成されないから命令は継続され，最後には弁は全開に至る．こうなると暴走である．センサが逆位相の表示信号をコンピュータに送れば，発散するのは当然である．たとえば，エアコンの温度計が暑いときに低い温度を，寒いときに高い温度を表示すれば，もう十分暑いのにコンピュータはまだ低いのかと判断してさらに暖房するだろうし，逆も生じる．まさかそんなバカなことは起こらないだろうと思うかもしれない．しかし図に示したように，**一般にセンサ出力として，プラスの出力端子とマイナスの出力端子が出ていることが多いので，それを逆に配線すればまさかの失敗は起こり得る**．学部学生のメカトロニクスの演習では，よくある話である．

差動伝送は電気回路では一般的である．つまり信号Sに対して，＋Sと－Sを2本の配線で送ると，それぞれにノイズNが重量しても配線出口には＋S＋Nと－S＋Nが生じる．次に後者を反転して加算すると，＋S＋N－（－S＋N）＝2Sとなってノイズが相殺される．ここで信号が2倍になっていることを忘れて暴走させる事故もよくある話である．

事象 24.5　小学校で防火シャッタ誤作動（1998）
日本，埼玉県浦和市立別所小学校，図24.5，資料［137］

　小学校の防火シャッタが突然降下しはじめた．その下をくぐろうとした男児はランドセルを引っかけ，首がシャッタの下敷きになった．男児は病院に運ばれるが死亡した．

24 フィードバック系暴走

図 24.5 の図解ラベル：
- 煙センサ → 誤動作 → 降下
- 防火シャッタ
- 重力降下式で途中で止まらず
- ハンドルをつけて回すと巻き上がる → 事故のときはハンドルが働かなかった？
- 200kgがかかる
- くぐりぬけようとしてランドセルが引っかかる

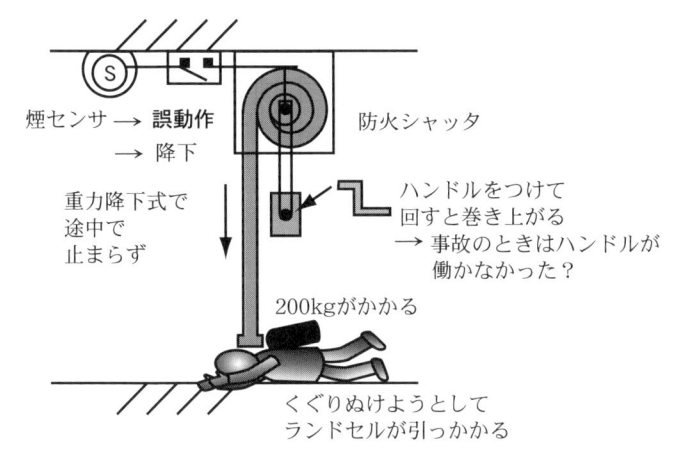

図 24.5 小学校で防火シャッタ誤作動

シナリオ

▶ 煙感知器の流入経路にほこりが付着
▶ 温度・湿度が急上昇（21.2℃，90.6％）して誤作動
▶ 4月14日8時10分，小学校の自動防火シャッタが突然降下
▶ 教室に向かっていた8歳男児がシャッタ下をくぐりぬけようとした
▶ ランドセルが引っかかり，うつぶせ状態で首が挟まれる
▶ 教員2名が200kgのシャッタをハンドルで巻き上げようとしたが動かず
▶ 応援に駆けつけた数人で鉄パイプや椅子を使ってこじ開ける
▶ 20分後，救急車が到着したが，18時40分に死亡
▶ 4月1～16日に埼玉県内で防火シャッター29件，防火扉61件誤作動
▶ 東京都2,328校で，1995年以降の防火シャッター・扉の誤作動発生は310件
▶ 消防庁が2,622施設にアンケート調査，34.6％が1996年に誤作動発生

説明：煙感知器は結露やほこり，虫，工事粉塵，調理煙，排ガスといろいろな原因で誤動作する．**事故後の調査から，誤動作は非常に高い確率で生じていた**ことがわかった．かといって，センサの感度を低くすると，いざ火事というときに防火シャッタが降りないこともあり得るから，それも問題である．なお，同様な事故として，店舗前面の電動シャッタで挟まれた事故というのも多発しており，本事例のように子供が「くぐり遊び」をしていて挟まれた事故も含む．さらに，酔っぱらって寝ていたら閉店時に挟まれたという，情けないけれど筆者もやるかもしれない類のものも多く，1981年から1992年までに国内で11件の事故が報告されている．

同様の挟まれ事故として，**六本木ヒルズの回転ドア**で6歳男児が首を挟まれた死

亡事故（2004）があげられる．マスメディアが糾弾したのは，ドアに挟まれそうになった人間を検知するセンサが誤動作するので，メンテナンスがセンサの感度を低くした「だまし運転」であった．それにセンサが検知しても，回転ドアが重くて緊急停止できずに30 cmは動き，結局，男児は衝突して頭蓋骨に数100 kgの衝撃を受けた．それ以上に困るのは，本事例の防火シャッタも回転ドアも設計者が人間の挟まれることを想定していないので，挟まれた後に逆回転させたり構造物を壊したりして救助することが容易でないことである．

畑村洋太郎先生（工学院大）によると，世の中に「**10 ジュール則**」というのが存在して，運動エネルギーがそれ以上だと挟んだときに危険だと，ドアの設計者は感じるそうである．六本木ヒルズの回転ドアは2.7トンだから周速0.6 m/sで動くと，運動エネルギーは480 Jである．10 Jにするには構造材をアルミニウムにかえたとしても1トンで0.14 m/s以下でないと困る．しかし，時速4 kmで普通に歩いてドアに入っても1.1 m/sだから，0.14 m/sのドアではかったるいし，通行人が連続して流れない．だからそもそもブレーキが重装備になっていないと危険である．本事例のシャッタは自重で降りるタイプで，200 kgが0.1 m/sで降りると1 Jで安全であるはずだが，200 kgが首に働いたままだと人間の首は折れてしまう．

センサは壊れるものであり，偽信号を出すものである．その不良が起こっても，最後は暴走してきたものを受け止めるエンドストッパや，暴走してきたもの自体が自壊するようなフェイルセーフが不可欠である．

参考文献：畑村洋太郎，他，ドアに潜む危険と安全への提言，ドアプロジェクトシンポジウム資料，2005年3月27日

25　化学反応暴走

事象 25.1　セベソの農薬工場でのダイオキシン爆発（1976）
イタリア，ICMESA社（敷地5300 m²の小さな化学工場，親会社がスイスのGivandan社，そのまた親会社が製薬のRoche社），Sevesoはミラノの北30 kmの街，図25.1，資料 [307]

小さな化学工場でトリクロロフェノール製造後，冷却水を流さず，反応が暴走．320℃以上になり反応器が破損．ダイオキシンが放出，飛散し，1,807 haが汚染，22万人に被害．

シナリオ
▶ 親会社が薬用石鹸用のヘキサクロロフェンを製造

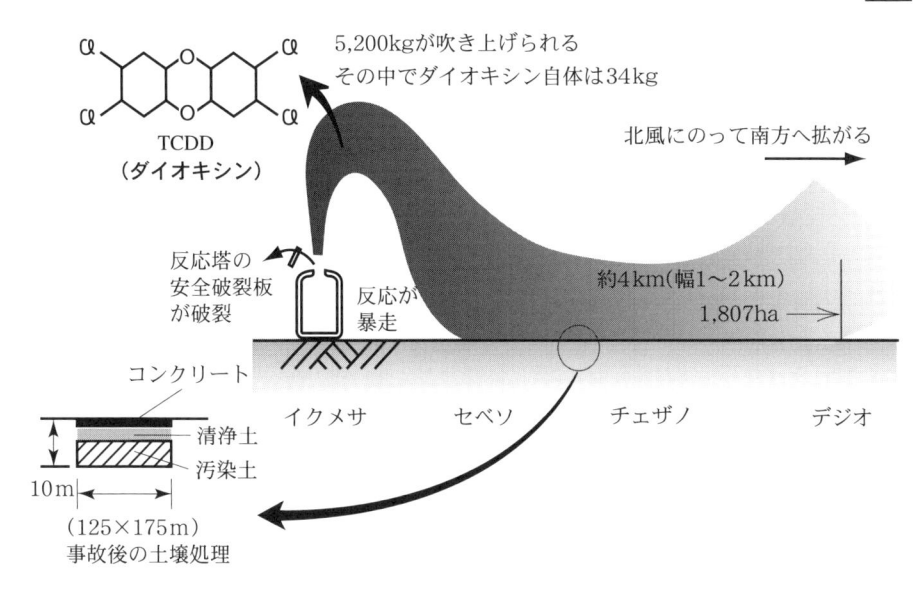

図 25.1　セベソの農薬工場でのダイオキシン爆発

- セベソでトリクロロフェノールの製造を分担
- 7月9日16時から翌4時45分まで原料を反応器で反応させ，5時に常圧に戻す
- 反応器中は158℃，冷却水流さず，温度記録計の電源切，作業員は職場離脱
- その後，発熱して危険限界温度230℃を超える
- 320℃以上に上昇して，12時37分，反応器の安全破裂板が破裂
- ダイオキシンを含むトリクロロフェノール蒸気放出
- 13時頃，反応器に冷却水を注入し，放出停止
- ダイオキシン拡散で1,807 haで土壌汚染，22万人が発疹，かぶれ，吐き気
- 州政府は1,709 haを立ち入り禁止，40世帯に強制的に集団移転
- 人間は癌，慢性皮膚炎，神経障害，奇形児，などを発生，家畜8万頭屠殺
- 1982年，EC理事会はセベソ指令（Seveso Directive）発令
- 同指令で危険物質工場は所管官庁に安全操業方法を届けるのを義務化
- さらに同指令は危険物質工場は住民に避難方法を説明するのを義務化
- 1982年，ドラム缶に封入されたダイオキシン汚染土が紛失
- 8カ月後に，北フランスで発見，最終的に親会社Givaudan社のスイスで焼却
- 1989年，国連環境計画が中心に116カ国間で「バーゼル条約」採択
- 同条約で47品目の廃棄物の発生国処分の原則を確認

説明：機械分野では，タコマ橋，リバティ船，コメットが「知らないともぐり」の

古典的な三大事故である．化学分野では，本事例を筆頭に，セベソ，ボパール（事象25.2），フリックスボロー（事象4.1）が古典的な三大事故である．ダイオキシン（2,3,7,8,テトラクロル・ジベンゾダイオキシン）の事故は過去から何度も発生している．半導体工場のシランガスのように，爆発や被災を多発させたお馴染みの物質である．ダイオキシンは猛毒であり，ベトナム戦争では枯葉剤として6,730キロリットルもばらまかれたそうである．本事故によっても，1977年4月～6月のセベソ地方の流産率は34％に達した．直接的な装置や作業員の損失は小さくても，環境に対する損害賠償は天文学的になる（具体的な金額は見つからない）．

　本事例では化学反応が暴走して，温度上昇が知らないうちに生じてしまった，という未知の現象が原因だったが，反応は終了したと思い込んで職場離脱し，反応塔冷却や危険検知を放棄し事故回避を怠った作業員のミスが責められた．

■「化学反応暴走」について

化学事故では，どの事故のシナリオを見ても，
(a) [漏洩→引火→爆発→炎上]
(b) [暴走反応→異常加熱→爆発→炎上]
のどちらかであり，これらがお決まりのコースである．[漏洩→引火→爆発→炎上]は機械のエンジニアでも容易に理解できる．一般にタンクや配管のクラック進展を見過ごすというようなメンテナンス不良が，液体や気体の漏洩を誘発し，周囲に爆発しやすい混合気が作られてドカンと爆発する．

　しかし，[暴走反応→異常加熱→爆発→炎上]のほうは，化学反応の理解が難しく，とくに亀の子の化学記号が出てくるとお手上げである．もっとも化学反応のプロでさえ，異常反応自体を想定できないことが多い．この暴走反応を起こした"張本人"は，[予期せぬ触媒]や[予期せぬトラブル]である．[予期せぬ触媒]として，どこにでもある水や鉄が有名である．水は洗浄水から，鉄は鉄錆から，それぞれ容易に混入するから防ぎようもない．また，粉塵爆発では，微細なほこりの類も，予期せぬ反応を触発させる触媒のようなものである．[予期せぬ触媒]が誘起した事故後の対策として，どこでも「現場の清掃・洗浄の徹底」がまずあげられる．実際，保安管理のメンテナンス要員がしっかりしていれば事故は回避できたものが多い．また，[予期せぬトラブル]として，停電による待機や冷却装置の一時的な故障があげられる．定常状態で製造していればなんら間違いは生じなかったのに，原料を捨てるのがもったいないから，何とかして反応を復帰させようとジタバタしているうちに，ドカンと爆発する．

類似事例

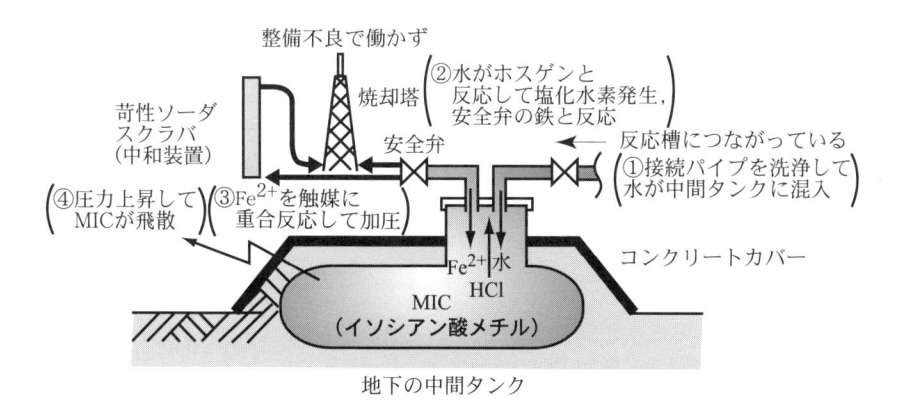

事象 25.2 ボパールでのイソシアン酸メチル放出（1984）
インド，ユニオンカーバイト（UCL）社の子会社のユニオンカーバイトインド（UCIL）社（従業員1万人），Bhopar（インド大陸中央の街），図25.2，資料 [308]

殺虫剤製造中，中間タンクに違法貯蔵のイソシアン酸メチル（MIC）と洗浄水が反応してから連鎖反応が進み，タンクが破裂，55トンのMICの毒ガスがスラム街へ漏洩．3,828名死亡，20万人負傷．化学反応暴走を止める非常用施設はすべて整備不良で稼動しなかった．

シナリオ
- 1977年，インドの完全自給を目指し，殺虫剤製造開始
- 1978年～1983年まで6件の事故発生，イソシアン酸メチルを5トン/日製造
- ボパールでは西ドイツやオランダでは違法の40トンタンクを3基使用
- 1980年以降，経営の合理化でオペレータや安全責任者も半減
- 1984年は400万ドル赤字
- 1984年11月30日，保守点検を終えてイソシアン酸メチル（MIC）製造開始
- 12月2日，地下の中間タンクから反応槽へのMICの移送失敗
- 21時30分，プラント責任者に指示された接続パイプの水洗浄を開始
- 洗浄水が中間タンクに流れ，MIC中のホスゲンと反応して塩化水素発生
- 塩化水素と安全弁の鉄（ステンレス鋼ではなかった）とで，塩化第二鉄生成
- 0℃維持すべき中間タンクの冷却装置が6月から作動せず

図 25.2　ボパールでのイソシアン酸メチル放出

- 23時頃，中間タンク内で鉄イオンが触媒となって重合反応促進
- 結果的に2〜10 psiに圧力上昇，オペレータは計器類の故障と判断
- 23時30分頃，圧力が40 psi（2.8気圧）に上昇して安全弁が破裂
- オペレータは監督者にMICガス漏洩を報告，お茶の休憩後の対処を指示
- 0時45分頃タンク上のコンクリートカバー破裂，55トンのMICガス漏洩
- 1時頃からサイレンを鳴らす，1時15分，工場は州政府に軽微と報告
- 保守不良で，苛性ソーダ・スクラバやスペアタンク，燃焼塔も使えず
- スラム街に漏洩して，3,828名死亡，20万人の負傷傷害者が発生
- 1989年，インド最高裁の刑事判決の賠償額は590億円
- 半年後にUCL社は，米国インスティテュートで類似事故発生
- 1986年，米国連邦政府は緊急時計画・地域社会連絡法（SARATitleIII）設定

説明：MIC中のホスゲン自体，青酸よりも毒性の強い第一次大戦の毒ガス兵器（半数致死濃度79 ppm）であったが，MICは許容被爆濃度0.02 ppmとそれよりも猛毒である．**この事故は人災である**．MICは製造してもすぐ次の物質と反応させてMICのままで残さないのが原則であった．それを9万ポンド（40.5トン）も中間タンクの中に貯蔵し，5万ポンドが漏洩した．さらに苛性ソーダ・スクラバ（中和装置）やスペアタンク（冷却装置付き），燃焼塔のような安全装置をすべて整備不良にしていた．MICは沸点44℃と気化しやすく，水や不純物の介在で分解しやすい．そこで0℃に保つ冷却装置や，安全弁から漏れたガスを苛性ソーダで中和するスクラバが不可欠である．**洗浄水が鉄イオンを作り，鉄が反応の触媒になった反応自体は未知だったのはしかたないが，それを拡大させた対処の手順が悪すぎた**．実際は月に平均1回はMICが漏洩して作業員を催涙させていたらしい．MICは"狼少年"になって，皆が「毎度のことだから今度も大丈夫」と見過ごしたのである．

事象25.3　オッパウの硝安爆発（1921）

ドイツ，ルートヴィヒスハーフェン市（フランクフルトの南100 km）の郊外オッパウ（Oppau），図25.3，参考文献（13）

固化した硫酸アンモニウム・硝酸アンモニウムをダイナマイトで破砕したが，倉庫内の硝酸アンモニウム4,500トンが爆発．669名死亡，1,952名負傷．

シナリオ
- 9月21日，肥料製造工場倉庫内で硫安・硝安が石のように固化
- ダイナマイトで破砕（同工場で3万回以上の経験を有する通常作業）
- 7時29分，倉庫内の4,500トンの硝安（硝酸アンモニウム）が爆発

倉庫廃虚

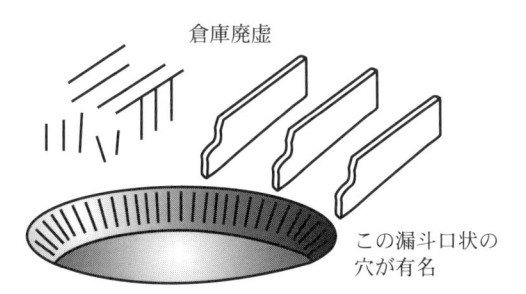

この漏斗口状の穴が有名

直径165m×短径96m×深18.5mの**硝酸アンモニウム**の爆発穴

図 25.3 オッパウの硝安爆発

▶ 爆発で長径165 m，短径96 m，深さ18.5 mの穴が発生
▶ オッパウの街が爆風で破壊，死亡669名（うち市民50名），負傷1,952名

説明：これも古典的に有名な化学事故である．硝酸アンモニウムは1908年にハーバー・ボッシュが空中窒素を固定できるようにしてから，大量生産できるようになり，最初は肥料として，1920年代からは爆薬として用いられた．

1947年4月16日には**米国のテキサス市**では，8時10分に港に停泊中の貨物船荷物の硝安が燃えたが，9時12分に爆発して貨物船は沈没した．さらにその火災が化学工場に飛び火して延焼し，翌日には同じく港に停泊中の別の貨物船荷物の硝安や硫黄が飛び火によって爆発して，576名死亡，約5,000名負傷という大事故が生じた．最初の貨物船の150 kgの錨は水深5 mの海底から2,500 m先まで飛んでいったそうである．

事象25.4 ナップ製薬社での化学爆発（1995）
アメリカ，ニュージャージー州，問題の撹拌機（PK-125）製造はパターソン・ケリー社，図25.4，資料 [18]

アメリカのナップ製薬社で，撹拌機のなかに，誤って水が入り薬品が活性化した．それを廃棄するか迷っているうちに反応が進み，技術系の副社長が決断したときにはもう遅く，爆発．5名死亡，4名負傷．周辺住民にも被害が及ぶ．

シナリオ
▶ 金沈殿剤製造をテクニック社から委託（1992年に1回目）
▶ 4月19日，現場では撹拌機内の洗浄水の残存を検査，原材料の危険性も検討
▶ 4月20日5時，ヒドロ亜硫酸ナトリウム・炭酸カリウム・Al粉末を混合開始

7 連鎖反応で拡大

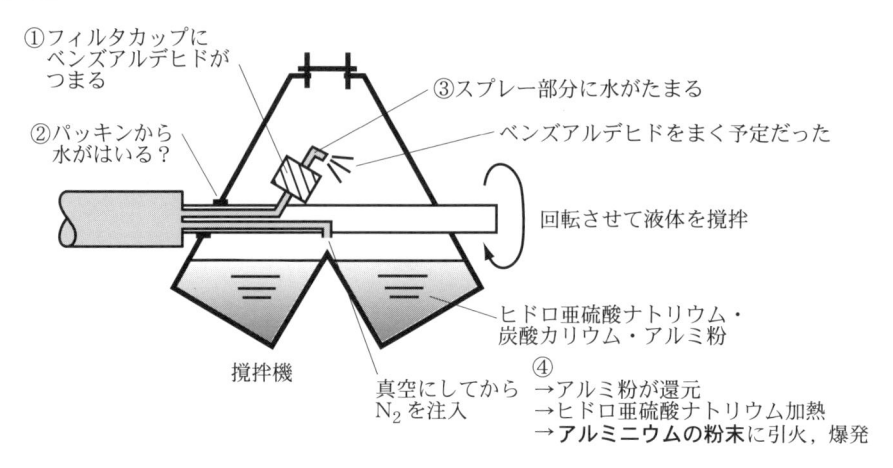

図 25.4 ナップ製薬社での化学爆発

図中ラベル:
- ①フィルタカップにベンズアルデヒドがつまる
- ②パッキンから水がはいる？
- ③スプレー部分に水がたまる
- ベンズアルデヒドをまく予定だった
- 回転させて液体を撹拌
- ヒドロ亜硫酸ナトリウム・炭酸カリウム・アルミ粉
- 撹拌機
- 真空にしてからN_2を注入
- ④→アルミ粉が還元 →ヒドロ亜硫酸ナトリウム加熱 →**アルミニウムの粉末**に引火,爆発

▶ その後1日中,臭い消しのベンズアルデヒド8リットルが注入できず
▶ 撹拌機内のスプレー部のフィルタに水が溜まる,パッキンから水が侵入？
▶ 水によって還元性の前者2薬品が活性化,Al粉末を還元
▶ 4月21日5時30分,廃棄の決断ができないうちに,泡と煙が発生
▶ 技術部の副社長が廃棄を決断,撹拌せずに廃棄する方法を選択
▶ ヒドロ亜硫酸ナトリウムが水と反応して発熱,Al粉末に引火
▶ 7時47分に爆発,5名死亡,4名負傷,安全管理局に10万ドルの罰金払う
▶ 蛍光物質がサドル川に流出,住民400名が避難,汚染除去費用を負担

説明：45分間で終了すべき作業が1日かかってしまった．撹拌機に水が見えたときに廃棄を決断すべきだったが,**失敗したときの復帰作業までは作業手順を決めていなかった**．製造業では一般に,定常作業でうまくいくときの操作はマニュアル上にしっかりと示されている．しかし,トラブルが起こったときの復帰動作はケースバイケースであるため,すべての場合を想定しはじめると無限大に増えそうになり,普通はエンジニアが現場に非常召喚されて頭を絞ることになる．しかし,実際の事故を調べると,復帰動作の種類が無限大であるはずがなく,ケースバイケースは逃げ口上である．危険だと感じたら,本事例ではもっと早く大量の水をかけて廃棄すべきだったのである．もったいないと考えて非定常的な「だまし運転」をすると,**思わぬ暴走反応が生じる**．

1997年に茨城県東海村の動力炉・核燃料開発事業団のアスファルト固化施設で生じた爆発も,本事例と同じような暴走反応が原因である．ここでは,低放射性廃液を硝酸塩で処理した後,アスファルトと混合して固化体を作成していた．3月10

日にドラム缶に詰めた固化体のなかの亜硝酸ナトリウムまたは硝酸ナトリウム（当日はリン酸廃液処理の実験で濃度を高くしていた）がアスファルトを還元反応させ，11日10時6分頃，異常発熱した後に発火した．1分間水噴霧してすぐに消火できたが，その後，何かの混合物が分解して可燃性気体が発生し，20時4分にアスファルト充填室内の可燃性混合気が爆発した．水噴霧時間は8分以上にすべきであると研究結果からわかっていたが，排気に放射性物質が含まれている，という騒ぎのなかで，作業員は炎が見えなくなったから消火できたと思い込み，**残火確認を怠った**．

事象 25.5　カリフォルニア製油所の廃油パイプが爆発（1997）
アメリカ，カリフォルニア州，Tosco Avon Refinery（以上，T社），図25.5，資料[15]

石油精製の反応塔で温度が異常上昇．温度記録装置が不安定な値を示すが，作業員は現場から遠い制御室におり実情理解できず，決断が遅れた．爆発・炎上し，1名死亡，46名負傷．

シナリオ
▶ 1月21日7時34分，石油精製所反応塔でホットスポット発生

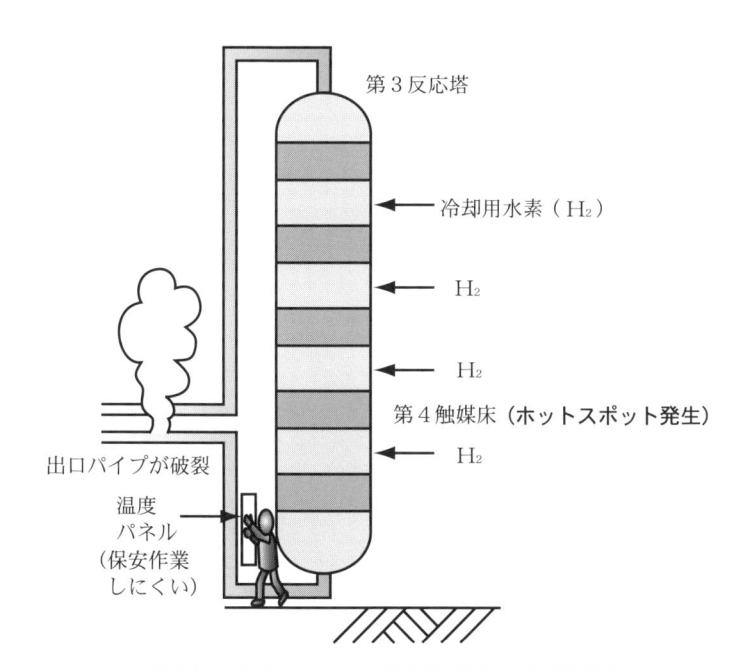

図 25.5　カリフォルニア製油所の廃油パイプが爆発

- 第3反応塔第4触媒床で440℃（823°F），第4・第5触媒床を水素で冷却
- 両方の床で温度記録装置が0°F，測定温度，1,200°Fの間を振れて不安定
- 7時35分，水素によって両方の床とも336℃（637°F）に冷却
- 3名の作業員が制御室で検討，しかし減圧作業は決断できず
- 7時37分，出口温度とともに第5触媒床が679℃（1,255°F）に急上昇
- 1名の作業者が反応炉下の温度パネルで温度不安定原因をチェック
- 温度パネルの表示1,200°Fを無線電話，制御室では通信不明瞭で理解不能
- 7時41分，反応塔脇の出口パイプが破裂，ただちに減圧装置作動
- 混合ガスの漏洩，爆発・炎上，1名死亡，46名負傷
- 安全管理局CALOSHAがT社を州安全規則違反で召還，罰金は13.7万ドル

説明：温度センサが不安定なのに，温度制御室は反応炉から離れていて，反応炉で何が起こっているのかが室内の作業員には理解できなかった．反応炉の下に温度パネルがあったが，そこでは保守作業がやりにくかったらしい．そして「フィードバック不良」にアタフタしているうちに，**減圧動作が決断できず，爆発してしまった**．わずか7分間のできごとであったが，温度測定値が不安定だったため，本当にその測定値が正しいのかという疑問が残り，間違って減圧すると原料が"オシャカ"になるため，減圧作業開始を決断できなかったのであろう．監督官庁からは，異常反応時の対処マニュアルや訓練が不備だったと，事故報告書で糾弾された．なお，CALOSHAはCalifornia Occupational Safety and Health Administrationである．

事象25.6　日進化工のヒドロキシルアミン蒸留塔爆発（2000）
日本，群馬県，図25.6

どこにでもある鉄が触媒となってしまうことがある．ヒドロキシルアミン蒸留中に鉄イオン濃度増大．反応暴走し温度上昇，爆発．4名死亡，58名負傷．

シナリオ
- ヒドロキシルアミン水溶液を減圧で再蒸留（沸点50℃）
- 6月10日，ヒドロキシルアミン蒸留塔に鉄イオン濃度増大
- 加熱器から蒸留缶にかけて温度上昇，蒸留塔で爆発・炎上
- 4名死亡，58名負傷，半径1.5 kmに爆風被害，半導体生産に影響を及した

説明：爆発が蒸留塔も作業員も吹き飛ばしてしまい，原因は推定するしかない．しかし，実験してみると，仮に鉄イオンが触媒として働く場合，発熱をともないながら分解が進むという暴走反応が再現できることがわかった．鉄錆はプラント中のどこにでも存在するから，爆発後にそれがダメだといわれても遅い．**鉄イオンは配管，**

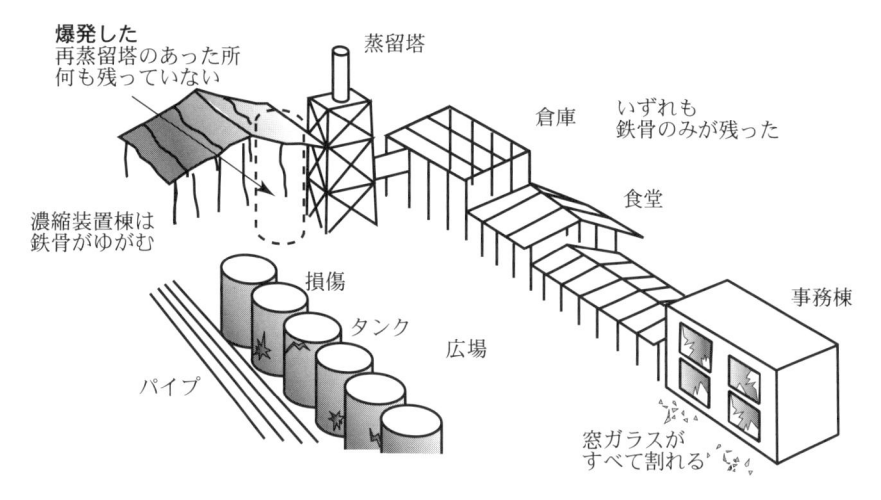

図 25.6 日進化工のヒドロキシルアミン蒸留塔爆発

それもたまにしか開かないから溶液が滞留しがちな"盲腸"排水管に，高濃度で蓄積されるそうである．

海外でもヒドロキシルアミン（NH_2OH，爆発エネルギはTNT並み）は爆発している．1999年には米国のペンシルバニアのConcept Sciences Inc.（当時，世界で唯一の製造工場で従業員21名）で爆発し，5名死亡し，連邦労働安全衛生局から安全違反で64万ドルの罰金を受けた．また，ヒドロキシルアミンに似た硫酸ヒドロキシルアミンはプルトニウムの再処理にも使われており，何回も爆発している．とくに1997年にはHanford（ワシントン州にある原爆の製造工場）で4年間貯留していた370ガロン（1400リットル）の希硝酸溶液が，本事例と同じように鉄イオンの介在で分解・発熱して爆発した．

参考文献：田村昌三 事故調査委員長，群馬県の化学工場において発生したヒドロキシルアミン爆発災害事故調査報告書，危険物保安技術協会，2001.3

事象 25.7　アジア石油横浜工場でベンゼン爆発（1972）
日本，横浜市鶴見区，図25.7，資料［305］

ベンゼンタンクで作業中，作業員の手に静電気発生し，ベンゼン蒸気に着火．爆発し，2名負傷．

シナリオ
- 1月8日15時20分，タンク（高さ14.5 m）屋上でベンゼン試料採取
- ハッチ（内径43 cm）から空気が入って混合気生成

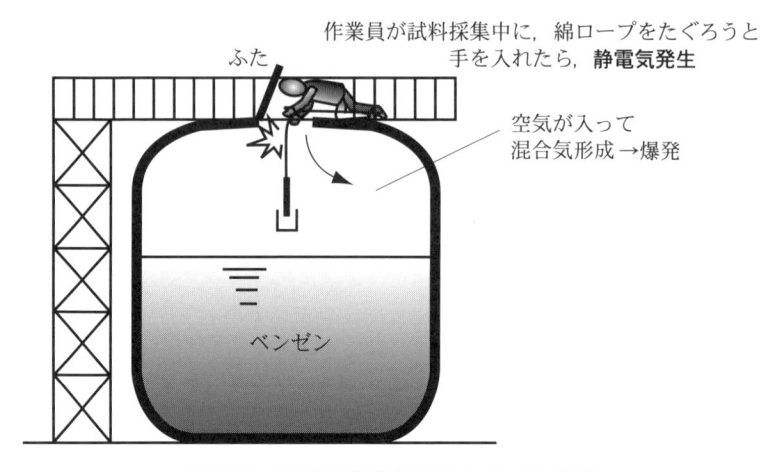

図 25.7 アジア石油横浜工場でベンゼン爆発

- 綿ロープ（長さ7m）を垂らす作業中の手に静電気発生
- タンク内に手を伸ばして採取器を取るときに，ベンゼン蒸気に着火
- 15時25分，急いでハッチのふたを足で閉めた直後に爆発，2名負傷

説明：本事例の連鎖反応の始点は，どこにでも発生する静電気である．化繊の下着を着てプラスチックの容器をもっていれば，誰にでも静電気は発生する．電子機器製造の分野では，クリーンルームをよく使うが，このなかは湿度が低いため，静電気がやたらと発生する．筆者は体の抵抗が低いためか，何に触れてもバチバチと電気が流れる．静電気は5,000 V程度で放電すると半導体は絶縁破壊する．だから作業員は電気が流れる靴や衣服を着て，腕にアース線を付け，作業前に床から手の平まで1.5 kΩ以下になっていることをチェックしなければならない．本事例では，タンクの側面から液体中へ配管を差込んで，タンク外の蛇口から試料を採取すれば何も問題はなかった．

事象 25.8　ペンズオイル精製所の爆発（1995）
アメリカ，ペンシルベニア州，ローズビル市，図25.8，資料 [17]

タンク脇の階段修理中，溶接用の発電エンジンが故障．エンジンを再起動させたところ，タンクからわずかにもれていたガスに引火，爆発．作業員5名死亡．

シナリオ
- 10月16日7時40分，溶接でタンク脇の手すり階段を修理開始
- 10時の休憩後に，溶接用の発電エンジンの再始動を試みるが作動せず

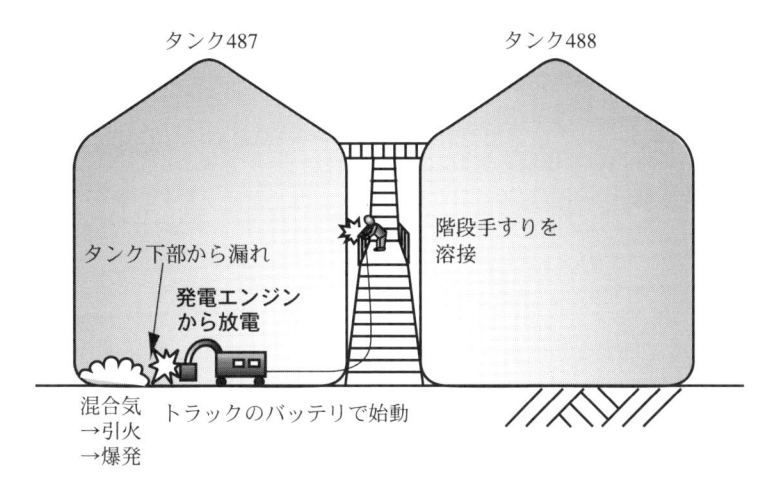

図 **25.8** ペンズオイル精製所の爆発

▶ 朝の作業前に可燃性ガスを測定したが，休憩後は測定していない
▶ 10時15分，腐食していたタンク下部からわずかにガスか液体が流出？
▶ トラックのバッテリを使ってエンジン再起動，放電？でガスに引火
▶ 16分，全20基のうち2基の廃棄液体貯蔵タンクの炭化水素に引火・爆発
▶ 作業員5名死亡，住民は避難

説明：溶接火花で引火して爆発，というのは工場ではよくある話である．本事例はそのように単純ではないが，セルモータの始動でトラックのバッテリを用いたので，その配線部から放電アークが飛んだか，エンジンの排気管から高温ガスが排出したか，溶接アースがタンクに落ちてコンデンサのように充電後に放電したか，などというシナリオが考えられるが原因は不明である．しかし，わずかに漏洩したガスか液体が，周囲の酸素とほどよく混ざって混合気になっていたので，最後には爆発してしまった．

ブリヂストン栃木工場の火災（2003）では，精錬棟に設置されていた機器の脚部の穴を金属板でふさぐための溶接作業中に，溶接火花が床面に堆積した発泡剤に着火して，周囲の保管薬品まで延焼してしまった．発泡剤はゴム練り機に投入するものだが，自動計量・投入ラインで飛散し，当日も床面に堆積していたそうである．溶接火花で着火しないように養生シートで覆うべきだったし，それよりも掃除をしておけばよかったのである．

事象 25.9　山梨厚生病院で高気圧酸素治療装置のタンク爆発（1996）
日本，山梨厚生病院，図25.9，資料 [113]

　酸素はものを激しく燃焼させる．酸素治療時，患者が装着していたカイロが異常発熱し，治療装置タンク胴体のアクリルがガス化，爆発．患者の妻が死亡，患者は重傷．

シナリオ
- 病院では8年間9,000回治療の実績あり，ボディチェック未実施
- 2月21日，脳梗塞治療の患者の使い捨てカイロとアクリル肌着着用を見逃し
- 14時20分，酸素治療装置のカプセル状タンクに74歳の患者を入れ加圧開始
- 15時5分頃，カイロが異常発熱しタンク胴体のアクリルが溶けガス化
- 爆発，タンクのふたに当たった患者の妻が死亡，患者は全身火傷の重体
- 23日，装置製造者の米国セクリスト社が同装置（2500B）の販売を一時中止

説明： 酸素はものを激しく**燃焼**させるので，容易に異常反応・異常加熱・爆発・炎上につながる．事故当時，日本では高気圧酸素治療装置が750台も稼働していたそうである．しかし，治療実績が上がるにつれて，発火物や静電気発生物のもち込み禁止のマニュアルが緩んできて，どこでも事前ボディチェックがおざなりになってきたのである．そもそも発熱で容易にガス化するような樹脂を窓に用いた設計にも問題があるが，これがガラスだと破裂したときに破片で殺傷が生じ，また窓なしの鉄板では患者が閉所恐怖症に襲われるだろう．

　閉所内の酸素で燃焼した事故として，米国の**アポロ1号**の**地上訓練中**の宇宙船内での炎上（1967）が有名である．1気圧の空気でなくて，0.3気圧の酸素で宇宙飛行すると，減圧によって宇宙船の耐圧設計が楽になる．しかし，電気回路の短絡火花の点火によって電線や衣服が激しく燃焼し，3名の飛行士が焼死した．

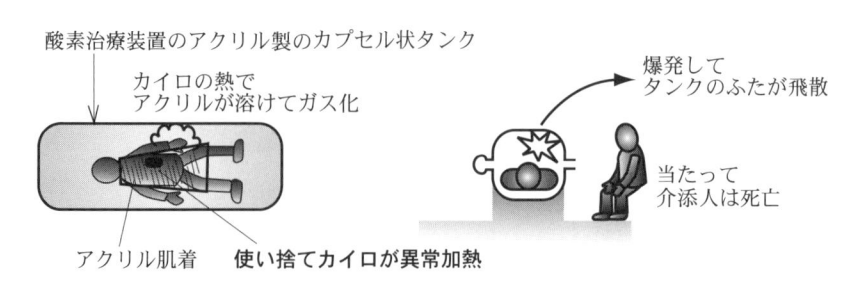

図 25.9　山梨厚生病院で高気圧酸素治療装置のタンク爆発

酸素は燃焼しそうだから危険である．一方で窒素は不活性で空気にたくさん含まれて安全だろうと信じると，失敗が生じる．学生がよくやることだが，何かを冷却しようとして最も手っ取り早い方法は液体窒素を直接にかけることである（図II.15（e）で前述した）．しかし，これでは自分が酸欠になる恐れがある．

北海道大学の低温実験室では，冷却器故障と停電が重なって温度上昇しそうな冷蔵庫のなかで液体窒素を撒き，酸欠で死亡事故（1992）が発生している．筆者の同僚にも，窒素でスパッタ装置の真空から大気圧に戻し，ふたを開けて速やかに試料を取り出そうと容器に頭を突っ込んだら，クラクラして倒れた人がいた．筆者は，窒素管を口にくわえて一息したら死ぬよ，と先輩に脅されたが，**恐いのは窒素ではなく酸欠**である．空気中に酸素は21％含まれるが，18％までは安全で，12％になると危険になるそうである．筆者は，ハワイのマウナケア山の**天体望遠鏡すばる**を見学したが，そこでは建設中に4名の作業員が地上では起こらないようなフォークリフトの運転事故などで亡くなられている．確かに標高が4,210 mになると酸素も地上の0.6倍の13％になって早歩きしても酸欠でクラクラしてくる．

事象25.10　ルイジアナ州の穀物サイロの粉塵爆発（1977）
アメリカ，ルイジアナ州，図25.10，参考文献（13）

とうもろこし荷受中に穀物粉塵爆発発生．サイロの半数が全壊し，36名死亡，損害額約1億ドル．

シナリオ
▶ 12月22日9時10分，トウモロコシを貨物船に荷受中に突然爆発
▶ サイロ（全部で73基，コンクリート製直径8 m，高さ33.6 m）の半数が全壊
▶ バケットエレベータが崩壊，事務棟を押し潰し棟内で25名死亡
▶ 計36名死亡，損害額約1億ドル
▶ 12月の8日間でテキサス州（18名死亡）をはじめ，5件の穀物粉塵爆発発生

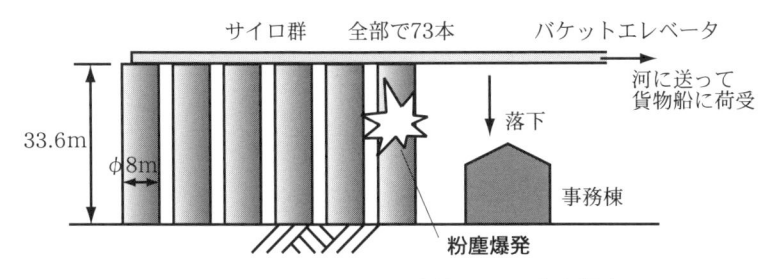

図 25.10　ルイジアナ州の穀物サイロの粉塵爆発

▶ これは全米輸出用穀物取扱施設の2.5％の破壊に相当

説明：米国では，日本よりも乾燥しているうえに，穀物取扱施設が1万5千箇所もあるため，毎年10件程度の穀物粉塵爆発が生じている．とくに本事例の年の12月は乾燥していたためか，大爆発が連続して起こった．なお，穀物の穀粒は大きいので爆発しないが，それの表皮やヒゲが細かく空気中に浮遊して粉塵雲になると爆発する．要は，こまめに掃除をして不要な粉塵を除去することが，最も効果的な防止対策である．

機械の分野で危険な粉塵は切り屑である．それも，超精密切削して生じたアルミニウム合金の糸を引くような切り屑が非常に危険である．切削装置を使っていた筆者は，昔，米国のIBM社で天井を修理していた溶接火花が切り屑のドラム缶に引火して爆発した，と何度も注意された．研磨後のスラリーも危険である．筆者の担当の機械の横にスラリー用のフィルタがあったが，長期間，メッシュを交換しなかったために補捉された金属の微粉末が酸化し，最後は発生水素がふたをボンと吹き飛ばした．

事象 25.11　三井鉱山三池三川鉱の炭塵爆発（1963）
日本，福岡県，図25.11，参考文献（8），（12）

　三池炭鉱で炭車巻上げ作業中，チェーンが破断．暴走車両が周囲の炭塵を飛散し，炭塵雲が発生，爆発．458名死亡，839名一酸化炭素中毒．

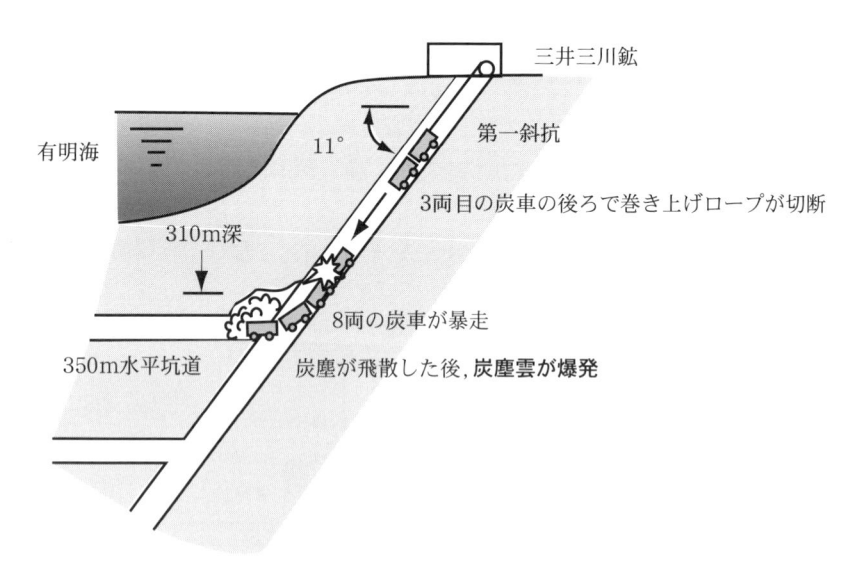

図 25.11　三井鉱山三池三川鉱の炭塵爆発

シナリオ
- ▶ 11月9日，第一斜坑揚炭坑道で炭車巻上中にチェーン破断
- ▶ 4.2トンの炭車が11両が暴走・脱線，周囲に堆積した炭塵を飛散・浮遊
- ▶ 摩擦火花か切断ケーブルによって炭塵雲が着火し，爆発
- ▶ 458名死亡，生存者の839名が一酸化炭素中毒

説明：炭坑の炭塵爆発は世界中で生じており，仏国のクーリエ炭鉱（1906）で1,099名死亡，北海道の新夕張炭鉱（1914）で423名死亡，中国・満州だが日本経営の撫順炭鉱（1917）で917名死亡，同様に日本経営の満州の本渓湖炭鉱（1942）で1,549名死亡と枚挙に暇がない．炭塵は直径0.83 mm以下の微粉で，炭塵雲になると急激に爆発し，残りのガスには一酸化炭素を含むので，生存者も一酸化炭素中毒で苦しむことになる．しかし，水を撒いて清掃すれば，炭塵爆発は容易に防ぐことができ，第二次世界大戦後は急激に減少していた．最近，テレビを見ていたら，中国では今でも1年間に約6,000名も炭鉱で死亡者が出ていると報告されていて驚いた．炭塵だけでなくメタンガスも爆発の原因かもしれないが，国内から炭鉱自体がなくなった日本と災害件数は大きな違いである．

1997年3月30日に本事例の三池炭鉱が廃鉱になった．しかし，今でも本事故で受けた一酸化炭素中毒で苦しんでいる被害者が多く，しかも精神障害によって怠け者やガス呆けと中傷されていることが人権的に問題である．

26 細菌繁殖

事象26.1 雪印乳業大樹工場製の乳製品集団中毒（2000）
日本，関西一円，工場は北海道大樹町（帯広の南40 km），図26.1，資料［132］

細菌は熱で死滅するが，細菌の出した毒素は加熱しても消えない．雪印乳業大樹工場で停電中に脱脂乳中で黄色ブドウ球菌が増殖．加熱殺菌後，脱脂粉乳を製造．脱脂乳中の毒素によって14,780名が食中毒に．

シナリオ
- ▶ 2000年3月31日，雪印乳業大樹工場で約3時間の停電発生
- ▶ 平常ならば数分間のクリーム分離工程で，脱脂乳が25℃で約4時間滞留
- ▶ 濃縮工程でもタンク内で9時間，脱脂乳が冷却されずに滞留
- ▶ 脱脂乳に黄色ブドウ球菌が増殖，毒素のエンテロトキシンが発生
- ▶ 本来は廃棄すべきだが，黄色ブドウ球菌を死滅させれば安全と判断
- ▶ 加熱殺菌後，脱脂粉乳830袋を製造

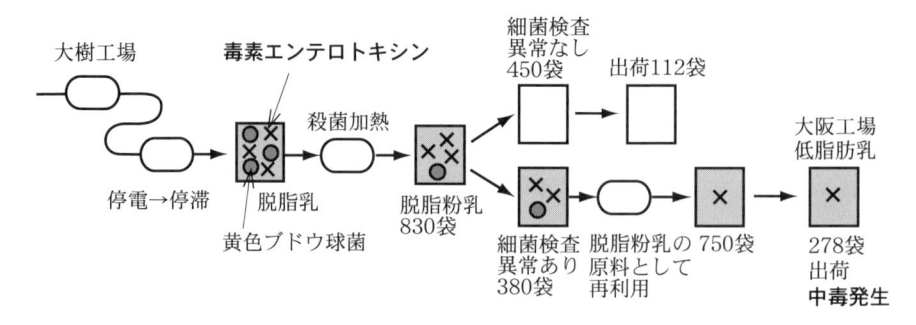

図 26.1 雪印乳業大樹工場製の乳酸品集団中毒

- 細菌検査して異常なしの450袋を出荷，このうち112袋はすでに使用済み
- 異常ありの380袋を脱脂粉乳原料として再利用，750袋を製造
- 4月10日，750袋を出荷，6月20日，このうち278袋を大阪工場が入荷
- 当時は，毒素の測定方法の分解能が悪く，加熱後の毒素がわからず
- 6月23〜28日，大阪工場で278袋を原料に，低脂肪乳の製品を製造販売
- 27日，大阪市と雪印に食中毒の最初の報告が届く
- 28日，大阪市が雪印に製造自粛，製品回収，事実公表を指導
- 28日，雪印の株主総会を札幌で開催
- 29日，雪印が事実公表，30日，大阪市が製品回収を命令
- 7月1日，厚生省と大阪市が大阪工場に立入検査，2日，大阪府が毒素検出
- 10日までに，関西一円で14,780名が食中毒症状（認定患者数は13,420名）
- 8月18日，大樹工場の事故を公表，雪印乳製品の販売停止が広がる
- 10月14日大樹工場再開，翌1月31日大阪工場閉鎖，
- 3月，雪印は2001年3月期は538億円赤字と発表，半年後には売上回復

説明：まず，製造部門では停電という非定常トラブルに対応するマニュアルがなく，ケースバイケースの「その場しのぎ」の対策があった．しかし，その頃の雪印では不良率を低くするために，工場が血の滲むような努力を進め，不良品を再生する手段に頭を痛めていたのである．とにかく「仕損率ゼロ」を合い言葉にコストダウンを進めていたらしい．図を見れば，あれやこれやの再生手段が理解できる．筆者も偉そうなことはいえず，磁気ディスク工場のエンジニアをしていたときは，検査で合格品と不良品とマージナルな中間品に分けて，中間品はその後，同じ検査条件だが別の検査装置にかけて，なんとまあ，合格品を絞り出して出荷していた．担当のエンジニアの気持ちがわからないわけではない．

ここでは「殺菌神話」が存在し，殺菌すると再利用できると信じられていた．

しかし，毒素そのものを速く正確に検査できなかったのが技術的に痛かった．食料品や薬品の業界ではHACCP（ハサップと読む，危険度分析による衛生管理）という恐ろしい"掟"があるが，事件後，さっそく全国の牛乳製造工場に脱脂粉乳の毒素検査を命令している．

さらに，食中毒後の会社の対応が悪かった．雪印は総合食品会社として多角経営しており，乳製品だけでなく広く牛肉から冷凍食品，種苗，薬品まで手を広げていたので，会社の幹部でもほかの事業部からみれば乳製品の事故は"対岸の火事"でしかなく，その責任者のみ対応に気を回していた．**このときは，まさか，雪印ブランドの製品すべてが購買拒否されるとは思ってもいなかったのである．**

対応が遅かったのは幹部だけでなく，お客様のクレームがその責任者にまで上がってくる組織に問題があり，情報の流れが経過をみてもわかるように異様に遅かった．トレーサビリティが進んでいる雪印でも，こんなに再生をくり返していては辿るのが難しい．事件後は，お客様センターが年中無休で毎日200件のクレームを全国対応し，同じロットでクレームが2件生じると，自動的に非常態勢に入れるようになっている．

また，トップがマスコミに追いかけられて，「私も寝ていないんだ」と叫んだ部分だけをカットされて流されたり，工場長が会見場で不良を暴露したりしたのも痛かった．工場内に立ち入って，賞味期限切れ製品の再利用を大々的に報道されては，立つ瀬もない．しかし，雪印の技術力は見事なもので，半年後には売上が回復したのである．

しかし，**雪印食品の牛肉偽装事件（2002）で雪印ブランドは社会的に葬られた．**多角化した事業の運営からすべて撤退して，連結で年間売上高が1兆円近くあった総合食品企業から，2,000億円の乳製品メーカまで縮小した．こうなったのも，**ズルしてでも自分の責任部署の利益をあげたい，という部分最適の体質が強すぎた**ことが原因で，結果的に全体が崩壊してしまったのである．その後，雪印は本気になって再生に取り組んだ．もちろん，本事例の食中毒事件の後にも行動指針を作成したが，それはコンサルタントが2ヶ月で作って配布したもので，直後に偽装事件が生じたのだから効果がなかったといわざるを得ない．そこで，雪印を最も痛烈に批判していた日和佐氏を企業倫理委員会長の社外取締役に招いて，高野瀬社長をはじめ，役員が現場の社員や生産者と6ヶ月間討論して今度の行動指針を作ったそうである．また，社内に企業倫理ホットラインを設置し，実際に年間20件程度の通報を検討したそうである．

参考文献：脇田眞，「新生・雪印乳業」の取組，失敗学会大阪大会資料，2004

■「細菌繁殖」について

細菌は短時間に繁殖する．筆者の研究室でも，マイクロチップで細菌培養しているが，pHや温度の変化，チップ表面の接着不良，雑菌の混入，などが複雑に影響を及し，繁殖を制御するのもなかなか難しい．多くの事故は，停電のような非定常トラブルから端を発して，悪いほうへと坂道を転がっていくのである．

また現在は，製造業のなかでの細菌繁殖問題というより，未知の伝染病の外来という大きな問題が人類に立ちふさがっている．未知の現象自体は発生を止められないので，まず発生したら英知を結集して被害拡大を防ぎ，検査方法を確立させることが大切である．

日本人は何ごとも慎重で，科学が示した安全ラインよりも，心情が感じる安心ラインがはるか安全側に設定される．とくに食品の安全安心には敏感で，それは現在の狂牛病の対策にもよく表れている．

参考文献：ジョンバリー，グレートインフルエンザ，共同通信社，2004，第一次世界大戦中にアメリカのカンザス州で発生したインフルエンザは軍隊を媒介にいわゆる"スペイン風邪"として流行し，5,000万人から1億人が死亡した．

類似事例

事象 26.2 雪印乳業八雲工場製の脱脂粉乳ミルク中毒（1955）
日本，東京都墨田区・練馬区，八雲は函館の北西50 km，図26.2，資料［301］

雪印乳業八雲工場で乾燥機の故障と停電が起こり，原料乳で溶血性ブドウ球菌が増殖．東京都の児童ら1,936名が食中毒に．

シナリオ
▶ 1954年10月八雲工場でデンマーク製噴霧乾燥機のベルト切断
▶ さらに停電事故が重なり，一部の原料乳の殺菌処理が翌日繰越

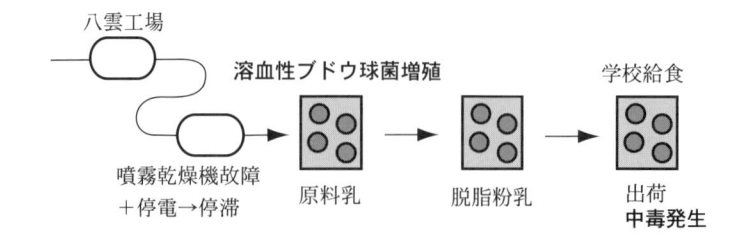

図 26.2 雪印乳業八雲工場製の脱脂粉乳ミルク中毒

26　細菌繁殖

- ▶ その間に原料乳内で溶血性ブドウ球菌が増殖
- ▶ だが11月2～20日に脱脂粉乳として出荷
- ▶ 2月28日，20都道府県で脱脂粉乳を輸入品から国産品に切替
- ▶ 3月1日，東京都の児童ら1,936名が食中毒症状
- ▶ 3月3日，東京都が菌を検出，雪印社長はただちに謝罪
- ▶ 社長が品質に関する訓示「全社員に告ぐ」を配布
- ▶ 市場は好感を持ち売上増，佐藤貢社長は「日本酪農中興の祖」になる
- ▶ 1976年に雪印新人社員への訓辞配布を打切り

説明：1925年に発足した北海道製酪販売組合が，1950年に雪印乳業（株）になり，佐藤貢は初代社長になった．当時は気合いで衛生管理しており，従業員は社長をはじめ，丸刈りで酒・煙草も禁止だったそうである．しかし，停電マニュアルなどあるわけもなし（45年後もなかった），想定外の事故が生じてしまった．ここまでは45年後の前述の食中毒と同じだが，**それからの対応が見事で逆に雪印の高品質を市場にアピールした**．しかし，本事例の21年後に，そんな古くさい訓示はやめようと，入社式に読むのを打ち切った．その訓示のなかには「**信用を獲得するのには長い年月を要し，これを失墜するのは一瞬である．そして信用は金銭では買うことができない**」とあった．そのとおりである．

事件後の対応のよさで逆に信頼を高めた，という事例で有名なのは，**タイレノール事件（1982）**である．シカゴ警察がシアン化合物によって死亡した市民7人が直前にタイレノールを服用していたと発表した．この薬はジョンソン＆ジョンソン社の子会社（J＆Jは各製品ごとに子会社を180社程度もっている）が製造しているが，事件後ただちに経営者会議が開かれ，会社の利益でなく消費者の命を守るというコメントをくり返した．実際，積極的に消費者から製品を回収して，シアン化合物の入っていないことを確認した良品と交換したが，1億円以上の費用が発生した．また，消費者ホットラインも開設してあらゆる情報を入手する姿勢を示し，技術的に異物混入できないカプセルや包装を考えて，8ヶ月後，事件前の90％までに売上を回復させた．

筆者は米国で，J＆Jの使い捨てコンタクトレンズの子会社を工場見学したが，最初に会議室に掲げてあったOur Credo（われわれの信条）を読んで驚いた．とにかくどの子会社でも同じ理念で統一されている．たとえば，**トラブルが起こったらただちに正直にデータを公開し，メディアを責任追及で攻撃してくる敵ではなく，事故を報道することで回収を手伝ってもらうパートナーと見なす**．このように最低限の約束ごとをあらかじめ決めているのである．

事象 26.3　24時間風呂で水中出産の女児死亡（1999）
日本，愛知県名古屋市，図26.3，資料 [123]

24時間風呂でレジオネラ菌の増殖が報告され，メーカは製造を一時中止．翌年，名古屋市の女性が24時間風呂で水中出産し，新生児がレジオネラ菌感染で死亡．

シナリオ
- 1997年頃，母親が民間団体「育児文化研究所」のセミナー参加
- 母親は研究所で勧めた「24時間風呂」を購入
- 1997年12月，24時間風呂でレジオネラ菌高濃度検出を学術報告
- 1998年1月，メーカ8社は販売を一時中止
- 1999年6月下旬，24時間風呂の水中で，夫婦だけで女児を自宅出産
- レジオネラ菌が風呂内で繁殖（100 cc中に細菌1.46万個）
- 女児が生後8日目に死亡，過去にも自宅の水中出産で3件死亡事故あり
- 厚生省は「レジオネラ症防止指針」に24時間風呂対策を折り込む

説明：24時間風呂は毎分15～50リットルで循環されるので，200リットルの風呂ならば10分程度で全部の水がフィルタリングされる．また，レジオネラ菌は60℃以上に加熱すれば殺せるが，このほかにオゾン，紫外線，イオン，塩素などの殺菌機も付いているそうである．しかし，本事例の事故が生じた風呂はどのような構成になっていたか不明であるが，フィルタも殺菌も効果がなかったようである．

2004年に筆者は細菌培養法で薬品を製造する現場を見せていただいた．代々引き継いだ細菌が三角フラスコのなかに保管されている．口は綿でふさがれていたが，そのなかの菌の一部を槽に移した後は，炎のなかで綿栓をする．確かに炎のなかに

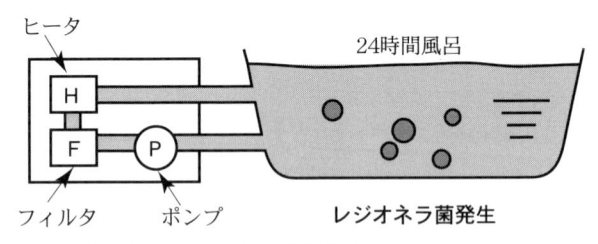

フィルタとして，セラミクス系濾過材，
繊維状のフィルタ，天然の石，などを使用．また，
オゾン，紫外線，イオン，高温加熱，
塩素などの殺菌装置を併用

図 26.3　24時間風呂で水中出産の女児死亡

は雑菌がいないだろうが，職人芸が必要になる．

　筆者の指導学生は再生医療を目指して，荷重をかけながら細胞を培養することを試みた．しかし，クリーンブース前で細胞をセットをするときに雑菌が入って失敗の連続であった．それこそ雑菌はあちこちに飛んでいる．培養槽や道具は焼いて滅菌すればよい．しかし，彼は治具をイモ設計したため，位置合わせしてねじを回すというような複雑操作を素手でしなければならず，いくら皮が剥けるほど手を洗っても当然，手袋なしでは雑菌が入るのであった．

　また，筆者が磁気ディスク基板の洗浄を担当したときのことだが，超純水の洗浄槽の表面がヌルヌルと雑菌が繁殖しているのに驚いた．紫外線で滅菌したはずなのに．その道のプロに聞いてみると，**雑菌は紫外線で気絶するだけで仮に盲腸管でも作っておけば復活するよ**，と笑われた．温泉でも多くは沸かし湯である．だから，茹で卵の硫化水素の臭いではなく，プールの塩素の臭いがする．そんな失敗を考えれば，**プールや風呂で雑菌が繁殖するのは当然**である．

事象26.4　越生町で水道媒介のクリプトスポリジウム集団感染（1996）
日本，埼玉県越生（おごせ）町，図26.4，資料［313］

　越辺川沿いの浄水場の上流1.3 kmに排水処理施設を建設．屎尿に混入した寄生虫が，川を経由して上水道へ．8,812人に集団感染．

シナリオ
- 越生町営上水道は越辺川を水源にした大満浄水場を使用
- 農水省が浄水場から0.6 kmと1.3 km上流に集落排水処理施設を2箇所建設
- 排水処理施設では計100世帯の雑排水と屎尿を処理
- 屎尿にクリプトスポリジウム（寄生性原虫）が混入
- クリプトスポリジウムが排水処理施設から越辺川に流出し，浄水場へ

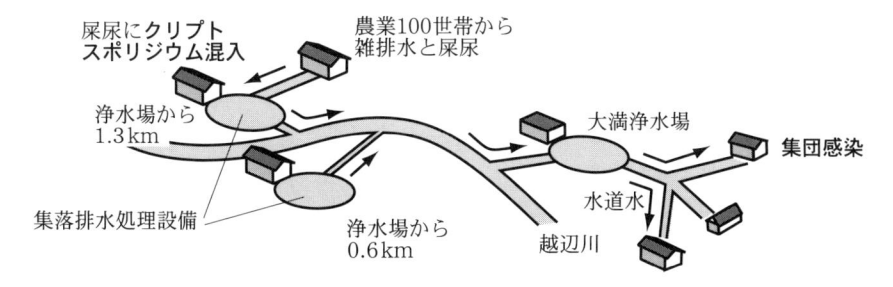

図 26.4　越生町で水道媒介のクリプトスポリジウム集団感染

- 浄水場の塩素消毒ではクリプトスポリジウムは死なず，水道水へ
- 6月3日頃から児童生徒に集団下痢，結局，8,812人が集団感染
- 1997年7月，厚生省は国内94水源のうち6水源で同原虫検出と公表
- 1998年4月，大満浄水場に第1号の高度浄水施設落成，5月から給水再開
- ポリスルホン製の孔径0.2 μmの特殊膜で濾過，同原虫は5 μmで捕捉可
- 1998年12月，厚生省は223施設（給水人口113万人）で対策不十分と公表

説明：本事例は国内初の，水道を介した集団感染である．クリプトスポリジウムは人間や牛の宿主の体内では，オーシストとよばれる硬い殻の形態で存在し，増殖することはないが，腹痛を伴う下痢を引き起こす．1993年3月に**ウィスコンシン州の**ミルウォーキーで約40万人がクリプトスポリジウムに感染し，4,400人が入院した．クリプトスポリジウムは検出が困難で，しかも**日本の主流技術**である**塩素消毒**では**死滅しない**．水道にはこのほかに，農薬が抗生物質薬品のように毎年新製品に置き換わるため検出・除去できないことや，昭和30年代に家庭までの水道配管に使われた鉛配管の撤去が進まないこと，などの問題があり，水道の安全神話が怪しくなっている．

事象 26.5　狂牛病の発生（2001）
日本，図26.5，資料 [217]，参考文献 (8), (25)

英国がBSEの原因として肉骨粉の危険性を警告．日本の農水省は警告を無視し，輸入し続けた結果，日本でもBSEが発生．

シナリオ
- 1986年，英国で狂牛病（BSE）発見
- 1988年，英国で感染源の肉骨粉（屠殺牛のリサイクル品）を禁止
- 1990年，英国が肉骨粉の危険性に対して日本を含む各国に警告文を送付
- 1998年，人間にも感染して変異型クロイツフェルト・ヤコブ病で死亡
- 農水省は警告文を無視し，異常プリオンに侵された疑いの肉骨粉を輸入許可
- 2001年8月6日，日本の千葉県で狂牛病（BSE）発症の牛（64ヶ月齢）発見
- 11月に67ヶ月齢の牛，12月に68ヶ月齢の牛にそれぞれBSE発症
- 9月19日，30ヵ月齢以上（その後は齢に関係なく全頭）の牛の検査実施
- 2003年12月，米国でBSE発症牛を発見，日本政府は輸入禁止を決定

説明：英国では安全を主張し続けた内閣が交代し，ドイツでは農業省が解体され生産と食品とに分離された．**日本ではその失敗を学び，若い牛の発症は確認されて**ないが，ただちに**全頭検査**に踏みきった．しかし，英国と同様に調査委員会が設置

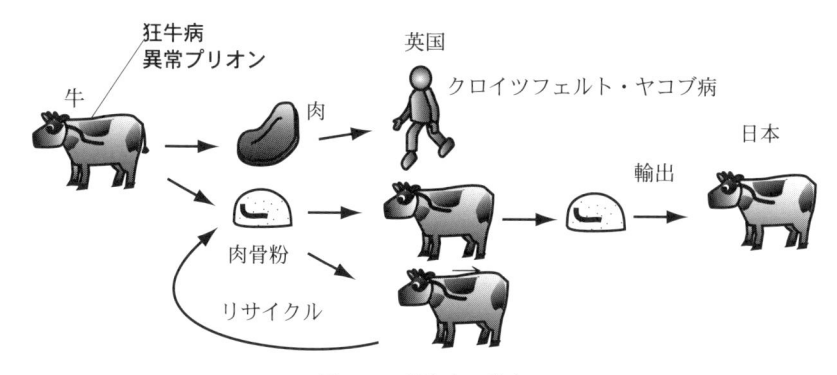

図 26.5 狂牛病の発生

されたが，英国からの警告文は役所でいまだに発見されていない（参考文献 (25)）.

狂牛病だけでなく，新伝染病である **SARS**（Severe Acute Respiratory Syndorome，重症急性呼吸器症候群），**HIV**（エイズ），**鳥インフルエンザ，西ナイル熱**（米国では蚊を感染源に拡大し，2004年5月で患者数が9,862名，2003年内の死者は264名と多い）などにも対応しなければならない．日本政府は総じて心情的な安心を重視して，規制が安全側に設定されるので，大体すべてが禁止・未許可・隔離になる．そしてその後に，科学がここまで安全だと明らかにしても，その設定ラインを容易に変更しない．

しかし，このように頑なに安全・安心サイドに留まっていれば，不便だけど事故は生じない．困るのは逆の場合である．販売中止までの時間遅れの間に犠牲者が多くなる．これらの不作為のような判断遅れとして次のような事例がある：

- サリドマイド：1958年に大日本製薬が発売→催眠剤や胃腸薬に適用→1961年11月に胎児に危険と西独で報告→1962年9月にようやく発売中止→300人の障害児誕生
- キノホルム：1960年に米国はアメーバ赤痢だけに使用を限定→日本では田辺製薬，日本チバガイギー，武田薬品工業が発売し，胃腸薬として使用継続→視神経や脊髄に障害発生→スモン病患者が1.1万人発生→1970年にようやく発売中止
- クロロキン：アメリカはマラリア治療だけに使用限定→日本は腎臓病に使用し，小野薬品，科研製薬などが発売→網膜症の副作用患者が300〜2,000名発生→1974年に発売中止
- 水俣病：1950年代から有明海水俣の奇病として報告→1959年に熊本大学が有機水銀の疑いが濃いと発表→国やチッソは有機水銀説を否定→部分的に救済

イタイイタイ病：1910年代から富山県神通川の奇病として多発→1955年，荻野・河野博士が日本臨床外科学会で発表→1960年頃にビタミンD大量投与の対症療法を発見→1961年，吉岡教授が神岡鉱山のカドミウム（亜鉛や鉛を選鉱したあとの廃砂・廃泥に含まれる）原因説を発表→1968年に患者が三井金属鉱業に損害賠償を求め提訴→1972年原告勝訴

薬害エイズ：1984年7月に安部教授は血友病患者のHIV感染を確認→同年10月に米血友病財団が非加熱製剤から加熱製剤へ切り替えを勧告→1985年7月に厚生省は加熱製剤を承認→それ以降も非加熱製剤を使用→2,000人のHIV患者発生

ハンセン病：1873年にハンセンがらい菌を発見→1907年「らい予防に関する件」で放浪患者を公立療養所に収容→1915年に男性患者に断種手術を開始→1931年「らい予防法」強制隔離の徹底→1943年に特効薬「プロミン」発見→1953年「らい予防法」改正で，強制隔離を継続，退所規定を含まず→1963年に韓国では伝染病予防法改正で強制隔離収容を放棄し在家治療へ移行→日本はやっと1996年に「らい予防法廃止に関する法律」で強制隔離を放棄

ハンセン病の事例が最も顕著であるが，科学的根拠が明らかになっても，**日本政府は容易に政策を変更しない**ことがわかる．さらに民間の変更は遅く，2003年に熊本県のホテルが患者の宿泊を拒否する事件（ホテルは旅館業法違反で社長らが略式起訴を，また県から営業停止処分を受け，半年後に廃業）が生じている（その後の話はあとがきで後述）．

参考文献：イタイイタイ病の記憶，松波淳一，桂書房，2002

27　産 業 連 関

事象 27.1　富士通HDD不良問題（2002）
素材メーカは住友ベークライト社（以下，住べ社），セットメーカは富士通，図27.1，資料 [131]

　低コスト化と高信頼化は両立しないことが多い．かつて一貫生産企業であった富士通だが，低コストのために他メーカの安い部品を購入．購入した部品には富士通の蓄積技術は生かせず，単純な不良により商品を無償交換，100億円の損失．

シナリオ
▶ 1995年，住べ社はパッケージ封止材EME-U（含無機リン）を開発

27 産業連関

```
                    IDM( Integrated Device Manufacture )
1990年まで          ↗                                          ↖
の主流の
形態
     素材メーカ      ファブレス    ファンドリー    デバイスメーカ
   ┌─────────┐  ┌─────────┐  ┌─────────┐  ┌─────────┐  ┌─────────┐
   │住友ベーク│→│ Cirrus  │→│韓国パッケ│→│富士通   │→│パソコン │
   │ライト社  │  │Logic Inc.│  │ージ組立  │  │HDD部門  │  │メーカ   │
   │          │  │          │  │企業      │  │          │  │          │
   └─────────┘  └─────────┘  └─────────┘  └─────────┘  └─────────┘
   封止材 EME-U    1990年から一般的になった    不良発見
                        SCMの形態          ←──────→
                                        損害賠償    無償交換
```

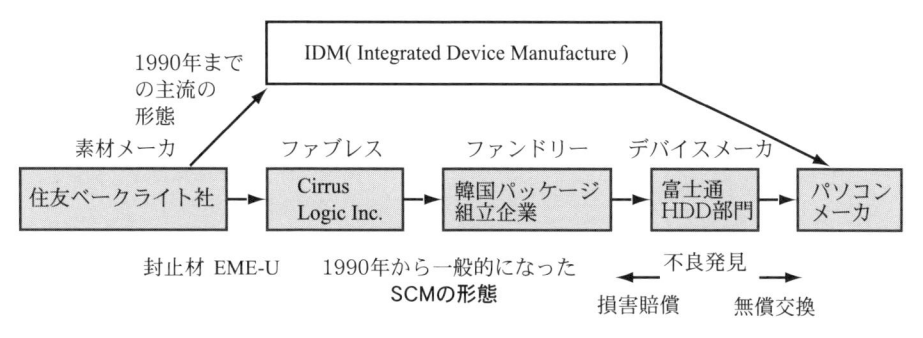

図 27.1 富士通 HDD 不良問題の発生

- 1996年，住べ社はこの封止材の販売開始
- 日本メーカはリンと水分と電界で銀のマイグレーション発生を経験済み
- リンと水分で生じたリン酸がピン材料の銀メッキ配線を反応させる可能性あり
- HDD制御用LSIをファブレスの米国Cirrus Logic Inc.が設計
- Cirrus Logicがパッケージ組立を韓国パッケージ組立業者に委託
- Cirrus Logicが富士通に納入し，富士通は自社製品に使用
- 2000年秋から2002年夏，富士通HDD不良率が50から8,000 ppmと増加
- 2002年7月，富士通が高温多湿下のLSI端子間短絡を公表
- HDD搭載パソコンメーカに対して富士通が無償交換，損失100億円発生
- 2001年6月に住べ社は問題確認，8月生産中止公表，ユーザは継続希望
- 2002年7月に販売中止，13ユーザに累計千トン販売（住べ社封止材の1％）
- 2000年夏から，この封止材がほかのLSIメーカやセットメーカで問題
- 2002年5月，米国産学協同研究機関CALCEが使用6〜12月後の不良指摘

説明：当初，住友ベークライト社は，燃焼したときに毒性の強い化合物が生じる物質のかわりに無機リンを化合して，環境対応製品としてEME-Uを開発した．この環境に優しい素材が，1990年代からビジネスを拡げてきたファブレス・ファンドリー連合に好かれたのである．

　1990年まで半導体分野は，設計上流から製造下流まで請け負う一貫生産企業，つまり日本の日立や東芝，富士通やNECのようなIDM（integrated device manufacture）に支配されていた．ところが1990年以後，中規模以下の生産量のLSIに対して，米国のファブレス（製造工場をもたない設計会社）と台湾・韓国のファンドリー（設計部門をもたない製造会社）に席巻されたのである．日本のIDMは本事例のマイグレーション現象を，PSG（phospho silicate glass，リン酸ガラス）膜をこれまでに使った経験からすでに知っていたが，水平分業化の波がその

知識さえも押し流したのである．

　1990年代から今に至るまで，**サプライチェーンマネジメント（SCM）**を使って，自社で莫大な投資をせずに，世界中から最も安いものを購入しないような企業は遅れている，とマスコミが盛んに煽っている．本事例はSCMの副産物である．この不良は，かつてはIDMだった富士通が知らないような新規の不具合ではない．しかし，本事例では，誰かに損失を押し付けねば腹の虫が治まらないので，とにかく上流に向かって壮大な訴訟合戦が引き起こされている．でも上流の素材メーカには，下流の製品メーカから使用方法に見合った検査規定が正確に指示されていないため，必ずしも上流を訴えて勝てるとも思えない．2005年5月3日の日本経済新聞によると，富士通は米国カリフォルニア州で訴訟を起こしていたが，住友ベークライトなど上流4社と和解し，154億円を受け取ったそうである．

　HDDの設計者にとって，コントローラLSIの機能は，情報を記憶・読み出しするというHDD本来の上位機能に比べれば，はるかに下位であり，さらにそれの封止材の機能は取るに足らないものである．環境対応も大事であるが，それが信頼性に影響を及したとなると，封止材ごときに足を掬われたHDDの設計者は憤懣やるかたなしであろう．しかし，同様に環境対応が思わぬ不良を及すという失敗事例は高分子材料のほかにも生じている．たとえば鉛を排除したはんだ材料，封止ガラス，快削金属材料，メッキ浴などや，六価クロムを排除したクロメート処理，フロンを排除した洗浄方法，が工程変更されて，最終製品の設計者は新たな問題に苦しんでいる．

■「産業連関」について

　世の中の製品は，バケツリレーのように，自分のところで買った素材を加工して付加価値を付けて次に売り渡し，最後に最終製品としてでき上がる．しかし，最初の素材を作っているエンジニアには，最終製品が見えない．見えないというのは，最終製品の要求機能がわからない，ということである．**最初から要求機能がわかっていたら，回避するのは簡単であったという事実は各失敗事例で確かめれている．**

　また，自分のところの失敗は些細なことなのに，それがあちこちに影響を及して，最後は雪だるまのようにもの凄い災難に発展する事件もある．今までは垂直統合的に"系列"が支配していた．つまり，子会社は作った部品の全量を，長期的取引で勝手知ったる親会社に納める，というビジネス形態だから，子会社のエンジニアも親会社のエンジニアの要求機能を察して「よきに計らう」ことができた．しかし，今やSCM万能の時代である．そんなことが重要だとは夢にも思わなかった，という失敗が今後，もうたくさんと溜息をつくほど増加するだろう．

27 産業連関

類似事例

事象 27.2 森永ヒ素ミルク事件（1955）
日本，西日本，図27.2，資料 [302]

　粉ミルク製造時，安定剤として第二リン酸ソーダを使用．その第二リン酸ソーダは工業用として作られ，不純物としてヒ素を含んでいたため，乳幼児がヒ素中毒に．130名死亡，12,131名発症．

シナリオ
- 1953年秋，新日本軽金属清水工場で第二リン酸ソーダ製造
- ヒ素が含まれていたので静岡県衛生部が厚生省に照会
- 厚生省は毒劇物取締法上のヒ素製剤に該当しないと回答
- この第二リン酸ソーダを新日本金属化学が購入
- それを丸安産業を経て，松野製薬に納入
- 松野製薬は，生駒薬化で脱色精製させて，協和産業に納入
- 1955年4月〜8月，協和産業から3回に分けて，森永乳業徳島工場が購入
- 森永乳業が工業用第二リン酸ソーダを粉ミルクの乳質安定剤で使用
- 6月〜8月，森永ドライミルクMF缶を飲んだ乳幼児が衰弱死・肝臓肥大
- 1955年8月，岡山大学医学部が粉ミルクが原因であることを報告
- 1956年6月厚生省発表，死亡130名，発症12,131名の世界最大級の食中毒
- 1969年，乳幼児の後遺症に対し，中坊公平弁護団長が国と森永を提訴
- 刑事裁判の一審では森永側全員無罪，被害者側は民事訴訟を断念
- 1970年，裁判中に森永がミルク中のヒ素が原因だと認める
- 1973年，刑事裁判で森永側の責任を認め，元製造課長が実刑判決

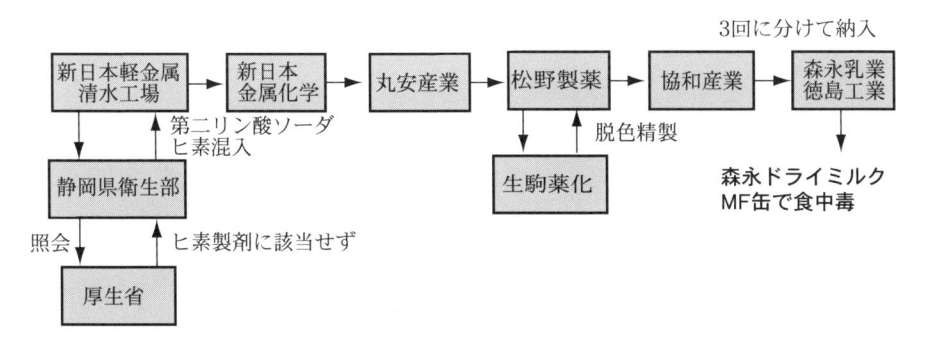

図 27.2　森永ヒ素ミルク事件のヒ素の流れ

▶ 1974年，財団法人ひかり協会を設置し，被害者を恒久的に救済

説明：サプライチェーンマネジメントと同じで，**本事例も製品の下流で誰が使うかよくわからないのが問題**だった．厚生省も工業用製品をまさか食品に使うとも思わなかったし，森永乳業はまさか毒が入っているとは知らずに受入検査なしで使った．現在でも刑事裁判を行えば，危険を予期できなかったのだから森永側に100％過失ありとはいえない，と判決されるだろう．しかし民事裁判では，製造物責任で責められて確実に森永側が負けるだろう．その前に森永製品全体がボイコットされて発覚後1年の間に森永が倒産するかもしれない．だから，森永はひかり協会を通して救済を継続させているのだが，ほかの公害や食中毒，薬害と比べると，救済方法としては成功の部類に入る．

なお，監督過失として本事例では製造課長が有罪になったが，**事務系出身の工場長は技術的な専門知識がないと判断されて無罪**となった．工学部卒業という肩書きだけで，製造業の監督過失はつきまとうのである．

事象 27.3　アイシン精機で工場火災（1997）
日本，愛知県刈谷市，図27.3，資料［315］

　自動車は2万点の部品からなる．トヨタ車の90％にプロポーショニング・バルブを供給していたアイシン精機で火災．たった1点の部品の欠品により全ライン停止，7万台の減産．

シナリオ
▶ 2月1日4時18分，刈谷工場の中央ラインから出火
▶ 木製踏み板の下の切り屑コンベア用モータが過熱（推定）
▶ スプリンクラーが設置されず（機械内には炭酸ガス消火器を設置していたが）

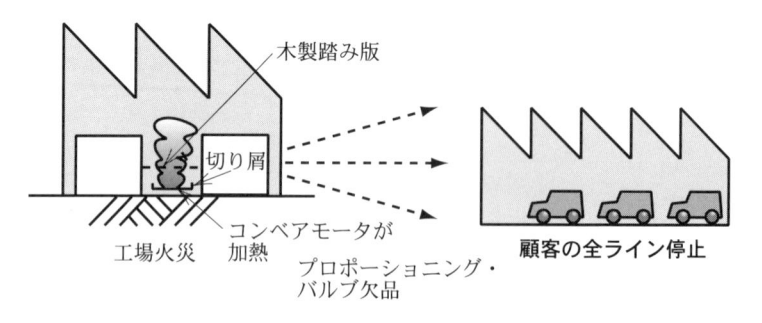

図 27.3　アイシン精機で工場火災

- トヨタ車の90％にプロポーショニング・バルブの供給が不可能
- 2月5日にトヨタの全30ライン停止，代替部品メーカによって7日に再開
- トヨタのほかに三菱自動車に影響伝播，トヨタだけでも7万台分の自動車減産
- 供給先が「カンバン方式」を採用，在庫が少なくライン停止を誘発

説明：プロポーショニング・バルブは，フロントに対してロックしやすいリアのブレーキに働く油圧を減圧させたり，荷台の荷重を計ってブレーキのかかりを油圧で調整する，重要なバルブである．自動車にはこのような重要部品が数限りなくあるので，ジャストインタイムの供給を完成させると，本事例のようにたった1点の部品欠品で，全体で2万点の自動車生産が崩壊することも起こり得る．2社購買できればよいが，その2社が同じ地域にあると地震，洪水，内乱，道路・空港封鎖，などで生産が止まってしまう．たとえば，2003年はSARSで中国は混乱したが，中国だけで生産しているとリスクが高いと判断して，タイやベトナムにも別工場を建設する企業が増えている．なお，本事例では木製踏み板が延焼の要因であったが，英国キングズクロス駅の火災（1987）では，同様にエスカレータの木製踏み板がその下の電気室の火災拡大の誘因になった．

事象27.4 自衛隊練習機墜落・高圧線切断で関東広域停電（1999）
東京都練馬区，世田谷区，港区など10区をはじめ都下多摩地区や埼玉県，図27.4，資料［136］

　自衛隊の墜落機による1本の高圧線切断から，80万世帯の停電へと発展．停電により水道，鉄道，病院など各種インフラが影響を受け，都市活動は停止した．

シナリオ
- 11月22日13時42分，入間基地の航空自衛隊練習機T33が墜落
- 墜落前に入間川を横切る東電の送電線網を切断
- 垂れ下がった275 kVの特別高圧電線が垂れ下がり，66 kVの送電線に接触
- ただちに送電停止，80万世帯が停電，49分に送電ルートを切替
- 15時37分，復旧作業員がパトカー先導で渋滞のなか，やっと現場に到着
- 停電でポンプが止まり，水道も停止，赤さび発生
- 停電で，交通信号停止，鉄道運転停止，金融機関ATM停止，病院停電
- 17時1分，全面復旧

説明：自衛隊機が河川敷に墜落してもそれだけの損失で終わるはずだったのに，電線を切ったために影響が広範囲に広がった．停電すると，とにかくすべてが停止することがよくわかる．

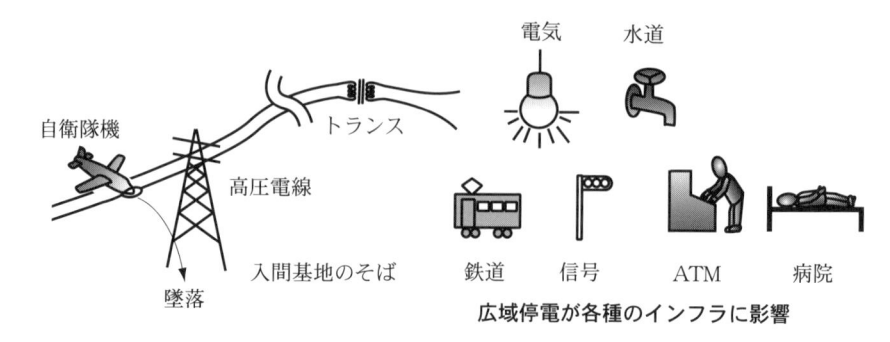

図 27.4　自衛隊練習機墜落・高圧線切断で関東広域停電

墜落がそれだけで済まなかった例として，1998年の**イタリアでの米軍機墜落**があげられる．米軍機が低空飛行訓練中に，イタリアのスキー場のロープウェイのケーブルを切断し，ゴンドラが落下・大破して20名が死亡した．これもケーブル切断で誘発したゴンドラ落下が事態を深刻にした．なお，NATO軍の規定では搭乗員は彼の本国で裁判することになっていたが，ノースカロライナ州の軍法会議陪審は搭乗員の米国人に対して無罪判決を下した．高度計が壊れていたのに時速185 kmで飛んでいたから，ケーブルが見えたとしても1秒内に回避できるはずがない，という判断だった．その判断の前に，そもそもスキー場で低空飛行訓練が必要なのか，とイタリアが怒るのももっともの話である．

事象27.5　タンカーのナホトカ号の沈没（1997）
日本海沿岸，福井県，NAKHODKA，図27.5，資料［314］，参考文献（22）

冬の日本海で，老朽タンカーが座礁・沈没．6,240キロリットルの重油が流出．荒天にはばまれ回収作業が遅延するうち，重油が変質し体積10倍に増加．漁業・観光・環境は多大な被害を被った．

シナリオ
▶ 1970年にポーランドでナホトカ号（総トン数13,157トン）建造
▶ 1997年1月2日，ロシア船籍のナホトカ号が大しけの日本海を航行中
▶ 最大15.3mの波を受けて，二つの中央タンクの隔壁破壊
▶ 腐食で鋼板が20～35％薄くなっていた，結局，180mの船体が真二つに折断
▶ 2時51分に遭難信号発信，船尾は沈没，船首は半没して座礁
▶ 積んでいた19,000 kl（キロリットル）のうち，6,240 klの重油が流出
▶ 1週間後に油回収船清龍丸が到着したが，しけで回収できず

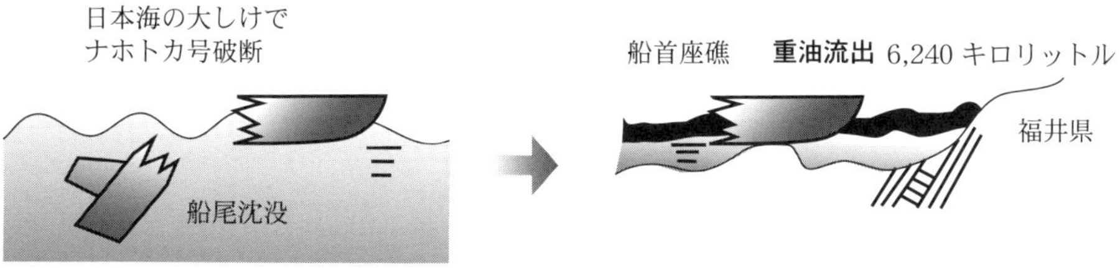

図 27.5　タンカーのナホトカ号の沈没

▶ 重油がエマルジョン化して体積は10倍に増加，除去作業工数が増加
▶ 日本海沿岸ではボランティア23万人で海水・砂を含む原油31,000 kl 回収

説明：タンカーの平均船齢は日本で8年，ロシアは17年である．当時，船齢が25年を超えるタンカーは世界で280隻あったが，その1隻がナホトカ号だった．このような**老朽船が沈没したときは悲劇**で，腐食で鉄板が薄くなっただけでなく，二重船殻（ダブルハル）を採用していないから簡単に重油流出になり，漁業や観光だけでなく，**環境系そのものへ大きな影響**が現れる．

　1982年に米国カルフォルニア州のシリコンバレーでは半導体製造のフェアチャイルド社が訴えられた．有機溶剤のトリクロロエチレン（トリクレン）が貯蔵用地下タンクから漏れ，住民の水道用井戸を汚染し，それを飲んだ住民に流産や先天異常が増加したのである．このときのタンクは強化プラスチック製で，腐食または土圧によるひび割れでトリクレンが漏れ出たのである．この事件以後は二重殻の地上タンクしか使えなくなったし，トリクレン自体，使用禁止になっていった（1980年代は脱脂といえばトリクレンが普通だった）．筆者は1989年から3年間，シリコンバレーの磁気ディスク製造会社に出向していたが，飲み水は水道水ではなく，韓国系の水屋から買うのに驚いた（いまや東京にいても水を買っているが）．日本でも**東芝の半導体工場**のトリクレン漏洩が，千葉県君津市や兵庫県太子町で事件になっている．

　エクソン・ヴァルデス号のアラスカでの**座礁**（1989）では41,000トン（約45,000 kl）の原油が流出したが，回収するのに2,070億円かかった．アラスカでは文句をいうのはアザラシぐらいしかいないかもしれないが，それでも大金をかけて原状に戻さなくてはならない．ヴァルデス号は図27.6に示すように，アラスカのプリンス・ウィリアムズ湾の湾奥の油田積み出し港からカルフォルニアに運ぶ途中だった．湾口には氷河が流れ込んでおり，それを避ける操舵が必要だったが，ヴァルデス号の船長はアルコール依存症だったため，操舵を三等航海士に委せて一杯飲んでいた．三等航海士は右への進路変更のタイミングを船長から命令されたときから6分間躊

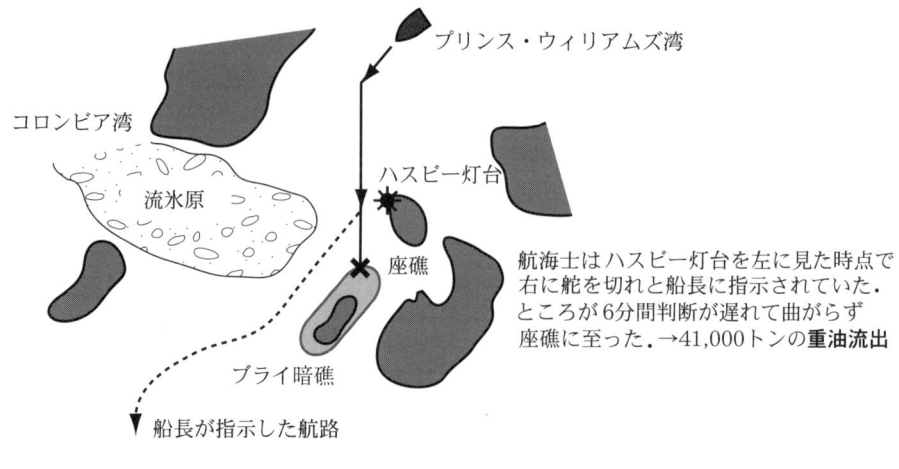

図 27.6 エクソン・ヴァルデス号の座礁

(図中)
プリンス・ウィリアムズ湾
コロンビア湾
流氷原
ハスビー灯台
座礁
ブライ暗礁
船長が指示した航路
航海士はハスビー灯台を左に見た時点で右に舵を切れと船長に指示されていた．ところが6分間判断が遅れて曲がらず座礁に至った．→41,000トンの**重油流出**

踌し，慌てて舵を切ったが巨船は急に曲がらず座礁してしまった．船長は懲役6ヶ月，罰金5.1万ドル，公民権停止45日間の処罰を受けている．

参考文献：吉田文和, ハイテク汚染, 岩波新書, 1989

8 冗長系の非作動   28, 29

　人間は冗長系で設計されている．筆者の研究室では耳鼻科の医者と一緒に，大脳聴覚野の信号を計測・分析しているが，内耳から大脳に音の信号を送る蝸牛神経が3万本あると聞いて驚いた．一方で蝸牛管のセンサが壊れて難聴になった患者には，20本程度の接点をもった細い人工内耳を挿入するが，20接点で声がわかるのになんで神経が3万本必要なのか考えてしまう．さらにその神経束は2経路にわかれて脳幹に入って大脳に向かう．たぶん，どちらか壊れても致死に至らないように，神が作り賜うたのであろう．

　機械も冗長系に設計することが，事故の損害拡大を回避するのに有効である．たとえば，箱根登山鉄道の電車は8％の急坂を下るために，普通の電車に付けられている，車輪にシューを空気で押しつけるブレーキだけでなく，空気がないときに手でハンドルを回して車輪にシューを押し付けるブレーキ，モータを発電機に変えて回転を止めるブレーキ，電磁石でレールを引き寄せて止まろうするブレーキ，レールに直接シューを押し付けるブレーキ，などが付いている．あれがダメならばこれ，というように冗長系に設計している．ところがそれらがどういうわけか，いざというときに働かず，大事故が生じることがある．

28　フェイルセーフ不良

事象 28.1　ユナイテッド航空811便の貨物室ドア脱落（1989）
アメリカ，ホノルル，航空会社はユナイテッド航空（UA），メーカはボーイング（B），図28.1，資料[29]

　UA811便の貨物室ドアが離陸後数分ではがれ，機体に穴が！　乗客9人が機外へ落下，行方不明．ドアロック未完であったがケーブルの短絡が原因で，完了したと誤報告されて離陸．

シナリオ
▶ 2月24日1時52分，UA811便B747（1970年製造）がホノルル離陸
▶ 電気配線の内部ショートで，ドアのロックが未完なのに完了と誤報告

264　8　冗長系の非作動

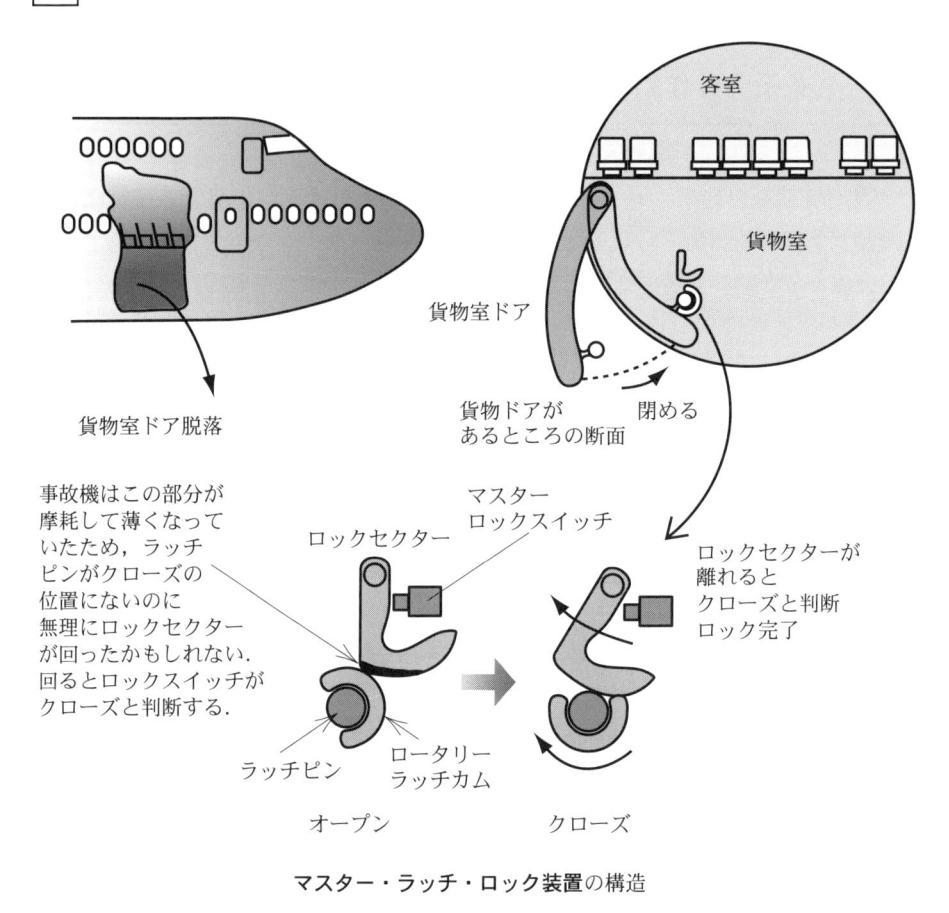

図 28.1　ユナイテッド航空811便の貨物室ドア脱落

- 2時9分,前方貨物室ドアが開き,剥がれて10×15フィートの穴があく
- 乗客9名が機外に吸い出される,その後も行方不明で発見できず
- 主翼の一部が損傷し,第3エンジン停止,ついで第4エンジン停止
- 2時34分,ホノルルに緊急着陸成功
- 9月26日,貨物室ドアを海底4,260 mから回収

説明:航行中に貨物室ドアが開くと貨物室が減圧して,加圧された客室の床面を落とし,床面下の操舵用の油圧ケーブルを切断し,制御が効かなくなって墜落する.設計者はその危険性を知っているので,貨物室のドアは,機体が航行中でなく地上にあって,かつ外部より手動でマスター・ラッチ・ロック・ハンドルを回さないと開かないように設計した.しかも,マスター・ラッチ・ロック装置(外部からマス

ター・ラッチ・ロック・ハンドルを回してスイッチがオンになったら自動でドアロックする装置）は地上の外部電源でしか動かないので航行中はロックが外れるはずがない．ところが地上にいたときに，マスター・ラッチ・ロック装置のマスターロックスイッチ信号がケーブルの短絡によってオープンなのにクローズ（ロック完了）の誤信号を送り，装置の物理的なロックが終わらないうちに離陸してしまったのである．すなわち，本事例では，**航行中には貨物室ドアが開かないように，フェイルセーフの機構を設計していたが，ケーブルの短絡でその機構自体が誤操作してしまったのである．**

なお，誤信号伝送の原因説のほかに，図に示すように，本来だったらロータリーラッチカムが回った後でないとロックセクターが回らないはずなのに，ロックセクターが摩耗してカムが薄くなったので無理に回ってしまったという説もある．

■「フェイルセーフ不良」について

フェイルセーフ機構として，前述した冗長度を高める方法や，全体が壊れないように"トカゲの尻尾切り"のように部分破壊して全体から切り離す方法，作業員が判断ミスしないような手順や形状に設計する方法（"ポカヨケ"とよばれる），などが知られている．

類似事例

事象28.2 パンアメリカン航空103便の空中分解（1988）
イギリス，スコットランドのLockerbieで空中分解，航空会社はパンナム（Pan American World Airways）飛行機のメーカはボーイング（B），図28.2，資料［30］

PAA103便の貨物室ドアロックが未完（？）のまま離陸．連鎖的に機体が空中分解．乗客259名死亡，住民11名死亡．

シナリオ
▶ 12月21日18時25分，パンナム103便がヒースロー空港を離陸
▶ パンナム航空103便はB747（1970年製造）を使用
▶ 19時3分，前方貨物室ドアから始まって，全体が空中分解
▶ 乗客259名死亡，住民11名死亡，当初はテロリストによる爆発と報道
▶ 分解機体を再建して，分解は前方貨物室ドアから始まったことが解明

説明：本事例は前述のユナイテッド航空811便の事故と経過が酷似しているので，テロや爆弾ではなく，貨物室ドアの誤動作ではないかという説をSmith氏が主張している．1974年にパリ郊外で**トルコ航空のDC10**が墜落したが，これも貨物室ド

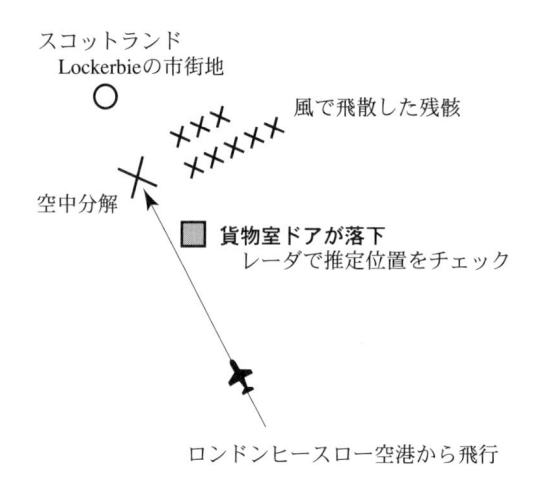

図 28.2 パンアメリカン航空103便の空中分解

アの脱落から連鎖反応が始まった．

すべての乗り物のドアについていえることだが，ドアが走行中に開くと操縦者が振り落とされて危険である．そのためにラッチ（留め金）が必要になる．ここを執筆している日に，たまたまある企業でコンテナの固定用ラッチの不具合を検討したが，ラッチが完了したかを判断するセンサをどこに設置するかが難しい．身近な例であるが部屋を施錠するとき，キーを回してカチャッと音がしたら，またはラッチが柱の溝のなかに移動する重みを指に感じたら，ラッチ完了と思うだろう．しかし，ラッチは中途半端な位置で止まっているかもしれないし，ラッチがかかった溝が摩耗して緩くなりドアを力まかせに揺すれば壊れてドアが開くかもしれない．つまり，ラッチが溝に入ったことを直接確認したわけではないのである．そこでラッチ完了のセンサを入れたいが，どこが最適だろうかという議論になる．本事例センサ（図28.1参照）は，ロックセクターによるロック完了を見ているだけである．ロータリーラッチカムが回ってドアがラッチ完了になったことを自動検査していない．

事象 28.3　ニューヨーク大停電（2003）

アメリカ・カナダ，エリー湖周辺から東海岸，ファーストエナジー社（以下，ファ社）が起点，図28.3

電力をたがいに補い，危機に備えるはずが共倒れに．オハイオ州で電力不安定，送電停止に，補うために各地の電力が流れ込み，電力が不足，東部一帯を巻き込む大停電となった．

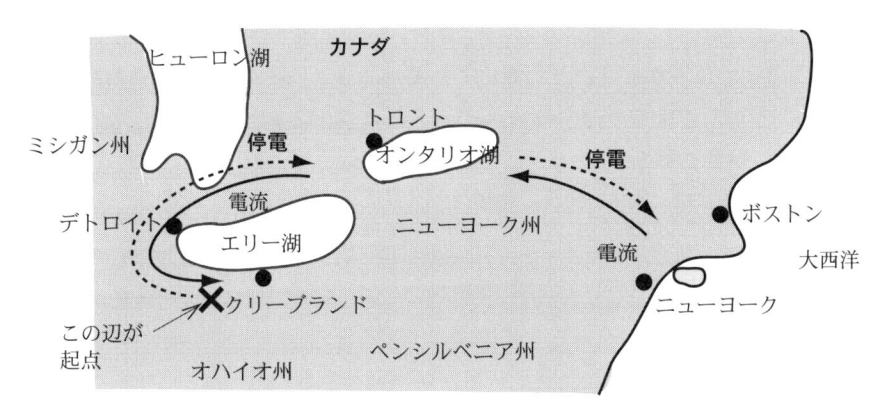

図 28.3　ニューヨーク大停電

シナリオ
- ▶ 1996年，電力の自由化開始，電力会社が送電線を解放
- ▶ 米国8州とカナダ2州が地域送電機関を構成
- ▶ 8月14日オハイオ州北部のファ社の電力不安定
- ▶ 15時32分，ファ社の3本の送電線トリップ
- ▶ オハイオ州南部のAEP社はファ社との連結を遮断
- ▶ ミシガン州東部のITC社やペンシルベニア州も自動遮断
- ▶ オハイオ州へはエリー湖を反時計回りに電流が流れ始める
- ▶ 16時10分，オハイオ州北部の20の発電所が稼働停止，他の地域へ依存
- ▶ 16時11分頃からオハイオ州起点にエリー湖北岸から東海岸へ停電拡大
- ▶ NYの鉄道の運行停止，10主要空港が閉鎖，携帯電話中継所ダウン
- ▶ 各地で夜間外出禁止令が発令，GMは北米60工場のうち17停止
- ▶ 16日に全面復旧

説明：たがいに送電線を張って，電力が足りないときは貸し借りできるようにすること自体悪いことではない．しかし，ある地域の電力が急に減少すると，そこを助けるために電流が流れ，まるで「ブラックホール」のように電力を呑み込んでいく．その起点がオハイオ州北部であった．ブラックホールとの遮断が間に合わないうちに，2分間で膨大な地域が停電になってしまった．こうなると，となりと手を結んでフェイルセーフを確保したつもりが，「共倒れ」という逆の副作用が生まれてしまった．

インターネットも同じである．世界中の情報を検索でき，メールで意見交換もできるが，ウィルスが伝染してくると一網打尽に死んでしまう．筆者は研究室で1

人だけマックを用いているが，まったくウィンドウズ向けのウィルスにかからない（猿は人間の病気にかからないとバカにされているが）．画一化してくると，仕事は効率的になるが，外乱で全滅する恐れが生じる．**生物と同様，多様性（diversity）は種の保存に重要である**．

参考文献：山家公雄，北米大停電，社団法人日本電気協会新聞部，2004

29 待機系不良

事象 29.1 東証の株式売買システムが稼動せず（1997）
日本，システムの使用者は東京証券取引所，システムのメーカは日立製作所，図29.1，資料［115］

ある外国の1銘柄を，注文取り消しにするべきプログラムにバグがあり，取引待ちの状態がいつまでもつづいた．システムはこれを異常と判断し，全体が停止した．バックアップ用の予備機に切り替わるが，常用系と同じソフトを使っていたため，同様に停止．コンピュータを再起動して正常に．朝からの取引をなかったことにした．

シナリオ
- 8月1日8時20分，証券会社からの売買注文受付開始
- 偶然，外国1銘柄の注文受付と値幅制限設定が同時に処理される
- 値幅制限外れの注文をはじくプログラムにバグ
- 注文が取り消されぬまま，取引待ちの「ループ状態」に陥る
- 21分，ほかの銘柄に波及させない「局所化プログラム」が作動せず
- システム全体が異常と判断して停止
- 22分，バックアップ用の予備機に切り替わったが，直後に予備機停止

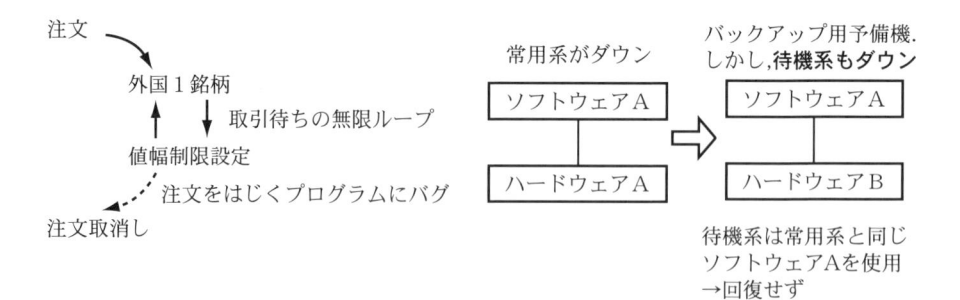

図 29.1 東証の株式売買システムが稼動せず

- 150の立会場銘柄を除く1,702銘柄（第1部は1,150銘柄）が取引停止
- 55分，注文受付停止を証券会社に通知，午前中のシステム取引を停止
- 9時20分，コンピュータ電源を落とし再起動，朝からの売買注文が抹消
- 10時30分，プログラムのバグを直して，正常な稼働を確認
- 証券会社数社が損保から「ネットワーク中断保険」の支払いを受ける

説明：筆者は，本事例が起こってから数ヶ月後に，たまたまメインフレームコンピュータの責任者の方と話す機会があり，このときのパニック状態を教えていただいた．銘柄が激増するうちに準備していたメモリの作業枠を使い果たし，最新の外国銘柄がはみ出してしまって，ほかのプログラムと干渉してしまったのである．誰かが埋めた「地雷を踏んだ」と表現されたが，最初に作ったときはプログラム同士を離して配置したのに，予期せぬことに空間が埋まってきたのであろう．金融口座管理システムや切符販売システム，鉄道や航空，電力の運転管理システムは信頼性が重要だから，必ずバックアップを準備するが，**常用系とソフトウェアが同じならば，本事例のように待機系もダウンするのは当たり前である**．

　2002年には本事例と同じ日立製作所製のシステムであるが，**郵貯オンラインシステム**でも同様なトラブルが生じた．千葉県の郵政事業庁・東日本貯金事務計算センターのシステムでは，同時に同じ送金処理をする場合，一方を後回しにして再処理していた．しかし，余りにも多くの同時処理が入力されると再処理機能が働かず，保留のままタイムアウト時間8分は経過し，全体が異常と判断してダウンに決めた．この事故で2万6千台のATMがダウンした．

■「待機系不良」について

　待機系の予備機がいざとなったら働くはずだったが，待機系も常用系と同時にダウンしたという失敗は多い．多くは，発生するだろうと予想した不具合の設定が間違っているのであって，その待機系に作業交代するときの条件設定が実際と異なったのである．たとえば，不具合として停電を考えたら，まず自家発電装置や非常用バッテリを待機系に準備すべきである．しかし，実際は電源ではなくて，電源までの電線断線が停電の原因だったとすると，電線を取り替えないかぎり復旧できない．

類似事例

事象29.2 無人運転のニュートラム電車が暴走（1993）
日本，大阪市南港ポートタウン住之江公園駅，図29.2，資料［105］

　常用ブレーキが働かないときは，ATOからATCにシステムを変換して，非常用ブレーキが働くはずだった．しかし，システムをつなぐ変換リレーの接点がささくれて，非常用ブレーキ作動が遅れた．車止めに衝突，215名負傷

シナリオ
- 1991年，新交通システムのニュートラム電車を無人運転化
- 自動列車運転装置ATOから自動列車制御装置ATCへの変換リレー設置
- 10月5日，駅手前で常用ブレーキ作動せず，非常用ブレーキ作動を指令
- 電車内の変換リレーの接点にささくれが発生して電流が一時的に流れず
- 自動列車制御装置の非常用ブレーキ作動指令が一時的に不作動
- 非常用ブレーキが遅れて作動，停止が間に合わず車止めに衝突
- 乗客215名負傷，11月19日，運転席に添乗員を乗せて運転再開
- 対策：変換リレーの二重化，地上測定した過速度で非常用ブレーキ作動

説明：非常用ブレーキのような待機系を準備しても，その回路が断線して作動しなければ何にもならない．一般に，常用ブレーキは電圧をかけて電磁弁オンにするとブレーキが働くが，非常用ブレーキは逆に停電で電磁弁オフになるとブレーキが働く．つまり，停電になっても非常用ブレーキが働くはずだが，中途半端に電圧が低い状態だと，どっちつかずで両方のブレーキが働かない．

　2000年に京福電鉄永平寺線の旧型電車のブレーキロッドが疲労破断して，常用・非常用・車掌手動弁のブレーキのいずれも効かなくなって正面衝突した．多重

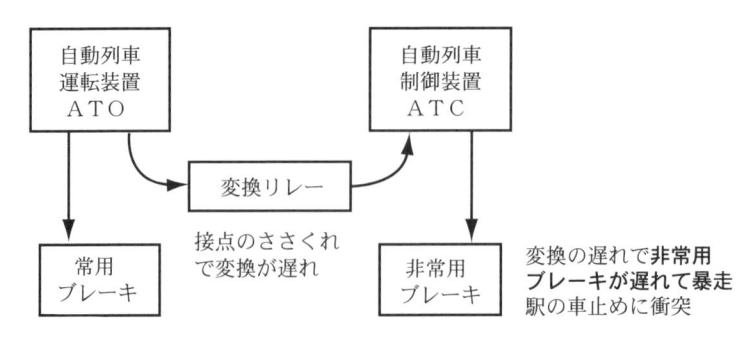

図 29.2　無人運転のニュートラム電車が暴走

に待機系を設計したつもりでも，どこかで共通部品を用いるとそれが壊れたら待機系も働かない．なお，この旧型電車は待機系だけでなく，冗長系にも設計していなかった．つまり，1両に1本の空気圧シリンダで二つの台車にブレーキをかけるシステムを有していた．衝突時は1両で運行していたから，空気圧シリンダから連結されている，たった1本のロッドが折れたら二つの台車に制動がかからない．新型電車はひとつの台車に空気圧シリンダがロッドを介さずに1個以上ずつ付いているので，仮にひとつのシリンダが壊れてももうひとつの台車で制御できる．

事象 29.3 NTT専用回線の19,000回線ダウン（1998）
日本，関西地方，図29.3，資料[119]

撤去する試験装置の電源を切ったつもりだったが，同じヒューズを使っていたため，中継装置もダウンしてしまった．非常用電源としてコンデンサから電力供給したが，電圧変動で発振を起こし，メモリデータを破壊した．19,000回線がダウンした．

シナリオ
- 東淀川ビルはNTT通信回線の専用回線中継装置を収容
- 10月28日10時7分，関連会社作業員がヒューズ19本を抜き取り
- 回路図確認せずに作業開始
- 撤去する試験装置の電源を切ったつもりだったが，中継装置もダウン
- 非常用としてコンデンサから給電，だが電圧変動で発振，メモリデータ破壊
- 中継装置は予備電源あり，しかし給電線共通でバックアップできず
- 28,000回線中の19,000回線不通，関西中心に3,239機関に被害
- 航空・警察・消防の専用線も同時にダウン

説明：よく失敗するのが待機系の電源である．常用のものと共通の電源で設計する

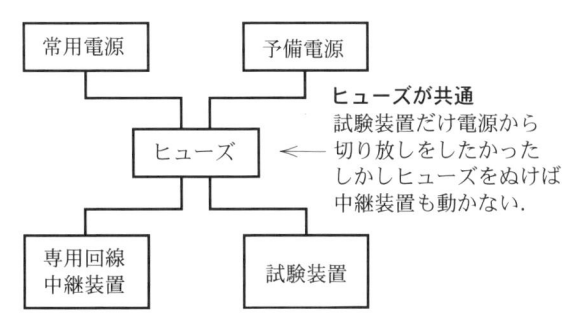

ヒューズが共通
試験装置だけ電源から切り放しをしたかったしかしヒューズをぬけば中継装置も動かない．

図 29.3　NTT専用回線の19,000回線ダウン

と，常用系の短絡で唯一の電源ブレーカーが落ちたら，待機系にかわっても動けない．本事例でも，たかがヒューズを抜くくらいの簡単作業だからと見下して，作業前に仮想演習もしていなかったらしい．つまり，**まさか試験装置と中継装置が同じ電源を共用しているとは思わずに，図面チェックせずに軽い気持ちでヒューズ**(fuse，電気分野ではフューズとはいわないので）**を抜いてしまったのである**．ヒューズは給電線の途中にあったので，予備電源も働かなかった．

なお，このような「**蛸足配線**」は大学の研究室ではお馴染みの風景であるが，これをやると本事例のような失敗が生じる．また電源が切れるのと逆に，蛸足配線に電源を投入したら，同時に複数の機械が始動するという恐ろしいことも生じる（図II.15 (b) で紹介した）．仮にある機械が保守業務中で電源を切って作業していたのに，不意に電源が投入されて保守員が怪我したら，ごめんなさいでは済まされなくなる．

事象29.4　福岡銀行で磁気ディスク故障（2000）
日本，福岡市，システムはIBM製，図29.4，資料［322］

常用HDDを非常時に切り離そうとしたが，依然として働き続けたため，CPUもダウン．店内端末2,122台，ATM1,493台が停止．

シナリオ
▶ 磁気ディスク（HDD）内の120個のプロセッサのうち1個が不良品
▶ 応答待ち時間が許容処理時間60秒を超え，各取引処理が異常終了
▶ 3月6日12時59分，突然，店内の端末に異常終了のエラーメッセージ

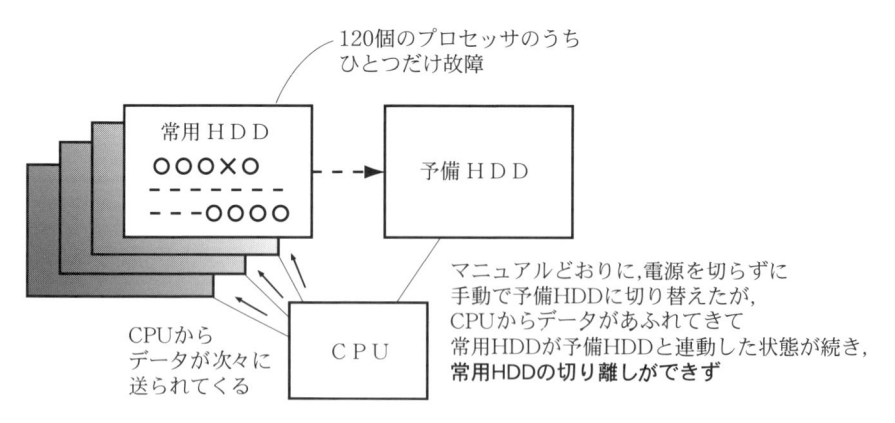

図 29.4　福岡銀行で磁気ディスク故障

- 予備へ切替後も常用HDDが働き続けたため，切り離しができず
- ホストコンピュータ（CPU）が高負荷状態に変化，手作業で入力できず
- 店内端末2,122台とATM1,493台が使用不能
- 13時30分頃，窓口で10万円までの預金支払いに応じるようファックスで指示
- 16時20分，システム電源を落として再起動して復帰終了

説明：本事例もCPUが共通だったために待機系に切り替えできなかった事例である．そもそもプロセッサの0.8％が故障したら，すべてがダウンするというような脆弱性が問題である．故障部分を速やかに切り離すプログラムが不可欠であることがわかる．なお，最後は再起動して直ったのだが，再起動は最低でも40分かかるため，最初は電源を落とさずに待機系へ切替することを決断したのだが，失敗に終わり，結局，急がば回れが正解だった．

事象29.5　スリーマイル島原発の破壊（1979）

アメリカ，ペンシルバニア州の南の州都Harrisburgの20 km南東，Susquehanna川の中洲のThree Mile Island（TMI），原子炉はバブコック・アンド・ウィルコック社製，図29.5，資料［228］

非常用設備が非常時に壊れていたら…．原発で冷却水の主給水用ポンプが故障，すぐに補助給水用ポンプが作動したが，導入部の弁が閉まっていて給水不能に．原子炉の圧力・温度上昇，炉心が溶解，放射能が放出．

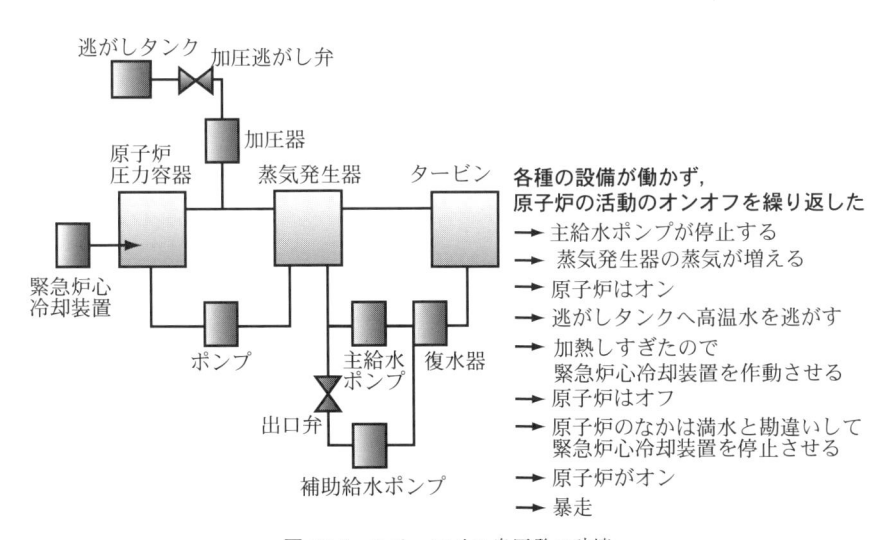

図 29.5　スリーマイル島原発の破壊

8 冗長系の非作動

シナリオ
- 1978年3月, 新設の2号炉は臨界に達し, 12月から運転開始
- 3月28日4時, 2号機の主給水ポンプが故障して停止
- 補助給水ポンプがただちに作動, だが出口弁閉で蒸気発生器に給水不能
- 8時25分, ローカルのラジオ放送で事故を報道, 9時6分, テレビでも報道
- 12時30分, 州知事が5マイル内の妊婦と幼児の避難を勧告
- 11時38分, 原子炉内の圧力・温度上昇, 圧力逃がし弁が自動的に開
- 80トンの高温水が逃がしタンクへ流出, 1,200個中100個の警報発令
- 原子炉の緊急停止で炉内圧力減少, 緊急用炉心冷却装置が作動
- 運転員が炉内は満水だと誤判断, 緊急用炉心冷却装置を手動で停止
- 一次冷却水が沸騰, 開の圧力逃がし弁から放射能空気放出
- 炉心が露出, 半数が溶融
- 燃料棒被覆管のジルコニウム合金が水蒸気と反応し水素発生
- 13時50分水素爆発, 燃料棒が破裂
- 緊急用炉心冷却装置を作動, 状態が落ち着く(28日夕方)
- 3月30日, 水素の泡が1,000立方フィート以上発生, 爆発の危険続く
- 4月9日, 州知事が危機を脱したと宣言, チャイナシンドロームは発生せず
- 1980年, 州と電力会社がバブコック社を訴える(賠償額5億ドル)
- 1983年示談成立
- 1985年, 2号炉のロボットによる燃料棒除去作業開始, 1993年終了
- 2001年9月11日, テロリストがB757でTMI衝突を計画? その前に墜落

説明:原子炉の活動のオンオフをくり返して, 最後は暴走させてしまった. 現場では警報装置が発令しすぎて, 作業員が現状把握できなくなったのだが, それと同じように, 経過を追っていっても現象が複雑で理解しにくい. 簡単にいうと, 主給水ポンプが故障して給水できなくなると, 二次冷却水が少なくなって原子炉は熱され暴走しそうになった. このとき, 待機系の補助給水ポンプが出口弁の不良で働かなかったのが痛かった. そこで, 慌てて制御棒を降ろして緊急停止させ, 緊急用炉心冷却装置を作動させて原子炉を冷ました. ところが, 圧力逃がし弁が表示は閉だったのに開で固着しており, そこから大量の放射能を含む水や空気が放出した. 運転員は圧力逃がし弁から漏れる水の流れを見て一次冷却水が満水したと誤って判断し, 緊急用炉心冷却装置を手動で止めるとふたたび原子炉は熱され, 最後の暴走に向かったのである. 出口弁や圧力逃がし弁は非常用設備だが, いつも動かしていないので, いざというときにメンテナンス不良が生じてしまう.

なお, 地図を見ると都市の近くに原発があるのに驚く(住民も事故報道でその

近さに驚いたらしい).しかし,いくら遠くてもテロの空からの標識にされたら,空軍でもついていないかぎり,防ぎようもない.また,日本では**原子炉損害保険**によって,原子炉事故は600億円まで賠償するが,根拠は本事例の金額によるらしい.事象37.3の**JCOの臨界事故**では,10億円はこの保険で補えたが,その後の清算処理などで153億円損失を計上した.

事象29.6 カンザスシティのホテル遊歩道崩壊(1981)

アメリカ,ミズーリ州カンザスシティ,ハイアットリージェンシーホテル,図29.6,参考文献(5)

設計に描いてない施工を行った結果,ひとつのナットに倍の荷重がかかり,遊歩道が崩壊.113名死亡.

シナリオ
- ホテルのロビー内に遊歩道(スカイブリッジ)を設計
- 当初,吊りロッドのワッシャ・ナットに4階の荷重だけを負荷させる
- 施工時に吊りロッドを分割し,2階の荷重も負荷させる

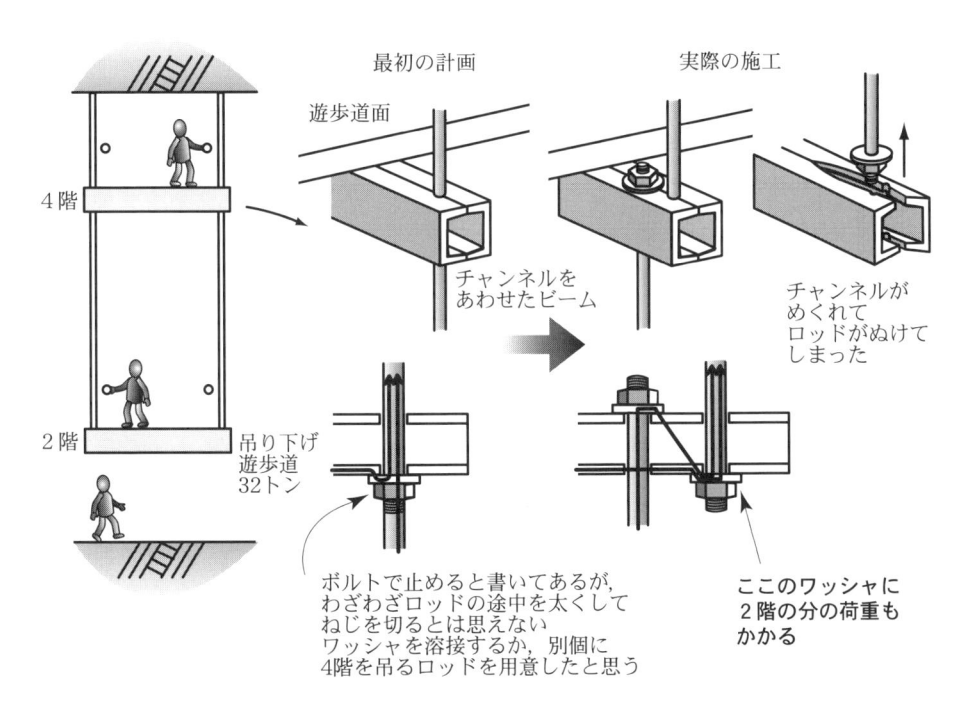

図 29.6 カンザスシティのホテル遊歩道崩壊

- ▶ 7月17日，ダンスの見物で大勢の人が遊歩道に乗る
- ▶ 4階のワッシャ・ナットがチャンネルを変形させロッドが抜ける
- ▶ 4階に引き続き，2階も崩壊．113名死亡

説明：4年後，構造技術者は重過失で有罪になった．つまり，プロフェッショナルな仕事に対して故意に無関心だったと判断されたのである．たしかにロッドを分割したことによって，4階のワッシャ・ナットには2階の分まで荷重がかかったのである．**1本を2本にすると冗長系に変えたつもりになって安心することが多いが，最後の詰めが甘いと初心者のような失敗を犯すことになる．**

3 技術的な要因だが，人間や組織との関係が強い設計要因

　「この要求機能が達成されないと，この商品の"売り"が顧客に伝わらないんだ」というような設計者の"思い"の強い機能に対しては，設計者は残業なんてなんのその，脳を絞り出すようにしてそれを完成させる．ところが「こんな些細な要求機能まで，この賢くて忙しい私が設計すべきなのか」と，ときには忌々しく思うような非重要部品に対しては，見下して気の緩みが判断ミスを生むものである．

　また，白紙の状態から思うがままに設計したいのに，前任者が進めていた仕事を引き継げと命令された「中途設計」や，休止しているガラクタを活かせと命令された「節約設計」，前機種のマイナーチェンジを命令されて新たな下位機能をおまけに加えた「付加設計」，などを実施すると，ちょっと気が抜けてチョンボをしてしまう．組織の意図が設計者の気の緩みを誘発するのである．これらの設計を総じて「流用設計」と称する．

9 作業で手を抜く　30～32

ここでは，上記のような判断ミスのうち，操作者の気の緩みが起こした事故として，入力ミス，配線作業ミス，配管作業ミス，の三つを説明する．システムを運転・保全するときに，不可欠な設計要因なのに，忘れがちである．

30 入力ミス

事象 30.1　不完全データ入力でアメリカン航空機墜落（1995）
コロンビア，アメリカン航空，図30.1，資料 [3]

機長が入力したつもりの行き先と，コンピュータが解釈した行き先が相違．自動操縦中，アンデス山脈に激突．159名死亡

シナリオ
▶ アメリカン航空965便B757はマイアミ空港を2時間遅れで出発

TULUA VOR
ROZOのRと入力

機長が選んだ最短ルート

ROZO VOR

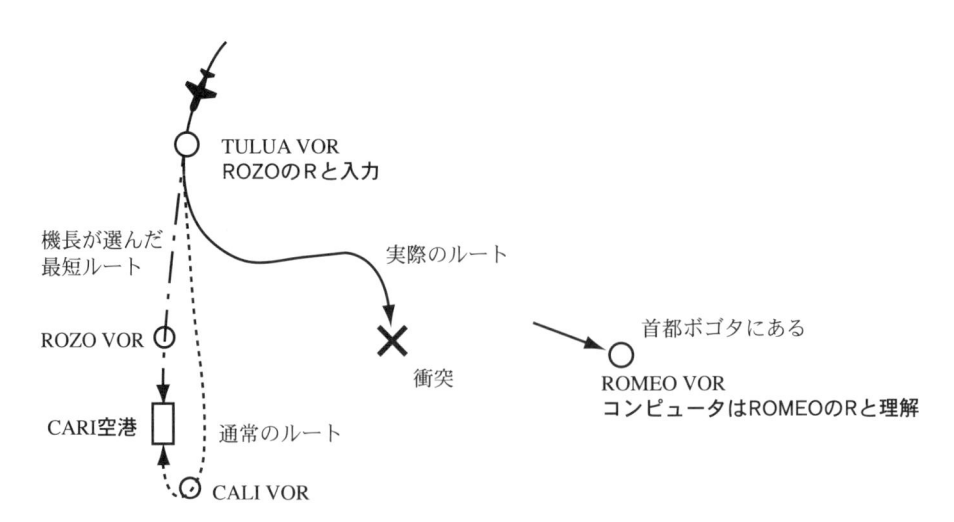

CARI空港

実際のルート

衝突

通常のルート

CALI VOR

首都ボゴタにある
ROMEO VOR
コンピュータはROMEOのRと理解

図 30.1　不完全入力でアメリカン航空機墜落

- 12月20日21時45分にカリ空港着予定，機長は遅れを取り戻したかった
- TULUA VORを通過後，機長はROZO VOR経由の最短ルートを選択
- 機長はROZOの「R」を飛行支援システムのコンピュータに入力
- コンピュータは頻繁に用いられるROMEOと解釈
- 機長は自動運転にしたまま，1分後に衝突警告システムが作動
- 急降下用に開いたスポイラーを閉じないまま機首上げ，上昇できず
- アンデス山脈に衝突，乗客乗員163名のうち159名死亡
- 事故の11ヶ月前，ソフトウェア製造者が飛行支援システムを警告していた
- 世界で8,000のVORのうち，95がデータベース未登録だった

説明：VORはVHF Omni-directional Rangeで無線信号灯のことである．周波数108から117.95 MHzの信号を発信し，飛行機はVOR局からの方位を1°単位で計測できる．**本事例では，機長が飛行支援システムによる自動運転を盲信して，当然，ROZOのつもりでRだけ入力した．**ソフトウェアは頭文字だけを入力すると，付近にあるVORのうち頻度の高いものを選択するように設計されていたのである．実際このときに，仮にROZOを入力しても，それは頻度が低くソフトウェアの別ファイルに登録されていたので，結局，機長はファイルを繰る操作が加わり，パニックになっていたかもしれない．とにかく，出発時に冬の悪天候で乗り継ぎ客が遅れ，機長が2時間遅れを取り戻そうと無理して非定常作業を選んだのが悪かった．クリスマスシーズンの乗客ができるだけ早く到着してくれと圧力をかけていたのかもしれない．

なお，被害者への損害賠償は，75％をアメリカン航空，17％をソフトウェア製造者のJeppesen Sanderson社，8％を飛行支援システム製造者のHoneywell Air Transport Systems社がそれぞれ支払うよう判決が下った．**確かに操作者である機長に失敗のすべての責任を負わせるのは可哀想である．**

■「入力ミス」について

米国ではよほどのことがないかぎり，入力ミスをしても機長に過失責任は負わせない．**仕事が専門的で高度の判断が必要だから，医者がそうであるように，過失にならず刑事裁判は不起訴である．**実は日本でも1977年の北海道女満別空港で起こった東亜国内航空の胴体着陸事故以来，民間旅客機の機長に有罪判決が出ていないそうである．ハイテク機が導入され，機長の判断ミスの刑事責任は限定的に考えられているそうである（読売新聞2004年7月31日朝刊）．

一方で，民事裁判では**機長だけでなく，航空会社，飛行機製造会社，運行システム設計会社，許認可機関，などを片っ端から訴える．**多面的に訴訟を起こすのは自動車事故と同じである．たとえば，悪天候で正面衝突したら，相手の運転者だけ

でなく，相手と自分の自動車会社，道路管理機関，天気予報会社，などを訴えるのである．また，機長は行政処分を受け，機長の仕事自体が取り上げられる．

米国では，医療過誤を減らすプログラムが1990年頃から効果的に実施されているが，そのときの合い言葉が「**航空に学べ**」である．つまり，責任追及だけでなく，原因究明を進めようということである．機長に正直に自分の作業や判断のミスを告白してもらい，ハードウェアでそれを防ぐように改善していくのである．

機長だけでなく，操作者は何かに誤って思い込み，入力ミスしてしまうことが多い．もうヤバイという致命的な状況になっても，操作者は間違いに気がつかずに大事故に至ることが多い．操作者は決していい加減に作業したわけではない．どちらかというと，真剣に真面目に作業しているときに事故が多い．**操作者の責任というよりも，そのような間違いが起こるかもしれないような，不完全の作業工程を設計したエンジニアに責任がある．"作業を憎んで人を憎まず"の精神が重要である．**

> 類似事例

事象30.2 単位系の取り間違いで火星探査機が行方不明（1999）
アメリカ，NASA, Jet Propulsion Laboratory（JPL），図30.2，資料 [26]

1ポンド重と1N，異なる単位系が混同．火星に到着するまでの9ヶ月間気付かなかった．探査機は火星に到着したが，直後に行方不明．

シナリオ
▶ NASAは1998年に，火星の激しい気候とその歴史の調査を予定

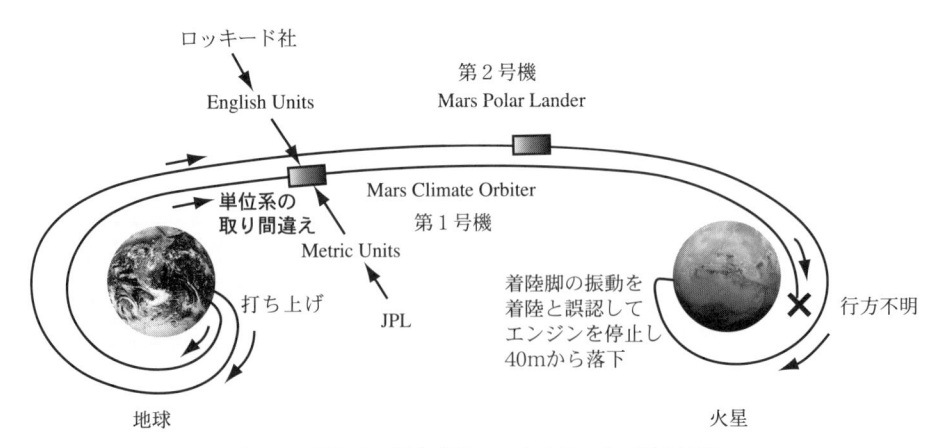

図 30.2　単位系の取り間違いで火星探索機が行方不明

30 入力ミス

- 1998年12月11日，第1号機のMars Climate Orbiterを打ち上げ
- JPLはMetric Units，ロッキード社はEnglish Units（重量単位）を使用
- JPLとロッキード社は9ヶ月間，ヤコビ行列でたがいに自分のUnitsを使用
- 1999年9月23日，Mars Climate Orbiterが火星に到着，直後に行方不明
- 1999年1月3日，第2号機のMars Polar Landerを打ち上げ
- 1999年12月3日，Mars Polar Landerも火星に軟着陸，しかし音信不明
- 軟着陸前に着陸足が振動し，着陸と誤認しエンジン停止，40 mから落下

説明：2001年に筆者らはJPLと失敗学の意見交換会を行った．このとき，本事例の組織的原因の解析結果を聞いたが，Mars Climate Orbiterで単位の違いをどうして火星に着くまで気付かなかったのかがわからなかった．**余りにバカバカしく恥ずかしいので詳細を公開しないのだろうか．**しかし，1ポンド重は0.453 kgfで4.45 Nだから，この4.45倍の差は大きすぎてどうやって間違えたのかがわからない．1ガロンが3.78リットルだから，この値で除すると違いが小さくなるがそれでも18％の違いが残る．筆者の大学の大正時代に竣工した校舎は，1尺（0.30303 m）と1フィート（0.30480 m）の混用図面を用いているが，この程度ならばほとんど同じと判断でき，誤差が蓄積してはじめて失敗しそうである．なお，ヤコビ行列とは，座標変換の一次近似を表した関数行列のことで，平衡点まわりの運動の安定性を表す．

米国で仕事をするとわかるが，米国人は，温度はファーレンハイト（°F，5（°F − 50）= 9（℃ − 10），100°Fが38℃で0°Fが− 18℃なので，この範囲外になると街のホームレスに死者が出た．），力はポンド（= 454グラム）かオンス（その16分の1，= 28グラム），圧力はbar（気圧）かpsi（インチ平方あたりのポンド，1 psi = 70 g/cm^2），長さはフィート，インチ，マイクロインチ，容量はガロン，を世界中でも使っているはずと信じて，外国人の筆者らに強いるから，筆者らはSI単位系に戻すのにつねに電卓が必要だった．

また，このMars Climate Orbiterの相棒のMars Polar Landerも，着陸前の振動を着陸時の衝撃と勘違いして，スキージャンプの着地失敗のようにバタッと落ちてしまった．両機ともちょっと情けない．火星のプロジェクトは"**Faster, Better, Cheaper**"と吉野家の牛丼みたいな標語を合い言葉に設計が進められた．そこで思わぬ信頼性の低下が生じてしまったのだろう．

9 作業で手を抜く

事象30.3　横浜市立大学病院での患者取り違え（1999）
日本，神奈川県横浜市金沢区，図30.3，資料[319]，参考文献(11)

心臓手術と肺手術の患者を取り違えた．2人の患者を同時に移送したときに入れ替わった．数々の不審点がありながら，誰も疑わなかった．

シナリオ
- 3日前，患者A（74歳）の入れ歯を外すように麻酔医Cが指示
- 1月11日8時20分，心臓手術予定のAを移送開始
- 移送直前にニトログリセリンを染み込ませたテープをAの背中に貼付
- カルテとともにストレッチャーに乗せて7階第一外科病棟から4階手術室へ
- 肺手術予定の患者B（84歳）もストレッチャーを載せて移送開始
- エレベータに2台いれた後，忙しいから1人の看護婦が同時に移送
- 病棟と手術室との交換ホールからまずAをベルト式ハッチウェイで移送
- 術前訪問した手術室看護婦がAに「Bさんよく眠れましたか」と声かけ
- Aが「はい」と答えたので，両方に面識のない別の看護婦もAをBと誤解
- 同じく手術室看護婦はBに「Aさん，寒くないですか」と呼びかけ
- Bが「暑くはないね」と答えたのでさらにBをAと誤解
- 麻酔医CはAのはずなのに，入れ歯でなく歯がそろっているのに疑問
- 別の麻酔医はBのはずなのに，Aの背中のテープに不審がらずに剥がす

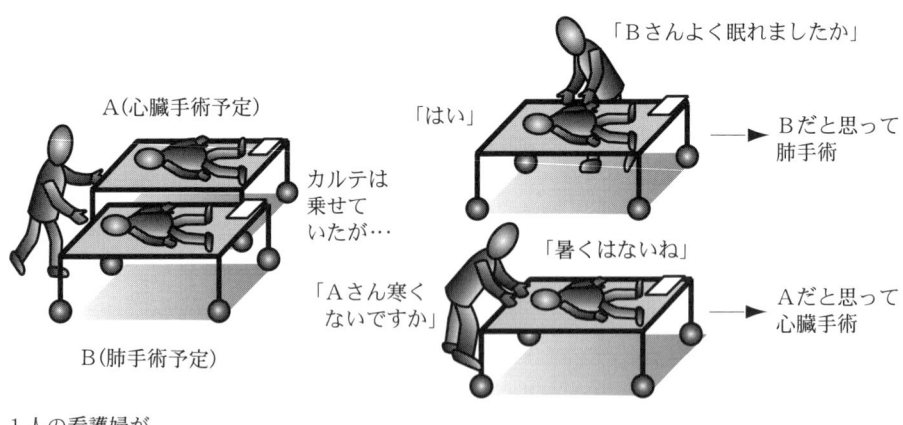

図30.3　横浜市立大学病院での患者取り違え

- 9時頃，執刀医2人は，Aのはずで心臓手術をBに開始
- 心臓病なのに血圧・血流良好，疑った麻酔医Cが病棟にAの移送を確認
- Aの血液1リットル以上を自分（実はB）に輸血，幸いに両人は同じ血液型
- 9時45分，Bのはずの肺手術をAに開始
- 15時45分にBに心臓手術終了，16時にAに肺手術終了
- 16時45分，Aの元主治医が，Aのはずなのに顔が異なるのに気付く
- 元主治医は隣の患者の心臓音を聴診器で調べ，名前を聞いてAとわかる
- 患者の足に名前を書く，名札を付けるというような再発防止対策開始
- 2000年，執刀医2人，麻酔医2人，看護婦2人を業務上過失傷害で起訴

説明：本事例の病院は，年間4,000件の手術実施，620病床の大病院である．高度医療を提供する「特定機能病院」でもある．しかし日本は大学病院であっても，欧米に比べると，病床あたりの看護婦数は米国の1/3，欧米の1/2と少ない．皆が忙しいから，そのうち失敗が生じる．しかし，**人間は思いこむと，多少の疑問点はおかしいと思わないところが恐ろしい**．ストレッチャーに乗せておいたカルテは，置き違えたかな，とチラッと思っただけで取り違えに気が付かなかったのだろうか．なお，手術室看護婦は「お名前をいって下さい」と声をかけ，「Aです」と答えてもらえばよかった．でも同姓だったら，やはり同じ間違えをするだろう．

患者取り違えを調べると類似事例が検索できる．たとえば，1992年に**熊本市立病院**で，本事例と同じようにストレッチャー2台を同時に運んだことから誘発され，肺手術するはずの患者の肝臓は1/5切除された．また，2000年には**筑波大学病院**で，肺組織の病理検体を取り間違えて検査した結果，肺癌と報告された患者が，片方の肺の1/3とリンパ節を切除された．薬の取り違えという事故も多く，1999年には**都立広尾病院**で，慢性リューマチ患者に血液凝固阻止剤「ヘパリンナトリウム生理食塩水」を点滴すべきなのに，処置室で消毒液「ヒビテングルコネート」と取り違えて注射器にメモを貼ったため，病室で誤って消毒液を点滴された患者は心不全で死亡した．2000年，**京都大学病院**では，人工呼吸器の加湿加温器に補給する蒸留水と取り違えて，2日間エタノールを補給された患者は，急性アルコール中毒で死亡した．

いずれも**両方を手元に置いて，一緒に作業するから失敗した**．筆者の学科ではメカノデザイン工房という名称の演習工場があるが，ここでは学生が複数台の機械を同時に扱うことを禁止している．たとえば，フライス盤で送りを遅くして切削しながら，あちらの平面研削盤でブロックを磨き，こちらの帯鋸盤で丸棒を切断することも可能ではあるが，これをやると必ず同時に二つの機械から，削り終わったよ，とよばれてどちらかをぶつける．

筆者は米国や日本の工場で現場に作業をお願いしていたが，このとき，命令する時間を惜しんで一度に複数の仕事を頼むとロクなことがなかった．すなわち，1人の作業者に二つの作業を命令するとき，「どちらが先でもよいから」と優先度を曖昧にしたままお願いすると，大体，両方とも失敗に終わった．**愚直に，ひとつの作業の終了を確認してから，別の作業を命令する手間が必要である．**

事象30.4　　三島駅で新幹線のドアに指を挟まれ，引きずられて死亡（1995）
日本，静岡県三島市，JR東海，図30.4，資料［312］

　　高校生が新幹線のドアに指を挟まれたが，戸閉め確認の赤ランプが消灯し，駅員も運転手もそれを信じて発車させた．高校生は150 m引きずられて死亡．

シナリオ
▶ 12月27日，高校生が三島駅で下車して公衆電話で自宅に連絡
▶ ふたたび，ひかり475号6号車に飛び乗ろうとした
▶ 10号車前の駅員（49歳，輸送主任）が16号車の車掌にドア閉めOKと合図
▶ 高校生は閉まりかけた新幹線ドアに左手を入れてこじ開けようとした
▶ トンネル時の気圧変化を防ぐため油圧でドアを戸閉め（30 kg），指が抜けず
▶ 戸締め検知装置によって，ドア隙間は3.5 mm以下で閉まったと判断
▶ ドアが閉まったことになり，ホーム側の表示灯の赤ランプが消灯
▶ 18時35分，運転台の戸閉め確認ランプが点灯，運転者は発車させる
▶ 高校生がドアを叩いて併走，駅員は見送客がふざけていると判断
▶ 車掌長は8号車乗務員室の窓から顔を出して安全確認せず
▶ 高校生は列車に150 m引きずられ，線路に落ちて死亡

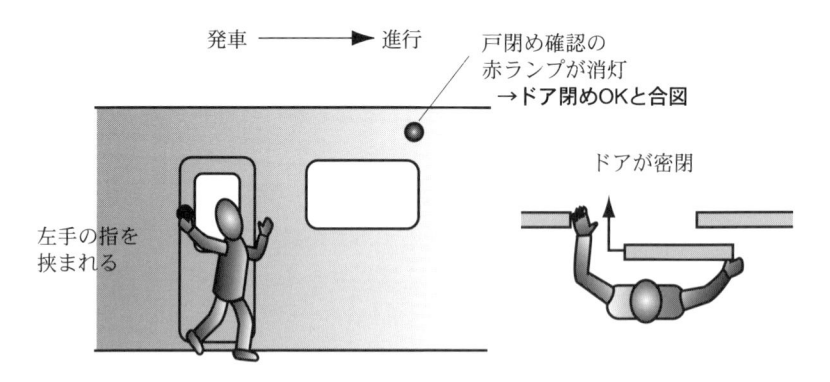

図 30.4　三島駅で新幹線ドアに指を挟まれ，引きずられて死亡

▶ ドアの密閉を時速5 kmになってからに変更，戸閉め力も13 kgに減少

説明：開業以来30年間，死亡事故ゼロの記録達成後，3ヶ月でこの事故に至った．安全確認しながら発車作業をしていくのだが，**駅員は挟まれてドアを叩く高校生の赤いコートを確認しながらも，赤ランプの消灯を信じて列車非常停止スイッチを押せなかった**．これまでにドアに挟まれた事例がなかったわけでもなく，1985年12月の上野駅，1992年5月の新大阪駅，1993年2月の広島駅，同11月の京都駅と4回も乗客の指に怪我させていたのに，ドアの改良を行わなかった．もっとも本事例の事故が起こった0系以外の100系や300系は，時速5 kmでドアが密閉するように安全設計されていた．このとき，旧式の0系車両は818両も在籍したので，高価な全車両交換に踏み切れなかったのである．

また，駅員や車掌でなくても，ホーム上の乗客が列車を止めることもできる．JR新大久保駅で酔ってホームから落ちた人を救おうとして線路に降りた韓国人留学生を含む2人が電車に引かれた事故（2001）は，ホームの柱に付いている**列車非常停止スイッチ**の存在を利用者に知らしめた．桜木町事件でドアコックの存在を乗客に気付かせたのと同じように．

なお，駅員と車掌は業務上過失致死で有罪になったが，高校生の父親がJR東海の社長を民事訴訟で訴えた．JR憎しの国鉄時代の労働組合が父親を支援し，安全マニュアルの不備を指摘したりして，裁判が長引きこじれた．このこじれが鉄道業界に知れ渡り，その後も訴訟を恐れて遺族に接したため，遺族への対応が冷淡だと事故のたびに非難されるもととなった．

31 配線作業ミス

事象31.1 京都や兵庫で広域停電（1999）
日本，関西電力，図31.1，資料［135］

変電所で，変圧器保護装置の交換作業中，図面の転記ミスにより他の系統へも試験用の異常電流が流れた．安全装置が働き，連鎖的に原発が停止．広域停電へと発展した．

シナリオ
▶ 高浜原発から西京都変電所を通って大阪・京都に送電
▶ 10月27日10時頃，変電所で三号変圧器A系統の保護装置の交換作業開始
▶ 工事担当者が図面転記にミス，作業立会の技術者がそのミスに気付かず
▶ A系統を切断してから保護装置を動作確認する試験で，遮断機が作動せず

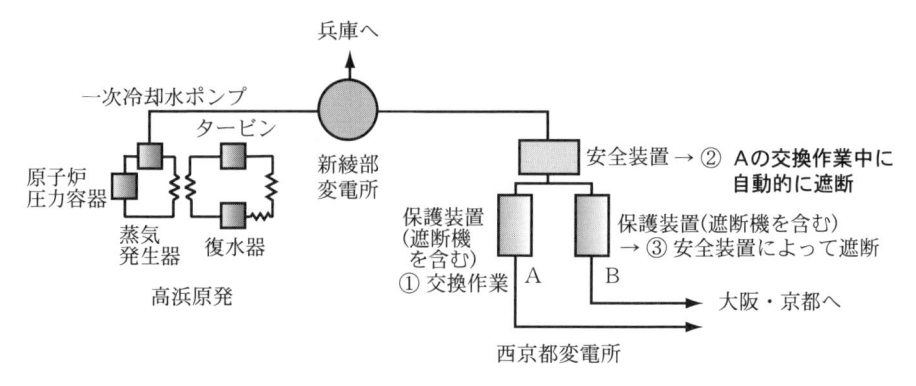

図 31.1 京都や兵庫で広域停電

▶ 変電所長はA系統だけを試験したが，B系統にも試験用異常電流流入
▶ 保護装置の上位の安全装置が作動してA・B両系統の遮断器を作動させる
▶ 11時48分，送電系統が切り離され停電，消費電力が130万kWに急減
▶ 高浜原発の240万kWの発電電力が遮断されていない電線に集中
▶ 需給バランス崩れて送電系統の周波数と電圧が低下
▶ 送電線電力で駆動する高浜原発の一次冷却水ポンプの回転数が低下
▶ 11時55分，一次冷却水ポンプ警告で高浜原発自動停止システムが作動
▶ 新綾部変電所も機能停止して兵庫にも停電拡大
▶ 水力揚水発電所と火力発電所を急遽，稼働開始
▶ 鉄道，地下街，エレベータ，金融機関，病院，などに影響
▶ 12時46分，全面復旧
▶ 自動停止後に，高浜原発のタービン軸受に水蒸気混入
▶ 潤滑油310キロリットルを交換，復旧まで水力・火力発電所で代替発電

説明：連鎖反応で紹介した事象28.3ニューヨークの大停電と同じで，あっという間に"ブラックホール"が広がった．図面転記ミスという些細な失敗で回路の配線が間違って，交換した保護装置の動作確認試験がうまくいかず，その試験によって問題がないほうの回路の安全装置が働いて遮断し，停電から原発のポンプ駆動電力が落ち，最後に原発も停止した．なお，保護装置は変圧器に過電流が流れそうになると，変圧器の保護のために遮断機を働かせ，変圧器を送電系統から切り離すものである．**本来は，保護装置の動作確認試験をAB両方の系統を切断してから行うように社内規定で決められていたのに，それをやらなかったので問題のないB系統も送電系統から切り離されてしまった．**

■「配線作業ミス」について

配線は重要部品でないため，施工や設計でミスが生じやすい．機械設計者は，構造図面は正確に時間をかけて美しく描く割には，**配線図や配管図は接続の始点・終点を示すだけで，3次元の実体配線図や実体配管図はわざわざ描かないことが多い**．日本の大企業では，2002年頃からソリッドの3次元CADで実体配管図や実体配線図を描くのが一般的になり，配管・配線の作業ミスが激減している．

類似事例

事象 31.2　H2ロケット5号機の打ち上げ失敗（1998）
日本，宇宙開発事業団（NASDA），種子島，図31.2，資料[231]

軽量化のために開けたスロートの穴から燃焼ガスが漏れ，そのすぐそばに配置してあったエンジンコントロールボックスの電源配線を焼いてしまった．エンジン停止で，衛星の静止軌道投入を断念．

シナリオ
▶ 第二段エンジン（LE-5）のスロートに穴を開けて軽量化設計
▶ 2月21日に打上げ，打上げ後362秒でLE-5点火（1回目），1,410秒で2回目点火
▶ 液体水素を流す管群をスロートに固定するための鑞（ろう）付けが不良

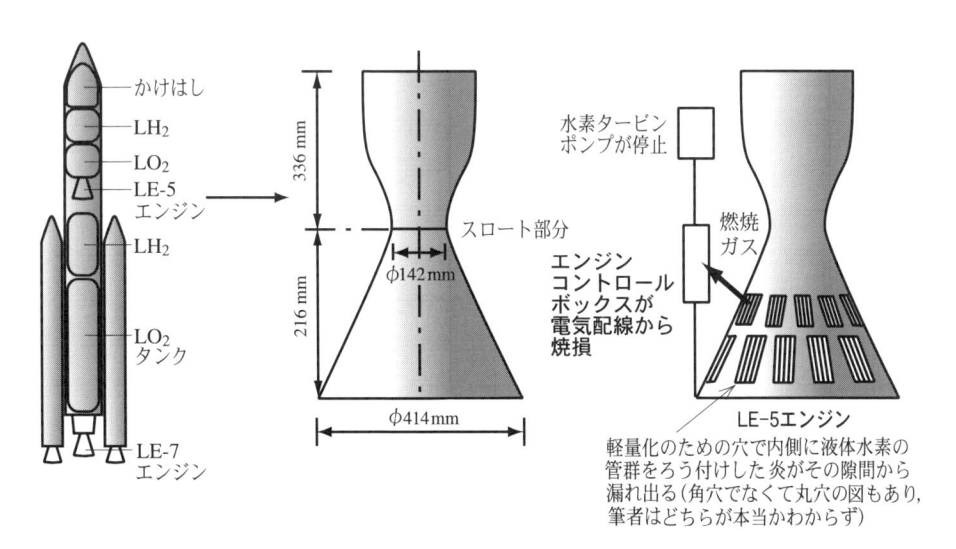

図 31.2　H2ロケット5号機の打ち上げ失敗

- ▶ 2回目の燃焼開始後41秒で，管群が座屈して，鑞付け部分が亀裂
- ▶ 燃焼ガスがスロートの穴を通して漏洩
- ▶ エンジンコントロールボックスの電源配線を1,500℃以上で加熱
- ▶ 46秒後，電源配線断線，電力供給遮断，主弁閉止，エンジン停止
- ▶ 第二段エンジンの2回目の燃焼が予定より141秒早く停止
- ▶ 衛星「かけはし」の静止軌道の投入を断念

説明：この事故までにLE-5は連続して14回打ち上げ成功だった．事故を起こしたエンジンは，性能確認試験（領収燃焼試験とよぶ）で事故を起こしている．つまり，バルブに漏洩点検治具を誤って装着したため，タービン駆動ガスが流れず，タンク圧力のみで推進薬を供給するしかなく，燃焼圧力が低い低圧燃焼を起こしていた．この事故が鑞付け部分に亀裂を発生させたと（そのメカニズムはよくわからないが）推定している．

　燃焼ガスが漏洩してもスラスト力が減少した分，燃焼時間を多少長くすればよかった．しかし，**燃焼ガスの先に誰が設計したのか，心臓部のエンジンコントロールボックスにつながる電気配線が配置されていた**．このような燃焼ガスの漏洩が致命的になるのだったら，軽量化の穴も開けないほうがよかった．

事象31.3　JR中央線の切り替え工事で復旧されず（2003）

日本，事業主体は東京都，JR東日本，武蔵小金井駅から東小金井駅間，図31.3

　深夜にJR中央線の高架化工事を行い，朝6時に運行再開するはずが約8時間延長．配線図や作業のミスが重なり，踏切などの誤作動続出．乗客数十万人の足が乱れ，JR東日本には業務改善命令．

シナリオ
- ▶ JR中央線の三鷹・立川間を高架化し，18の踏切を廃止予定
- ▶ 2008年完了予定で総工費1,790億円，2003年9月28日に切替工事実施
- ▶ JR東日本は日本電設工業に武蔵小金井駅の信号機器配置工事を委託
- ▶ 同駅工事でケーブル・コネクタを作成時，配線図の別の箇所を見て作業
- ▶ コネクタの12本のうち，10本しか結線せず，2箇所のポイント故障（a）
- ▶ 日本電設工業が作成した配線図自体に間違い，3箇所のポイント故障（b）
- ▶ 結線図に間違い，踏切制御盤内で結線ミス，踏切の警報止まらず（c）
- ▶ 作業引継の連絡が不完全で，配線し忘れ，踏切の警報止まらず（d）
- ▶ 1ヶ月前の修理部分の未修正図面を見て結線，ポイント方向を間違い（e）
- ▶ 運休14時間の予定が24時間に延長，朝の通勤に影響

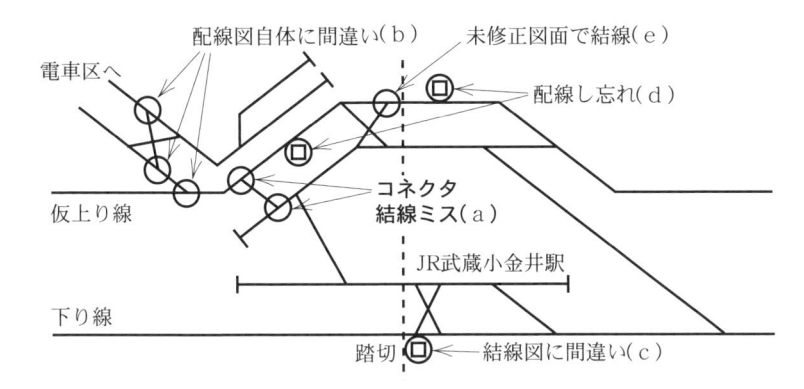

図 31.3 JR中央線線の切り替え工事で復旧されず

▶ 線路切替によって，踏切の長さが35mと異常に長くなり渡りにくくなる
▶ 10月7日，JR東日本が上記の事故原因について会見
▶ 12月17日，国土交通省からJR東日本へ請負会社実施工事に事業改善命令
▶ 翌年の3月25日，請負会社の日本電設工業が7,400万円の賠償金支払い
▶ 7月18日，仮設線路の再切替工事，踏切の長さがもとに戻る

説明：結線ミスに至った原因がいくつかあげられている．いずれも単純なミスだが，JR東日本の社員が工事管理者としてダブルチェックしておらず，どこが不具合の原因かわからないうちに不通時間が長くなった．ミス自体はよくある話であり，人間のやることだから発生するのはしかたがない．しかし，**図面の不具合部の修正や，確定図面の管理，段階的な試験方法の設定などは，工事管理者として発注したほうが真面目に取り組むべき仕事であろう．**

参考文献：D&M 日経メカニカル，No.590, 2003-11, p 134-135

事象31.4　中央線藤野駅から始まった運行管理トラブル（1999）
日本，東京都・山梨県，JR東日本，ATOS（autonomous decentralized transport operation control system），図31.4，参考文献（4），（14）

　　JR東日本は，ポイント・信号・旅客案内の制御を中央の指令に基づいて各駅で行えるシステムを構築．実用を開始して約2年半，中央線全駅が通信不能になるトラブルが発生．原因は藤野駅のコンピュータ内のLSIチップが高温で故障していたため．

シナリオ
▶ 首都圏にATOS（自律分散型輸送管理システム）を構築
▶ ATOSでは各駅のポイント・信号・旅客案内をそこのコンピュータが制御

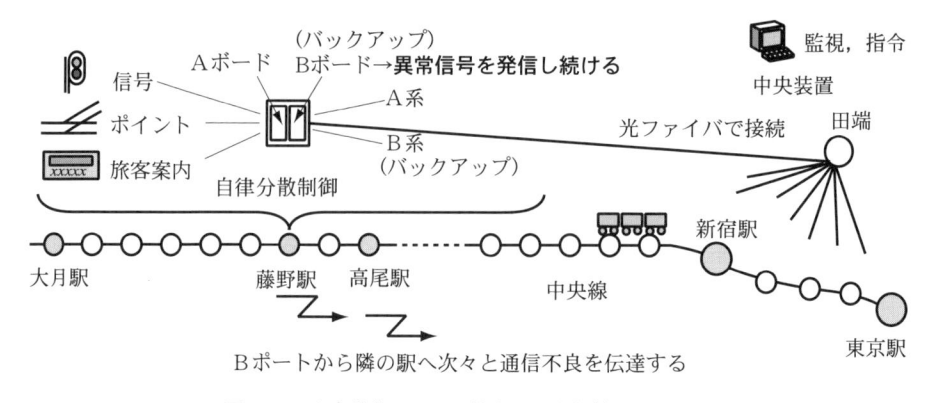

図 31.4 中央線藤野駅から始まった運行管理トラブル

- 各駅のコンピュータには，中央装置からダイヤで指示
- 1989年開発開始，1996年12月に中央線で実用化開始
- 1999年8月，徐々に中央線全駅が通信不能状態に至り，運休75本
- 待機状態のバックアップ系に切り替えたら回復
- 翌日，同じトラブルが発生，バックアップへ切り替えても復旧せず
- 全駅を半分ずつ系から切り離し，最後に藤野駅を切り離したら復旧
- 藤野駅のコンピュータのLSIの待機状態のバックアップボードが故障
- バックアップボードから異常信号を発信続ける，全体システムが崩壊
- LSIチップは使用環境の温度差大で配線断線，事故後に空調設備を設置
- 事故後は，バックアップボードを除去，発信データにIDを追加

説明：普段は使わない冗長系から異常信号が発信され，システム全体を破壊した．冗長系は使用頻度が低いため，故障に気付きにくく，保守も疎かになる．この盲腸のような冗長系は，故障が起こるのだとしたら除去したほうが望ましい．

同様な事故が2001年に北海道で訓練中の**自衛隊F4EJ改ファントム戦闘機**に起こった（図31.5）．米国で配備されていたF4は両主翼にロケット弾と機関砲を搭載していたが，日本で改良されたF4EJでは主翼の機関砲配線は残したまま，機関砲を機首に移した．ところが，ロケット弾の空対地爆撃訓練中に事故が起こった．つまり，火器管制システムの主電源を入れてから，武器をロケット弾にセットした状態で，右旋回したら左翼が振動して，左翼に残されていた不使用配線とロケット弾発射配線とがショートし，不使用配線とつながっている機首の機関砲が始動した．188発がリハビリセンタやゴルフ場に着弾したが幸い怪我人はなかった．これも不使用配線が残されていたことが主因で，そこの不具合が大きなトラブルを発生させた．

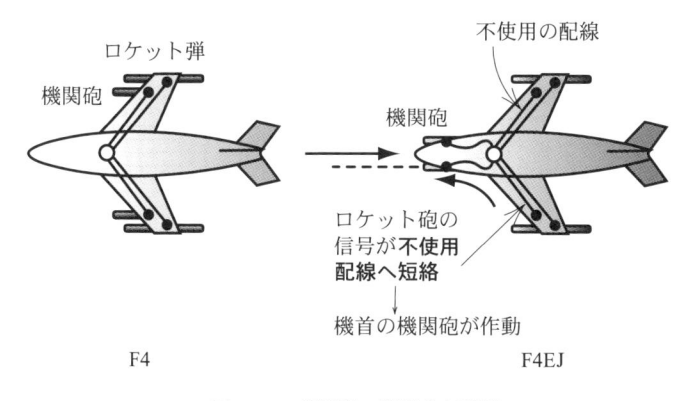

図 31.5　戦闘機の機関砲が誤射

32　配管作業ミス

事象32.1　解体途中の中座が爆発（2002）
日本，大阪府大阪市中央区，図32.1，資料［327］

完成品がいつも設計図どおりとは限らない．大阪の劇場で配管図とは異なる本管からガスを引き込んだ．劇場閉鎖，解体時に業者は配管図に描かれた本管を閉鎖．ところが作業中に別の本管からガスが流出し，爆発．1名重傷，16店舗延焼．

シナリオ
▶ 1956年1月，再建した劇場「中座」の西側でガス本管敷設工事
▶ 本管から建物の機械室へ，口径8cmの引き込み鋼管を地下90cmに埋設
▶ 1974年頃，建物北側にもガス本管敷設，建物の1階エントランスに接続
▶ 1976年8月，大阪ガスが天然ガス切替を機に，調査して配管図を作成
▶ このとき，間違えて，北側のガス本管から機械室へ配管したように記載
▶ 1986年，改修工事で空調設備をガスに一本化
▶ このとき，大阪ガス担当者が図面ミスに気付くが，放置
▶ 1999年10月，松竹が合理化方針に則り，老朽化した中座閉館
▶ 2002年9月1日，解体作業開始，大阪ガス社員は図面に疑問をもつ
▶ しかし「ことさらいうことでもない」と思って下請け業者に伝えず
▶ 9月9日，大阪ガス指定業者が設備会社員を大阪ガス代理人と誤解
▶ 本来は大阪ガスの担当者が現場の安全指導すべき，なのに作業開始

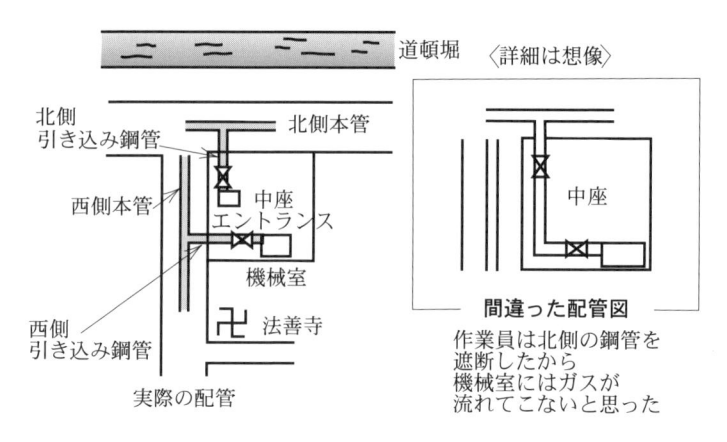

図 32.1 解体途中の中座が爆発

▶ 1時頃，指定業者は大阪ガスの図面をもとに，北側の引き込み鋼管を切断
▶ 3時頃，指定業者は大阪ガスに連絡せずに，配管内残留ガスを吸引開始
▶ 設備会社員2人は吸引のため，閉じていた機械室のバルブも開く
▶ 西側の引き込み鋼管は本管から切り離されておらず，ガスが噴出
▶ 機械室内にガスが充満，検知機で漏洩を確認，指定業者責任者に報告
▶ 指定業者責任者は問題なしと判断，作業続行，連絡用無線機を携帯せず
▶ 3時10分，設備会社員が暗闇内で，光を求めてライター点火，爆発炎上
▶ 隣接の8階建て雑居ビルや法善寺横町の16店に延焼，18時25分鎮火

説明：古い建物や工場の配管・配線は，分岐・平行・放置の部分が複雑に迷走し，そこのヌシのような設備担当者しか全体がわからないことが多い．本事例のように，本管だけを調査しても，真実がわからないこともある．

■「配管作業ミス」について

　配管作業は，配線作業同様に重要ではないため，施工や設計でミスが生じやすい．NTTと東京ガスは実体配管図があると聞いたが，歴史の長い水道局にはない．水道管はある所に分岐管を付けるときは，その脇で最も近く，かつその水道管を確定できるところも掘り，鉄管を叩いて所望の管であるか否かを調べてから作業を始める．**都市の道路の下には古い管が遺跡のように交錯し，プロでさえどれがどれなのかわからないことが多い．**かといって，地下でなく，地上に張り巡らす電線も筆者は嫌いである．廃屋の蜘蛛の糸みたいで，街が空に溶け込む景観を最も汚すのが電線だと思う．共同溝を掘るべきなのであろう．

類似事例

事象 32.2　クリーンルーム内で女性の研究補助員が感電（1988）
日本，埼玉県熊谷市，図32.2

　実験室の装置を撤去するも，配線のみ放置．配線図には装置とともに撤去と記述．研究補助員が作業中に200 Vの電流が流れたままであった放置線に触れ，感電．

シナリオ
▶ 研究所の一部門が別の建物へ引越，装置から配線を外し移転
▶ 筆者がその跡地の部門に転勤，クリーンルーム内に放置配線を発見
▶ 端部に絶縁テープを貼って巻いておくことを女性の研究補助員に指示
▶ 放置配線に200 Vの電圧が印加しており，研究補助員の腕時計に放電
▶ もともと「蛸足」配線されており，残存装置に印加すると放置配線まで印加

説明：筆者が会社にいたときに起こした事故で，これもよくある話である．筆者の同僚は，高価なクリーンルーム内に装置を密集して突っ込んだため，**配電盤のスイッチを共用して「蛸足」配線してしまったのである**．そして，そのうちのひとつの装置を撤去しても，配電盤からその配線を切り離すのを忘れたのである．クリーンルームから配電盤までの天井を転がした配線まで残しておくのは，次の装置を使用しやすくするためによくやる話であり，配電盤に貼ってあった配線図には××と撤去したように描いてあった．しかし，20歳の補助員に命令する前にせめて筆者がテスターをもってきて電圧をチェックすべきであった（でも200 V用のテスターをもっていなかったから筆者が感電していただろう．テスターにアースをつなぐのを忘れて，500 Vをチェックしたら感電したという事故も数件あり）．

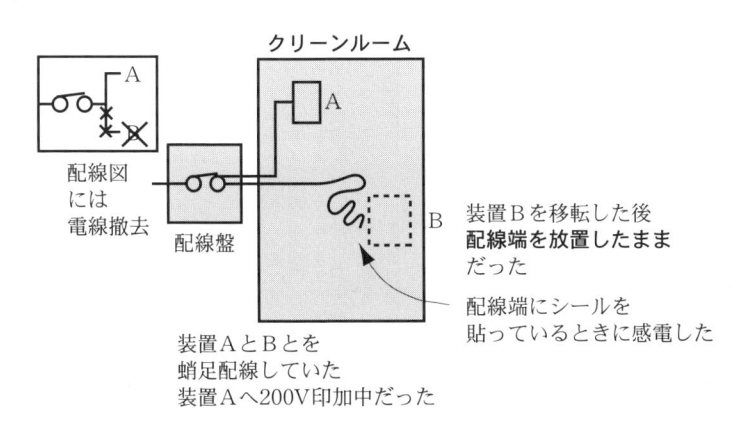

図 32.2　クリーンルームで女性の研究補助員が感電

事象 32.3　大阪天六地下鉄工事現場でガス爆発（1970）
日本，大阪府大阪市北区，天神橋筋六丁目駅付近，図32.3，資料［304］

　大阪で地下鉄トンネルを掘削中，ガス管を掘り当ててしまった．露出して宙ぶらりんのガス管からガスが漏れ，やがて爆発し，集まっていた野次馬を巻き込み，79名死亡，425名負傷．

シナリオ
- 1969年，東京・板橋の地下鉄工事埋戻跡でガス中圧鋳鉄管折損
- 1970年4月8日，開削工法の大阪・天六地下鉄工事現場で中圧管を露出
- 中圧管（口径300 mm，12気圧用）の継手が宙吊り状態，抜け止めせずに脱落
- 中圧管からガス漏れ，ただちに作業員23名は脱出，数名は残っていた？
- 17時20分に大阪ガスが発生連絡，工事現場のガス充満が続く
- 大阪ガスの緊急車がエンスト，セルモータを始動したときに車下で引火
- 17時27分，消防署に道路からのガス噴出を119番通報，消防車発進
- 炎上した緊急車に野次馬が群がる，消防隊は必死の制止，冷却放水続行
- 17時45分，爆発，380 kgの覆工板1,500枚飛散，79名死亡，425名負傷

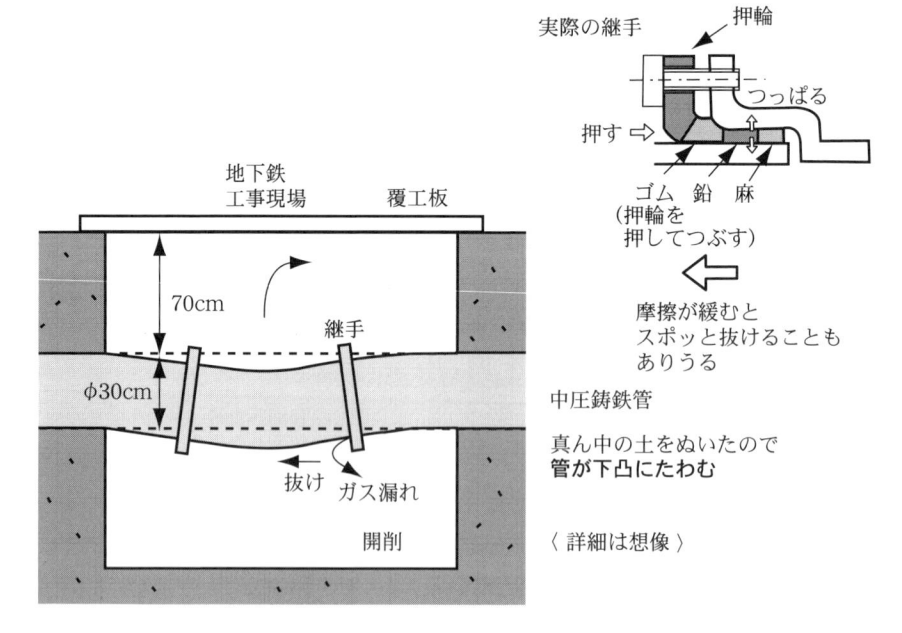

図 32.3　大阪天六地下鉄工事現場でガス爆発

▶ 鉄建建設，大阪市交通局，大阪ガスに予見可能性ありと裁判で有罪

説明：本事例のガス管は1962年に道路の70 cm下に敷設された．浅かったためか道路上を通る自動車のくり返し荷重で，継ぎ手に疲労が生じていたらしい．もちろん，図のように自重で下凸にたわんでいただろう．また，ガス管はその下からも土圧を受けていたが，掘っては埋め戻しをくり返し，そのたびに土圧が異なって曲げ荷重も働いていたらしい．つまり，**宙ぶらりんにしてから埋め戻せば，その下は踏み固めることができずに，上からスタンパやロードローラで押し固めれば下凸に曲がることも当然である**．配管でもシールド掘進機でも，本事例のようにそのまわりの土圧が一定でないと柔の管には曲げ荷重が働く．

なお，このような掘削・埋設では，土中にものがないときとあるときとで，周囲の土圧が変化しないことも肝要である．まわりの土圧が高くなれば柔の地面が隆起するし，低ければ沈下する．いずれにせよ，本事例の前年にも板橋で同様な事故が生じていたため，工事発注者も施工者も予見できると判断された．万国博覧会が開会してから，1ヶ月後の事故であった．

10 設計で気を抜く

前述のシナリオは運転・施工の作業で生じた失敗であるが，これからのシナリオはもう少し設計サイドの失敗である．これもよく考えれば失敗は設計時に予想できた．しかしこのときにやる気を失って，多分重要な問題ではないのだろう，上司にいわれればしかたがない，小手先で調整しても構わないだろう，といい訳して気を抜いたら大失敗に至った例である．

33 自動制御ミス

事象33.1 ロープウェイのゴンドラが壁に衝突（1992）
日本，長野県北八ヶ岳横岳蓼科高原，図33.1，資料［104］

コンピュータ制御の落とし穴．100人乗りのゴンドラで二つの異常操作が重なった結果，コンピュータが制御を放棄．駅に接近するも減速せずに衝突．重軽傷者70名．

②定期点検中の作業員が停止命令リミットスイッチに触れる

③コンピュータが想定外事態でエラー表示
あるいは到着と判断→ワイヤ位置計測と減速と非常停止が不作動

①運転員がゴンドラ到着前に運転レバーを逆転操作

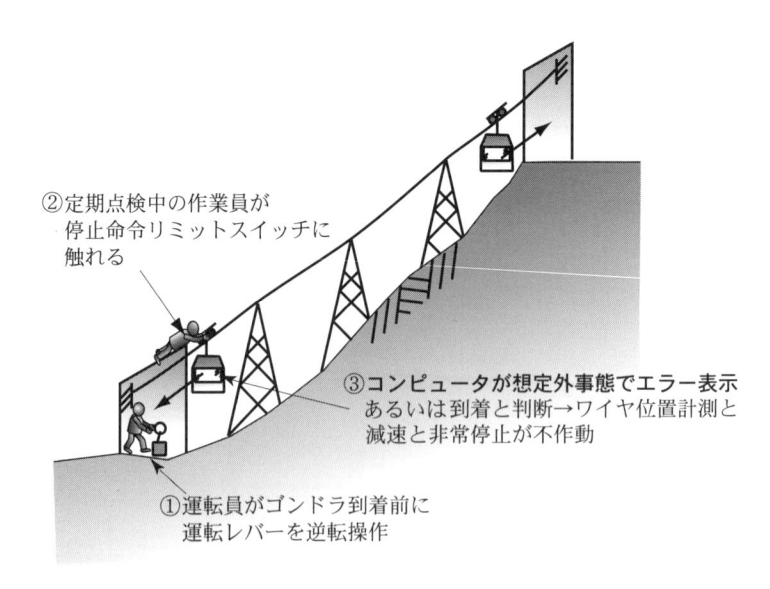

図 33.1 ロープウェイのゴンドラが壁に衝突

33　自動制御ミス

シナリオ
- 1992年1月，100人乗りゴンドラを購入，コンピュータ制御付き
- 駅手前110mで減速開始，3mでディスクブレーキが自動作動
- 山麓駅の運転員がゴンドラ到着前に運転レバーを逆転操作
- 数ヶ月前からゴンドラ停止から出発までの操作の手間を省くため使用
- 1992年10月30日16時00分，ピタラス横岳ロープウェイでゴンドラ発車
- 山麓駅で定期点検中の作業員が停止命令リミットスイッチに触れる
- 上記逆転操作と停止命令で，コンピュータが想定外事態でエラー表示
- あるいは到着と判断し，ワイヤ位置計測と減速と非常停止が不作動
- ゴンドラが駅手前150mに近づいても接近警報チャイムが鳴らず
- 操作盤の位置表示数値も止まったまま，乗員は異常に気付く
- 乗員も山頂監視員も山麓運転員も計8箇所の非常停止スイッチを押せず
- 16時10分頃，下りと上りのゴンドラの両方がコンクリート壁に衝突
- 観光客ら70名が重軽傷，1993年4月25日に営業運転再開

説明：定常操作しているかぎり，プログラムには問題がなかった．ところが逆転操作と停止命令の異常操作が二つ重なり，コンピュータが想定外事態に遭遇したと判断し，その結果，制御を放棄してしまったのである．**あるタイミングで異常事態が発生すると，まったく考えられない失敗が生じる**．たぶん，機械設計者は「横軸を時間にして設計する」という思考経験がないからである．図面やモニター画面に形状を表し，空間を表現することには長けていても，それが時間ごとに変化する動画は表示しにくいので頭も働かない．最近は加工前にNC加工機や組立装置の工具軌跡をプログラム通りにシミュレーションで動かして，装置や素材，治具，工具との空間干渉をチェックするソフトウェアが一般化し，ある時刻に思わぬ空間干渉が生じたという失敗は激減している．しかし，本事例のようにプログラムの状態を時間的に表現するのは難しく，設計時にわずかな時間だけに生じるバグを見つけるのは至難の業である．

■「自動制御ミス」について

コンピュータプログラムで時間的にどのように設計したかを，空間のようにパターン認識するのは難しい．たとえば，図33.2のように，**非常停止スイッチで，プログラムで状態ロックにするか，電源自体を無条件に落とすか，の判断が必要になる．後者でも落とす電源は，動力電源か，制御電源か，という判断も必要になる**．これは，どうやってさらに悪化する事態を回避するためにどれが最適か，という設計思想に左右される．いずれにせよ，パニックをやり過ごして冷静になってから，手動でひとつずつ復帰操作して，危険状態を脱することが必要である．

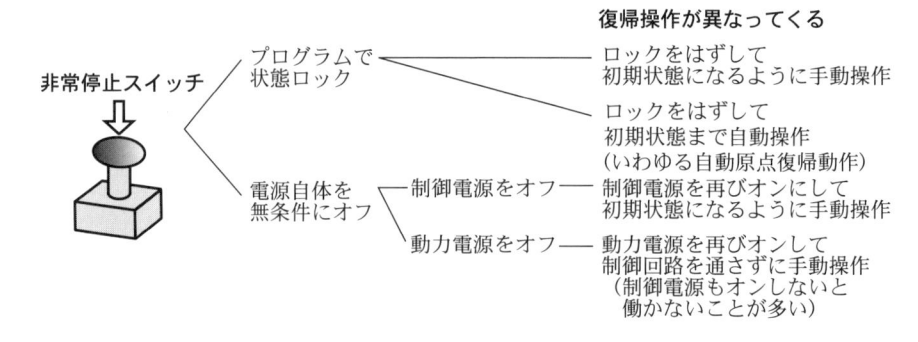

図 33.2　非常停止スイッチで何を止めるか

　しかし，そのようなクールダウンする時間も，ひとつずつ確実に手動操作する余裕時間もない場合が困る．10秒から数分の間の判断ミスが大事故を誘発してしまう．だから，前者の非常停止スイッチでプログラムを状態ロックしたら，状態を正常時まで速やかに復帰するのに，人間主体か，機械主体か，のどちらがよいかという判断も必要になる．普通は慌てている人間に復帰操作させると二重事故が生じるので，人間主体の場合は人間を交替させて実行するほうがよい．客船ダイヤモンドプリンセスの火災（2002）のときは，設計・施行責任者を火災直後に交替させたそうである．作った人は，もう1回作るのは大変だ，もったいない．まだ使えると考えがちで，復旧が中途はんぱになりがちである．

類似事例

事象33.2　三菱自動車のリアディファレンシャルギアの破損（2000）
日本，後輪駆動力制御システム（DYC: direct yaw control），図33.3

　エンジンをかけるとき，500人に1人はキーの回し方で，制御用コンピュータが誤作動．発信された誤信号によって，クラッチやギアに損傷発生．三菱自動車リコール隠しのひとつ．

シナリオ
- キーをONからSTARTへ回すとセルモータの稼働開始
- セルモータを稼働したら，制御用コンピュータ（EDU）の電源を落とす
- ONから0.12秒±6μ秒（＝0.00006秒）後にEDUがRAM初期設定中
- たまたまEDUの電源が落ちて強制停止されるとRAMは誤設定される

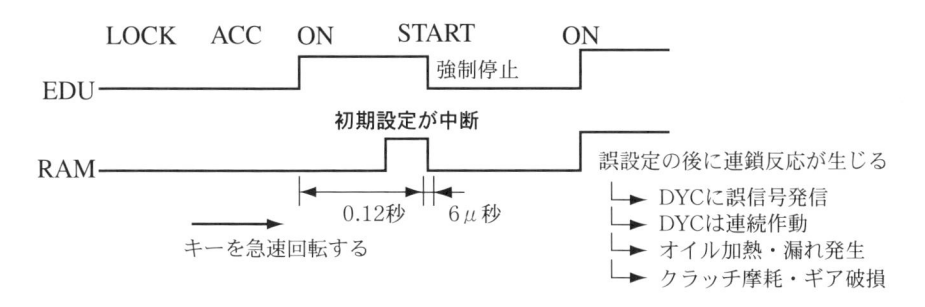

図33.3 三菱自動車のリアディファレンシャルギアの破損

- DYCに直進状態でも旋回状態の誤信号を発信
- DYCは連続作動して，オイル過熱・漏れ発生，クラッチ摩耗・ギア破損
- 2000年にリコール決定，プログラムは1996年に修正して新車は問題なし

説明：三菱自動車がリコール隠しをしたといわれる一連の不良のひとつである．キーを差し込んでからLOCK，ACC，ON，STARTとアッという間に回してエンジンを起動させると異常現象に至ることがユーザから報告されたが，最初はその現象を再現できなかった．実際，その動作は500人に1人の割合の運転手にしか発生しなかったのであるから，確かに異常である．それもSTARTを6μ秒中の時間内に入れないと不良は発生しないから確率としては神懸かり的である．**設計者にそこまでのバグを予測せよというのは酷である**．ところが検査部の神様のような運転員が再現してしまった．もう**不良がわかってしまったら，リコールしないと社会（とくにマスコミ）が許さない**．いまや，たとえリコールしなければならない車が特定された10台であっても，リコール宣言してからユーザに連絡して直すべきである．

一方で米国では，メーカは**不具合の発生確率と発生したときの損失金額とを考慮しながら，リコール実施を当局と相談できる**．2000年以降の日本のマスコミのように，稀少確率の不具合でも不具合は一切ダメと攻撃するようなことはしない．しかし，日本の現代史が物語るように，薬害でも公害でも原発でも，メーカがウソをついたり，政府が不作為を決め込んだり，とにかく情けなかった．だからこそこれまでにユーザが被った恨みつらみが反動として返ってきて，メーカがいじめられるのは仕方がないかもしれない．

参考文献：平成13年度国土交通省委託調査報告書「リコールの原因調査・分析検討」，
　　　　（株）日本総合研究所，2002

事象 33.3　長野の駒場ダムの異常放流（2002）

日本，長野県，中部電力，遠隔操作プログラムは松下通信工業が1997年に納入，図33.4，資料 [325]

プログラムが突然に初期化されてしまう欠陥が5年間も見落とされていた．水位変更して再起動させたら4時間後に目標水位が低位のプログラム初期値に戻る．満水の水が洪水となって流出．

シナリオ
- 4月9日14時5分，ダム管理所で目標ダム水位9.9 mに設定
- 5分後，水位変更画面上で「変更取消」操作後，システムを「計画起動」操作
- 目標ダム水位が4時間後に極端に低いプログラム初期値に戻る
- 18時5分突然，洪水吐ゲート2門が開く，二号ゲートは開度49 cmで停止
- 一号ゲートにも「割込操作」で停止操作を試みるが停止できず
- 本来は「割込操作」ではなく「スケジュールキャンセル」で操作すべき
- 7分に警報サイレンを一斉吹鳴開始
- 「緊急停止」で一号ゲートを開度17 cmで停止させる，現地電源が落ちる
- 現地電源が落ちて，36 km下流の平岡のダム管理所から遠隔操作もできず
- 9分，警報サイレンの一斉吹鳴終了，2万 m^3 を放流

説明：この駒場ダムは1937年から使用されており，高さ9.11 m長さ36.9 mで，最大出力5,600 kWの発電を目的にしている．1回の水位設定で4時間後まで制御できる．つまり，実績の流入量・放流量・水位データからパラメータを更新し，設定水位と比較しながらゲート開度が計算されて，開度変更が必要ならばダムに変更指示

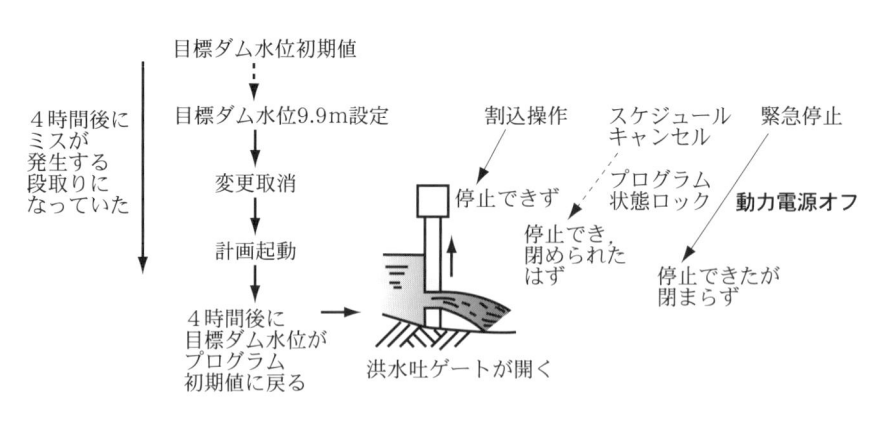

図 33.4　長野の駒場ダムの異常放流

してゲート操作する．そして，設定から4時間が経過すると，変更操作しなければ，直前の設定を利用して水位一定制御を継続する．

ところが，何も設定せずに起動動作した場合，または本事例のように目標水位の水位変更操作を開始し，その後，その変更作業を取り消して起動した場合は，4時間後に目標水位変更直前の設定値に戻るべきところ，初期値に戻ってしまうという欠陥が，5年間も見落とされていたのである．

最初に，高さ9.11 mのダムに目標水位9.9 mを設定したが，絶対にゲートを開かせないという操作で，いつも使っていたのだろう．しかし，それではおかしいとその日は思ったのか，それを変更取消して，変更前のたとえば8.9 mとかに戻して起動させたのである．ところが4時間後に突然，4時間前から直前まで使っていた設定値の8.9 mではなくて，プログラムの電源ONしたときに表れるような初期値，たとえば2.0 mに目標水位が変化し，ダムに満タンだった水が4分間に洪水となって流れたのである．

しかし，本事例でそれより問題だったのは，被害拡大を回避しようと緊急停止するとき，プログラムで状態ロックすべきなのに，電源，それも動力電源を無条件に落としたことである．遠隔操作では復帰動作自体もできず，まったくお手上げになってしまった．

事象33.4　中華航空エアバスが着陸失敗・炎上　(1994)
日本，名古屋空港，機種はエアバスA300-600R，図33.5，資料 [107]

人間と機械，信じられるのはどちらだろうか．エアバス機の着陸時，操縦士の手動操作と，自動操縦の命令が相反．コンピュータ優先の設計だったため，手動操縦不能に．失速し墜落．264名死亡，7名重症．

シナリオ
- 4月26日20時12分，中華航空140便が名古屋空港着陸態勢
- 14分5秒，副操縦士（26歳）が誤ってゴーレバー（推力最大）作動
- 機長（42歳）が「それを解除して」と指示，しかしゴーレバーを解除せず
- 自動的にゴーアラウンド（着陸やり直し）モードに移行，高度上昇
- 副操縦士は自動運転に頼ろうと(?)オートパイロット(自動着陸)モードオン
- 副操縦士は操縦桿を押して機首下げ，水平尾翼後部昇降舵は下げ続行
- 自動操縦装置は反発し機首上げ，水平尾翼前部水平安定板は上げ続行
- コンピュータ優先の設計のため，手動操縦がオーバーライドできず
- 水平安定板は機首上げ限界まで移動，昇降舵は機首下げ限界まで移動

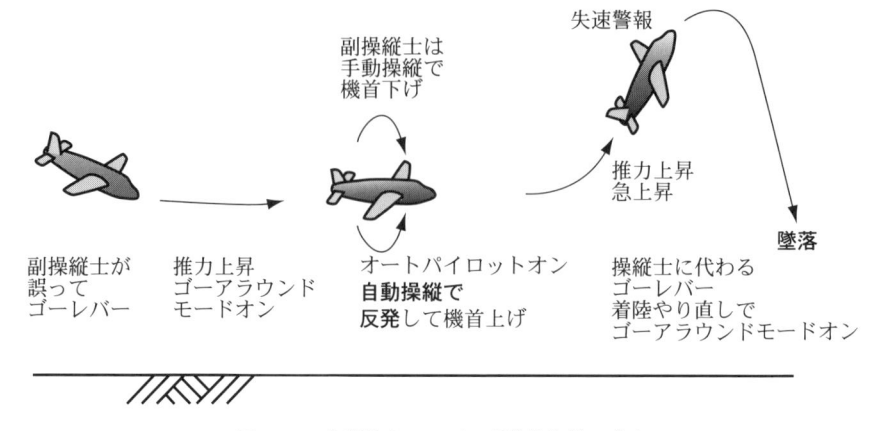

図 33.5 中華航空エアバスが着陸失敗・炎上

- 50秒，オートパイロットオフ，57秒，失速防止装置作動で推力増大
- 15分3秒，機長が操縦を代わる，それでも機首角は10°以上を維持
- 14秒，着陸をやり直すことを管制官に通報，ゴーレバー作動
- 上昇しようと操縦桿を引いた途端に，飛行機は機長の意志以上に機首上げ
- 45秒，最終的に機首角53°で失速し墜落，264名死亡，7名重傷

説明：エアバス社の飛行機は自動・手動操縦の逆作用が生じ，これまでに事故が3件発生していた．すなわち，パニックになった人間よりは機械のほうが賢いと考えて設計されていたため，その人間の意志と戦ったのである．本事例でも，後で別の機長がこの状況を検討すると，副操縦士がゴーアラウンドモードをオンし，オートパイロットモードもオンしたのは奇妙な動作に映るほどの動作だったらしい．**手動操縦の昇降舵が機首下げで，自動操縦の水平安定板は機首上げになり，水平尾翼は"へ"の字に曲がった**．どちらの効果が大きくなるのか筆者はわからないが，再度のゴーレバーによって機首角が上がって棒立ちのような急上昇が始まったのである．

一方，ボーイング社の飛行機は操縦桿を強く押すと容易に自動操縦がはずれて，**手動操縦がオーバーライドできる**．つまり，人間の緊急操作のほうが安全だと考えて設計されていたのである．もっとも，コンピュータが安全だと考えていたエアバス社も，本事故が生じる前の1993年に，自動操縦のゴーアラウンドモード中に手動操縦が行われた場合，手動操縦が優先されるように変更したソフトウェアを準備し，各社にこの変更を推奨していたのである．

事象 33.5 焼津上空で JAL 機同士がニアミス（2001）
日本，静岡県焼津上空，図33.6，参考文献（11）

　システムに従った JAL958 便と，管制官の指示に従った JAL907 便が焼津上空で 10 m まで接近．急降下により乗客 5 名重傷．管制官のミスとわかるまで，機長は 1 年 7 ヶ月も乗務復帰できなかった．

シナリオ
▶ 那覇行 JAL907 便（B747）と釜山発 JAL958 便（DC-10）が異常接近
▶ 1月31日15時54分0秒，東京航空交通管制部の「関東南C」管理区域で警告
▶ 交差の1分前にレーダ画面に CNF（コンフリクトアラーム）表示点灯
▶ 実務訓練中の管制官（26歳）と教官役の管制官（32歳）が担当
▶ 25秒，訓練中の管制官が958便を降下させて，907便の下方通過を企画
▶ しかし，958便ではなくて，誤って907便に降下を指示
▶ 29秒，958便の機長が907便の接近を視認
▶ 33秒，907便機長は指示を復唱，管制官は958便からだと誤解
▶ 38秒，両機の TCAS（接近警報および衝突回避装置）が同時作動
▶ 39秒，管制官は958便が降下しないので右旋回を指示，飛行変化なし
▶ 45秒，TCAS は958便に降下，907便に上昇の回避動作を音声・表示警告
▶ 907便はすでにエンジン出力を絞っており，管制官指示通り降下を継続

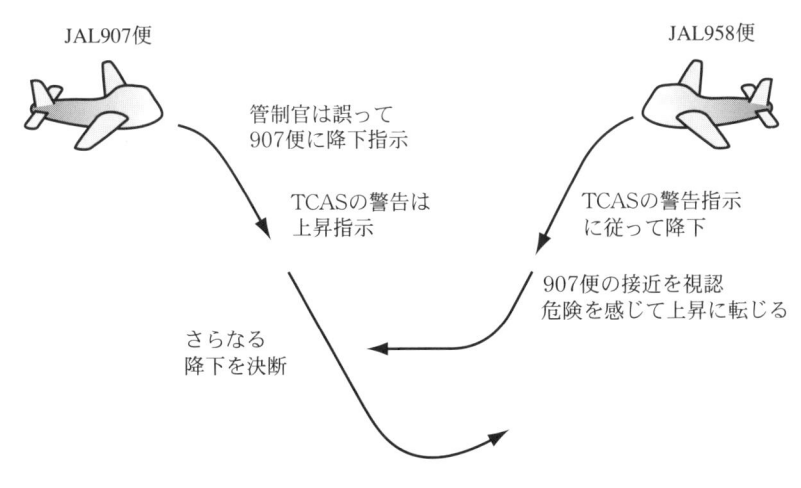

図 33.6　焼津上空で JAL 機同士がニアミス

- 55分3秒，衝突の危険を感じた907便機長はさらなる降下を実施
- 降下時に加速度−5.5G，上昇時に＋1.6G働く，乗客が上下動で5名重傷
- 958便はTCASの警告通りに降下したが，危険を感じて上昇に転じる
- 10秒，907便は958便の下方を通過，交差時の高度差は10m
- 羽田着陸直後に958便の機長は警察の捜査受ける
- 7月12日，国土交通省が管制官のミスと報告，TCASの優先を勧告

説明：広い空のなかで，三次元に回避できる飛行機がよくもまあ，10mまで近づいてニアミスするものである．管制官は完全に頭と口が乖離しており，逆の航空機に降下指示を出していた．一般に，TCAS（Traffic alert and Collision Avoidance System）はたまに誤動作するものらしく，「管制官に従え」が鉄則であった．しかし，**現在では誤動作が減少し，「TCASに従え」に変わりつつある**．本事例では，幸いに秒単位で両機長が最適に決断し，正面衝突は避けられた．

だが機長は，空港に着いたら英雄ではなく犯罪者になってしまった．鉄道の運転手も人身事故の後は終点で必ず警察に事情聴取される．警察の責務が再発防止でなく，責任追及，犯罪立件にあるのだからしかたがない．しかし，機長が事情聴取するならば弁護士同席で，と断ったらマスコミに犯人隠しのように攻撃された．それに907便の機長は，過失責任がないことが判明されずに，1年7ヶ月も乗務に復帰できなかった．そして，間違えた管制官は現在，業務上過失致傷で起訴されて裁判中であるが，マスコミでは犯罪人扱いである．

2002年7月1日にドイツ南西部上空35,400フィートで，モスクワ発ミュンヘン経由バルセロナ行のバシキール航空2937便ツポレフTu-154Mと，バーレーン発ベルガモ経由ブリュッセル行のDHL611便ボーイング757-23APF貨物機とが正面衝突した．前者の69名と後者の2名が死亡したが，前者がコンフリクトアラーム（接近警報）を一時停止していたこと，前者はドイツからスイスへ，後者はイタリアからスイスにそれぞれ5分前にハンドオーバーされてスイスの管制官の指示が遅れたこと，スイス管制サイドのレーダトラブルで管制官の衝突回避指示が遅れたこと，などが原因だった．結果からいうと，**人間系の管制官よりも機械系のコンフリクトアラームを信用すべきだったのである**（少なくとも作動していたDHL機は）．

34 流用設計

事象34.1 アポロ13号の生還（1970）
アメリカ，NASA，図34.1，資料 [230]，参考文献 (19)

　感動のストーリーはタンクの設計でケチったことから始まった．アポロ10号の酸素タンクを13号に流用した結果，修理不能の事故に陥った．奇跡的に全員生還．

シナリオ
- アポロ10号の酸素タンクをアポロ13号の酸素タンクに流用
- 据え換え時に技師が1本のねじを外し忘れ，移動時にタンクが5 cm落下
- タンクの移動で内部の継手が緩み，隙間が発生
- 液体酸素充填前の残留酸素の排出で隙間から空気がはいって失敗
- ヒータ加熱で酸素排出を試みる，サーモスタットには直流28 V用を使用
- しかし，65 Vと高電圧を印加，アークが飛んで溶着，故障
- 温度調節が設定値の85 °F（29 ℃）では止まらず
- 最後は，1,000 °F（538 ℃）の高温へ急上昇，加熱時に配線被覆が溶出
- 電力発生・水生成用の燃料電池システムの酸素タンクに使用
- 4月11日13時13分，アポロ13号を打ち上げ
- 13日21時5分，燃料電池システムで水素タンクの圧力低下警告
- 8分，管制官が，水素系統に影響する酸素残量チェックを指示
- 酸素タンクのファンを回す，極低温撹拌を開始
- 極低温撹拌開始16秒後にアーク放電でテフロン被覆燃焼

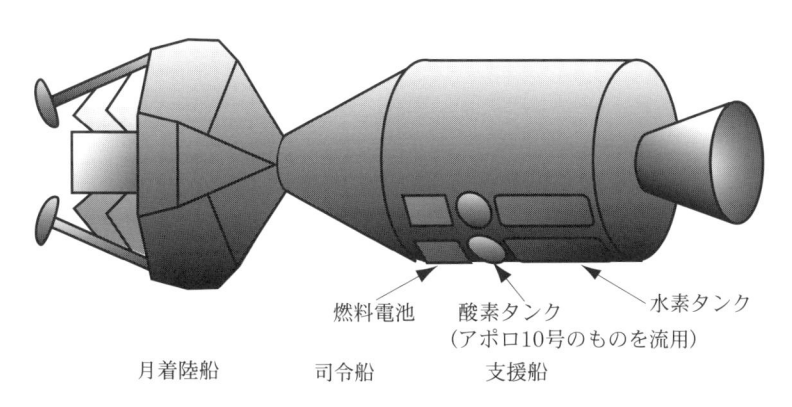

図 34.1　アポロ13号の生還

- ▶ 24秒後に，第二酸素タンクが炎上・小爆発，支援船の第四隔室も炎上
- ▶ 酸素タンクと燃料電池とが全滅，修理不能の事故だと1時間後に認識
- ▶ 月面着陸せずに，月からUターン帰還へ計画変更
- ▶ 残存の酸素，水，電力を使いながら，無事に地球へ帰還

説明：燃料電池システムとして，酸素タンク2基，水素タンク2基，燃料電池3基，電力供給ライン2本，の冗長なシステムを構成していたが，爆発によって酸素タンクと燃料電池は全滅，電力供給ラインの1本破断とフェイルセーフは働かなかった．しかし，**本や映画を見るかぎり，地球のコントロールセンタでは，あらかじめ救難作業をシミュレーションして解決策を探り，それをもとに低温酸欠状態の宇宙船に対策を指示して後方支援は大成功であった．もちろんタンクをもったいないと流用設計したことが，そもそもの事故の始まりだとは，格好が悪いから記述されていない．**

■「流用設計」について

白いキャンパスに色を塗るみたいに，最初から制約条件なしに設計できるエンジニアは幸せである．**普通は，どこかに本来の機能に適合していないが，手元にあった遊休品・先例品を有効利用せよ，という命令が聞こえてくる．**また，前機種では成功していたので，次機種にも安心して流用できると納得してしまい，最終検査もせずに販売開始してしまう失敗は多い．前機種から次機種に至るまで，多くの部品を変更していたから，それから干渉が生じて問題が起こるほうが普通である．たとえば，成功していたアリアン4型を流用した**アリアン5型ロケットの1号機の爆発事故（1996）**や，遊休品の熱交換機を流用して疲労破壊した**敦賀原発の一次冷却水漏れ（1999，事象2.3）**が典型的な事例である．一般に最終検査を真面目に行えば，このような干渉が見つかる．しかし，**成功している部品同士を統合すればシステムも成功するはず，と信じているエンジニアには部品間の干渉が見えず，検査をスキップしてしまうのである．**

類似事例

事象34.2 サーパス化学社の河川汚染（1997）
アメリカ，ニューヨーク州Albany市，ニューヨークの北200km，図34.2，資料［16］

化学工場で華奢なタンクを流用．排気口の気化ガス洗浄装置が詰まって，設計耐圧の100倍の圧力がかかった．タンクは破裂して，2,300ガロンの塩酸が河川に流出．

シナリオ
- ▶ ガラス繊維強化プラスチック製の5,700ガロンのタンクを流用

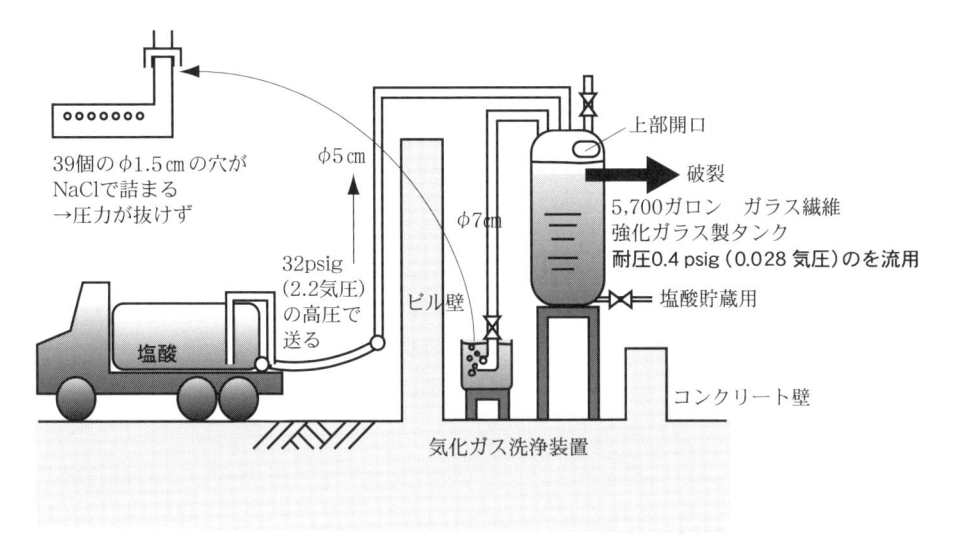

図 34.2 サーパス化学の河川汚染

▶ このタンクは上部開口を開けて圧力 0.4 psig（0.028 気圧）以下で使用すべき
▶ 1978 年に購入，上部開口から漏洩で 1985 年に使用一時中止
▶ 漏洩防止のために，タンクの排気口に気化ガス洗浄装置を設置
▶ 同装置では，塩素を液体中和剤の NaOH（水酸化ナトリウム）のなかに通す
▶ pH9 になるまで NaOH を加えたが，副産物 NaCl が結晶化し排気口が詰まる
▶ 4 月 8 日 8 時 59 分，5,000 ガロンの塩酸を液体貯蔵タンクに 32 psig で補充
▶ 液体貯蔵タンクの圧力が異常上昇，破裂して 4,700 ガロンの塩酸噴出
▶ となりの次亜塩素酸 NaOCl のタンクも誘爆，塩酸と混ざり塩素ガス発生
▶ 2,300 ガロンの塩酸がコンクリート壁を崩壊させてパトルーン川に流出
▶ 40 名が病院に行く，付近の住民は避難

説明：問題は流用設計だけでなく，洗浄メンテナンス不良にもある．排気口を洗って食塩を落としておけば，何の問題もなかった．しかし，耐圧 0.4 psig（平方インチあたりポンド重）の華奢なタンクを流用して，100 倍近い高圧の 32 psig でタンク車から液体を補充するのがそもそもおかしい．たとえ圧力抜きのために上部開口や排気口を開けておけ，とマニュアルで指示されていてもである．

| 事象 34.3 | みずほフィナンシャルグループの大規模システム障害（2002）
日本，第一勧業銀行，富士銀行，日本興業銀行，図34.3, 資料 [133]

1＋1＝2？　うまくいっている者同士を合わせてもうまくいくとは限らない．3銀行の合併時，勘定系システム一本化をせず，各行のシステムを接続．営業初日からATMでトラブル発生．総額18億円の損害となった．

シナリオ
- 1999年8月20日に3行が共同持株会社方式による経営統合発表
- 1999年12月，勘定系システムを第一勧銀システムに統合と方針決定
- 方針変更，2000年12月，勘定系システム一本化を2003年4月に延期
- それまでは第一勧銀システムに，ほかの二つをリレーコンピュータで接続
- 3行の主導権争い，自社システムのこだわり，システム開発は3行分担
- 2001年6月，金融庁がシステム統合の遅れを指摘，内部からもCEOに報告
- 2001年12月，富士・興銀の金融機関コードと店番号を第一勧銀に統一
- 2002年3月20日，入力した新旧の金融機関コードと店番号がミスマッチ
- 処理遅れが5万件出たが手作業で修正，システム全体への影響小と判断
- 実際の運用負荷下での負荷テストや，異常発生下の異常テストが不足
- 2002年4月1日の営業初日にATMで障害発生
- 旧富士カードは旧富士店舗だけ，旧富士店舗も旧富士カードだけ受付
- 第一勧銀の対外接続系システムの富士通のメインフレームに修正ミス
- 口座振替の遅延が5日までに250万件，二重引出は3万件

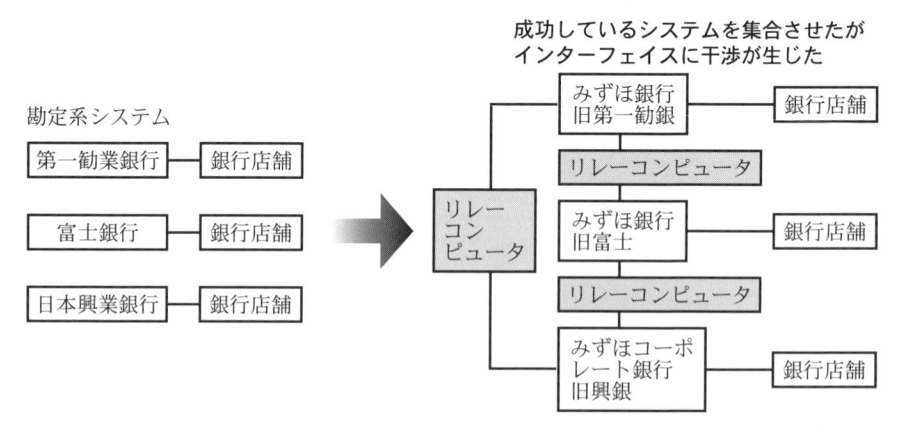

図 34.3　みずほフィナンシャルグループの大規模システム障害

- リレーコンピュータは，電文の異常蓄積時かつ同時処理時にバグ発生
- 5月24日，みずほホールディングス社前田社長が18億円の損害と発表

説明：3社は，勘定系システムを統一させずに単純に付加させて，当初は乗り切ろうとした．しかし，初動の意志決定が二転三転したうえに，1年中で最も忙しい4月はじめに始動させようとして，最終検査する余裕がなくなった．成功しているシステムを付加する場合でも，インターフェイスで干渉が生じるから合わせたところで最終検査が不可欠である．その最終検査を行う余裕を与えなかったことが，トップの企業統治能力の欠如といえるかもしれない．このようなトラブルがUFJ，郵貯，IYバンクなどで続発している．

35　だまし運転

事象 35.1　ハットフィールドで列車脱線（2000）
イギリス，ロンドンの北側，Hatfield，図35.1，資料[22]

レールのクラックを発見後1年間放置．特急列車通過中にレールが疲労破壊し，飛散．脱線し4名死亡．

シナリオ
- 1996年に英国国鉄が運行・車両・保線と横割りで分割民営化
- Railtrack社が保線を担当したが，下請けのBalfour Beatty社に外注
- 1999年11月，ハットフィールドで複々線中央のレールでクラックを発見
- しかし，Railtrack社はレール表面の再研磨だけを指示，2000年9月研磨
- 亀裂レール（1995年敷設）交換を2000年3月に計画，Jarvis社に委託
- だが連絡ミスで交換レールが届かず未実施，4月に届くが繁忙で延期
- 閑散期の11月に交換計画，その間，規定では速度制限必要だが未実施
- 週3回の目視検査，3ヶ月ごとの超音波検査でも損傷確認報告なし
- 10月17日，特急列車通過中にレールが疲労破壊して300個の破片に飛散
- 11両中，後部8両脱線し，9両目の食堂車の天井が破壊して4名死亡
- 全国の1/3の線で速度制限して1,337億円かけてレール交換

説明：疲労破壊はメンテナンスで制御できるが，メンテナンス自体が組織不良でいい加減だと事故につながる．クラックを発見したのに，再研磨したり定期検査したり，だましだまし使っていたが，ついに事故に至った．下請け会社が親会社に事故の予兆を報告しても，下請けは我が身を賭けてまでは操業停止を主張しないし，親会社も監督は名だけで現場を離れているので予兆報告は他人ごとのように忘れてし

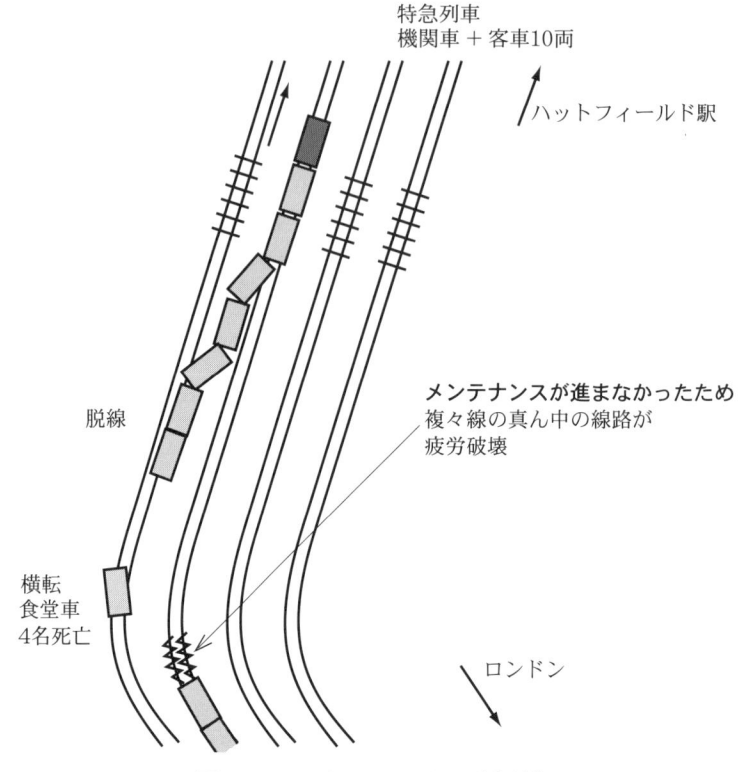

図 35.1 ハットフィールドで列車脱線

まう．一般に，保線のプロは，レールをハンマーで叩けばクラックを音で見つけられるらしいが，この事故現場は不幸にも複々線のカーブ部分で，列車通過の合間に内側の線路脇を歩きながら頻繁に叩かなかったらしい．

参考文献：クリスチャン・ウルマー，折れたレール，ウェッジ，2002

■「だまし運転」について

「メンテナンス不良」というと聞こえが悪い．しかし，「だましだまし」使っていたが，ついに壊れたと表現すると，現場ではそれが普通だと開き直られる．どちらかというと「だまし運転」は作業員にはよい意味に解釈される．また，「だまし運転」は，逆にいえば，金を出して根本的に対策させなかった上司や経営陣の責任を追求する意味も含まれる．

だまし運転が原因の原因となっているような事故は多い．抜本的対策がわかっていながら実行していなかった事故を数えると，1/3はこの上位概念に分類されるだろう．筆者の身近にも，蹴るとチラチラと点灯し始める自転車のライト（消え

たときに車にぶつかる?),人間ドックで見つかった腎臓結石(急に痛くなる?),学生実験改革案に反対する保守派の教授(団結して守旧を迫る?)のようにだましだましコトをすすめているが,そのうちに崩壊しそうな心配事が多い.

類似事例

事象 35.2 富士石油袖ヶ浦製油所の水素化脱硫装置の爆発(1992)
日本,千葉県,図35.2,資料 [310]

　　熱交換器内の部品が熱膨張し変形する.それを交換せず,ボルトをさらに強く締めるなどの応急処置で運転を続行.変形が大きくなり,変形部から白煙が吹き,引火・爆発.10名死亡.

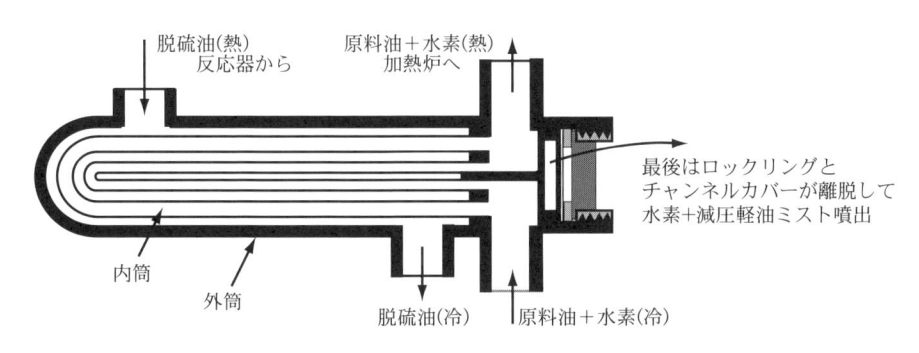

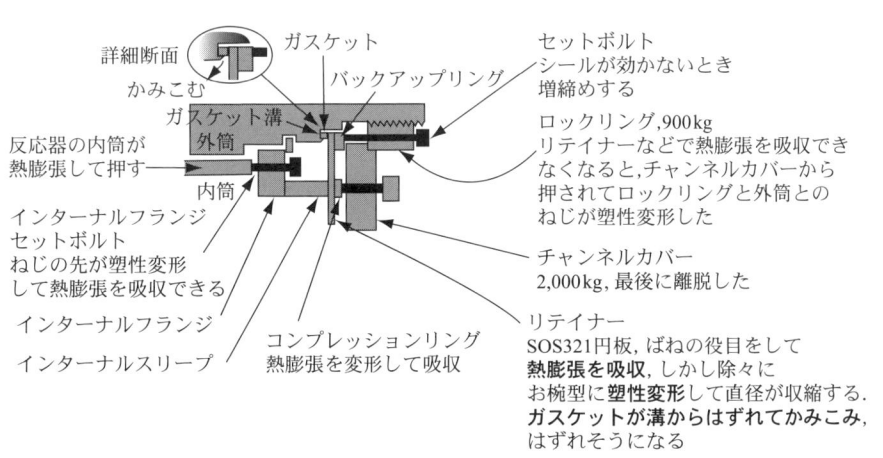

図 35.2　富士石油袖ヶ浦製油所の水素化脱硫装置の爆発

10　設計で気を抜く

シナリオ
- 1992年10月1から11日，反応器の触媒交換のため装置停止
- 熱交換器は外径1.5 m長さ9 mで，重量は41.5トン．1975年2月に製造
- リテイナーが反応器の熱膨張で大きく塑性変形
- ガスケットが溝にはまらなくなり，リテイナーを研削して嵌め込む．
- 14日に軽油水素化脱硫装置を慣らし運転開始
- 16日13時から本格運転開始
- 15時45分から熱交換器のセットボルトで増し締め作業開始
- リテイナーが熱変形，ロックリングのねじ部が塑性変形
- ロックリングとチャンネルカバーが離脱
- 47分，熱交換器の上部から白煙（水素と減圧軽油ミスト）噴出発見
- 15トンの減圧軽油ミスト・水素ガスが漏洩，52分に爆発・炎上，10名死亡

説明：シールを補修してだまし運転を続けた．それよりは，いったん停止してガスケットとリテイナーを交換して恒久的に完全メンテナンスすべきだった．筆者も現場を指示したことがあるからだまし運転する気持ちがわかる．たとえば，あと1日で定期検査が始まるから，とにかく1日は生産したいと思うとこうなる．筆者の受持ちの装置は真空装置だったから，増締めによるシール補修は日常茶飯事であった．

事象35.3　信楽高原鉄道での列車正面衝突（1991）
日本，滋賀県，図35.3，資料［207］，参考文献（21）

単線の線路で赤信号を無視した信楽高原鉄道の列車が，乗り入れ運転を行っていたJRの列車と正面衝突．42名死亡，614名負傷．

シナリオ
- 5月14日9時51分，亀山CTCセンタが下りの優先テコを無断作動
- 10時18分，下り臨時快速「世界陶芸祭しがらき号」が2分遅れで貴生川発
- 信楽駅の出発信号は赤に固着したまま
- 5月3日も赤で出発したが，誤出発検知が働いて下りも信号所で赤に変わった
- 10時24分，上り列車は出発信号赤でも10分遅れで強行的に信楽発車
- 信号使用の常用閉塞方式から，手信号の代用閉塞装置に切り替え
- 小野谷信号所の下りは優先てこによって信号青，交換待ちせず通過
- 10時40分，下り列車と上り列車が正面衝突，42名死亡，614名負傷
- JR西日本から乗入中止，小野谷信号所中止，運転間隔を30分から1時間

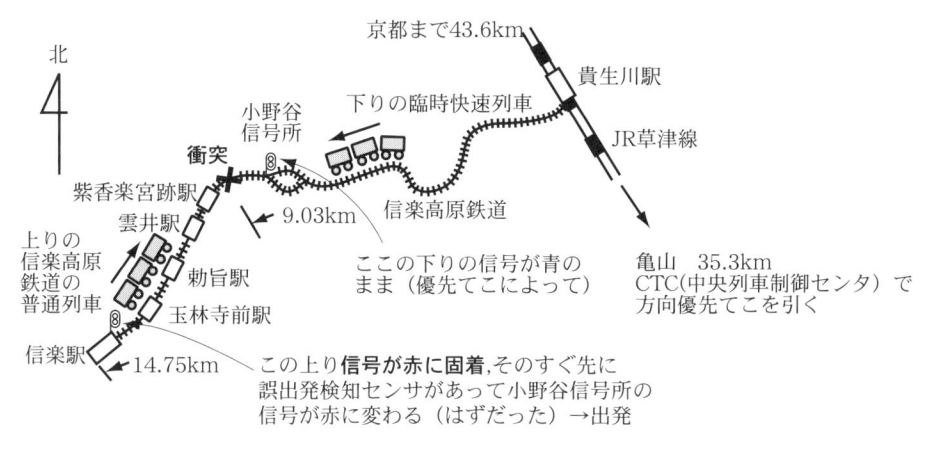

図 35.3 信楽高原鉄道での列車正面衝突

説明：代用閉塞装置するのならば，駅員を小野谷信号所に自動車で送ってそこまでの閉塞区間の安全を確保してから上りが出発すべきだった．本事例と同様に見切り発車させて正面衝突したのが，**八高線の正面衝突**（1945）である．大雨の日に代用閉塞に替えたが，互いに自分が先だろうと思って多摩川橋上で正面衝突した．また，実は事故の11日前にも信楽駅は赤だったが，信楽駅のちょっと先に設置されていた誤出発検知センサが列車を検知し，下りも閉塞区間の一端の小野谷信号所で赤になることを利用して見切り発車していた．事故の日も信楽駅は信号を修理しており，だましだまし使っていたが，この時刻でも何かの理由で赤信号に固着したままだった．しかし，**実際は誤出発検知より強い「方向優先てこ」がこの日は作動し，小野谷信号所を青にしたのである**．JR西日本のCTC (central train control) システムは信楽高原鉄道の信号や列車運行も管理する．事故後は，その存在をJR西日本はひた隠しに隠し，警察は3ヶ月，マスコミも7ヶ月気付かなかった．

刑事裁判では信楽高原鉄道の運転主任，施設課長，信号技術者が有罪だったがJR西日本の運転士は無罪だった（2000）．ところが**民事裁判では，JR西日本の運転士，電気部長，運用課長，鉄道本部長らの責任を認めて，5億円強の支払を命じた**（2002）．

4 技術だけではどうしようもない組織的な要因

　本章では，技術を改善するだけではどうしようもない，組織的な要因によって発生したトラブルを紹介する．もっとも，技術とは無関係な，詐欺，横領，虚偽，というような失敗は，本書がエンジニアの失敗を集めた本なので除外した．すでに述べたが，製造業の失敗は，技術的な原因と組織的な原因とがセットになって発生する．つまり発生確率は低いが，すでに既知の技術的な原因を見過ごしていたという組織的な原因が存在するのである．

11　個人や組織の怠慢　　　　　　　　　36, 37

当事者にもう少し気配りがあれば事故が防げたのに，と溜息が出るような事故を紹介する．

36　コミュニケーション不足

事象36.1　明石の歩道橋上の圧死（2001）
日本，兵庫県明石市，図36.1，資料[324]

誰でも予想できた事故を，明石市も警備会社も警察も防ぐことができなかった．花火大会で13万人の人出．歩道橋は想定人員を超えたが，入場制限されずに群集なだれが発生．11名死亡，247名負傷．

シナリオ
- 2000年12月31日のカウントダウンの花火大会で人出55,000人
- JR朝霧駅と花火大会会場の大蔵海岸間は，朝霧歩道橋を使用
- 花火終了時に朝霧歩道橋上で1 m^2 あたり13～15人と混雑混乱
- 2001年7月21日の花火大会に向け明石市，明石署，警備会社で事前協議
- 警備会社は警備のプロを自認，「出たとこ勝負」的な検討
- 明石署の警備計画では暴走族対策に警備員292名，雑踏対策には36名
- 警備計画書では，朝霧歩道橋は最大1 m^2 あたり3人で入場制限と記載
- 暴走族との衝突に警備容易な，歩道橋海岸側出口に180店の夜店を集中
- 19時頃，警備会社は明石署に駅からの入場制限を打診，明石署は見送り
- 19時半頃，歩道橋は想定人員に達したが，明石署は入場制限を見送り
- 19時45分，明石市民夏祭り花火大会が開始（人出13万人）
- 20時20分から，混雑を訴える110番通報は計29本に達する
- 20時31分，花火大会終了，海岸から駅に向かって大勢が移動
- 20時45分，1 m^2 あたり11人に達し，20名程度の群衆なだれ発生
- 20時55分，海岸側端部付近で5人程度転倒，最終的に300人程度転倒

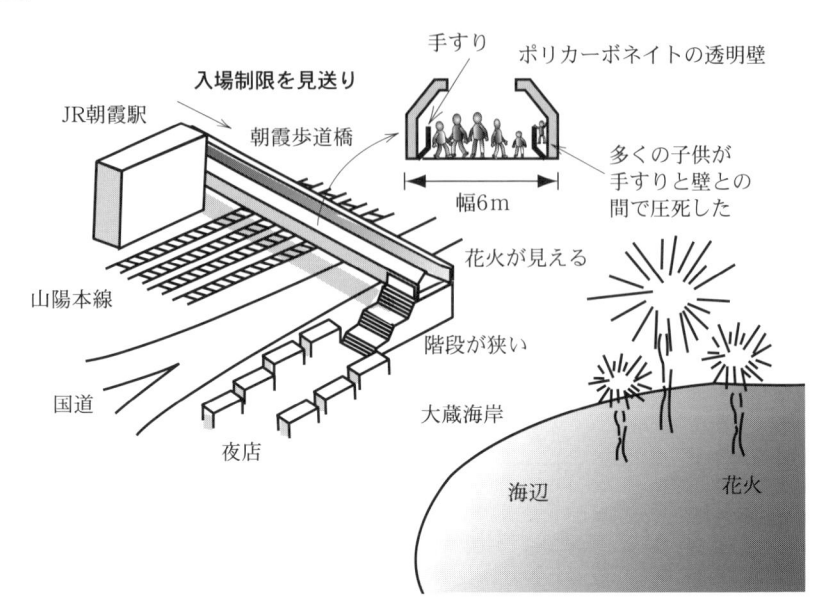

図 36.1 明石の歩道橋上の圧死

▶ 11名死亡（子供9名，老人2名），247名負傷，幅1mあたり400 kgfが働く
▶ 事故後の捜査で明石署と警備会社が言い逃れ

説明：事故直後の新聞には，茶髪の青年が無理に押したので群衆なだれが起こったという警備会社のコメントが載ったが，その青年は架空の産物だった．また，本事例の夏の花火大会の警備計画書は，冬のそれを書き写したものらしく，**警備の慣れが，普通は考えるであろう仮想演習まで**奪っていた．その結果，上記のように多くの危険の兆候が生じていたのに，警察と警備会社の緊急時のコミュニケーション不足が発生し，「出たとこ勝負」どころでなく，何も回避できなかった．

圧死という現象は，未知ではない．海外では，1989年に英国のシェフィールドの**ヒルスボローサッカー場**で起こった．満員で入場できなかったリバプールチームのファンが場外で騒ぎだし，騒乱を恐れた警備が入場を許すと，ゴール後ろの立ち見席に殺到して将棋倒しで96名が死亡した．古くは，1956年1月1日0時20分，初詣で賑わう**新潟県弥彦神社**で大事故が生じた．つまり，福餅を撒き始めた途端，奪い合いが始まり，一部の参拝者が境内の高さ3mの石段から落ちて，それをきっかけに全体が将棋倒しになった．大晦日の19時頃から参拝客が集まり始め，1kmに4万人が行き交うのに警備の警官はたった16名と少なかった．最終的に124名の圧死者と94名の重軽傷者を出した．

■「コミュニケーション不足」について

　一緒に仕事をしている相手にちょっと連絡を入れて確認しておけば，防止できたトラブルは多い．恐いのは慣れである．たがいに相手は感じているだろうと思い合って，緊急時の仮想演習をやらなくなり，「出たとこ勝負」になる．一般に，事故のシナリオを想定すると無限大になるから，高確率のシナリオだけを仮想演習した後は「出たとこ勝負」と思い切らねば，次の仕事に踏み切れない．そういう意味の出たとこ勝負ならば理解できる．しかし，そのうちに忙しくなって，たがいに何も考えずに出たとこ勝負になる．

　大学の教官も，講義や講演に慣れるうちに発表練習しなくなる．最初の頃は丁寧に講義録を作り，パワーポイントでブツブツ話しながら事前練習しておくが，そのうちに忙しくなって，自分は話のプロだからと変な自信をもって，観客や学生の顔を見てから出たとこ勝負でエイヤッと実演するようになる（図A.1 (c) で示した）．そのうち，会場変更を連絡した講演依頼者や発表資料を準備する秘書とのコミュニケーションが断絶して，行ったら観客が誰もいないとか，始めようとしたら講演用ファイルがないというようなトラブルが生じる．

類似事例

事象 36.2　八丈島で遭難漁船の捜索開始が大幅遅延（1999）
日本，東京都八丈島，図36.2，資料 [121]

　新生丸無事という話を誰一人，確認をとらなかった．そして，衝突事故を起こした船からの救難信号が誤発射とみなされてしまい，捜索活動を打ち切り．8時間捜索が遅延．

シナリオ
- 一般に，衛星遭難信号の90％は誤発射であった
- 漁船「新生丸」19トンとパナマ船籍タンカー「KAEDE」13,539トンとが航行
- 漁船の当直甲板長は居眠り，タンカーの一等航海士は進路変更せず
- 1月20日7時1分，両船は衝突，新生丸は7時半に沈没，KAEDEは当て逃げ
- 新生丸機関長が行方不明，信号発信器を船に残し，他5人は救命ボートで避難
- 7時21分，海上保安庁が衛星遭難信号を受信，36分に運用司令室に通報
- 運用司令室は船主と連絡
- 船主はこれまで大槌無線局経由で新生丸と連絡していたと通知
- 第二管区本部は釜石海上保安部経由で大槌無線局へ新生丸遭難を質問

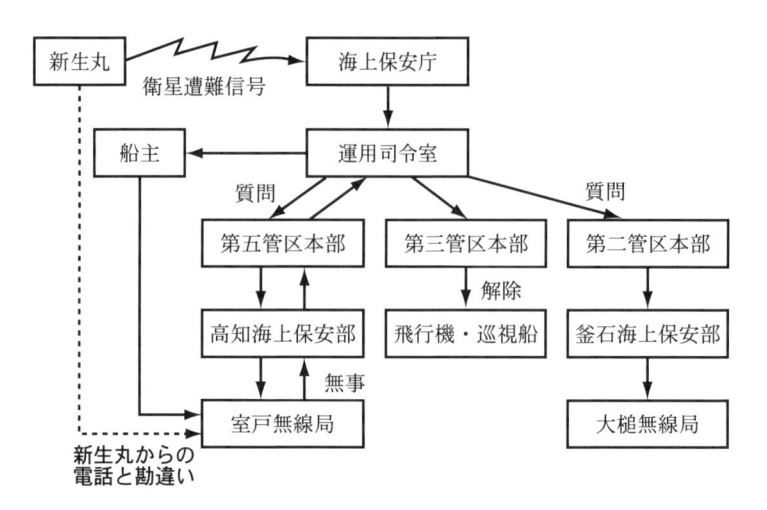

図 36.2 八丈島で遭難した漁船の捜索

- 第五管区本部は高知海上保安部経由で室戸無線局へ新生丸遭難を質問
- 7時54分，室戸無線局は高知海上保安部へ「山田新生丸」と交信中と通知
- 室戸無線局は船主からの電話を，新生丸からの電話と勘違いした
- 高知海上保安部は第五管区本部へ新生丸無事，衛星信号は誤発射と連絡
- 8時35分，第三管区本部は新生丸遭難の飛行機と巡視船発動を解除
- 15時，運用司令室は第五管区本部に遭難を再確認，再度，発動を命令
- 21日4時半，第三管区本部は海上自衛隊集団司令部に災害派遣要請
- 12時14分，自衛隊機が転覆船発見，16時54分，救命ボートを発見

説明：伝言ゲームの失敗である．8時間も捜索が遅れてしまった．**新生丸の船主が自分のことを「もしもし新生丸ですが」と称して電話したので，室戸無線局はてっきり本当の新生丸から電話がきたと思ったのである**．そして，その交信があったという報告によって，やっぱり衛星遭難信号は誤発射だったかと皆が思いこんで，その後の救助活動をやめてしまった．

衛星による遭難信号の受信は，1979年に航空や船舶用に60数カ国がインマルサット条約を結んだことで広がり，日本でも非常用位置指示無線標識（EPIRB）は搭載義務がある．121.5 MHz を使っているが，このほかにも数百 MHz のバンドの遭難通信システムがいくつかある．

事象36.3 中日本航空のヘリコプタ・セスナ機衝突（2001）
日本，三重県桑名市，図36.3，資料［323］

　連絡不足と制度の不整備がもたらした事故．同一空域で，ヘリコプタとセスナが訓練飛行，衝突．6名死亡，1名負傷．

シナリオ

▶ 中日本航空では中部近畿空域の同時訓練に対して社内規定なし
▶ 同空域は年に延べ千機以上が使用，全国で五指に入る高密度使用空域
▶ 5月19日，2人乗りヘリコプタと4人乗りセスナ機が事前調整なしで訓練
▶ 運航ボードにヘリと小型機に分けて書類掲示
▶ 10時5分，ヘリは管制官に11時10分から1時間の同空域使用連絡
▶ 出発ブリーフィングでヘリ機長は同僚のセスナ機の訓練を知らされず
▶ 11時頃，セスナ機は管制官に11時15分から30分間の同空域使用連絡
▶ セスナ機は出発時にヘリコプタ訓練を教えられた，管制官からも教えられた
▶ 11時31分，たがいに相手の機影に気付かず衝突，ヘリコプタは民家に墜落
▶ 死者6名，地上で1名負傷

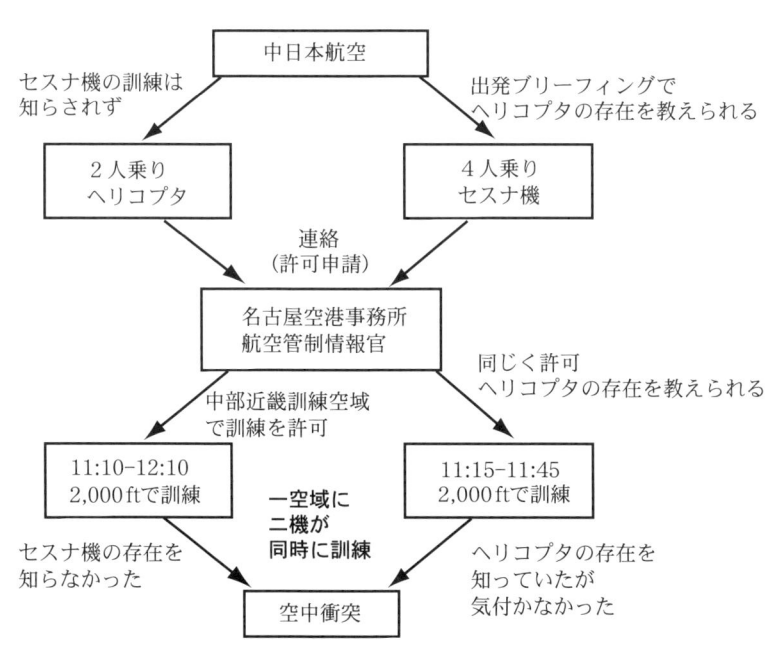

図 36.3　中日本航空のヘリコプタ・セスナ機衝突

- 5月24日，名古屋空港利用の10社が自主安全対策発表，無線連絡確認など
- 6月27日，国土交通省が中日本航空に事業改善命令
- 7月27日，同空域を3分割して1空域1機に変更
- 9月5日，全国の民間訓練試験空域を47から119に分割して1空域1機化

説明：連絡不足が解消されても，ひとつの空域に複数機いれば，そのうちに衝突するだろう．1空域1機が本質安全である．

事象36.4 常磐線三河島での列車三重衝突（1962）

日本，東京都，常磐線は上野から日暮里，三河島，南千住，北千住と続く，図36.4，資料[204]

後続列車の存在を知りながら，誰一人，5分の間に停止させることができなかった．脱線車両に後続車両が次々衝突して大破．160名死亡，296名負傷．

シナリオ
- 5月3日21時36分，貨物線下りの貨物列車が赤信号を見落し
- 貨物列車の蒸気機関車がポイントの安全側線に入って脱線，傾斜
- 10秒後，三河島を出た下り電車が，傾斜した蒸気機関車と接触，脱線
- 下り電車の乗客が非常用ドアコックで扉を開けて線路上を避難
- 事故現場から100mの三河島東部信号扱所の係員2名は報告・確認で多忙
- 信号扱所の係員や下り電車運転手や車掌が上り電車の停車手配せず
- 5分50秒後，三河島に近づく上り電車が，下り電車に衝突脱線
- 上り電車は線路歩行者を跳ね，1両目大破，2〜4両目脱線，転落
- 計160名死亡，296名負傷

説明：本事例は1943年に起こった**土浦駅の三重衝突事故**と同じシナリオで，事故が拡大した．1回目の脱線の後に十分時間があったので，信号扱所の係員は，上司への連絡や確認よりも，速やかに**全列車を止めれば**よかったのである．たとえば火事発生現場において，上司に装置が汚れるが消火器で消火してよいか，と電話で確認するようなものである．現在は運転席の窓下に**防護無線**の発信器が設置されており，事故時に半径1〜3kmの電車はすべて自動的に止める．とにかく止めて安全を確保し，その後，事情を呑み込んでから徐々に指令員の指示に従って動き出す．

1965年に東京地裁で本事件の判決があったが，上り電車を停止させなかったことにより，蒸気機関車の機関士・助士，下り電車の運転手・車掌，三河島駅の助役，信号所の係員の2人が全員有罪（禁錮8ヶ月〜3年）になった．しかし，停止する命令が出せたはずの指令員の3人はどういうわけか不起訴だった．

(1) 蒸気機関車は安全側線で脱線

三河島駅 / 貨物線 / 下り / 上り / 貨物線 / 信号所

(2) 10秒後 ↓ 下り電車が接近，脱線

(3) 5分50秒後 ↓ 上り電車が接近，脱線，大破

← 誰も停止させなかった

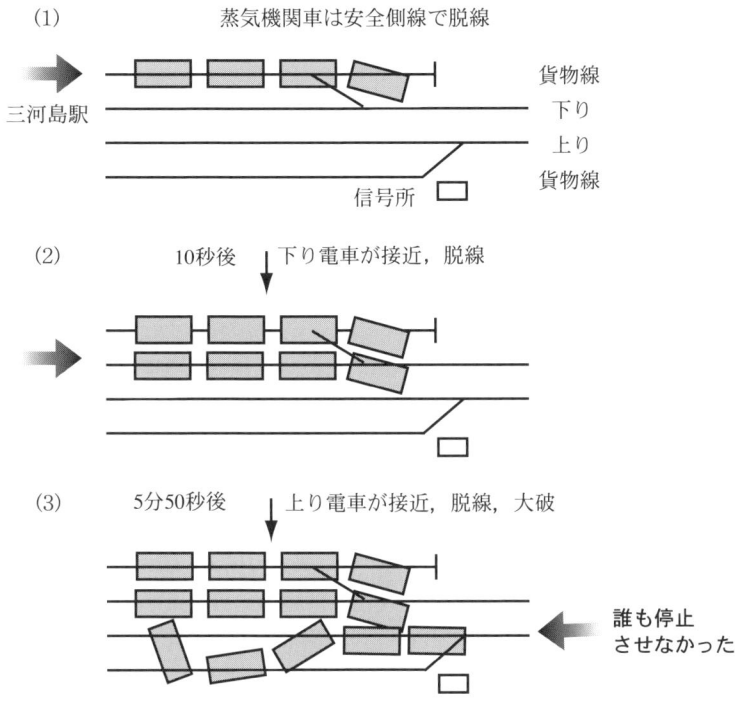

図 36.4 常磐線三河島駅での列車三重衝突

　なお，本事例の1年後に起こった**鶴見事故**（1963）は，同じ三重衝突で犠牲者もほぼ同じ161名である．しかし，出会い頭に当たってしまった事故で，逃げる時間がない分，三河島事故と異なる．つまり11月9日21時50分，最初に貨物列車の2軸貨車の3両が脱線してとなりの横須賀線の線路の架線柱を倒した．貨物電車運転士の発煙筒に気付かずに，直後に時速80 kmで走ってきた上り電車がはみ出した貨車に衝突・脱線し，そのとなりで架線が緩んで危険を感じて徐行運転中であった下り電車の側面に衝突し，絡まるように両者が大破した．貨車は事象14.3の日比谷線の脱線と同じ，車輪の競り上がり現象で脱線した．なお，この同じ日の15時10分に事象25.11の三井三池炭鉱の炭塵爆発が生じて458名が犠牲になっている．

　JR西日本の**福知山線の脱線事故**（2005）では，事故の2分後に近づいた対向の特急が，たまたま脱線車両によるレール短絡で信号が赤になり，非常ブレーキをかけて100 m先で停止できた．同時に防護無線機を押して，事故車両の後続の快速は300 m手前で緊急停車できた．

　参考文献：佐藤潤太，鉄道事故と法，文芸社，2004
　　　　　　川島令三，なぜ福知山線脱線事故は起こったのか，草思社，2005

11 個人や組織の怠慢

事象 36.5　JR東海道線で救急隊員轢死（2002）

日本，大阪府淀川区，JR東海道線塚本・尼崎間の複々線区間，図36.5，資料 [329]

マニュアルよりも乗客の利便よりも大切なものがある．駅員の連絡ミスと指令員の判断ミスにより，人命救助活動中の線路を時速100 kmの特急が通過．救急隊員に衝突し，1名死亡1名負傷．

シナリオ
- 11月6日19時10分，中学生2人がフェンスを乗越え線路内侵入
- 12分，そのうち1人はフェンスに近い線路で新快速に跳ねられ重傷
- 15分，停車した新快速車掌と後続特急北近畿17号運転士が中学生保護
- ただちに，JR西日本の運転指令員が外側下り線の運行停止を指示
- 20分頃，指令員は負傷者の存在を一斉無線，尼崎駅員に現場出動要請
- 25分頃，尼崎駅員が新快速車掌から事後処理引き継ぎ
- 外側線路とフェンスとの間で救助活動を開始
- 30分，新快速と北近畿17号の運転士は運行再開は可能と指令員に連絡
- 34分，指令員は最徐行で運転開始を指令，北近畿17号は現場通過
- 36分，北近畿17号運転士は「現場に駅員がいるため最徐行で」と連絡
- 指令員「（後続の）運転は支障ないか」，運転士「（最徐行で）支障ない」
- 指令員が安全地域で救助活動中と誤解，後続新快速は内側下り線に変更
- 後続特急「スーパーはくと11号」は最徐行指示を受けず，外側線のまま
- 37分，淀川署警官3人到着，指令員は現場の駅員に携帯電話で連絡
- 「新快速は内に振り，はくとは外で5分は来ない」と駅員は警官に説明
- 警官は運転停止中と誤解，43分頃，消防局救急隊員4人到着，活動開始
- 駅員は，救急隊員が警官から状況を説明されたと誤解，結局説明なし
- 42分，指令員は現場は安全と誤解し，大阪駅停車中のはくとに発車命令
- 指令員ははくと運転士が事故を承知か確認したかったが，連絡できず
- 救急隊員は運転停止中と誤解，線路内に入って中学生を担架に乗せる
- 11回目で連絡がとれた指令員注意や，ライトに気付いた駅員注意も手遅れ
- 45分，はくとが時速100 kmで通過，救急隊員に衝突，1名死亡・1名重傷

説明：JR西日本では，人身事故後の救助活動はケースバイケースで非定常で緊急の作業だから，指令員も駅員も経験にもとづいて作業を行っていた．同じ非定常でも除雪や信号故障のような保線作業は経験済みだから，現場手前に列車接近連絡員を配置し，最終安全も安全管理者が行ってから運転再開になる．

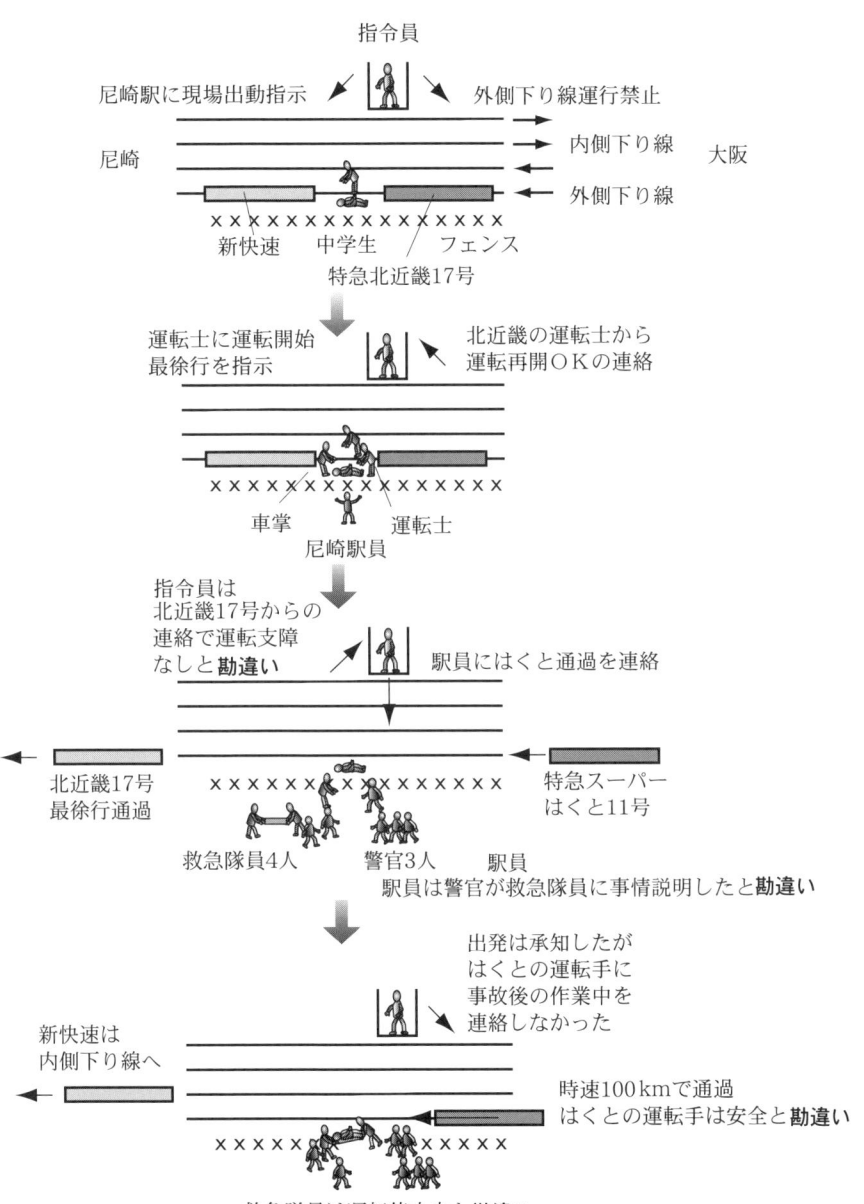

36　コミュニケーション不足　323

指令員

尼崎駅に現場出動指示　　　外側下り線運行禁止

尼崎　　　　　　　　　　　　　　　内側下り線　　大阪

　　　新快速　中学生　フェンス
　　　　　　特急北近畿17号

運転士に運転開始　　　　北近畿の運転士から
最徐行を指示　　　　　　運転再開OKの連絡

車掌　　運転士
　　尼崎駅員

指令員は
北近畿17号からの
連絡で運転支障
なしと**勘違い**　　　　駅員にはくと通過を連絡

北近畿17号　　　　　　　　　　　　　　　特急スーパー
最徐行通過　　　　　　　　　　　　　　　はくと11号

救急隊員4人　警官3人　駅員
　　　　　　　駅員は警官が救急隊員に事情説明したと**勘違い**

出発は承知したが
はくとの運転手に
事故後の作業中を
連絡しなかった

新快速は
内側下り線へ
　　　　　　　　　　　　　時速100kmで通過
　　　　　　　　　　　　　はくとの運転手は安全と**勘違い**

救急隊員は運転停止中と**勘違い**

図 36.5　JR東海道線で救急隊員轢死

本事例の指令員は，事故がちょうど通勤帰宅時で特急も内側下り線に通すと混雑すると判断したためか，後続特急は外側下り線のままにした．それに救急活動は広く安全な線路脇で行っていると誤解して，特急に最徐行運転を指示しなかった．このとき現場に駆けつけた駅員が，フェンスと外側線路間で作業していることを指令員に説明したら，即座に指令員の誤解は解消したと思われる．

駅員も自分がここでの安全管理者だと意識していれば，警官や救急隊員への指示や，指令員への説明も大きく変わっていただろう．

事象 36.6 カナリア諸島でジャンボ同士が滑走路上で正面衝突（1977）
スペイン領カナリア諸島（モロッコの沖合），ロス・ロディオス空港，Los Rodeos，図 36.6，参考文献（17）

優秀な機長ゆえに確認を怠ってしまったのだろうか．滑走路を移動中の飛行機と，離陸中の飛行機が正面衝突．583 名死亡

シナリオ
▶ カナリア諸島ラス・パルマス空港がテロ爆弾事件で一時閉鎖
▶ ロス・ロディオス空港に多くの航空機がいったん着陸し，空港再開を待つ
▶ 3月27日13時38分，KLM機着陸，14時15分，パンナム機着陸
▶ 駐機場は着陸機で溢れ，誘導路まではみ出す，午後に霧が立ちこめる
▶ 15時30分，ラス・パルマス空港再開，着陸機が順次，離陸準備

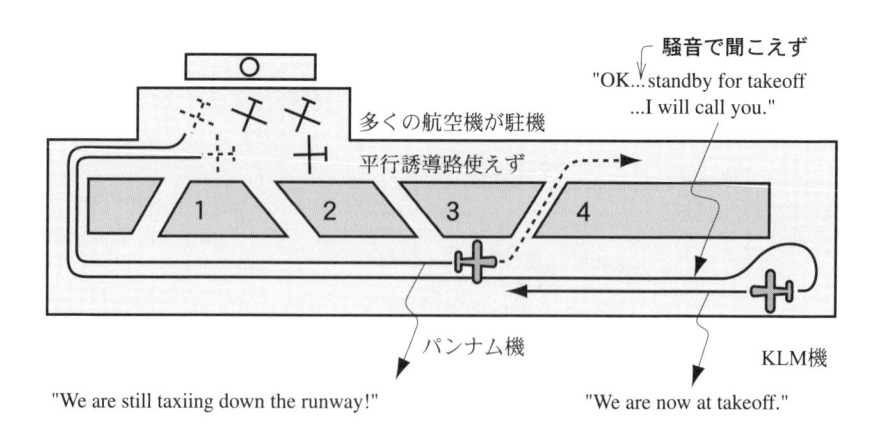

図 36.6 カナリア諸島でジャンボ同士が滑走路上で正面衝突

- KLM機は燃料補給，パンナム機は動けずイライラ，16時26分KLM機発進
- KLM機は平行誘導路を通らず，滑走路を逆送して東端で離陸準備完了
- 管制塔はパンナム機も滑走路逆送しTaxiway 3で平行誘導路進入を指示
- パンナム機は鋭角に曲がるT3をうっかり通り抜け，T4から進入を計画
- 17時5分，KLM機はATCクリアランス（管制承認）要求，管制塔は承認
- KLM機の副操縦士は管制官からの航路の承認を復唱
- 機長はすでに離陸発進，発進6秒後に副操縦士返事 "We are now at takeoff"
- 管制塔は離陸準備完了と理解，"OK…standby for takeoff…I will call you"
- パンナム機はその交信を聞いて "We are still taxiing down the runway!"
- 不幸にも管制塔の "standby for takeoff…I will call you" がキーキー音に
- KLM機は管制官の "OK" だけしか受信できず
- KLM機は加速し，機速はV1に達してパンナム機発見，飛び越えを試み
- KLM機は，パンナム機の2階部と尾部に衝突，後方で墜落・炎上
- パンナム機は乗客がドアから6m飛び降り，70名生還，その後炎上
- 計583名死亡

説明：両機とも，目的地空港で思わぬテロ爆破事件が生じたため，となり島の小さな空港に一時避難を強いられてイライラしていた．

　KLM機はチャーター便で寒い欧州から暖かいカナリア諸島に観光客を連れてきたが，あまり待たされると勤務時間が過ぎて乗員交替しなくてはならず，オランダには今日中に帰れない．パンナム機もチャーター便で，ロサンゼルスで1時間半も出発を待たされてもう13時間も連続勤務して，疲れを感じていた．

　両機の機長は優秀で，とくにKLM機の機長はインストラクタである．コックピットの誰も彼に抗うことができない．**その優秀な機長が，管制承認を航路と離陸の両方だと勝手に判断して，離陸をはじめてしまうのである．管制塔は航路だけ承認を与え，離陸は待ってくれといったのに，その待ってくれは雑音と重なってKLM機に届かず，不幸にもOKだけが機長の耳に残った．**

　衝突後，幸いにもパンナム機の炎上前に乗客乗員の396名中70名が逃げられた（9名は後で死亡）が，落下炎上したKLM機の248名を加えると583名という史上最多死亡数の事故になった．

事象 36.7　国分川分水路トンネルの水没（1991）
日本，千葉県松戸市，図36.7，参考文献（15）

現場にいない最高責任者は，危険な状況を知ることができなかった．水路トンネル工事中に，台風による増水でトンネル上流部の仮締切が決壊．掘削工事中の作業員7名が死亡．

シナリオ
- 1984年，国分川から坂川・江戸川に分水路トンネルの工事着手
- トンネル入口の仮締切（県が管理）を清水建設が施工できず
- 設計していたコンサルタントが現場の状況を確認していなかったから
- さらに，千葉県国分川建設課長が強度計算書を清水建設に閲覧させず
- 清水建設がH型鋼と鋼矢板を主体に前面に土嚢を積んで，自ら施工
- アンカーボルトがコンサルタントの設計よりも強度低かった
- 9月19日16時30分頃，台風18号で国分川の濁流が仮締切前面に流入
- 16時52分，清水建設の工事担当者が建設課長に濁流の危険性を報告
- 16時55分，建設課長が飛島建設の現場代理人に濁流の発生を連絡
- 飛島建設はトンネル内から作業員の退避を指示
- 17時頃，建設課長が飛島建設に清水建設と直接連絡を取るように指示
- 建設課長は「まだ大丈夫ですから」と切り羽の吹付工事の作業続行を指示
- 飛島建設は，退避の指示を変更して作業続行を指示

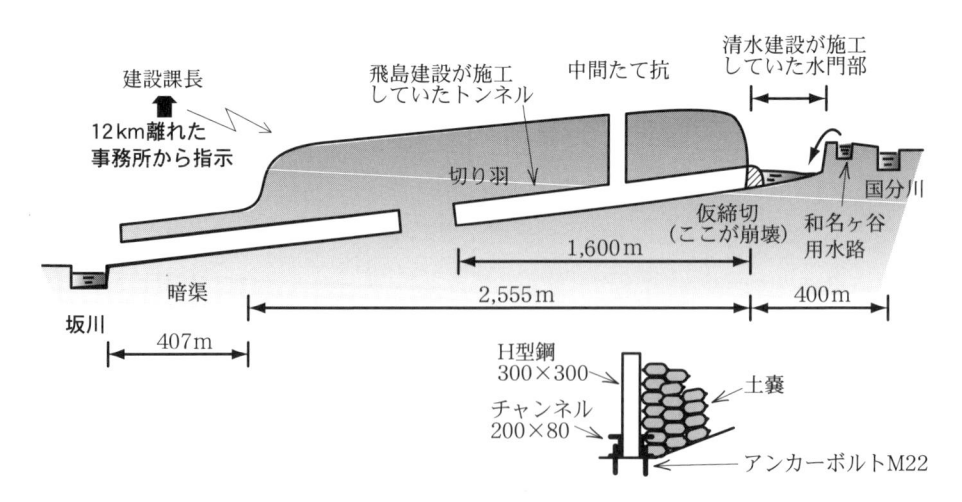

図 36.7　国分川分水路トンネルの水没

- ▶ 17時18分，仮締切が決壊，抗口から1,600 m離れた掘削工事現場に流入
- ▶ 飛島建設社員3名と下請けの成豊建設社員4名が水死
- ▶ 建設課長は業務上過失致死罪で禁固2年，執行猶予3年の控訴審判決

説明：建設課長は現場から12 km離れた事務所で指示していたわけで，トンネル上流の仮締切が大丈夫なのかは見ていなかったのである．トンネルは早期完成を目指すためか（はたまた受注量の平準化のためか），この2.5 kmの工事でも，上流，中流，下流に分けて工区を設定し，状況判断の連絡ミスを誘発している．

37 安全装置解除

事象37.1　大月駅で特急と回送電車が衝突（1997）
日本，山梨県大月市，図37.1，資料[316]

　その24歳の運転士は，大月駅に到着した中央特快の前6両を回送させる方法がわからなかった．通過する特急をやり過ごさなければならないのに，ATSの警告も無視し，待ちきれずに6両を動かし，特急の横っ腹に突っ込んでしまった．862名が重軽傷を負う．

シナリオ
- ▶ 10月12日19時55分，大月駅中線に到着，後4両が河口湖行き
- ▶ 特急通過後に，前6両を下り本線にいったん退避して後4両を通す予定
- ▶ 24歳の運転士は大月駅での中央特快の回送方法がわからず，不安
- ▶ 乗務行路票には具体的な入れ替え作業は記載されておらず
- ▶ 20時2分，予定よりも6分早く出発，無意識にATS（自動列車停止装置）を切る
- ▶ 運用規定では，入替作業でATSを切るのを許可
- ▶ 下り本線の青信号を中線のと誤認，時速24 kmで中線から下り本線へ進入

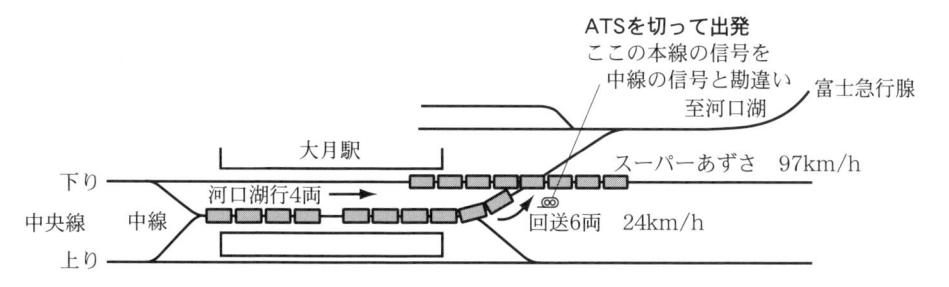

図 37.1　大月駅で特急と回送電車が衝突

▶ 時速97kmで大月駅通過中の特急「スーパーあずさ」と側面衝突
▶ 特急の4両目から8両目までが脱線，回送電車も2両脱線，862名重軽傷

説明：安全装置を切っては事故も当然の結果だと，漫然と業務に従事した運転士はマスコミにも裁判所にも非難された．しかし，ATS（自動列車停止装置）を切ること自体は，本事例のような駅構内や車両基地での入れ替え作業では，運転士の判断で許されていたのである．しかし，本事例の運転士はもともといい加減な要注意人物だったらしい．運転室窓から駅構内を歩いていた整備作業員に入れ替え方法を尋ねて，なるほどと鵜呑みにして予定よりも早く，だからこそ行くなと警告しているATSをオフにして発車したらしい．また，本線の3色信号と入れ替え信号の白色信号は，そもそも形が違うから間違えるはずがない．

1992年6月28日に東海道線熱海駅のとなりの来宮駅では，側線で停車中の回送電車の運転士が，本線の青の信号を側線の信号と見間違えて出発した．すぐに間違いに気付いて慌ててブレーキをかけたが本線通過中の貨物列車と側面衝突した．その後，このような見間違いを防止するために，信号の下に本線と書くようになった．しかし，本事例は赤信号見間違い以前の思い込みによる冒進である．新聞には当初，不安がパニックを誘発しATSを切り信号を見間違えたのでは，と書かれていたが，人間はそうそうにパニックが起こるものではない．この運転手は本事例のようなATS切りの"奥の手"を過去に行ったことがあって，妙な自信をもって運転したのではないだろうか．仮に出発前のブリーフィングで回送方法を教えてもらったのに現場に来て理解できなかったら，駅員や指令員に聞けばよかったのである．はじめての空港に進入した誇り高き機長が，管制官に質問せずに堂々ととなりの滑走路やとなりの空港に着陸してしまったというインシデントも多い．

しかし，間違った人間を非難して責任追求しておしまいというのはエンジニアのやることではない．作業自体がおかしいのである．JR東日本では同様なインシデントを調査して，1995年から69件も発生していたことがわかった．そこで，90駅で実施していた駅構内の入れ替え作業を見直し，根本的には大月駅も入れ替え作業を廃止した．また1999年にはATSが運転士に絶対に切られないような構造にした．さらに若手運転士の研修教育に対しても新白河に研修所を設立し，筆者もそこを見学したが，規律はこれまでの企業研修所のどれよりも見事であった．運転士の仕事は単純であるが，人の命を預かっているだけに，当然ながら愚直に真面目に従事できる人材だけが必要になる．

JR西日本の福知山線の脱線事故（2005）で，筆者が思い出したのは本事例である．安全のために速度を時速70kmに制限したのに，23歳の若い運転士は108kmも出したのである．しかし，JR東日本のATOS（事象31.4で説明）を見学してい

た筆者にとって，いまだに赤信号で止まるだけのATS-SWのような旧式を使っていたのに驚くしかなかった．大手私鉄でも区間ごとに速度出しすぎでブレーキがかかるATSを用いている．福知山線でも旧式のATSを2個使って，通過時間差で過速度を読み，非常用ブレーキをかけることもできたのである．ハイテク機器を用いずに運転士を非難しても始まらない．

■「安全装置解除」について

「危ないことはわかっちゃいるけど，急いでいるから**安全装置をちょっとの間だけ切ろう，後で直すからいいでしょ**」というズルは，**誰でも行うことである**（と筆者は開き直っている）．そこまでワルでなくても，寒風吹き刺す深夜の横断歩道で，いくら待てども自動車が通らないのならば，ちょっと信号無視で走って渡ることもあろう．また，ちょっとそこまで乗るだけだからと，シートベルトを着用しなかったり，サンダルで運転したり，免許証をもたなかったりなど，思い起こせば罪の意識をもつ人も多かろう．工場でも，機械に今だけ動いて欲しいので，ヒューズ代わりに針金を入れたり，安全柵の扉のインターロック信号用近接センサがオンになるようにドライバを挟んでテープで止めたり，レーザの保護用カバーのインターロック用センサも同様に殺したり，回転面の飛翔防止カバーを外したり，クリーンルームにクリーン服に着替えずに入室したり，冷却水を流さずに始動したりなど，確かに思えばひどいことをしている．

自分ひとりの作業で，しかも気合いを込めて一度だけのズルをしているときは，幸いにも神のご加護で無事であることが多い．しかし，そのうちに，**常習犯になって周囲の条件が異なっているのを忘れたり，たまにうっかりと安全装置を戻すのを忘れたりして，大事故につながる**．信楽高原鉄道での列車正面衝突（1991，事象35.3）も常習犯の末路だった．裁判の公判で明らかになったが，4月8日と12日にも赤信号が固着した．このときはマニュアル通りに人間が閉塞区間内を確認してから人間が通行票がわりになって運行したが，5月3日は確認もせずに見切り発車させ，14日に同じズルをやったら正面衝突に至ったのである．

類似事例

事象 37.2 ディーゼル列車が取手駅ビルに衝突（1992）
日本，茨城県，関東鉄道取手駅，図37.2，資料 [103]

常用・非常用・保安用，すべてのブレーキがかからない状態で，見切り発車．先頭車両が駅ビルに激突．1名死亡，重軽傷者250名．

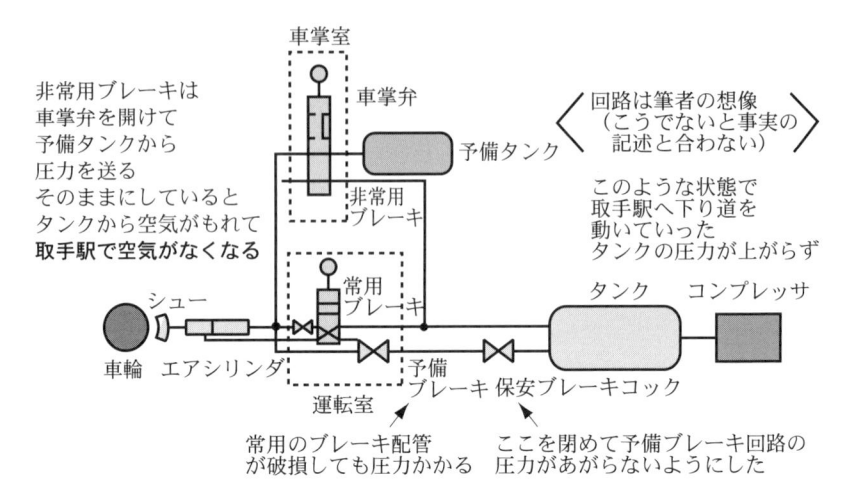

図 37.2 ディーゼル列車が取手駅ビルに衝突

シナリオ
- 6月2日7時56分，取手駅のひとつ手前の西取手駅に到着
- 常用ブレーキを緩めても，ブレーキがかかったままで発車できず
- 26歳の運転士が車両下部の保安ブレーキコックを閉めて予備ブレーキ解除
- 車輪を押すエアシリンダの空気が抜けて，ブレーキ解除し列車が後退
- 49歳の車掌が，車掌弁で非常用ブレーキ作動させて停止
- エアシリンダにふたたび圧縮空気が入って，ブレーキを一時的に作動
- 8時10分，常用ブレーキの緩み弁を開けて出発，取手駅まで下り坂を下る
- 保安ブレーキコックも車掌弁ももとに戻さず
- 車掌弁の一端から圧縮空気が漏れ続ける，ブレーキ制動試験も実施せず
- 取手駅で圧縮空気の圧力が低く，常用・非常用・保安のブレーキ作動せず
- 8時13分，車止めを乗り越え壁を突き抜けて先頭車両の3/4が店に突っ込む
- 1名死亡，250名重軽傷

説明：圧縮空気の圧力でシリンダを押してブレーキをかける列車は，圧縮空気を溜めるタンクの圧力が高く保持されていないと，次の機会のブレーキがかからない．つまり圧力が高くないと，この車両は常用・非常用・保安の三つのブレーキがすべて効かなくなる．運転士は運転席で空気の圧力計を見ていれば圧力が上がらずにおかしいと感じたはずである．しかし，朝の通勤時の4両編成900人の乗客のプレッシャーに負けて，見切り発車したのである．

事象 37.3　JCO の臨界事故（1999）
日本，茨城県東海村，図37.3，参考文献（11）

ウラン溶液製造中，もともと違法な裏マニュアルをさらにやぶった作業によって，臨界状態が起こった．作業員3名被爆，うち2名死亡．付近住人を含め，被爆者436名．

シナリオ
- 1988年頃から臨界管理制限質量以上の作業開始，作業効率向上
- 1993年1月，ウラン溶液製造時に許可された溶解塔でなくバケツを使用
- 1995年9月，JCO社安全専門委員会でバケツ使用を許可，違法性は認識
- 1996年11月，違法作業を明文化した内部用の「裏マニュアル」を作成
- 核燃料サイクル開発機構から高速増殖実験炉「常陽」の燃料製造受注
- 1999年9月30日，18.8％と高濃度のウラン溶液でも裏マニュアルで作業
- ウラン濃度380 g/l の硝酸ウラニル溶液160 l を均一な40 l ごとに小分け納入
- 1バッチとして，ウラン2.4 kgを硝酸と水で溶かして6.5 l 作成
- 7バッチ（16.8 kg）分を沈殿槽にビーカとろうとで注入して平均化を目論む

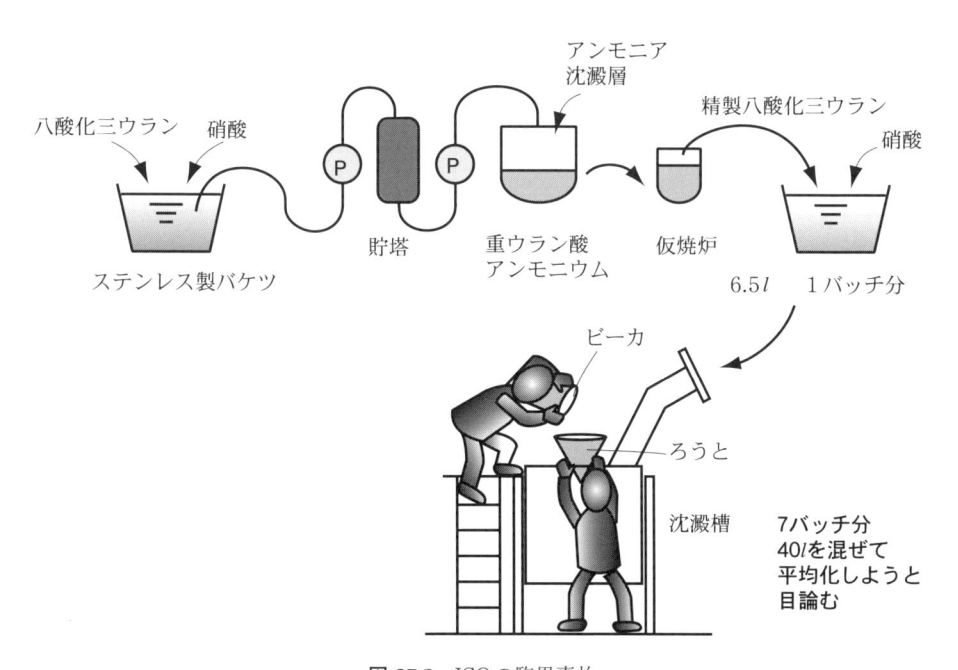

図 37.3　JCO の臨界事故

- 10時35分，沈殿槽のなかで臨界（核分裂反応が連鎖的に持続）状態発生
- 作業員3人が被爆，うち2名死亡，住民含めて436名被爆
- 翌日9時頃，沈殿槽の冷却水を抜いて臨界状態が終息
- 10月2日18時30分，避難解除および安全宣言
- 2000年5月1日，JCOは核燃料製造から撤退

説明：ウランは球のように集まっていると臨界状態を起こしやすい．ウラン235が100％ならばハンドボール並の直径12 cmで16 kgになり臨界になる．広島の原爆では上空で，ウランの半球二つを爆薬で合わせて臨界状態を作った．本事例では380 g/l に40 l をかけると15.2 kgになって臨界近くになるが，これを10に小分けして4 l ずつで納入する．逆に細長く薄い容器で作業すると，臨界状態を防ぎやすい．この思想で設計された容器を用いずに，JCOではバケツやビーカを使って作業したが，**幸いにも通常の核燃料は濃度が5％以下と薄いので臨界状態が生じなかった**．そこで，**高濃度でも平気だろうと同じように，全部を混ぜて平均化作業をしてしまった．今度も大丈夫と思ってズルを続けたら失敗したのである**．

　しかし，なんで7バッチ分を均一にしなければならないのかがよくわからない．バッチごとにそんなにばらつくのであろうか．NHKのテレビ番組（2003年10月9日）では，2バッチを混ぜては分けてのクロスブレンディングをくり返して均一にする作業が規定されていたのに，作業員が面倒だからと7バッチ全部を混ぜて40 l にしてから均一にしようとしたのが間違いのもとだった，と指摘していた．臨界が起こるかもしれないというので6.5 l を1バッチにしたのならば，それより大きい40 l という納品サイズはどんな理由で決まったのだろうか．同番組でも，40 l とそのサイズの均一化に注目して分析していたが，1984年頃からの一連の安全委員会の決定にも問題があったらしい．

12 悪意の産物 38〜41

　行為が違法で大惨事が誘発されるかもしれないのに実行したり，このままでは危険な結果が生じることがあらかじめわかっていても対策を打たなかったり，人間はとんでもないことを行う．エンジニアがその人間の悪意を予想し，影響を回避することは難しい．もちろん，できないこともないが，莫大なコストがかかってしまう．

38 違法行為

事象 38.1 バリュージェット航空機がマイアミで墜落（1996）
アメリカ，フロリダ州，ValuJet Airline，図38.1，参考文献（11）

　規定どおりに，酸素発生装置にたった1セントのキャップを装着していれば，飛行機が墜落することはなかった．モラルの低下が110名の命を奪った．

シナリオ
▶ 下請け整備会社がMD8から緊急用酸素発生装置を取り外し
▶ 社内の連絡ミスで未使用発生装置を使用済みと表記し段ボールで積載

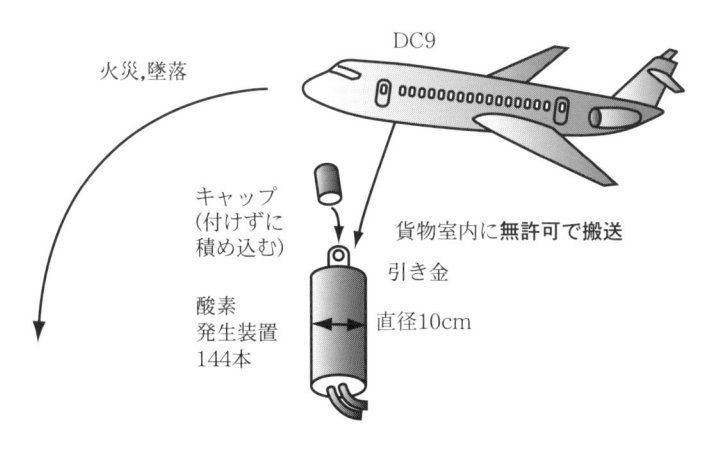

図 38.1　バリュージェット航空機がマイアミで墜落

- DC9で危険物の緊急用化学的酸素発生器144本を無許可で搬送
- 前部貨物室に発生装置を雷管作動防止キャップを付けずに積込み
- 5月11日14時4分,マイアミビーチ空港を離陸
- 前部貨物室で酸素発生,内部の化学反応で500 °F（260 ℃）に発熱
- 同所に搭載したMD8のランディングギアのタイヤのグリースが燃焼
- 連邦運輸安全委員会が勧告した火災警報装置を,貨物室に設置せず
- 14時10分,貨物室周辺の電気配線が焼損,操縦不能
- 11分,客室に煙流入,緊急着陸を要求,13分,湿地に墜落,110名死亡
- バリュージェット航空機の異常着陸回数は5ヶ月で59回,運航停止処分

説明：バリュージェット社は1993年10月に発足し,デルタ航空で25年使ったDC9を18機購入して,安い航空運賃で有名であった．酸素発生装置は長さ20 cm,直径10 cmの円筒で,上部に1ポンドの力で作動する引き金が装備されるが,運搬時にはプラスチック製キャップ（1個1セント）で誤作動しないように防護しなくてはならない．離陸時になんらかの力が働いて引き金が引かれ,酸素が流出したのであろう．この年,バリュージェット航空は異常着陸回数が激増しており,それに反比例してモラルが低下して,貨物室のなかまで気が回らなくなったのであろう．

　米国では多くの州で,航空機の操縦に関して,事故が発生したか否かにかかわらず,危険な飛行それ自体を処罰する規定を定めている．しかし,処罰の対象は,無謀な方法での飛行やアルコールや薬物を摂取したときの飛行であって,単純過失によって航空の危険を生じさせたことを処罰する,日本のような規定は存在しない．**本事例は,米国の航空事故に関して,はじめて本格的な刑事訴追が行われたということで有名である**．

　参考文献：川出敏裕,事故調査と法的責任の追及,ジュリストNo.1245,有斐閣,2003-6, pp. 57-64

■「違法行為」について

　皆が危険だとわかっているから,法律を作って保管や廃棄を厳しくコントロールしているのに,使用者がそれを知りながらも無視したらどうしようもない．**違法行為は故意,未必の故意（結果発生の認識が不明確な故意）,重過失やサボタージュのような悪意が原因であるが,エンジニアは設計で防止するのは難しい**．

　製造業はモラルが低下すると,組織的な原因で事故が続出する．すなわち,組織が緩んで規律が乱れ,ケースバイケースで皆が勝手な解釈を試み,思ってもみなかった事故が生じる．こんな組織は解散すべきであるが,解散したあとも所有者不明の危険物が残ると処置なしである．

類似事例

事象 38.2 アイソトープの不始末で放射線被爆 (1987)
ブラジル，ゴイアニア市（首都ブラジリアの南西200km），図38.2，資料 [19]

政府の警告は届かなかった．廃病院に放置された放射性物質が盗難，散乱，4名死亡，250名被爆．

シナリオ
- 1985年，市中心の癌治療病院が移転し廃墟と化した
- ブラジル政府はセシウム137の存在確認し，病院関係者に2回警告
- 廃墟に貴重物があるという噂が立つ
- 1987年9月13日，若者2人が放射性装置をこじ開け鉛容器を盗難
- 若者は容器を廃品回収業者に売却，18日業者はふたを開けセシウム137発見
- セシウム137が夜間青白く光るので魔力を感じて塗ったり飲んだりした
- セシウム137は体内に入り，プルシアンブルー3g/日の治療でも除去困難
- 250名被爆，4名死亡，29日ブラジル原子力委員会は専門家238名を派遣
- 塩化セシウムは水溶し拡散，ドラム缶1.8万本相当の放射性廃棄物発生
- ゴイアニア市民の10％の11.2万人をスタジアムに集めて汚染調査

説明：セシウム137は半減期30年で青白いチェレンコフ光を放ちながらベータ崩壊する．しかし，崩壊後に発するガンマ線が弱いので，現在はコバルト60のようには使用されていないそうである．もちろん，廃棄にも管理が必要である．

筆者の大学では，研究棟を放水しながら解体していたら，たまたま放置されていた液体ナトリウムが水と，かければかけるほど激しく反応し，解体業者が危険物放置の管理体制を強く抗議した．当然である．研究で世界的な実績を上げた某教授が

図 38.2 アイソトープの不始末で放射線被爆

退官した後，研究室を清掃したら不明試薬が1,000本近くも発見されたこともあった．たとえば不明廃液を検査して処理すると平均約10万円かかるので，廃棄価格が購入価格を大きく上回ることさえ生じる．

事象 38.3 蛍光灯安定器が破損してPCBが飛散（2000）
日本，東京都八王子市，PCB（ポリ塩化ビフェニール），図38.3，資料 [130]

安全なはずの小学校に猛毒が！ 図工室の蛍光安定器が破損．使用されていたPCB油が女子児童4人に振り注ぐ．

シナリオ
- 小学校が1967年製の蛍光灯安定器（コンデンサ）を使用
- 1972年まで，蛍光灯はコンデンサの絶縁油としてPCBを使用
- 耐用年数15年経過し日本照明器具工業会が交換のお願い（費用2万円）
- 2,000万個製造のうち，240万個は廃棄物として保管
- 10月4日，小学校図工室の蛍光灯安定器破裂
- 30 cc のPCB油が女子児童の頭や服に降り注ぐ
- 11月6日，文部，厚生，環境の各省庁が2002年3月までに交換を指示

説明：昔は危険ではないと思われたものも，いまや猛毒である．過去にさかのぼって中皮腫による死亡が訴訟対象になっているアスベスト（Asbesto，石綿，断熱材として広く使用された）も，PCBと同じである．筆者らは今日，大学の安全パトロールを行ったが，アスベストむき出しの倉庫の天井やPCB入りのトランス5基を発見した．処理費用を考えるとウンザリである．

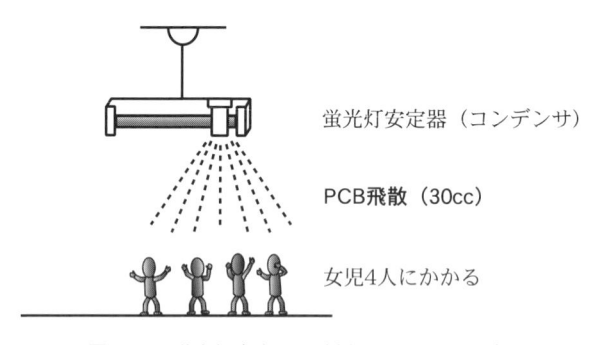

図 38.3 蛍光灯安定器が破損してPCBが飛散

事象38.4 寶組の勝島倉庫爆発（1964）
日本，東京都品川区，図38.4，資料 [303]

違法に野積みされた硝化綿が自然発火．近くの倉庫で違法に貯蔵されていたMEKPOが大爆発．消防署員・団員19名死亡，117名負傷．

シナリオ
- 7月10日，大井消防署の査察で多数の違反貯蔵危険物を発見
- 違法に野積みした硝化綿に対し口頭注意
- 快晴高温で硝化綿が異常温度上昇し，7月14日21時56分，自然発火・燃焼
- ドラム缶のふたが吹き飛び，1,000本近いドラム缶へ次々に延焼
- 22時55分，倉庫内のMEKPO（メチルエチルケトンパーオキサイド）が爆轟
- 同倉庫は消防法による危険物貯蔵所ではなかった
- 消火活動中の消防署員・団員が19名死亡，117名負傷，倉庫守衛長自殺

説明：本事例はボパールでMICを大量に貯蔵した（事象25.2）ように，**違法貯蔵が引き起こした事故である**．管理が行き届いている現在の日本では，こんなバカな事例は起こらないだろうと思っている学生は多い．しかし，都市周辺のそこら中に産業廃棄物が違法投棄されている昨今，廃棄物の中身が漏れ出て環境が悪化すると心配する人は多い．

産業廃棄物は大体，年間4億トンで半分が産廃業者に委託処理される．1トン2万円とすると4兆円産業である．鉄の生産が年間1億トンで，1トン5万円ぐらいだから，いかにゴミ処理が高いかわかろう．一方で，自治体が収集する一般廃棄物は，人間1人が1日1kg出す．しかし国民の1.2億人がこのペースで出しても，年間0.44億トンである．産廃のほうが量は多いのである．産廃のうち，どれだけが

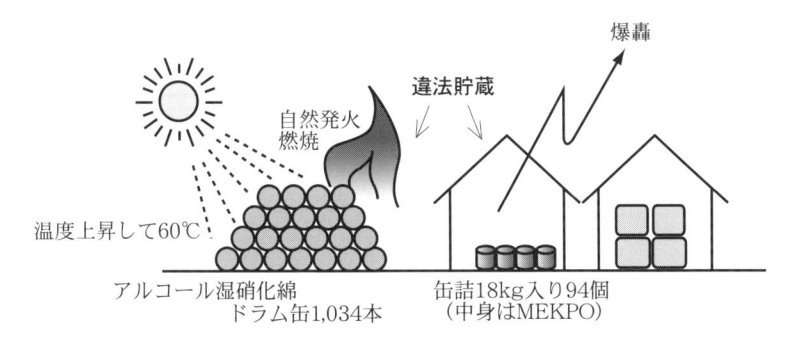

図 38.4　寶組の勝島倉庫爆発

違法投棄されたかが問題だが，合法と違法との境がよくわからないだけに難しい（公的な資料には32万トン/年とある）．しかし，**香川県豊島**（1990年までに67.5万トン）や**千葉県銚子市**（千葉県で12万トン/年）に違法投棄された大量のゴミは有名である．**埼玉県所沢市**では1980年代からゴミを野焼きしていたが（所沢周辺で中間処理量で年間400万トンも処理されるがその一部），ダイオキシンが発生して狭山茶に濃縮された，と1999年に報道されて大騒ぎになった．

参考文献：石渡正佳，産廃コネクション，WAVE出版，2002

39 企画変更の不作為

事象39.1 原子力船「むつ」の放射線漏れ（1974）
日本，青森県尻屋岬沖東方800 km，船体は石川島播磨重工業（株）（IHI），原子炉は三菱原子力工業（株），図39.1，資料[212]

　自分の信じた道を貫くことよりも，自分の信じた道を否定することのほうが何倍も難しい．原子力船開発に費やした，29年の月日と1,200億円の開発費に値することを得られたのならよいのだが．

シナリオ
▶ 1963年8月，日本原子力船開発事業団を設立
▶ 同時に「原子力船第1船開発基本計画」制定，原子動力実験船を入札
▶ 予算が低すぎて不調，日本造船工業会の斡旋で船体はIHI，原子炉三菱
▶ 1968年，船体を起工，1970年7月，完成して陸奥湾大湊港へ回航
▶ 1972年8月，原子炉が完成し，翌月核燃料装荷，しかし地元住民が反対
▶ 1974年8月26日，反対を押し切って原子炉の出力上昇試験を洋上で開始
▶ 28日，尻屋岬沖東方800 km試験海域で臨界達成
▶ 9月1日，原子炉出力1.4％で放射線増大の警報ブザー鳴る
▶ 高速中性子が遮蔽体の隙間を伝わって漏れる（ストリーミング現象）
▶ 設計レビューを依頼したウェスチングハウス社はストリーミングを事前指摘
▶ マスコミは放射能漏れ（本当は放射線漏れ）と報道
▶ 青森県，むつ市，漁連が帰港に反対
▶ 10月14日，政府は3者とむつの入港および定係港の撤去で合意，翌日帰港
▶ 1975年3月，原子力委員会が原子力船懇談会を設置，12月計画続行決定
▶ 1976年3月までの日本原子力船開発事業団法を延長して開発続行
▶ 一次遮蔽体を蛇紋岩コンクリート，二次遮蔽体を重コンクリートに変更

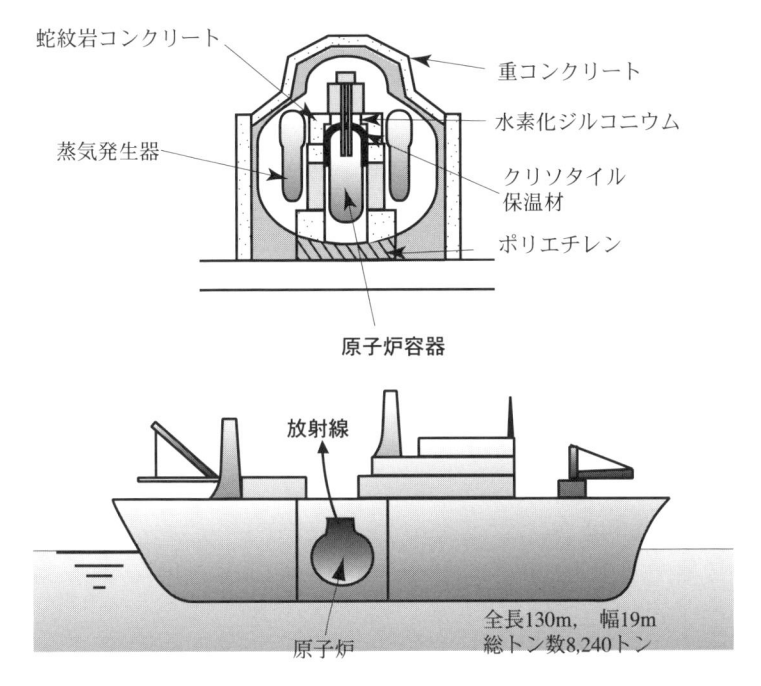

図 39.1 原子力船「むつ」の放射線漏れ

▶ 1991年2月,出力上昇実験成功,4.2 kgのウラン235で82,000 km航行
▶ 開発費1,200億円かけて1992年に実験終了

説明:不安定な原子核はアルファ線(ヘリウム原子核)やベータ線(電子),ガンマ線(電磁波)などを放出して安定元素になる.この放射線(単位レントゲン,1 kgの空気に照射して規定量の正負イオンを作る放射線量)を出す性質を放射能(単位:キュリー,1秒間あたりの原子崩壊の個数)とよぶ.放射線が漏れるのではなく,放射能が漏れるということはウランとか一次冷却水が漏れるということになる.現象として大きな違いであるが,放射能漏れだと大宣伝するマスコミを止められなかった.

しかし,原子動力の貨物船は,開発当時は魅力的であったが,完成した頃は各国でも安全性が確保できず,研究意欲は下火になっていた.しかし,日本の開発は慣性力が働き,容易に止まらない.社会の制約条件が変化したのに企画が変更できないという意味で,企画の失敗である.

12 悪意の産物

■「企画変更の不作為」について

筆者らは，まえがきの図A.11で示したように，2004年12月に失敗学会総会で「失敗知識活用評価シート」を用いて，失敗知識活用の組織的な活動を調査した．すると，「製造・検査系」の失敗が「企画・開発系」の失敗よりも大幅に知識活用されていることがわかった．知識活用が低調の企画・開発系の失敗は，一般に実施期間が長期で，原因が組織的で，効果が遅効で，件数が少数である．つまり，フィードバックがかかりにくく失敗知識が扱いにくい．それに組織的で属人的で，失敗の原因究明は直接に特定人間の攻撃になりやすい．たとえば，初代プロジェクトリーダが会社の常務にでもなっていれば，大きな声で失敗とは誰にもいえず，もちろん失敗の数のなかにも入らない．

さらに，国は一度決めたことを「失敗でした．中止します」とは決していわない．官僚は2年間でジョブ・ローテーションするから，その間は少なくとも成功とも失敗とも決めずにいれば，次の職場に栄転できるかもしれない．**とにかく不作為を決め込む**．そうこうするうちに，社会の環境が変化して決定時の前提がものの見事に崩れて，誰が見ても失敗だとわかっても，最初の決定は絶対に変えない．しかも，誰も失敗といわないから失敗自体が存在しない．筆者は企画の失敗データを集めたかったが，それはとても難しかった．

企画が失敗すること自体，しかたがない．普通は，**企画当初に設計した制約条件が変化する**．たとえば，顧客の好みがブーム後に変わるとか，為替が変動して輸出損するとか．しかし，チーフエンジニアは，将来の制約条件が確定できないのに，もっともらしい企画を立てて組織を活性化させなければならない．現在は，過去と同じものを売って儲けつづけることは，公共サービス以外の分野では難しい．このように，その想定した制約条件が誰がみても変化しているのに，企画変更しないのは明らかに悪意がある．悪意というのがいい過ぎならば，勇気がないといえよう．自分たちがエイヤッで想定したホラのような制約条件を，そのうちに真実のように信じ切ることも人間はできる．この製品は絶対売れるんだ，この設備は絶対に役に立つんだ，とNHK番組のプロジェクトXの主人公みたいに信じることは美しいが，**撤退すべきときに撤退しておかないと，新規事業だけでなく全体の活動自体が全滅**することもあり得るのである．

類似事例

事象 39.2 諫早湾干拓事業の反対運動（2002）
日本，長崎県諫早市，図39.2

一度はじめたらやめることはできない——何のためにはじめたかは，忘れてしまったけれど．諫早湾干拓事業は1954年に決定して以来，目的や計画の変更をくり返しつつ，莫大な税金をつぎ込み続けている．

シナリオ
▶ 1952年，長崎県知事が農地造成のために諫早湾締切を表明
▶ 1954年，有明海の淡水化と干拓を目的に有明海地域総合開発計画策定
▶ 1957年7月，諫早大水害で諫早市で494名死亡，2,140 ha被害
▶ 1964年〜70年，閣僚折衝で65年度着工を承認から反対漁業民と交渉
▶ 1970年〜82年，長崎南部地域総合開発計画で反対漁業者と交渉
▶ 1982年7月，長崎大水害で諫早市で2名死亡，1,089 ha被害
▶ 1983年，国は事業目的を変え，防災を重視した諫早湾干拓事業に転換
▶ 1985年8月，台風13号で高潮，1,300 ha被害
▶ 1986年，諫早湾内12漁協が漁業補償（総額243.5億円）協定に調印
▶ 1989年，環境庁が同意，干拓工事開始（造成942 ha，事業費2,460億円）
▶ 1997年，全長7 kmの潮受堤防で締切完了，2年後堤防完成

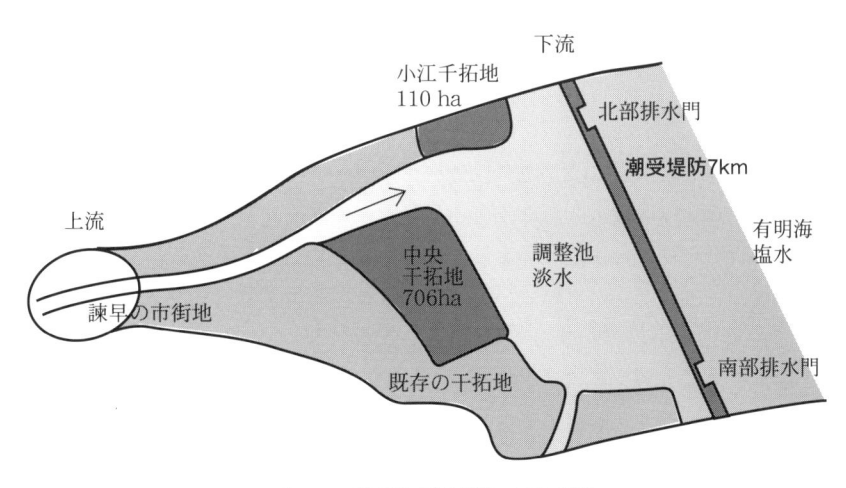

図 39.2 諫早湾干拓事業の反対運動

- 2001年，海苔漁業者が排水門開放を訴え海上デモ，工事現場封鎖
- 同年，事業再評価第三者委員会が排水門の数年間の開放調査を答申
- 2002年，潮受堤防の開門調査開始，干拓面積1/2に事業計画変更
- 2004年，佐賀地裁は漁業被害認め，工事中止を仮処分決定

説明：有明海は奈良時代から長い間，ひたすらに干拓を続け，これまでに26,000 haも農地が生まれていた．諫早市も3,500 haも干拓しており，この地元のエネルギーは止まらない．1970年にはもう農地を造成しても，国民から稲作は間に合っているといわれた．でもめげずに，干拓地で機械化した大規模農業を展開し，野菜や花を作ると計画変更した．また，諫早は多くの水害に遭ってきたから，防災の面から考えても潮受堤防とそのなかの調整池は有効だそうである．しかし，淡水化した調整池は環境を壊してしまう可能性は大きく，1952年以来，漁業者は長い間，国と戦いつづけていた．計画がこのようにコロコロと変わると，筆者でさえ本当にこの工事は必要だったのかと疑ってしまう．

　本事例のように，必要性を疑って，地元民が工事を反対した事件は多い．たとえば，**島根県中海・宍道湖**の干拓淡水化計画で，1954年に発表，1961年に工事開始されたが，1970年に減反が始まって干拓の意味がなくなってしまった．1988年に島根・鳥取県が淡水化を延期，2000年に島根県知事や自民党，農水省が事業凍結を決めて淡水化は先送りされる．1970年に中止すればよいものをブレーキがかかるまで30年かかった．

　また，**長良川河口堰**も，塩害防止（浚渫すると海水が遡上するので），工業用水供給（伊勢湾コンビナートに水を送るため），都市用水供給（名古屋に上水を送るため）を目的に，1960年に計画発表，1988年に着工，1995年に完成した．幅661 mの巨大な堰で総事業費は2000億円である．しかし，化学コンビナートは計画したようには発展せず，過剰になった工業用水を都市用水にまわせるようになったので，当初の目的に意味があるのかわからなくなった．

　さらに，その上流の**徳山ダム**も問題視されている．1957年に揖斐川上流に発電と用水を求めて，日本最大の貯水容量6.6億トンのダムが計画発表された．高い工事費を費やしてまでも美しい環境を潰すのはおかしい，いまさら水力発電が必要か，という議論が1996年からつづいているが，利水容量は半分に変更されたものの事業費の3,500億円の工事は止まっていない．

　土木工事だけに本事例のような企画不良があるかというとそうでもない．通産省は情報の分野で米国に追いつくため，国産メーカの開発を支援するため大形プロジェクトを行ってきた．1976年から740億円かけた**VLSI**や，1981年から180億円かけた**スーパーコンピュータ**は商品が生まれて成功と位置付けられているが，1982

年から540億円かけた**第5世代コンピュータ**や1984年からの**トロン**は商品が生まれず失敗と考えられている．つまり，米国の技術の延長線上に目標を設定したものは成功したが，日本初の新技術を作ろうとしたものは失敗したのである．後者は一か八かの挑戦だから，必ずしも成功しなくてもよいと筆者は思うが，それらを全部成功と決めて国をあげてシャンシャンと手締めするのがおかしいのである．

参考文献：各種のホームページ，たとえばhttp://www.kyushu.maff.go.jp/

40 倫理問題

事象40.1　米国機械学会が民間企業と共謀して規格設定（1971）
アメリカ，マグドネル＆ミラー社，図40.1，資料［1］

安全を守るための規格がねじ曲げられていたとき，私たちは何を信じたらよいのだろう．ボイラ安全装置製造会社がライバル社をつぶすため，規格団体と結託し自社に有利な規格とした．

シナリオ
- マグドネル＆ミラー社（以下，マ社）はボイラ安全装置を製造
- 競合のハイドロレベル社（以下，ハイ社）の電子式燃料遮断装置が脅威
- 米国機械学会（ASME）はボイラーおよび圧力容器委員会で規格設定
- 4月12日シカゴで夕食会，マ社の副社長2名がASME委員長と共謀

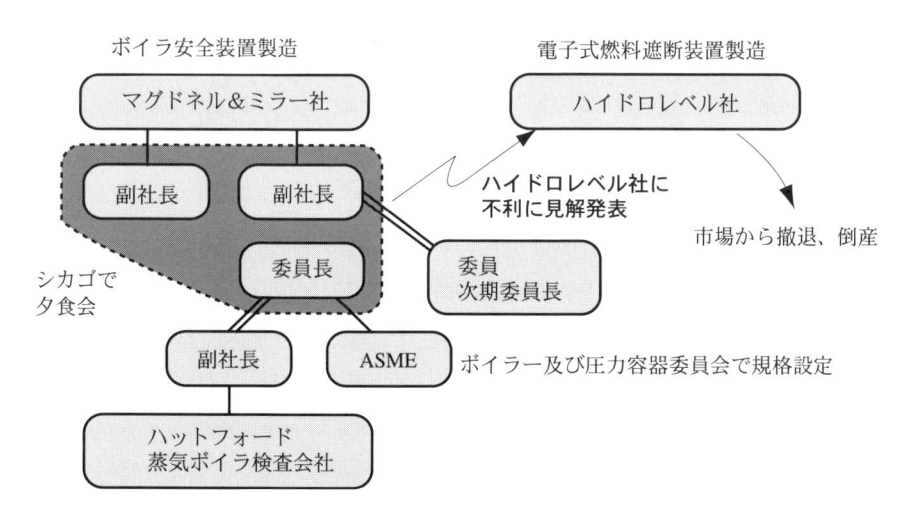

図40.1　米国機械学会が民間企業と共謀して規格設定

- ▶ 委員長はハットフォード蒸気ボイラ検査会社（以下，ハット社）の副社長
- ▶ 4月29日委員長がASMEの名前でハイ社製品が規格不適合と非公式見解
- ▶ ハイ社はASMEに正式文書を要求，ASMEは委員会で文書を作成
- ▶ マ社副社長が次期委員長に就任，正式文書用の審査には不参加
- ▶ ハイ社は製品が売れず，市場から撤退，倒産
- ▶ 1975年，ハイ社はマ社，ASME，ハット社を独占禁止法違反で訴訟
- ▶ 1982年，最高裁でハイ社はASMEに勝訴，マ社，ハット社とは和解

説明：技術者倫理問題として教科書にも載っている有名な事件である．マグドネル＆ミラー社は，「安全装置はボイラの水位が下がったら自動的に燃料供給を遮断する」というASMEの規格条文を「即座に遮断する」と解釈したかった．なぜならばハイドロレベル社の電子式燃料遮断装置は安定制御のために遮断時間が長かったためである．マ社の開発副社長もASMEのボイラーおよび圧力容器委員会委員だったため，その委員長に相談をもちかけた．そこで，副社長がハイ社の製品の不具合を指摘した手紙を書き，委員長が校正してから，マ社からASMEへ質問状として送った．ASMEは委員長に技術的見解を依頼したが，委員長は委員会にかけずに自分だけでハイ社の製品は即座に遮断するように設計すべきと非公式回答した．この回答はマ社の営業に利用され，ハイ社の製品が危険かのように吹聴され，期待通りにハイ社は倒産してしまった．

■「倫理問題」について

エンジニアの倫理問題は，ほとんどは**利益相反**（そうはん）の問題である．つまり，**組織の利益と自分の利益の綱引き上の間違いである**．エンジニアは医者や弁護士と違って，一般にプロフェッショナルな職業と社会に位置付けられていない．その職業がプロと認められるには，最低でも仕事の依頼主と雇用契約を結んで働くのでなくて，**技術指導契約のような個別案件ごとに請負契約を結んで，自分の技術を売るべきである**．しかし，大半のエンジニアは雇用契約を結ぶため，仕事中に裁量的な判断はできないと考えらている．

そこで，2004年に判決・調停があった中村修二氏と日亜化学工業との**青色発光ダイオードの特許紛争**のように，雇用契約で虐げられた中村氏の知的所有権の寄与分はいくらか，という判断がふらついて，金額が膨大になる．裁判官によって600億円から6億円と2桁も違ってくるが，どっちにせよこれくらい高額になると会社にとってエンジニアを雇うことは「獅子身中の虫」を飼うことであり，いつどこで爆発するかも知れない地雷を埋めることにほかならない．

それならば後で恨みっこなしで，個々の案件ごとにコンサルティング契約を結んで，会社からみればアウトソーシングしたほうが安心である．同時に秘密保持契

約も結ぶから，他社に漏れたら民事裁判をしっかりと起こせばよい．エンジニアの分野でも建築士やシビルエンジニアとよばれる土木のコンサルタントは，そういう意味でプロフェッショナルである．

　しかし，今のところ，日本のほとんどのエンジニアは会社員である．自分の設計能力もどこからどこまでが自分本来のものかわからず，全部が会社のものと思っている人も多い．確かにリストラされて同じような製品を作る他社に移ると制約条件が全部変わって，まったく役に立たなくなる人もでてくる．会社員は会社に忠誠を尽くすべきである．しかし，前例のように公的に判断すべき場所でも忠誠を尽くすと，それは倫理問題として社会に弾劾される．雇用者に逆らってもプロフェッショナルな個人の判断を優先すべきだというものは，公的な判断のほかに，環境に影響を及ぼしそうなときの判断や，使用者が事故を起こして損失を与えそうなときの判断があげられる．

　前例で紹介したASMEは，会員9万人と大規模な技術者専門団体である．日本機械学会（JSME）も会員5万人と同程度である．しかし，**ASMEは国家に代わって規格作成するというような，公的に判断する機能が預託されている**．もちろん，日本でもJSMEの会員が国家の規格作成委員になることが多いが，JSMEが作成するのではない．

　東京電力の**原発シュラウド亀裂**（2002）の事故では，原子力発電所の新品の規格ではなく，メンテナンスしながら使っている使用品の規格が問題になった．すなわち，図40.2に示すシュラウド（炉心障壁）とよぶカバーにクラックが見つかった．新品の規格には亀裂があってはいけないが，使用品の規格自体がないため新品に準じなければならない．しかし，もともとカバーだから亀裂が少々あっても運転には差し支えないから，エイッ面倒だと検査結果を改竄して亀裂の発見を隠してしまった．ところが「天知る地知る汝知る我知る」で，検査請負会社の検査員が規制当局に証拠隠滅をホイッスルブロー（内部告発）してしまったのである．その後，規制当局とメーカがグルになって対策を練ったこともわかり，マスコミの攻撃が激しくなった．つまり，当局は告発者の名前を東京電力に知らせて調査させ，告発から2002年の公表まで2年かかった．とにかく世間からは，内部告発したエンジニアこそプロフェッショナルであり，東京電力のエンジニアは単なる「会社員」だった，とみられたわけである．

　ASMEには使用品の規格（維持基準）が1971年に策定されており，クラックが進展しなければ健全性評価はOKだったのである．実は日本の規格作成は新品のでさえもASMEの3年ごとの改訂についていけず，現状の規格は9年遅れのものだった．**いわんや使用品の規格をやで，通商産業省の翻訳作業が追いつかなかったので**

12 悪意の産物

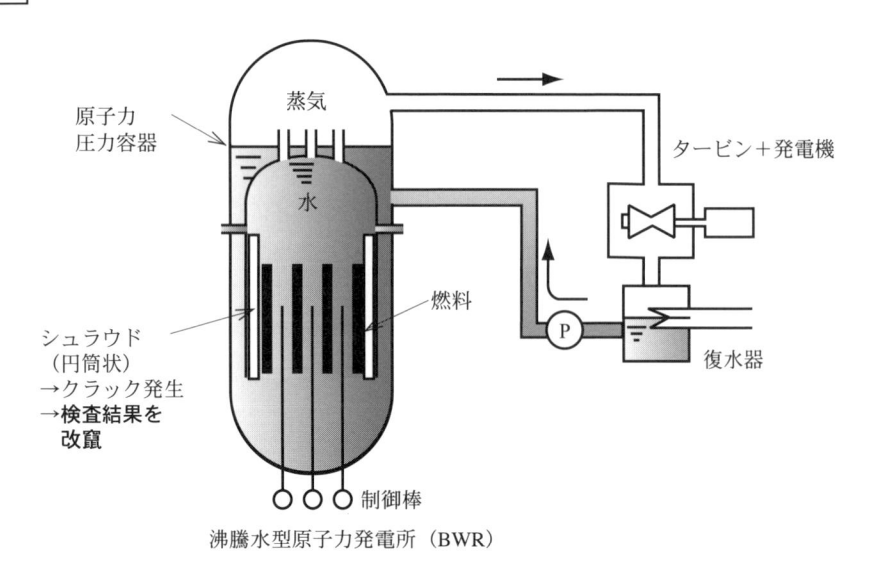

図 40.2 東京電力の原発シュラウドにクラック発生

ある．

　もともと日本の原子炉は米国から技術導入したもの，つまり真似したものである．自分で設計したわけでないから，規格も作れずに真似である．米国はスリーマイル島事故以来，原子力発電所を新規設置していないが，現在でも，空母や潜水艦，宇宙衛星用には原子炉を新規設計している．一方，日本は原子炉は真似するだけなのに新規製造も少なく，それもわずかに改善しても多くのレビューが必要になる．実際，役所仕事ばかりで設計者の面白みがなくなり，元気な若者が原発に集まらなくなっていることが日本の最大の問題である．原発が作る電気は国民にとってなくてはならない必要なものである．使命感を感じてメンテナンスを地道に実行できる，優秀なエンジニアが不可欠である．

　参考文献：城山英明，原子力安全規則の基本的問題，ジュリスト1245号，2003-6，p 82-88

類似事例

事象 40.2 糖尿病薬「リズリン」のリコール（2000）
アメリカ，ワーナー・ランバート社（以下，ワ社），Rezulin（商品名：リズリン，物質名：トログリタゾン），図40.3，資料 [31]

売上21億ドルの薬は63名の命を奪った．リズリンの副作用の危険は，薬剤認可前にわかっていたが隠滅していた．

シナリオ
- 1996年7月，ワ社がリズリンをFDAに申請
- FDAはリズリンを認可スピードアップ制度のFast Track制度で試験
- 1997年1月，試験結果は良好で認可，しかし，肝機能低下の事実を隠滅
- 9ヵ月後，FDAはリズリンによる肝不全で2名死亡の報告受ける
- 1997年11月3日，リズリンのラベルに使用注意の表示を義務付けされる
- 1997年11月12日，FDA医師が認可以前の肝機能低下の事実隠滅を内部告発
- 12月，英国がリズリン販売を禁止
- 2000年3月21日，FDAはワ社にリズリンのリコールを指示
- 三共が日本で販売していた同薬のノスカール錠も，3月22日に販売中止
- 2000年までに死亡報告者数63名
- ワ社はPfizer社に買収される，それまでにリズリンで21億ドル売上

説明：FDAは米国食品医薬品局（Food and Drug Administration）である．糖尿病は，膵島（ランゲルハンス島）が壊れたタイプ1と，体内のインスリン生産が追い

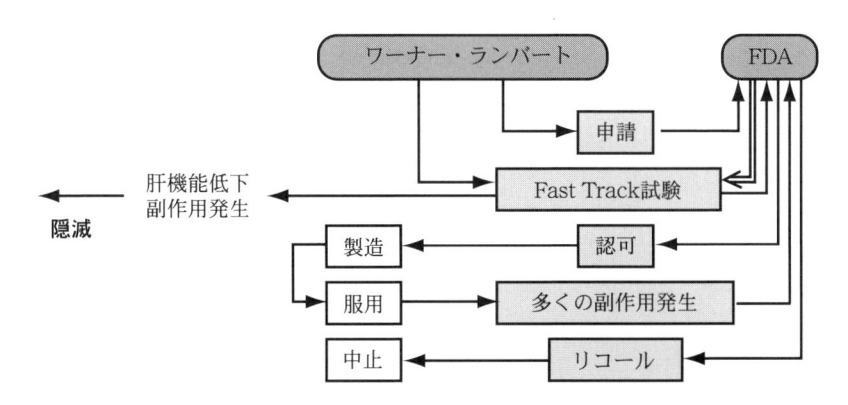

図40.3 糖尿病薬「リズリン」のリコール

つかないタイプ2とがある．リズリンはタイプ2の特効薬として，華々しく登場した．しかし，**内部告発で肝機能低下を隠蔽して試験していた**ことがわかったが，時すでに遅く，実際の服用で多くの患者が肝機能低下の副作用で亡くなった．内部告発や怪文書は，これまでの日本では不平分子やブラックジャーナリストが作ったものだが，1990年代後半からは正直で真摯な従業員が実名で告発するようになっている．

事象40.3 自国で売れなくなった煙草を密輸で転売？（2000）
欧州委員会，米国のフィリップモリス社とR.J.レイノルズ社，図40.4，資料［401］

米国では嫌煙運動が活性化し，規制が強化された．そして，売れなくなった煙草はヨーロッパに密輸された．メーカは，密輸業者が悪い，とシラを切るが，密輸でもメーカが儲かるのは事実である．

シナリオ
▶ 1997年，煙草規制権限をFDA（米国食品医薬品局）がもつと判決
▶ FDAは公共の場の禁煙，煙草広告禁止，煙草害の青少年向教育等の規制強化
▶ 煙草害に関する損害賠償訴訟が多数発生，米国での煙草の売上減少
▶ 米国煙草会社は海外市場を目指すが，高額の輸入関税と税金が障壁
▶ 米国外で販売された米国産煙草の1/4が密輸品（2割安い）？，米国産は人気
▶ 1997年の闇市場は2,800億ドル？，1989年の3倍に成長
▶ 2000年11月と2002年2月，欧州委員会が米国2社の密輸を告発

説明：もちろん，米国2社は密輸の奨励も容認もしていないといっている．しかし，正規輸出・密輸出のいずれにしても，輸出すれば両社の売上が増えることは確かで

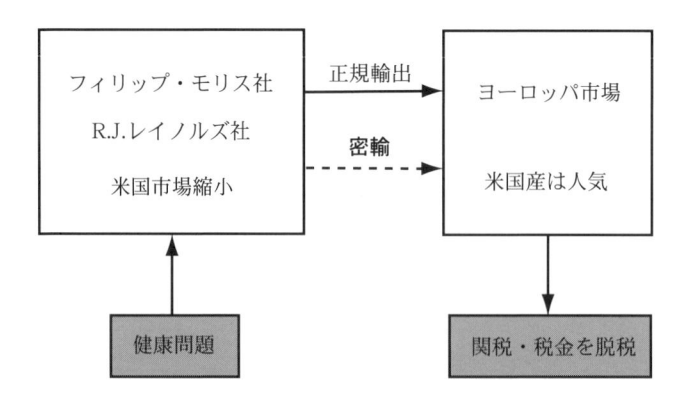

図40.4 自国で売れなくなった煙草を密輸で転売？

ある．同様な輸出問題は多くの製品に生じる．たとえば，テロの拡大を論ずるときには，いつも**中古武器の転売**が問題になる．兵器産業は自国が平和だと商売にならないから，ついつい武器を紛争国に売ってしまう．米国製だけでなく，フランス製，中国製，ロシア製の兵器産業は有名である．日本では第二次世界大戦でアジアをお騒がせした教訓が徹底的に生きている．筆者の大学では何を対象にして研究してもよいといわれるが，兵器だけは御法度である．

41 テロ

事象41.1 チェチェン・テロリストが劇場占拠（2002）
ロシア，モスクワ，図41.1，資料 [28]

人質の命か，テロリストの根絶か．ロシア政府の決断は正しかったのだろうか．チェチェン・テロリストによる劇場占拠．テロリスト41名全員射殺．人質129名死亡（うち，5名はテロリストにより射殺される）．

シナリオ
- 10月23日9時頃，テロリスト41名がモスクワ南部の劇場を占拠
- チェチェン共和国からロシア軍の1週間以内の撤退を要求
- 858名人質，銃器52丁，手榴弾105個，爆弾TNT 120 kg相当保持
- プリマコフ元首相など政治家が2.5日交渉
- 連邦保安局のテロ対策部隊「アルファ」が毒ガス攻撃
- 26日午前5時半頃，劇場の換気システムから特殊ガス注入

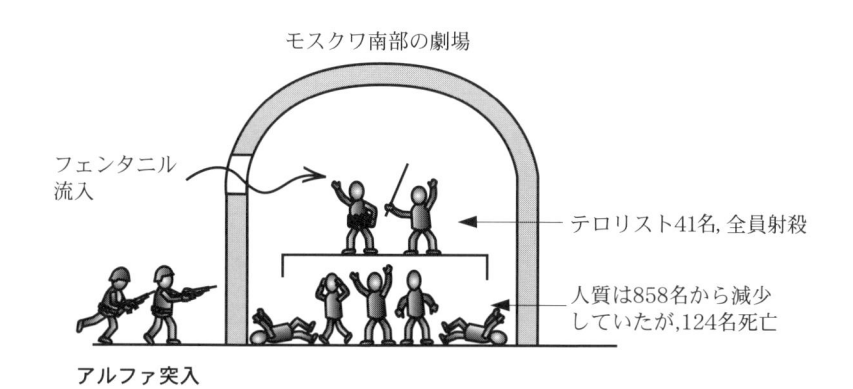

図 41.1 チェチェン・テロリストが劇場占拠

- ▶ 女性テロリストは着用爆弾の起爆装置を作動させる前に失神
- ▶ 1時間後，アルファが突入しテロリスト全員射殺
- ▶ ガス量を間違えて人質124名死亡，テロリストによる人質射殺5名
- ▶ ロシア政府は人質の処刑が開始されたのでやむなく突入と釈明（ウソ）

説明：チェチェンとロシアの紛争は，18世紀後半に帝政ロシアが侵攻してからの長い歴史を有している．ロシア側に正当性があるのかと疑問を呈していたのは，1852年に従軍したトルストイ伯爵である．第二次世界大戦末期にはスターリンから裏切り者としてチェチェン人30万人はカザフスタンに強制移住させられた．ソビエト崩壊の混乱に乗じて，チェチェンはロシアから独立宣言したが，1994年にカスピ海沖油田の石油利権を取られたくないロシアがチェチェン内戦に介入し，それから泥沼の「第二のアフガニスタン」的な紛争が続き，国民100万人の30％は死んだらしい．

本事例の特殊ガスはフェンタニルとよぶ麻薬性鎮痛薬で，鎮痛作用はモルヒネの100倍といわれる．噴霧器でエアロゾル（微粒子）にして呼吸抑制したかったが，呼吸停止や嘔吐による気道閉塞まで進み，奇襲するために救急部隊も準備せず，人質が多く死んだらしい．また，テレビクルーはテロリストとインタビューまで行い，国民に実体を知らしめたが，政府は相当に邪魔だったらしく事件直後に報道規制法案を制定しメディアを抑圧した．2004年にもチェチェンのとなりの**北オセチア共和国の小学校**でもテロ事件が発生し，多くの子供が犠牲になった．

いつ終わるのであろうか．歴史上の恨みが積み重なって泥沼状態である．ちょうど400年前からカトリック・プロテスタントの宗教戦争がこじれた**アイルランド**のテロのように，歴史の産物でもある．

参考文献：アンナ・ポリトコフスカヤ，チェチェンやめられない戦争，NHK出版，2004

■「テロ」について

死ぬ気になれば何でも壊せる．自爆すればよいのだから．

9.11の**世界貿易センタービル倒壊**（2001，事象23.1）はその最たる事件であるが，チェチェンやアルカイダ，アイルランド，北朝鮮，赤軍派，とテロ事件には枚挙の暇がない．2005年現在も毎日のように，イラクでは自爆テロが自国民の他宗派に攻撃をくり返している．エンジニアは交通機関や建築物を守らねばならないが，普通の市民に紛れて侵入してくるテロリストの攻撃を防ぐのは非常に難しい．1987年11月29日，**大韓航空858便**は，アブダビで降りたキム・ヒョンヒがもち込んだ時限爆弾で空中爆破してしまい，115名が死亡した．もちろん，利用客の手荷物から体まで細かに検査すればよいが，たとえば新幹線の東京駅で持ち物検査を実行す

れば利便性が著しく悪化することは明らかである．西欧製のプラスチック爆弾は臭いで犬がわかるそうだが，ロシア製や押入で作った手製爆弾はお手上げだそうである．

失敗知識データベースの公開に立ちふさがるのもテロである．たとえば，反対派から原子力発電所の虚偽記載や隠蔽不正で攻撃を受けるのならば，推進派はいっそのこと，検査現場や運転室をインターネットでリアルタイムで公開するのが好ましいと考えるだろう．皆が確認できるから文句がでるはずがない．しかし，その公開を不可能にしているのがテロである．データはテロ実行に必要な情報を教えてしまうからである．9.11事件でもテロリストは，そのシナリオを実際の小説から考え出したらしい．どこにテロにヒントを与える情報があるか，容易にわからない．しかし，それではいっそのこと，未公開にしようと逆の方向に流れるのが，筆者は恐ろしい．

現在，テロと同様に先進各国で問題になっているのが，**絶望感をもった若者の「道連れ犯罪」**である．自分の仕事や結婚という希望を失って，脳がフリーラン状態になったフリーターやパラサイトシングルが，絶望感を増大させて犯罪に至るのである．小学校を急襲したり，小学生を誘拐したりして，貧困や怨恨，宗教，政治，というような従来型の殺害理由では説明できないような犯罪が1990年後半から急増しているのである．自動車や鉄道，航空機は彼らにとって凶器となりうるが，それを防ぐのもエンジニアの仕事だといわれるととても苦しい．とにかくその危険な人が誰かわからないばかりか，実は自分の子供や兄弟だったということがあり得るのだから．

参考文献：山田昌弘，希望格差社会，筑摩書房，2004

類似事例

事象41.2　オウム真理教の地下鉄サリンテロ（1995）
日本，東京都，首都高速度交通営団地下鉄，図41.2

朝の通勤時間，人々の平和な日常は崩れ去った．世界初の地下鉄化学テロ．死者12名，重軽傷者約6,000名．

シナリオ
- 3月20日8時頃，日比谷線，千代田線，丸の内線の5本の列車内
- オウム真理教信者がサリン入りのビニール袋を傘で刺して漏洩，飛散
- 通勤客，駅員など12名死亡，約6,000名重軽傷，実行者は逃亡

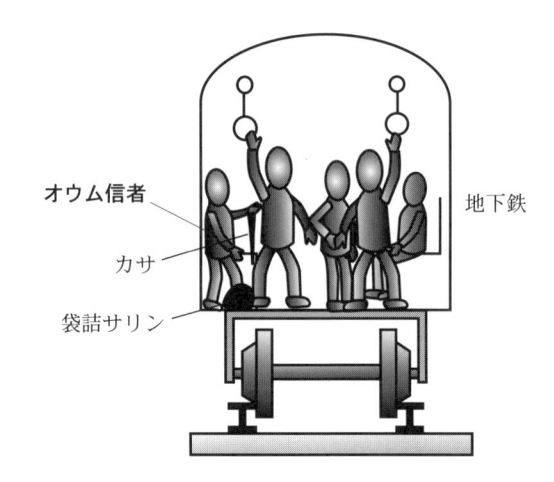

図 41.2 オウム真理教の地下鉄サリンテロ

▶ 22日，警視庁は山梨県上九一色村のオウム真理教教団本部に強制調査
▶ 2004年2月27日，東京地裁は教祖の麻原彰晃に死刑判決，他11名も死刑
説明：**教団本部のサティアンでは，サリンだけでなく炭疽菌まで作っていたのだから，悪の帝国である**．参考文献によると，自衛隊が最も恐れていたのはラジコンの産業用無人ヘリコプタが，サリンを撒きながら攻撃することだったらしい．幸いなことに強制調査前にヘリコプタは墜落させて使い物にならなかったらしいが，農薬散布用にヘリコプタを設計したエンジニアは救われた．

参考文献：麻生幾，極秘捜査，文春文庫，2000

参考文献
―― 失敗知識は書籍から効率的に学べる ――

　これまでに述べたように，失敗学は，失敗の事例を収集することからはじまる．失敗の山から共通点を抽出すると，技術と人間の失敗の本質があぶり出される．そこで「失敗」のキーワードを含む書籍を片っ端から購入し，事故を述べた新聞記事を毎日切り取る作業を始めた．しかし「石川や浜の真砂は尽きるとも世に"失敗"の種は尽きまじ」と詠みたくなるくらい，昨今はそれこそ湧くがごとく失敗が発生している．

　失敗学では，責任追及よりも原因究明に注目する．なぜその失敗が起こったかがわかれば，そこから一般的・抽象的・反復的・共通的な失敗知識の上位概念が抽出でき，次にその知識を再利用して，将来の失敗を予知・回避できる．**この原因究明に有効な知識媒体が書籍である**．とくに，ある失敗に関して，当事者の心情からまわりの組織・社会の歴史的背景・文化的遠因までしつこいほど原因分析して，そのうえ，類似の失敗群を含めて一連の知識を体系化した書籍がよい．これは，損失が生じて社会が許さなかった失敗を，失敗学的に役に立つ"よい失敗"に再生した"次世代への贈り物"である．

　しかし一部の書籍は，大衆の興味を引く失敗の側面だけを"つまみ食い"をしていることも事実である．それでは，無味乾燥な客観的事実だけを列記した事故調査委員会報告書のほうが有効であるか，というとそうでもない．**筆者の集めた日本の公的機関発行の報告書は，技術的に疑わしきは行間に隠したり，規制官庁のご意向が反映されたりして，必ずしも正確とはかぎらない**．また，当事者の失敗時の気持ちは未公開にすべきパーソナルな情報であるため，なぜそんなバカな決断をしたのか，という最も大切な原因の原因が究明できていない．ひとつの記事を盲目的に信じずに，多面的にひとつの事故・事件を眺めることが大切である．

　よい書籍は山ほど売られている．「本は学者の友である」と妻に偉そうにいっても，**書籍代がかさむのは事実である**．元を取るために，行き帰りの通勤電車のなかで必死に読んでも，積んだ本が減らない．誰かが先に読んで，自分に面白そうな本だけを紹介して欲しい，といつも思っている．そこで本書の最後に，よい失敗知識の実例として，"失敗本"を紹介する．いずれも筆者が買って斜めに読んだ本であ

るが，好みが偏っていることも確かである（最初の2冊は拙著である）．この書評を信じた読者が，予想通りの失敗知識を得ることを期待する．なお，これらの書評は日本機械学会誌2003年12月号に投稿した文章に，2004年に読み加えた書籍を加えたものである．

（1） **続々 実際の設計－失敗に学ぶ**，畑村洋太郎編，実際の設計研究会，日刊工業新聞社，1996，5,000円（以下，税抜き価格を記す）

機械設計者が実際に経験した失敗事例や，機械設計者が知っておくべき重大事故を収集して，設計における失敗の特性を論じた．失敗事例は，筆者（書評を書いた中尾のこと，以下，紹介する本を書いた人を著者とよぶ）を含む実際の設計研究会会員41名から，自己申告制で経験談を収集した．今から見直しても，内容が偏らずに全方位的に必要最少限の事例群が集まったことに驚く．筆者らは，2001年度から科学技術振興事業団（JST）で「失敗知識データベース」を作成しはじめたが，いずれの収集事例も本著（この参考文献で紹介した本のこと，この失敗百選は本書とよぶ）の失敗事例のどれかに似ていることから，**筆者らはこの本ですでにシナリオ共通要素群を掴んでいたのである．**

（2） **創造設計学**，中尾政之，丸善，2003，3,300円

筆者が失敗知識のナレッジマネジメントを試みた結果を示す．たとえば，前述の「続々 実際の設計」や企業から集めたデータから失敗350件を分析し，失敗に至るシナリオを80例示した．その後，別個にエンジニアから集めた失敗184件と比較したら，先の80例のお馴染みの失敗，たとえば組図作成の手抜き，熱変形によるかじり，高分子材料の変質，ねじのへたり，などの類似事例が137件（184件の74％）も含まれていた．**失敗には共通性が存在する．**

（3） **失敗学のすすめ**，畑村洋太郎，講談社，2000，1,600円

あれよあれよという間に14万部売れて，著者は"失敗学の教祖"になった．昔からエンジニアにとって，失敗から学ぶことは当然であった．しかし，この本によって，日本の社会全体が失敗を肯定的にみるようになったことも事実である．

1997年頃，筆者の講座の上司だった畑村先生は，2001年に定年を迎えたら毎日何をしようかな，と寂しげにこぼしていた⇨1998年頃，筆者の学科に講義をお願いした立花隆氏に前述の「続々 実際の設計」を何気なく紹介すると，彼は「失敗学」と称してテレビで3分間紹介してくれて売上が3,000冊を超えた⇨1999年，立花氏の元秘書でスタジオジブリの佐々木千賀子氏（「立花隆秘書日記」ポプラ社，2003，1,500円の著者）が畑村先生に講演を依頼した⇨その講演

に同席した講談社の編集者が感銘して失敗談を本著に仕立てた ⇨ その本が成功していまや「何やらの失敗」という畑村先生の書籍が月刊誌のように本屋に並ぶ．

なにやら"藁しべ長者"のような話であり，工学部の元教授でも著述業が営めるのである．内容が同じでも，前著の「続々 実際の設計」はエンジニアの手作り手弁当の自己満足的"作品"であったが，「失敗学のすすめ」は一般大衆をターゲットにおいて本職のライターが縦書きに読みやすく編集し直した"**商品**"である．本作りのプロが作るとでき上がりがこんなに違う，と感銘するから読み比べて欲しい．

（4） **失敗に学ぶものづくり**，畑村洋太郎編，講談社，2003，1,800円

筆者は，安全知識を後世に伝えようという各章の著者の方々の意気込みに感動した．小林英男先生（東工大）の破壊力学，松田芳夫氏（元建設省）の土木事故，嵩英雄先生（工学院大）の建築事故，万代典彦氏・宮島弘志氏（JR東日本）の鉄道事故，守友貞雄氏（元セイコーインスツルメント）のエンジニアの失敗，宮間熊男氏の伊勢神宮大工の失敗，の内容であるが，いずれもその分野の安全に関わった一流の人物だけにとても含蓄がある．

（5） **橋はなぜ落ちたのか**，ヘンリー・ペトロスキー，朝日新聞社，2001，1,300円

米国の本屋はどこでも工学のスペースはわずかである．しかし，それでもつねに著者の設計に関する本があり，筆者も何冊か読んだがどれも小説のようで面白い．最近出版されたものがHenry Petroski, Pushing the Limits - New Adventure in Engineering, Alfred A. Knopf, 2004, $25である．いずれの本も，各章にひとつずつ，実際の設計例から説き起こす「ケーススタディ方式」を採っており，記述は難解で叙情詩的であるが，図もあるし論旨は理解しやすい．本著は大形橋梁の失敗を「設計者は大きなものに挑戦したくなる」「大きなものが壊れたときに，人間は新たな現象を理解する」という2,000年間も続いた歴史的な失敗シナリオを論じた．

（6） **ものが壊れるわけ－壊れ方から世界をとらえる**，マーク・E・エバート，河出書房新社，2004，2,200円

英語の原著 Why Things Break は買ったのに積んでいただけだったが，幸いにも翻訳本が出版されて全部読めた．著者は脆性破壊のメカニズムの研究者で，結晶粒界の界面エネルギを計算すると，リンが脆化させ，ホウ素が靱化させる現象がわかったという．しかし，興味が非常に広く，多くの製品に対して壊れるメカニズムを示した．タイタニック，チャレンジャー，パイレックスの鍋，セラミクスの装甲，プルトニウムの原子力電池，などに話が飛んでワクワクする．教科書で，面白みはないが，破壊のメカニズムがよくわかるのは，「**破壊力学**」（小林英男，共立出版，1993，2,884円）である．

(7) **失敗の本質**，戸部良一，野中郁次郎，他，中央公論社，1984（1991に文庫化），700円

失敗学ならば本著こそ"元祖"である．ノモンハン，ミッドウェイ，インパールなどのお馴染みの太平洋戦争の失敗を分析した後で，日米の組織論を論じた．本著によって，多くの日本企業がプロジェクトチームのようなタスクフォース型に人事を変えて，柔軟に自己変革できる組織を狙ったほどである．成功組織に注目するならば「**アメリカ海兵隊**」（野中郁次郎，中央公論社，1995，680円）が面白い．

(8) **この国の失敗の本質**，柳田邦男，講談社文庫，2000，667円

著者も航空事故や医療過誤に注目した失敗学の"元祖"の一人である．本著では薬害の話が面白かったが，戦争から震災，不祥事まで広い話題で日本の体質を説く．宇宙や医療，電力などに注目して技術や組織を論じた本として，「**科学技術はなぜ失敗するのか**」（中野不二男，中公新書ラクレ，2004，800円），「**国産ロケットはなぜ墜ちるのか**」（松浦晋也，日経BP社，2004，1,400円），「**医療事故がとまらない**」（毎日新聞医療問題取材班，集英社新書，2003，660円），「**北米大停電**」（山家公雄，社団法人日本電気協会新聞部，2004，900円）などが面白い．

(9) **幻の大戦果 大本営発表の真相**，辻泰明・NHK取材班，NHK出版，2002，1,600円

戦争を知らない世代は，大本営発表の言葉から勇ましい嘘を連想するだけである．ここでは **1944年の台湾沖航空戦**に注目して「**空母13隻撃沈**」という大本営発表を原因究明した．その1週間後のレイテ沖海戦では沈めたはずの空母がまるまる出動してきたのだから，まるで持ち駒にもう一組の飛車角をもった相手と将棋を指しているみたいである．本書では誇大報告の経緯を生存者にインタビューしているが，搭乗員の事実誤認，幕僚の戦果判定の甘さ，大本営の希望的観測，などが原因であることがわかった．決して情報操作や謀略のように，はじめから大衆を騙すつもりの悪意の発表ではなかった．しかし，海軍は台湾沖大勝の発表直後に誇大であることがわかったが，その後も訂正せずに自らがその嘘を根拠に作戦指導し，さらに嘘であることをフィリピン作戦計画中の同じ大本営のなかの陸軍にも教えなかったというのは恐ろしい．現在の不良債権も何度処理してもまた湧き上がるが，このときの空母と同じなのであろうか．

(10) **電撃戦という幻**（上下2巻），カール＝ハインツ・フリーザー，中央公論新社，2003，3,800円×2

第二次世界大戦勃発直後の電撃戦は，ドイツの大成功でフランスの大失敗である．ドイツ軍は歩兵のかわりに戦車を，砲兵のかわりに急降下爆撃機を準備して，セダンを強襲し，アッという間に背後から回り込むようにフランス軍を包囲殲滅した有名な戦いである．

しかし，本著で事実を再分析した結果は，従来の説を題目に示したように"幻"と化した．つまり，戦車と爆撃機は開戦前でフランス軍のほうが質量ともに有利であったこと，戦場で突進する戦車部隊の現場の判断がドイツ軍に勝利をもたらしたこと，作戦に反対しつづけたドイツ軍上層部（とくにヒトラー）が勝利後に，最初から支持していたかのように喧伝したこと，などを明らかにしている．前述の戦記物と同じように，**当事者間の恨みが薄まり秘密も明らかになった歴史的事例を冷静にケーススタディすると，現在の組織にも役立つ知見が生まれる**．

(11) **災害・事故事例事典**，災害情報センター編，丸善，2002，28,000円

筆者は前述の「失敗知識データベース」の機械分野を担当しているが，その失敗事例の情報をこの事典からいただいた．災害情報センターは，大学の先生方が所有する調査資料の保管・活用を目的に発足して，今でも常時，新聞記事や調査報告書から事実を正確に収集している．**このようなNPOが運営されていること自体，日本の誇りである**．本著は内容が実に客観的・科学的である反面，原因としてヒューマンエラーや組織管理不良のような人間が関係する側面が，残念なことに，さらりとしか記述されていない．

(12) **環境・災害・事故の事典**，平野敏右編集代表，丸善，2001，25,000円

これも前述の「災害・事故事例事典」と同じように，過去の事例がこと細かに記載されている．しかし，本書の図II.3で示したように，**歴史的に多くの研究者が存在する分野に，事例が密集している**．「火災爆発事故事例集」（安全工学協会編，コロナ社，2002，5,000円）も有名な事故が科学的論文として分析されている事典のひとつである．

(13) **世界の重大産業災害**，社団法人日本損害保険協会編，1993，非売品

同じ編者の「世界の重大自然災害」とともに，"ベタ一面"で有名な事故を勉強するのにちょうどよい100ページぐらいの小冊子である．同法人からは，地震，津波，江戸時代の災害，などの多くの事例集が発行されている．**さすが損保である**．

(14) **事故は語る1998-2003**，D&M日経メカニカル編，日経BP出版センター，2003，2,400円

D&M日経メカニカル誌に連載されている事故事例の集約版である．本書は機械分野の事故事例の宝庫で貴重である．しかし，筆者は「**事故は多種多様である**」「**いくら読んでも新しい事故は違っている**」という溜息混じりの読後感をもった．確かに，鑑定人の技術士の先生が科学的思考によって事故事例の真相を暴く過程は"探偵小

説"を読むようで楽しいが,「どうしてその原因に気付いたのか」という"種明かし"が知りたい．必ず過去に体験した事故の知識と連結しているはずで，この種明かしが後輩にとって宝になる．もっとも，経営，設計，QC，VE，IEなどのコンサルタントは知識を顧客に"対面販売"しているため，商売道具を公開してくれないのも当然のことであるが．

(15) 建設事故ー重大災害70例に学ぶ再発防止策ー，日経コンストラクション編，2000，4,800円

1990年半ばまでは，土木・建設業界は事故が付き物とされ，現場作業員のヒューマンエラーを含めた原因究明や，元請け会社・発注企業体の管理に関した監督責任はウヤムヤになる業界だった．ところが1993年のゼネコン不祥事から風向きが180°変わって，本著のようなすばらしい書籍が出版された．とにかく写真が綺麗で理解しやすく，説明も図を含めて懇切丁寧でよくわかる．また，事故後の刑事責任も裁判の経緯とともに記述され，過失とは何かがわかる．姉妹書として，「**現場の失敗ー欠陥構造物を生む設計・施工の落とし穴**」(日経コンストラクション編，2001，3,800円) も面白い．

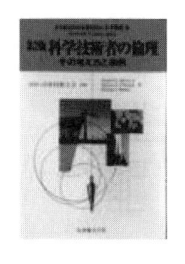

(16) 第2版 科学技術者の倫理ーその考え方と事例，C. Harris, Jr 他，日本技術士会訳編，丸善，2002，3,900円

技術者倫理の教科書として，日米の多くの大学で使用されている．要は「社会のために正直に仕事せよ」といっているに過ぎないのだが，雇用主や顧客，環境，学会などとの関係が絡むと，そう簡単に割り切れなくなる．さらに，本著の内容はあまりに抽象的であるため，工学部生ならば読みはじめて30分間で意識が薄れてくる．そこで，特定事例を叩き台にして討論する「ケーススタディ方式」を，経営学の講義と同様に導入している．ケースとして，NASA・チャレンジャー号爆発，フォード・ピントの燃料タンク，ASME・ハイドロレベル社利益相反事件，カンザスシティ・ハイヤットホテル遊歩道崩壊，のような，本書でもとりあげた有名事件ばかりでなく，想像上の主観的記述を含むトラブル事例を含めて多く用意してある．いくつかを自問自答してみるだけで勉強になる．本著では，倫理は心の奥のパーソナル情報抜きに論じることができないので，最初から心の奥を推定した"作り話"を準備している．エンジニアは「真実を曲げるな」と教えられているので奇異に映るが，失敗学も組織的原因を論じるときは作り話が必要になろう．

(17) 航空事故 (増改訂版)，デイビッド・ゲロー，イカロス出版，1994，4,800円

1950年から約250件の飛行機の重大事故を列記している．個々の事故調査書を読むときには気が付かないが，これほど事例数が多いと30分間も読むうちに，似たような事故群，つまり失敗の共通シナリオを見つけることができる．同様な航空事故の読み物として，Macarthur Job, **Air Disaster**, Volumn 1～4, Aerospace Publications Pty Ltd, Australia, ISBN 1 875671 19 6, 1996, $21.95が面白い．

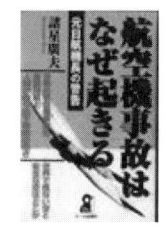

(18) 航空機事故はなぜ起きる―元日航機長の警告，諸星廣夫，エール出版社，2003，1,700円

機長の告白本というのは多いが，そのなかでも**本書はヒューマンエラーについて，元機長の著者の推定を含めてわかりやすく記して**ある．有名な事故事例を網羅しているが，とくに1988年に航空ショーで，地上10 mの低空飛行を見せたA320が樹木に接触して墜落した事故の原因は，機長の自信過剰と断じてあった．この機長は「**エアバスA320はなぜ墜ちたのか**」（ミシェル・アスリーヌ，講談社，1995，2,300円）という本を執筆し，「事故はハイテク機の加速遅れや高度計故障が原因であり，会社はその原因を隠すためにフライトレコーダを改竄した」と述べた．筆者はその本を読んだとき，飛行機業界はこんな陰謀までやるのかと驚いたが，常識で考えればやはり自信過剰に対するいい逃れと解釈すべきであろう．

(19) アポロ13号奇跡の生還，ヘンリー・クーパーJr.，新潮社，1994，1,800円

映画のほうが有名であるが，本著では映画で省略されている工学的側面が理解できる．乗員に失敗回避の思考を負担させないように，地上の分析チームが実物モデルで回避動作をシミュレーションした後で作業マニュアルを作成し，それを乗員に伝えるところがすごい．日本でも**日本原燃の使用済み核燃料の再処理工場**では，実物モデルで作業訓練だけでなく失敗回避シミュレーションもできる．事故を起こしたら損害が大きいのだから，多少の資金を投入しても訓練装置を作るべきである．宇宙空間や放射能区域では，操作員が面倒な遠隔操作をしなければならないし，それよりも一般に，**頭で考えたことを手足を動かして事前チェックする避難訓練は，どんな失敗回避においても不可欠で**ある．

(20) なぜ起こる鉄道事故，山之内秀一郎，東京新聞出版局，2000，1,500円

鉄道事故を過去から現在まで体系的に記述した良書である．1890年の米国では年に6,335名が鉄道事故で亡くなったというのだから，現在の自動車事故と同程度に危険だった．**日本の国鉄では労使関係が悪化した時期でも，安全システムに投資していたことがわかる．**英国では民営化に際して，日本のように地域ごとに分社化するのではなく，運用・車両・レールと分社化したが，そもそもレールの保守で利益を出すこと自体に無理があり，案の定，レールの疲労破壊という定期検査で回避可能な"許されない"事故が多発した．これは「**折れたレール―イギリス国鉄民営化の失敗**」（クリスチャン・ウルマー，ウェッジ，2002，2,400円）に詳説されている．鉄道土木技術者の本として，「**変わった構造物と特異な災害**」（仁杉巖監修，池田俊雄，久保村圭助，交通新聞社，2003，1,905円）が面白い．

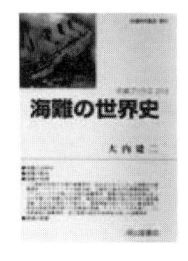

(21) 信楽高原鉄道事故，網谷りょういち，日本経済評論社，1997，2,800円

一般に，失敗の当事者はヒューマンエラーの原因を，裁判所でしか告白してくれない．著者は公判を傍聴して，事故当日以前にも当事者が赤信号で発車させた事実を知った．著者の前著「**事故の鉄道史**」「**続・事故の鉄道史**」（ともに，佐々木冨泰，網谷りょういち，日本経済評論社，1993・1995，3,200円・2,800円）も読み物として面白い．

(22) **海難の世界史**，大内建二，成山堂書店，2001，1,500円

歴史的な船舶の事故が述べられている．海難事故の一般特性を体系的に論じているが，「あとがき」では，2001年のハワイで起こった，**宇和島水産高校の練習船「えひめ丸」が米海軍の原子力潜水艦「グリーンビル」の緊急浮上によって衝突，沈没した事故**は，これまでの海難事故に類似事例がないものだと嘆いていた．民間人になった海軍のOBに訓練を格好よく見せたいと思った船長の安全確認ミスであるが，だだっぴろい太平洋でもヒットする確率がゼロとはかぎらないのである．

(23) 迷路のなかのテクノロジー，H.コリンズ，T.ピンチ，化学同人，2001，2,200円

ゴーレムというユダヤ神話の力もちで愚かな人造人間に，科学をたとえた．たとえば，本書でも取り上げた，湾岸戦争でのパトリオットやチャレンジャー号のOリングなどを明らかにしている．つまり，**マスコミが科学技術を簡素化してシロクロはっきりさせて説明している**が，実はそうでもないらしい．チャレンジャー号に関する元本は，Diane Vaughan, **The Challenger Launch Decision**, The University of Chicago Press, 1996 である．575ページの大著なので，筆者はパラパラとしか読んでいない．

(24) アポロは月に行ったのか？，メアリー・ベネット，デヴィット・S・パーシー，雷韻出版，2002，1,900円

本著は，「1969年にアポロ11号は月には行っていない．皆がテレビで見ていた**画像はスタジオで取ったものだ**」という主張を，写真や映画を解析して多くの疑問点を指摘している．成功でも失敗でも大衆用の情報なんかは簡単に操作できるという説である．あれがヤラセだとすると，筆者を含めて世界中で何億人が騙されていることか．「南京事件ー証拠写真を検証する」（東中野修道，ほか，草思社，2005，1,500円）は日本軍の大量虐殺事件の143枚の証拠写真を徹底的に調査して，もとの写真を探し出し，どのように説明を改竄したかをチェックしている．また，メールを筆者も毎日使っているが，アメリカに傍受されているかもしれない（筆者のは価値がないから無駄だろうが）．「エシュロン」（産経新聞特別取材班，角川書店，2001，571円）や「**すべては傍受されて**

いる―米国国家安全保障局の正体」(ジェイムス・バムフォード，角川書店，2003，3,333円)を読むと暗然としてくる．役に立った例だから公表したのであろうが，世界中のメールから伝染病に関する言語は検索されており，WHOはSARS報告の3ヶ月前に広州で新伝染病発生を察知していた．第二次世界大戦の直前でも日本の暗号は全部読まれていたが，「エコノミックアニマルは褒め言葉だった―誤解と誤訳の近現代史」(多賀敏行，新潮新書，2004，680円)によると，日系人が日本国政府の訓令を誤訳して，「日本は真剣に交渉する気はない」と米国に解釈された．そんなことなら最初から英文で書いたほうが日本の歴史には都合よかったわけで，コミュニケーショントラブルは生じなかったのである．

(25)「狂牛病」どう立ち向かうか，矢吹寿秀，日本放送出版協会，2001，1,400円

本書でも取り上げた，英国の狂牛病に関して取材内容を記述した．狂牛病は人間には感染しないといいつづけたメイヤー内閣であるが，感染事実の判明直後に倒閣し，ブレア内閣が前政権期間の技術面だけでなく組織面の原因調査を始めた．ドイツでは狂牛病は感染していないといいつづけたのに検査を始めたら100頭以上の感染が見つかって農業省が消費者向けに再編された．日本ではこれらの政治的失敗に学んだのか，感染が判明するとプリオンが蓄積しない30ヶ月以下の牛しか出荷させず(直後に出荷時に全頭検査すると変更，結果的には過剰検査)，この対処は日本政府には珍しく迅速だった．しかし，肉骨粉の危険性を通達したという英国政府の手紙に対して，日本の役所は不作為で応じている．その手紙はどこに消えたのか，大臣私的諮問の「BSE問題に関する調査検討委員会」(2002)の報告書でもわからない．

(26) 2000年有珠山噴火，北海道新聞社，2002，1,600円

本書でも述べたように，失敗知識が実際に再利用されて役に立ったという成功例である．岡田弘先生(北大)は過去の噴火の調査から「有珠は嘘をつかない」という知識を導いて噴火を正確に予想し，市町村はハザードマップでシミュレーションしたように迅速に避難し，内閣官房の内閣危機管理監は，たとえばJR特急を途中で止めて車両を避難用に運用するような緊急命令が実行できた．阪神大震災と比べると大進歩である．

(27) 冷凍庫が火を噴いた，全国消費者団体連絡会ＰＬオンブズ会議，花伝社，2001，2,000円

1995年から日本でもPL法が施行されたが，裁判例は6年間でわずかに30件程度で，勝訴したのも本著の判決ぐらいである．医療過誤と同様に，原因を鑑定するのは裁判官ではないから，どうしても疑わしきは罪にしたくない同業者の科学者の意見が通る．PL訴訟天国の米国とは状況が大きく異なる．しかし，日本でもこれから理系出身弁護士が急増すれば，PL裁判も急増するのではないだろうか．

(28) **田中角栄失脚**，塩田潮，文春新書，2002，860円

1974年に文藝春秋に掲載された立花隆氏の「田中角栄研究－その金脈と人脈」と児玉隆也氏の「淋しき越山会の女王」が，田中角栄首相を辞任に追い込んだ．本著はこの経緯を記してある．「田中角栄研究全記録（上下2巻）」（立花隆，講談社文庫，1982，660円×2）を読むと，実にしつこく調査して真実を暴いていったかがわかる．政治に絡む事件は数多いが，原因調査して実体をこれほど明らかにした失敗例は数少ない．それほどの内容だが，立花氏とその取材班が調べた期間はたかだか1ヶ月で，それも立花氏は同時期に「血と抗争－中核・革マルの仁義なき戦い」という大作を昼夜分けて調査・執筆していたというのだから，いやはや"知の巨人"である．

(29) **吉野屋の経済学**，安部修仁，伊藤元重，日本経済新聞社，2002，600円

2001年に280円の牛丼を期間限定で売り出したら，ロジスティックで破綻し，素材が供給できずに臨時休業した失敗や，1985年に組織を拡大していく過程で牛丼の味が落ちて，結局，倒産してしまった失敗，などを分析する．筆者は実際に食材工場や配送場を見学させていただいたが，製造業における工程設計とまったく同じであり，小さな投資で風味と安全を確保する設備設計は製造業よりも賢かった．

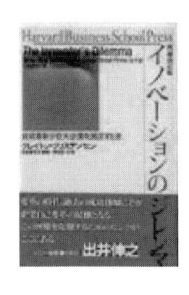

(30) **イノベーションのジレンマー技術革新が巨大企業を滅ぼすとき**，クレイトン・クリステンセン，翔泳社，2001，2,000円

経営学でも失敗分析は大流行で，多くの書籍を見つけることができる．そのなかでも本著は，経営者の人格や組織の風土のような精神論に触れずに，客観的に分析してなるほどと唸らせる．たとえば，筆者が以前に働いていたハードディスク装置の業界では，経営陣は経営学の教科書に書いてある通りに市場を分析した．つまり，安定で利益率が高いメインフレーム向けの上位市場をもつ従来の大形装置に対して，高密度化のような「**持続的イノベーション**」に投資したほうが見返りが大きいので，それを実行した．この判断は正しい．しかし，利が薄いので無視していたパソコン向けの下位市場にいた小形装置も急速に高密度化して，顧客が要求する性能に追いつくと，上位市場でも突然に大形装置から小形装置へと「**破壊的イノベーション**」が発生し，大形装置向けの企業はすべて倒産した．この50年間でつねに生き残ってきたのはIBM社だけで，それは小形装置の設計部隊を大形装置のそれと別個に別の場所で運営したためである（そのIBM社もついにこの部門を日立製作所に売ってしまった）．経営的には正しい判断をしていても，破壊的イノベーションの下では役に立たずに失敗することを，油圧ショベル，小形バイク，ミニミル（電気炉メーカ）などの多くの商品に適用して解説している．

(31) ブランドはなぜ墜ちたか，産経新聞取材班，角川書店，2001，1,300円

本書では，雪印，そごう，三菱自動車の失敗が生じる組織的な遠因を調査している．技術的な原因は客観的に調査・記述しやすいが，このような組織的で人間的な原因は各所にインタビューしなければならず，新聞社のようなマスコミでも大勢で注力しないと難しい．第一勧銀の「会長はなぜ自殺したか」や山一証券の「会社がなぜ消滅したか」（ともに，読売新聞社会部，新潮文庫，2000，514円・590円），みずほの「巨大銀行の沈没」（須田慎一郎，新潮社，2003，1,500円）も，組織的な遠因が面白い．

(32) 人はなぜ失敗するのか，ディートリッヒ・デルナー，近藤駿介監訳，ミオシン出版，1999，1,900円

人間が失敗するメカニズムを心理学的に実験して分析している．たとえば，ゲームプレイヤーが大統領や市長になって政策を決定していくが，「しだいに独裁者のように評価を疎んじて施策が硬直化し，破滅的になって無責任になる」という過程を観察する．原子力の研究者が翻訳していることが面白い．

(33) ヒューマンエラーの科学，大山正，丸山康則，麗澤大学出版社，2004，2,400円

筆者も第8章「失敗から成功へ－失敗のデータベースから」を執筆した．ヒューマンエラーの分析方法や分析結果が満載されているが，防止方法には精神論ばかりで今ひとつ具体的でない．ヒューマンエラー防止の研修会には，「事故はなぜくり返されるか」（黒田勲監修，石橋明著，中央労働災害防止協会，2003，1,200円）が最適である．企業の倫理問題に関して，「コンプライアンスの知識」（高巌，日本経済出版社，2003，860円）が企業の防止体制の構築例を含めて面白い．

(34) 人はなぜ逃げおくれるのか－災害の心理学，広瀬弘忠，集英社，2004，700円

本書でも取り上げた韓国の地下鉄火事，明石の歩道橋圧死，洞爺丸の沈没，奥尻島の津波，ソウルの百貨店崩壊，地下鉄サリン事件，などで人間がどのように対処するかを，いろいろな方向から解析している．このような事故でも「パニックが起こることはない」と断じているのに驚いた．実際，冷静に対処して逃げおおせた人も多い．現在は，危険の兆候なしに突然，事故に巻き込まれる可能性が高い．自分だけでもサバイバルするのに，必読の書である．

(35) 刑法判例百選Ⅰ総論（第5版），芝原邦爾，ほか，有斐閣，2003，2,105円

六法全書をはじめから読んでいくと，あまりに抽象的で眠くなる．そこで具体的に実際に生じた判例によって抽象的な言葉の概念を確認し，次に一般的にどの判例にも適応できる解釈を求める学習方法が効果的である．それも必要最少限の判例数で全体像を把握したい．それを満足させるのが本著で，いずれも両開き2ページに，事実の概要，判旨，解説が述べられている．このほかにも，筆者は「英米判例百選（第3版）」「交通事故判例百選（第4版）」「医療過誤判例百選（第2版）」（いずれも有斐閣，1996〜1999，2,400〜2,600円），「判例から学ぶ交通事故事例集60選」（渡辺智子，大成出版社，2003，2,400円）を読んだがいずれも面白い．

次に筆者らが収集した情報群を示す．これらは http://www.sydrose.com/（特定非営利団体の失敗学会の事務局）で公開している．

資料 [1]　米国機械学会が民間企業と共謀して規格設定（1971）
資料 [2]　遊園地で回転遊具カオスが墜落（2001）
資料 [3]　不完全データ入力でアメリカン航空機墜落（1995）
資料 [4]　解体作業中，頭を挟まれて死亡（1995）
資料 [5]　自動倉庫のリフト落下（1994）
資料 [7]　カナダで天然ガスパイプラインが破裂（1995）
資料 [8]　アンテナ吊り上げ中にボルトが外れ転落（1982）
資料 [9]　ファイアストン社製タイヤのリコール（2000）
資料 [10]　タイタニック号の沈没（1912）
資料 [11]　デュプレシス橋の崩壊（1951）
資料 [12]　DC10のユナイテッド航空機墜落（1989）
資料 [14]　アロハ航空243便の機体構造剥離（1988）
資料 [15]　カリフォルニア製油所の廃油パイプが爆発（1997）
資料 [16]　サーパス化学社の河川汚染（1997）
資料 [17]　ペンズオイル精製所の爆発（1995）
資料 [18]　ナップ製薬社での化学爆発（1995）
資料 [19]　アイソトープの不始末で放射線被爆（1987）
資料 [20]　MRIにボンベが引き込まれて男児に衝突（2001）
資料 [21]　SUVのトヨタ1994年製「4-Runner」の横転（1995）
資料 [22]　ハットフィールドで列車脱線（2000）

資料［23］　飲料自動販売機の転倒で下敷き（1998）
資料［24］　タイプ3ドアの掛け金の欠陥（1991）
資料［26］　単位系の取り間違いで火星探査機が行方不明（1999）
資料［27］　パトリオットミサイルの防御失敗（1991）
資料［28］　チェチェン・テロリストが劇場占拠（2002）
資料［29］　ユナイテッド航空811便の貨物室ドア脱落（1989）
資料［30］　パンアメリカン航空103便の空中分解（1988）
資料［31］　糖尿病薬「リズリン」のリコール（2000）
資料［102］　美浜原発2号機の蒸気発生器一次冷却水漏れ（1999）
資料［103］　ディーゼル列車が取手駅ビルに衝突（1992）
資料［104］　ロープウェイのゴンドラが壁に衝突（1992）
資料［105］　無人運転のニュートラム電車が暴走（1993）
資料［106］　エネルギー回収装置のタービン暴走・爆発炎上（1994）
資料［107］　中華航空エアバスが着陸失敗・炎上（1994）
資料［108］　技術試験衛星「きく6号」の静止軌道投入失敗（1994）
資料［109］　カーフェリー「エストニア」が沈没（1994）
資料［110］　高圧空気タンクの発火・爆発（1995）
資料［111］　無人大形・自動ラック倉庫の火災（1995）
資料［112］　高速増殖原子炉「もんじゅ」のナトリウム漏れ（1995）
資料［113］　山梨厚生病院で高気圧酸素治療装置のタンク爆発（1996）
資料［114］　デジタルビデオカメラでエアバスの操縦計器が異常（1997）
資料［115］　東証の株式売買システムが稼動せず（1997）
資料［116］　箱型ブランコで女児の足が骨折（1997）
資料［117］　「ポケモン」パニック（1997）
資料［119］　NTT専用回線の19,000回線ダウン（1998）
資料［120］　逆バンジー「スカイショット」でイスが鉄塔に激突（1998）
資料［121］　八丈島で遭難漁船の捜索開始が大幅遅延（1999）
資料［122］　高速道路で自動車に鉄製ふた直撃（1999）
資料［123］　24時間風呂で水中出産の女児死亡（1999）
資料［124］　H2ロケット8号機の打ち上げ失敗（1999）
資料［125］　敦賀原発2号機の熱交換器から一次冷却水漏れ（1999）
資料［128］　レーザポインタで視力障害（1999）
資料［129］　ジェットバスで女児が溺死（2000）
資料［130］　蛍光灯安定器が破損してPCBが飛散（2000）
資料［131］　富士通HDD不良問題（2002）
資料［132］　雪印乳業大樹工場製の乳製品集団中毒（2000）
資料［133］　みずほフィナンシャルグループの大規模システム障害（2002）

資料 [134] コンコルドの墜落（2000）
資料 [135] 京都や兵庫で広域停電（1999）
資料 [136] 自衛隊練習機墜落・高圧線切断で関東広域停電（1999）
資料 [137] 小学校で防火シャッタ誤作動（1998）
資料 [138] 富士重「レガシィ」のアクセル緩まず，リコール隠し（1996）
資料 [201] 長崎でタービンロータの破裂（1970）
資料 [202] 関西電力海南火力のタービン軸の飛散（1972）
資料 [203] 桜木町の63系電車火災（1951）
資料 [204] 常磐線三河島での列車三重衝突（1962）
資料 [205] 北陸トンネルでの列車火災（1972）
資料 [206] 余部鉄橋から列車脱落（1986）
資料 [207] 信楽高原鉄道での列車正面衝突（1991）
資料 [208] 日比谷線の列車脱線衝突（2000）
資料 [209] 青函連絡線洞爺丸の沈没（1954）
資料 [211] 大阪大学のモノシランガス爆発（1992）
資料 [212] 原子力船むつの放射線漏れ（1974）
資料 [213] 明治の三陸大津波（1896）
資料 [214] 日本海中部地震による津波（1983）
資料 [215] 北海道沖南西沖地震による奥尻島の津波（1993）
資料 [216] 有珠山の噴火（2000）
資料 [217] 狂牛病の発生（2001）
資料 [218] ミレニアムブリッジの閉鎖（2000）
資料 [219] タコマ橋の崩壊（1940）
資料 [220] エンパイアステートビルへのB25爆撃機の衝突（1945）
資料 [221] 高層アパートのガス爆発による連鎖崩壊（1968）
資料 [222] 世界貿易センタービル崩壊（2001）
資料 [223] フォード「ピント」の衝突火災（1972）
資料 [224] 高速列車「ICE」の脱線転覆（1998）
資料 [226] スペースシャトル・チャレンジャー号の爆発（1986）
資料 [228] スリーマイル島原発の破壊（1979）
資料 [229] チェルノブイリ原発の爆発（1986）
資料 [230] アポロ13号の生還（1970）
資料 [231] H2ロケット5号機の打ち上げ失敗（1998）
資料 [301] 雪印乳業八雲工場製の脱脂粉乳ミルク中毒（1955）
資料 [302] 森永ヒ素ミルク事件（1955）
資料 [303] 寶組の勝島倉庫爆発（1964）
資料 [304] 大阪天六地下鉄工事現場でガス爆発（1970）

資料［305］　アジア石油横浜工場でベンゼン爆発（1972）
資料［306］　フリックスボローのナイロン原料工場での爆発（1974）
資料［307］　セベソの農薬工場でのダイオキシン爆発（1976）
資料［308］　ボパールでのイソシアン酸メチル放出（1984）
資料［309］　豪雨でふたの外れたマンホールに転落（1985）
資料［310］　富士石油袖ヶ浦製油所の水素化脱硫装置の爆発（1992）
資料［311］　GMピックアップトラックの燃料タンク欠陥（1992）
資料［312］　三島駅で新幹線ドアに指を挟まれ，引きずられて死亡（1995）
資料［313］　越生町で水道媒介のクリプトスポリジウム集団感染（1996）
資料［314］　タンカーのナホトカ号の沈没（1997）
資料［315］　アイシン精機で工場火災（1997）
資料［316］　大月駅で特急と回送電車が衝突（1997）
資料［319］　横浜市立大学病院での患者取り違え（1999）
資料［320］　モンブラン自動車トンネル内の火災（1999）
資料［321］　山陽新幹線トンネルのコンクリートがひかり号直撃（1999）
資料［322］　福岡銀行で磁気ディスク故障（2000）
資料［323］　中日本航空のヘリコプタ・セスナ機衝突（2001）
資料［324］　明石の歩道橋上の圧死（1999）
資料［325］　長野の駒場ダムの異常放流（2002）
資料［326］　下水道のマンホールのふたが飛散（2002）
資料［327］　解体途中の中座が爆発（2002）
資料［328］　台風21号で送電鉄塔倒壊（2002）
資料［329］　JR東海道線で救急隊員轢死（2002）
資料［331］　石油ファンヒータが不完全燃焼（1985）
資料［332］　カラーテレビが発火（1990）
資料［333］　マフラー腐食で排ガスが車内侵入（1994）
資料［335］　地球観測衛星「みどり」の太陽電池パネル破損（1997）
資料［401］　自国で売れなくなった煙草を密輸で転売？（2000）
資料［402］　韓国のサンプン百貨店崩壊（1995）
資料［403］　ツェッペリンが水素爆発で墜落（1937）
資料［404］　オーストリアのケーブルカー火災（2000）
資料［405］　ソ連戦闘機による大韓航空機の墜落（1983）
資料［406］　火山灰による航空機のエンジン停止（1982）
資料［407］　降雪のワシントンでの飛行機墜落（1982）
資料［408］　ベンツAクラスが走行テスト時に横転（1997）
資料［411］　歌舞伎町雑居ビル火災（2001）
資料［412］　ネバドデルルイス火山の泥流災害（1985）

資料 [414] 火薬爆発による津波でハリファックス市街全滅（1917）
資料 [415] ドニャ・パス号の衝突・炎上（1987）
資料 [419] 水島のタンク破損による原油流出（1974）
資料 [420] 韓国の地下鉄火災（2003）
資料 [421] 広島新交通システムの橋桁落下（1991）

あとがき
― 少しでも設計がうまくなりたい ―

　人ごとのようにいうが，この頃，この本の失敗事例群が筆者の日頃の思考プロセスにやたらと顔を見せるようになった．執筆前と後で大きな違いである．

　先週の2月25日，新日本製鐵（株）の八幡製鉄所の奥の河内貯水池を見学させてもらった．官営製鉄所の工業用水供給のために1919年から作られた施設で，自然石を張りつめたダムと同様に，その先の**南河内橋**も美しさで有名である．図B.1に示したように，レンチキュラー・トラスという構造で通称，眼鏡橋とよばれる．しかし，耐荷重は小さく，現在は車両通行止めである．近くで育ったタクシーの運転手さんによると，昭和40年代ではボンネットバスが橋の手前で乗客を降ろし，バスと人は別個に渡ったそうである．上凸と下凸の二つの円弧がビームをつなぎ合わせて吊り橋のように路面を吊っているが，よく見ると上凸から下方へ伸ばしたアングルが下凸との接点につながり，そこから別の同じ太さのアングルが同じ個数のリベットで固定されて，下方へ伸びて路面を吊っている．そこで事象29.6の**カンザスシティのホテル遊歩道**を思い出した．仮に上凸と下凸の円弧が同じ荷重を吊る能力をもつのならば，下凸から垂れるアングルは上凸から垂れるアングルより2倍太く，かつ2倍のリベット数で固定されるべきである．そういえば，東京の首都高に似ている．各地から2車線の高速道路で自動車が東京に流入しているのに，都心で

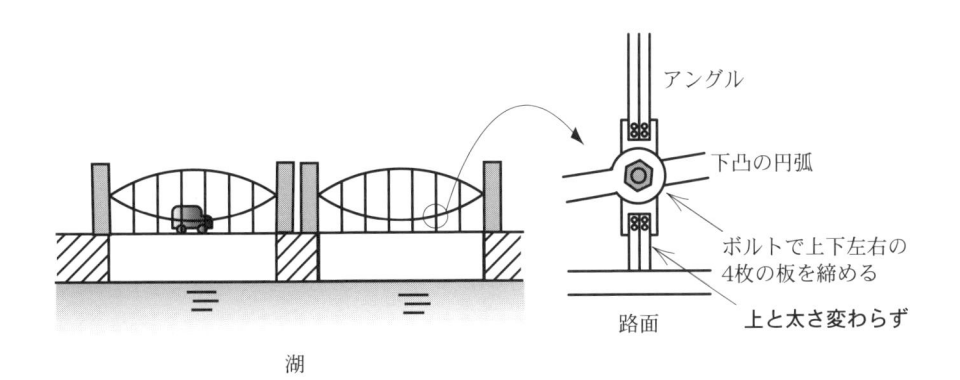

図 B.1　南河内橋の構造

も2車線ならば渋滞するのも当然である．たわいもないが，85年前の設計者と対話するようで面白い．

3月1日の新聞によると，図B.2のように2005年1月22日に**新千歳空港**で日航機が滑走路の端で離陸待機すべきだったのに，離陸をはじめてしまったそうである．滑走路の前方には着陸したばかりの全日空機がいたが，夜間の降雪で視界が悪かったので日航機からは見えなかったそうである．幸いにもレーダで日航機を監視していた管制官が緊急停止を指示して，雪で滑って加速しにくかった日航機は全日空機の1km手前で停止できた．これは事象36.6の**カナリア諸島**でジャンボ同士が衝突した事故とまったく同じである．日航機の機長は「離陸準備作業で気を取られ，うっかりしていた」らしいが，フライングスタートを常用していたとマスコミに勘ぐられてもしかたがない．筆者は管制塔で誘導路走行中の飛行機のレーダ像を見たことがあるが，このようなハイテク装置があってこそ大事故が防げたのである．

3月2日の新聞に，**ハンセン病問題**に関する検証会議の最終報告が提出されたと載っていた．厚生労働省が有識者に委託したものだが，1996年までの89年間の強制隔離政策を「**未曾有の国家的人権侵害**」と総括したのである．国立療養所の予算面の既得権を離さなかった厚労省のみならず，特効薬で完治できるようになっても沈黙していた医学界，法曹界，教育界，マスコミ，あげくは宿泊拒否のホテル，ホテルを廃業にまで追い込んだ元患者を抗議する世論，まで総出で責任を問われている．なにやら委員会報告特有の「複合原因」の気配もするが，とにかく**英国政府のBSE報告書よりは薄くとも，きちんと政策を批判した報告書が日本でも出たのである**．これを前例にして，日本の失敗記録の文化も大きく変わるかもしれない．

おまけであるが，2月28日は安比高原で学生たちとスキーを楽しんでいた．ガッチリとした体で深雪のコブ斜面と格闘していた学生がゴンドラのなかで誇った．自

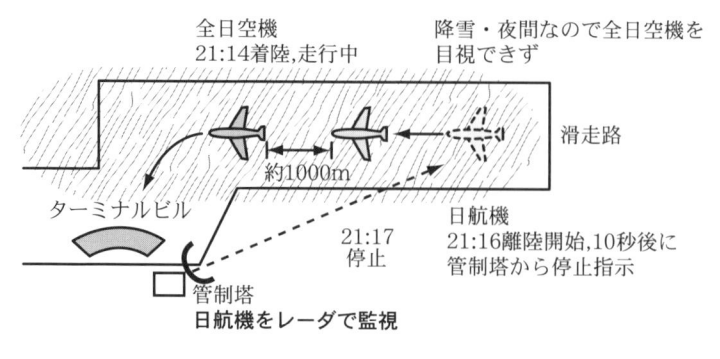

図B.2 新千歳空港の滑走路上のトラブル

分はビールをいくら飲んでも酔いつぶれない，と．なぜならばビールは胃袋の容量以上には入らないからと．つまりその容量では彼のアルコールの臨界質量に達しないのである．しかし1回だけ，昨年の7月に彼の記憶が飛んだ．そのときはビールのかわりに高濃度のウィスキーを胃袋に詰めたからである．事象37.3の**JCOの臨界事故**と似ていると思ったら笑えてきた．彼の胃はビールならば**本質安全設計**されている．

このように自分の身のまわりの失敗を整理して，これは一言でいえば何だったのかと考えて頭の引き出しにしまっておくことは大切である．1分間でもよいからこの設計者は何を考えていたのだろうかと推測するだけでもよい．考えるのが億劫だったら，ちょっと行動を起こして新聞を切り抜くだけでもよい．**五感を通じてその記事は自分の脳に深く刻まれ，後で「あのときと同じだ」と気が付きやすくなる．**

2月25日に前述の八幡製鉄所で失敗学の講演をした．そこでは**類似災害検討を短く「類災検討」とよんで，失敗知識を水平展開しているそうである**．とにかく自分の現場ならば類災は何かについて，上司にレポート提出してからインタビューを受けさせて類似性を考えさせるというから徹底している．2月23日にロケットを製造している会社に行って，**ロールプレイングゲーム**の研修に参加した．その日は，フックが機械に固定されずにぶら下がっているのに気付かずに，機械を動かしたら別の部品にフックが引っかかったという事故が題材であった．受講者は2時間かけて討論し，マニュアルの変更から治具の設計まで提案し，さらに水平展開として，測定センサをつけたまま部品を回転させてコードを引っかけた事故を述べた．パーフェクトである．2月27日にH2Aロケット打ち上げが成功したが，現場の力から見れば当然である．

今後，日本の産業，とくに製造業は，従業員を中核人材とフリーターとに分け，二極化した人事組織で運営していくのだろうか —— コンビニや外食レストランのように．しかし企業が少なくとも10年間，現在の事業を失敗なしで継続させる意志があるのならば，二極化は好ましくない．**筆者が思うに30年前に"先祖帰り"して企業を上から下までファミリーにしたほうがよい．**つまり，中核人材には学習時間をかけて，主要機能のみならず疎かにすると足をすくわれる周辺技術の知識まで教える．そしてフリーターには給料は安くても正社員にしてから，安全や品質，生産効率は自分の肩にかかっているという使命感をもたせながら作業やメンテナンスに従事させる．このように，1970年代にはパートや派遣，請負，応援，関連などの準社員が少なかったが，その頃にいくらかは戻ったほうが失敗防止には都合が

よい．なにしろ失敗知識が行き渡りやすい．

そして**事故防止には根性や気合いの精神論だけでなく，英知を集めてハイテク装置を開発することが不可欠である**．人間にはうっかりミスは付き物である．それが大事故にまで発展しないような損害拡大防止システムに，トップは投資すべきである．この点は，スポーツ根性の勝利が大人気だった1970年代と違って，きわめて科学的に対処しなくてはならない．

本書は，「失敗を（絶対に）起こすな」が目的で，「安全設計する」が手段，とは決していっていない．完全無比が目的では設計がつまらなくなるばかりか，新しいことが何もできなくなる．つまり失敗が恐いから，挑戦しないことが最適解となって，工学の進歩もそこまでになる．そうではなくて，「**うまく設計する**」**が目的で**，「**失敗を防ぐ**」**が手段である**．もちろん，設計の売りは新技術であり，主要機能である．しかし，それだけではうまく動かないのがつねだから，失敗が起こりそうな周辺技術の知識も必要である．**本書は「少しでも設計がうまくなりたい」人を応援する**．エンジニアは設計能力で仕事を請け負っているプロである．だから目に見えないところに事故を予防する仕組みをそっと加えておくことぐらいは，お茶の子さいさいで当然にやるべきことである．この本を読んで，読者の設計がうまくなったら，それは筆者の喜びでもある．

索　引

◇ 英数先頭

10,000 m 級無人探査機「かいこう」ビークルの亡失　99
100個の単位ベクトル　17
10ジュール則　230
2000年有珠山噴火　361
24時間風呂で水中出産の女児死亡　250
3次元CAD　287
9.11の世界貿易センタービル倒壊　350
ATOS（自律分散型輸送管理システム）　289
ATS（自動列車停止装置）　328
CALOSHA　238
Consumer Product Safety Commission　112
CRM（crew resource management）　79
DC10のユナイテッド航空機墜落　78
Engine Pressure Ratio（EPR）　171
ESP（electric stability program）　107
FDA（Food and Drug Administration）　347
GMピックアップトラックの燃料タンク欠陥　142
H2Aロケット6号機の打上げ失敗　136
H2Aロケット打ち上げ　370
H2ロケット5号機の打ち上げ失敗　vi, 287
H2ロケット8号機の打ち上げ失敗　134
Hanford爆発　239
HIP（hightemperature isostatic pressing）　122
HIV　252
H型鋼　120, 123
IDM（integrated device manufacture）　255
J&Jの使い捨てコンタクトレンズの子会社　249
JAL機同士のニアミス　14
JCOの臨海事故　331
JR新大久保駅での韓国人留学生を含む2人が電車に引かれた事故　285
JR中央線の切り替え工事で復旧されず　288
JR東海道線で救急隊員轢死　322
JR西日本の福知山線の脱線事故　xiii, 321, 328
JR東日本の新白河訓練所の事故の展示館　54
Mars Climate Orbiter　281
Mars Polar Lander　281
MRIにボンベが引き込まれて男児に衝突　179
N. P. Suh教授　51
NASA　90
NHTSA（National Highway Traffic Safety Administration）　106
noblesse oblige　39
NTT専用回線の19,000回線ダウン　271
N値　116
organizational cause　172
Our Credo　249
Oリング　91, 179
physical cause　172
production definition　xii
PSG（phospho silicate glass）　255
RMS Titanic 社　63
SARS（Severe Acute Respiratory Syndorome）　45, 252
SCM　255
semantic computer　2
S-N線図　73
TCAS（Traffic alert and Collision Avoidance System）　304
Uボルト　111
VOR（VHF Omni-directional Range）　279

索引

◇ あ 行

アース線　178
アイシン精機で工場火災　258
アイソトープの不始末で放射線被爆　335
青苗漁港　208
明石の歩道橋上の圧死　iii, 48, 315
悪意の産物　333
アクティブ制振　31
アジア石油横浜工場でベンゼン爆発　239
アスベスト　336
明日の安心感　xvi
圧縮応力　121
アポジエンジン　152
アポロ13号の生還　305, 359
アポロは月に行ったのか？　360
余部鉄橋から列車脱落　146
嵐の中でテイ橋崩壊　148
アラスカのリツヤ湾で，地滑り　209
アラミド繊維編組　99
アリアン5型ロケットの1号機の爆発事故　306
あれと似ている　18
アロハ航空243便の機体構造剥離　95
安全装置解除　327, 329
安全パイでこけた　vi, 45
安全弁　54
アンテナ吊り上げ中にボルトが外れ転落　109
諫早湾干拓事業の反対運動　341
異常摩擦　11, 151, 152
イタイイタイ病　253
イタリアのスキー場のロープウェイのケーブルを切断　260
一時停止違反　37
一時停止線見落とし　45
一酸化炭素中毒　245
イノベーションのジレンマ　362
茨城県東海村の動力炉・核燃料開発事業団のアスファルト固化施設で生じた爆発　236
異分野交流フォーラム　2, 63
違法行為　333, 334
イランの北西部の地震　218
医療過誤　ix, 23, 24

陰極防食　88
インコネル182　89
インターネット　25
インド南部のマハラシュトラ州の地震　218
飲料自動販売機の転倒で下敷き　111
ウィスコンシン州のミルウォーキーでクリプトスポリジウムに感染　252
上野の地下駅が地下水で浮上　117
宇高連絡船の紫雲丸沈没　216
有珠山の噴火　210
売れない，誤算の研究　48
雲仙普賢岳の噴火で眉山が崩壊　209
英国キングズクロス駅の火災　259
英国のシェフィールドのヒルスボローサッカー場　316
エイズ　252
衛星「きく」　30
衛星遭難信号　318
液化天然ガス　66
液晶テレビ　xii
エクスプローラ　94
エクソン・ヴァルデス号のアラスカでの座礁　261
絵コンテ　33
エッチング装置でボルト飛散　30, 224
エッフェル塔　122
エネルギー回収装置のタービン暴走・爆発炎上　227
エルクテスト　107
エロージョン　83, 136
遠隔講義　34
延性-脆性遷移　64
エンパイアステートビルへのB25爆撃機の衝突　219
オウム真理教の地下鉄サリンテロ　351
応力集中　68
応力腐食割れ　7, 48, 83, 84, 86
大雨注意報　37
大阪大学のモノシランガス爆発　41, 178
大阪天六地下鉄工事現場でガス爆発　294
大清水トンネルの火災　7
オーストリアのケーブルカー火災　198
大月駅で特急と回送電車が衝突　xv, 327
岡田弘教授　211

御徒町駅高架橋直下の道路陥没　116
沖電気の宮崎工場の排気用ダクトでの爆発
　　　179
越生町で水道媒介のクリプトストリジウム集団
　　　感染　251
オッパウの硝安爆発　234
思いを言葉に，言葉を形に　xii
オリフィス　139
オリンピック号　46, 62

◇　か　行

カーフェリー「エストニア」が沈没
　　　151, 215
海上自衛隊厚木基地体育館建設現場の事故
　　　124
解体作業中，頭を挟まれて死亡　108
解体途中の中座が爆発　291
海難の世界史　360
科学技術者の倫理　358
科学技術振興機構　xvi, 4
化学反応暴走　230, 232
香川県坂出市でも強風で送電線鉄塔が倒壊
　　　150
火　災　23
火災・天災からの逃げ遅れ　189
火災避難　194, 196
火山灰による航空機のエンジン停止　169
過　失　106, 159
加水分解　95
ガスタンク内のピストン吊り棚の腐食からガス
　　　爆発　83
仮設構造物　123
家電品　183
カナダで天然ガスパイプラインが破裂　87
カナリア諸島でジャンボ同士が正面衝突
　　　iv, 324, 369
カネミ油症　81
歌舞伎町雑居ビル火災　202
火薬爆発による津波でハリファックス市街全滅
　　　208
カラーテレビが発火　182
カリフォルニア製油所の廃油パイプが爆発
　　　237
枯葉剤　232

川治プリンスホテル火災　203
環境・災害・事故の事典　357
環境公害　24
韓国のサンプン百貨店崩壊　217
韓国の大邱の地下鉄火事　168, 196
関西電力海南火力のタービン軸の飛散　127
関西電力美浜原発3号機の復水配管での破裂
　　　xvi, 136
カンザスシティのホテル遊歩道崩壊　275,
　　　368
監督過失　258
漢方薬屋の引き出し　14
企画・開発の失敗　xiv, 48, 340
企画変更の不作為　29, 45, 338, 339
企業倫理ホットライン　247
危険予知訓練　53, 56
危険予知能力不足　43
技術試験衛星「きく6号」の静止軌道投入失敗
　　　151
技術者倫理　91
技術的原因　5, 11, 28, 42, 44, 172
基準面　186
基礎不良　112, 113
気体-気体界面　184
北オセチア共和国の小学校でテロ　350
機長の事情聴取　304
機長の判断ミスの刑事責任　279
キノホルム　253
気泡崩壊　138
逆支弁　179
客船ダイヤモンドプリンセス　53
逆バンジー「スカイショット」でイスが鉄塔に
　　　激突　153
逆　流　173, 174, 225
脚　立　57
キャビテーション　134, 136
キャプティブ　84
救急ヘリコプタ　102
救命ボートの不足　63
狂牛病　37, 45, 252
「狂牛病」どう立ち向かうか　361
共　振　125, 127
京都大学病院での急性アルコール中毒死亡
　　　283

京都や兵庫で広域停電　285
強風　146
極限設計　103, 105
キルド鋼　65
銀座煉瓦街　218
近接信管砲弾　104
空気バネ　102
空母のカタパルト　190
空母ベニントンがニューポート沖で爆発炎上　190
空母レイテがボストン海軍造船所で爆発火災　190
熊本市立病院での肺手術患者の肝臓切除　283
クリーンルーム内で女性の研究補助員が感電　30, 292
クロスブレンディング　332
クロロキン　253
区分け　34
蛍光灯安定器が破損してPCBが飛散　336
経済的損失　38
刑事訴追　334
京福電鉄永平寺線の旧型電車のブレーキロッドが疲労破断　270
刑法判例百選　25, 364
下水道のマンホールのふたが飛散　175
原因・行動・結果　36
研削装置　113
原子力船「むつ」の放射線漏れ　338
原子力燃料の再処理工場　114
原子炉損害保険　275
建設事故　37, 358
建築土木　24
コイルスプリングの防錆塗装不良　183
高圧空気タンクの発火・爆発　189
豪雨でふたの外れたマンホールに転落　173
公共サービス　39
航空管制官のヒヤリハット　13
航空機事故はなぜ起きる　359
航空事故　358
航空に学べ　280
航空路火山灰情報センター　170
高サイクル熱疲労　77
工場現場内を移動中の杭打ち機が転倒　115

降雪のワシントンでの飛行機墜落　170
高層アパートのガス爆発による連鎖崩壊　220
構造の振動　125
構造の倒壊　103
高速増殖原子炉「もんじゅ」のナトリウム漏れ　23, 132
高速道路で自動車に鉄製ふた直撃　iv, 145
高速列車「ICE」の脱線転覆　101
交通事故　viii, 23, 37
高分子材料　90, 92
神戸市営地下鉄地下車庫建設現場の事故　124
後方支援　306
公理的設計法　51
ゴールデンゲート橋　131
コールドジョイント　119
国分川分水路トンネルの水没　326
誤差蓄積　185, 186
個人や組織の怠慢　315
個体発生　55
古典的な三大事故　232
言葉の概念化　53
この国の失敗の本質　356
コミュニケーション不足　14, 16, 315, 317
ゴムの緩衝材　102
コメット機の金属疲労　5
コロージョン　136
小分け・時系列シナリオ　33
コンコルドの墜落　i, 48, 165
今度も大丈夫　iii, 45

◇　さ　行

サージタンク　178
サーパス化学社の河川汚染　306
災害・事故事例事典　357
災害情報センター　357
槐戸橋の締め切り支保工倒壊　123
細菌繁殖　245, 248
埼玉県所沢市でダイオキシンが発生　338
再保険　215
材料の破壊　60
サウザンド・アイランド橋　131
作業で手を抜く　278

索　引

座　屈　120, 121
桜木町の63系電車火災　167
雑居ビル　203
殺菌神話　246
殺人罪の適用　9
差動伝送　228
サプライチェーンマネジメント　255, 258
サブリミナル映像事件　130
サリー原発の二次冷却水配管　136
サリドマイド　253
産業廃棄物　337
産業用無人ヘリコプタ　352
産業連関　254, 256
酸　欠　57
サンドドレーン工法　115
山陽新幹線トンネルのコンクリートがひかり号直撃　118
残留引張応力　74
シームレスパイプ　81
シールを補修　311
自衛隊練習機墜落・高圧線切断で関東広域停電　259
ジェットバスで女児が溺死　177
ジェット旅客機「コメット」の空中分解　71
信楽高原鉄道での列車正面衝突　iii, 46, 312, 329, 360
磁気ディスク製造会社　33
シクロヘキサン　85
思考展開図　32
思考の昇降運動　9, 18
自国で売れなくなった煙草を密輸で転売　348
事故は語る　357
事象・原因・対策　5, 10, 39
静岡県西伊豆の戸田村　205
静岡県富士市のビル解体工事　109
仕損率ゼロ　246
実際の設計　4, 354
失敗三兄弟　vii, 74, 152
失敗学　vii, 2
失敗学のすすめ　4, 354
失敗損失　38
失敗知識活用評価シート　xiv, 340
失敗知識データベース　4, 21, 34

失敗に学ぶものづくり　355
失敗の本質　356
失敗百選　21
失敗ライブラリー　x, 4, 5, 21
失敗利益　38
自動車部品用の大形倉庫が火災　193
自動制御ミス　296, 297
自動倉庫のリフト落下　144
シナリオ共通要素　v, 14, 25
島根県中海・宍道湖の干拓淡水化計画　342
ジャストインタイム　259
重過失で有罪　276
重症急性呼吸器症候群　252
取得情報量　viii
取得知識量　viii
秀和めじろ台レジデンス火災　220
上位概念に昇る　xi, 7
上越新幹線大清水トンネルの完成直前の火災　193
小学校で防火シャッタ誤作動　48, 228
蒸気爆発　57, 200
衝　撃　141
正直申告の懺悔録　6
冗長系の非作動　263
常磐線三河島での列車三重衝突　320
地雷を踏んだ　269
シリコンバレーのフェアチャイルド社　261
白岩砂防ダム　210
塵埃・動物　180, 181
真空計の表示　224, 225
信号のない交差点　10
新幸州大橋　218
新耐震性設計基準　221
新千歳空港で日航機が滑走路の端で離陸待機　369
新日本製鐵（株）の八幡製鉄所の奥の河内貯水池　368
新聞紙の副次的な使い方　160
スイスのゴットハルトトンネルの火災　201
水素誘起割れ　87
水道の安全神話　252
スーシティ　79
スーパーカミオカンデの連鎖破壊　137
スカッドミサイル　186

索　引

スズキ社製のジープ「サムライ」　106
ストライエーション　73
砂煙が偏西風で太平洋を飛来　167
スナップピン　153
スペースシャトル・コロンビア号の墜落　171
スペースシャトル・チャレンジャー号の爆発　90
スマトラ島北端の西方沖で$M9.0$の巨大地震　205
隅肉溶接　134
摺り合わせ技術　104
スリーマイル島原発の破壊　273
青函連絡線洞爺丸の沈没　150, 216
税金の庶務サービス　8
製　鋼　68
脆弱構造　213, 215
脆弱な設計　166
聖水大橋　218
脆性破壊　48, 61, 63, 69
製造者責任　106
静電気　217, 240
世界の重大産業災害　357
世界貿易センタービル崩壊　v, 213
石油ファンヒータが不完全燃焼　180
セシウム137　222, 335
設計で気を抜く　296
セベソの農薬工場でのダイオキシン爆発　230
零　戦　104
遷移温度　64
戦時標準船の脆性破壊　5, 68
洗浄乾燥に塩素系の液体　167
セントフランシスダムの崩壊　112
千日デパートビル　203
船舶のプロペラ　136
全面的思考停止　43
創造設計エンジン　26
創造設計学　6, 354
想定外の外力　140
想定外の制約　158
組織運営不良　43
組織的原因　5, 11, 28, 42, 172
ソ連戦闘機による大韓航空機の墜落　187

損害保険　38, 84

◇　た　行

ダイオキシン　232
対角線シナリオ　34
耐火物要因による重大トラブル　12
大韓航空858便　350
待機系不良　268, 269
タイタニック号の沈没　xvii, 28, 46, 51, 61
代表図　34
タイプ3ドアの掛け金の欠陥　143
台風21号で送電鉄塔倒壊　149
大洋デパート火災　203
代用閉塞　313
タイレノール事件　249
タウエルントンネルで火災　201
寶組の勝島倉庫爆発　337
宅配便のスタビライザ損傷　160
蛸足配線　272, 293
タコマ橋の崩壊　130
多軸受系の振動　128
叩き大工　51
脱臭缶加熱コイルからPCBが米糠油に漏出　80
田中角栄失脚　362
玉掛け・クレーンの事故　109
だまし運転　11, 16, 29, 309, 310
多様性（diversity）　268
田老町　205
単位系の取り間違いで火星探査機が行方不明　280
タンカーのナホトカ号の沈没　260
炭素鋼　64
チェチェン・テロリストが劇場占拠　349
チェルノブイリ原発の爆発　221
地球観測衛星「みどり」の太陽電池パネル破損　97
中央線藤野駅から始まった運行管理トラブル　289
中核人材　370
中華航空エアバスが着陸失敗・炎上　301
中国・満州だが日本経営の撫順炭鉱　245
中古住宅市場　49
中古武器の転売　349

忠誠心　4
中日本航空のヘリコプタ・セスナ機衝突　319
長周期地震波　129
チョコ停　29
通産省大形プロジェクト　342
ツェッペリンが水素爆発で墜落　216
筑波大学病院での肺組織の病理検体取り違え　283
土浦駅の三重衝突事故　320
つまり，たとえば　9
吊り橋　126
敦賀原発2号機の熱交換器から一次冷却水漏れ　76, 306
鶴見事故　321
ディーゼル列車が取手駅ビルに衝突　329
停　電　200
帝都高速度交通営団・東西線車両　147
テイ橋の崩落　41
デジタル・マイスタープロジェクト　17
デジタルビデオカメラでエアバスの操縦計器が異常　164
出たとこ勝負　iii, 316
テネシー峡谷開発会社　71
デュップレシス橋の崩壊　69
テレビゲームによる少年失明事件　130
テレビ塔　110
テロ　26, 49, 349, 350
電気ノイズもアースから逆流　174
電撃戦という幻　356
天災避難　204, 205
電　池　183
ドアコック　168
ドイツ南西部上空35,400フィートで正面衝突　304
東海道線来宮駅で回送電車誤出発　328
東京大学工学部のボヤ　7, 30, 192
東京電力の原発シュラウド亀裂　345
東芝の半導体工場のトリクレン漏洩　261
盗　難　57
糖尿病薬「リズリン」のリコール　347
東名高速日本坂トンネルで自動車が衝突炎上　201
東洋製罐の倉庫火事　42

東横線横浜駅の乗り上がり脱線事故　155
十勝岳で噴火　211
特殊使用　158, 159
特定非営利団体の失敗学会　364
徳山ダム　342
登山列車　153
ドニャ・パス号の衝突・炎上　194
苫小牧の原油タンク火災　128
友鶴事件と第四艦隊事件　103
トヨタのSUV1994年製「4‐Runner」の横転　105
ドラチャン　18
ドラフト室廃液タンク　32
鳥インフルエンザ　252
「鳥かご」構造　214
トリクロロエタン（トリクレン）　261
都立広尾病院での生理食塩水の消毒液取り違え　283
トルコ航空DC10のパリの墜落事故　79
トルコのイズミット市の地震　218
トルストイ伯爵　350
トレーサビリティ　247
トンネルの切り羽の土圧　117

◇　な　行

長崎でタービンロータの破裂　70
長野の駒場ダムの異常放流　300
中村修二氏の青色発光ダイオードの特許紛争　344
長良川河口堰　342
なぜ起こる鉄道事故　359
なぜかはわかる　19, 40
ナップ製薬社での化学爆発　235
鉛　256
ナレッジマネジメント　2
新潟県弥彦神社での大事故　316
新潟中部地震　211
逃げる暇がない　45
西ナイル熱　252
二重船殻（ダブルハル）　261
日航ジャンボ機の御巣鷹山への墜落事故　79
日進化工のヒドロキシルアミン蒸留塔爆発　238

日本海中部地震による津波　206
日本三大崩れ　210
日本損害保険協会　357
ニューヨーク大停電　266
入力ミス　278, 279
熱電対が狂う　223
熱変形　26
熱膨張差　97
ネバドデルルイス火山の泥流災害　211
残火確認　192, 193

◇　は　行

配管作業ミス　291, 293
排気マフラー　162
配線作業ミス　285, 287
ハイテクの失敗予防装置　xiii, 14, 50
ハイブリッドシステム　8
爆轟　191
爆発下限界と爆発上限界　191
歯車減速機　162
箱型ブランコで女児の足が骨折　158
箱根登山鉄道の電車　263
ハザードマップ　206, 212
橋はなぜ落ちたのか　355
畑村洋太郎　354
八丈島で遭難漁船の捜索開始が大幅遅延　317
ハットフィールドで列車脱線　23, 309
パトリオットミサイルの防御失敗　31, 185
バニシング　68
パニック　14, 26, 28, 197, 363
ばねのかみ込み　30, 152
浜岡原発のインコアモニタハウジングから漏洩　89
バランス不良　103, 105
パリ郊外でトルコ航空のDC10が墜落　266
バリュージェット航空機がマイアミで墜落　333
パンアメリカン航空103便の空中分解　265
ハンセン病問題　254, 369
判例百選　17
飛越地震の立山の鳶崩れ　209
飛行機墜落　37
非常停止スイッチ　297

日立の武蔵工場での爆発　179
必修のシナリオ共通要素　26
非定常作業　105
ビデオを編集　197
ビールジョッキ　x
ひとことでいう　18
人はなぜ失敗するのか　363
人はなぜ逃げおくれるのか　363
人の入れ替え　x
日比谷線の列車脱線衝突　155
秘密基地風の研究室　32
ヒューマンエラー　50
ヒューマンエラーの科学　363
疲労破壊　23, 71, 73, 76
広島新交通システムの橋桁落下　120
ヒンクレイ・ポイント原発のロータ破裂　71
ファイアストーン社製タイヤのリコール　49, 93
フィードバック系暴走　221, 223
フェイルセーフ不良　29, 263, 265
フォークリフトのスリップ事故　11
フォース橋　122
フォード「ピント」の衝突火災　140
フォード社　94
不完全データ入力でアメリカン航空機墜落　278
福岡銀行で磁気ディスク故障　272
複合原因　156, 369
福島第二原発の再循環ポンプの損傷　133
富士重工「レガシィ」のアクセル緩まず，リコール隠し　226
富士石油袖ヶ浦製油所の水素化脱硫装置の爆発　311
富士通HDD不良問題　254
不使用配線　290
腐食　80, 82, 176
腐食速度　83, 84
双子渦　133
仏国のクーリエ炭鉱　245
部分的思考停止　43
プラスチック製のスキー靴が破壊　96
ブラックホール　267
ブラントはなぜ墜ちたか　363

索引

ブリタニック号　46, 63
ブリヂストン栃木工場の火災　241
フリックスボローのナイロン原料工場での爆発　84
プレス金型　40
プロポーショニング・バルブ　259
文理融合の学問　5
米国機械学会が民間企業と共謀して規格設定　343
米国のIBM社で切り屑に引火して爆発　244
米国のアポロ1号の宇宙船内での炎上　242
米国のテキサス市での爆発　235
米国のペンシルバニアのConcept Sciences Inc. 爆発　239
ペンシルバニア州のサウスフォークダムが崩壊　113
ペンズオイル精製所の爆発　240
ベンツAクラスが走行テスト時に横転　107
ヘンリー・ペトロスキー　355
方向優先てこ　313
防護無線　320
防水隔壁　51
法律的刑罰　38
「ポケモン」パニック　129
ホースが劣化　181
北陸トンネルでの列車火災　199
北海道・駒ケ岳の噴火で山頂が崩落　209
北海道大学の低温実験室で酸欠で死亡事故　243
北海道で自衛隊F4EJ改ファントム戦闘機事故　290
北海道南西沖地震による奥尻島の津波　207
北海道の新夕張炭鉱　245
ホテルニュージャパン火災　203
ボパールでのイソシアン酸メチル放出　233
ボヤ　37
ポリエチレンテープ　88
本質安全　320
本質安全設計　370
ボンベの抱き合わせ　32

◇　ま　行

マイクロキャビティ　66
マウナケア山の天体望遠鏡すばる　243
前田建設工業　194
マスター・ラッチ・ロック装置　264
街角の占い　8
マフラー腐食で排ガスが車内侵入　176
幻の大戦果　大本営発表の真相　356
満州の本渓湖炭鉱　245
曼陀羅　42
三河島事故　54
三島駅で新幹線のドアに指を挟まれ，引きずられて死亡　284
水島のタンク破損による原油流出　114
みずほフィナンシャルグループの大規模システム障害　308
道連れ犯罪　351
三井鉱山三池三川鉱の炭塵爆発　244
三菱自動車のリアディファレンシャルギヤの破損　298
みどり2号　99
水俣病　81, 253
美浜原発2号機の蒸気発生器一次冷却水漏れ　75
美浜原発2号機の化学体積制御系配管から漏洩　138
美浜原発の3号機　139
三宅島の噴火　211
未来における副機能　47
ミレニアムブリッジの閉鎖　125
武蔵野線の新小平駅　117
無思考状態　43
無人運転のニュートラム電車が暴走　270
無人大形・自動ラック倉庫の火災　191
無知・不注意　10
明治の三陸大津波　204
迷路のなかのテクノロジー　360
メカノデザイン工房　283
メキシコ・グアダラハラ市で，下水道からガソリンが逆流　175
メキシコ地震　129
メンテナンス不良　74
毛沢東の右派弾圧　224
盲腸管　251
モータのエンコーダの不良　223
ものが壊れるわけ　355

藻やバクテリア　　181
もらい事故　　i, 166
森永ヒ素ミルク事件　　82, 257
モンブラン自動車トンネル内の火災　　200

◇　や　行

焼津上空でJAL機同士がニアミス　　303
焼き芋販売車の変速機損傷　　161
焼入　　68
焼き戻し脆性　　71
薬害エイズ　　254
山梨厚生病院で高気圧酸素治療装置のタンク爆発　　242
油圧シリンダ　　7
遊園地で回転遊具「カオス」が墜落　　79
有限要素法　　30
郵貯オンラインシステムのトラブル　　269
郵便局の定期貯金　　186
雪印食品の牛肉偽装事件　　247
雪印乳業大樹工場製の乳製品集団中毒　　245
雪印乳業八雲工場製の脱脂粉乳ミルク中毒　　248
油脂引火　　189, 191
ユナイテッド航空811便の貨物室ドア脱落　　263
溶接　　65, 68
横浜市立大学病院での患者取り違え　　282
吉野屋の経済学　　362

◇　ら　行

落下物・付着物　　iii, 26, 165
ラッチ（留め金）　　266

リーダシップ能力不足　　43
利益相反　　344
リコール　　ix, 141, 142, 144, 161, 227, 299
リバディ船の破壊沈没　　67
リムド鋼　　65
粒界破壊　　87
流体振動　　130, 131
粒内破壊　　86
流用設計　　305, 306
リン酸ガラス　　255
倫理問題　　343, 344
ルイジアナ州の穀物サイロの粉塵爆発　　243
類似災害検討　　370
冷凍庫が火を噴いた　　361
レーザポインタで視力障害　　163
レジオネラ症防止指針　　250
連鎖反応で拡大　　213
レンチキュラー・トラス　　368
労働災害　　viii, 23
労働者派遣法　　x
ロータ破裂　　71
ロープウェイのゴンドラが壁に衝突　　296
ロールプレイングゲーム　　11, 53, 370
六価クロム　　256
六本木ヒルズの回転ドアの挟まれ事故　　29, 38, 229
ロマプリータ地震　　54, 215
路面電車　　153

◇　わ　行

ワイパイ　　18
ワクチン　　50, 51

著者略歴

中尾　政之（なかお・まさゆき）
　1983 年　東京大学大学院工学系研究科産業機械工学専攻修士課程修了
　1983 年　日立金属(株)入社
　1989 年　HMT Technology Corp. に出向
　1991 年　東京大学で博士（工学）を取得
　1992 年　東京大学大学院工学系研究科産業機械工学専攻助教授
　2001 年　東京大学大学院工学系研究科総合研究機構教授
　現　在　東京大学大学院工学系研究科機械工学専攻教授

失敗百選
　——41 の原因から未来の失敗を予測する——　　　　　© 中尾政之　*2005*

| 2005 年 10 月 20 日　第 1 版第 1 刷発行 | 【本書の無断転載を禁ず】 |
| 2024 年 10 月 31 日　第 1 版第 17 刷発行 | |

著　　者　中尾政之
発 行 者　森北博巳
発 行 所　森北出版株式会社
　　　　　東京都千代田区富士見 1-4-11（〒102-0071）
　　　　　電話 03-3265-8341 ／ FAX 03-3264-8709
　　　　　https://www.morikita.co.jp/
　　　　　日本書籍出版協会・自然科学書協会　会員
　　　　　JCOPY 〈(一社)出版者著作権管理機構　委託出版物〉

落丁・乱丁本はお取替えいたします　　印刷／エーヴィスシステムズ・製本／ブックアート
　　　　　　　　　　　　　　　　　　組版／編集室なるにあ

Printed in Japan ／ ISBN978-4-627-66471-5